Kohlhammer Taschenbücher

Band 1031/1

Meike Falk
Diplom Pädagogin
Timmersloher Str. 19
2800 Bremen 1
Tel. 0421 / 37 16 92

Gert Otto (Hrsg.)

Sachkunde Religion I

Bibel – Kirche – Theologie

**Unter Mitarbeit von
Hans Joachim Dörger
Andreas Hauptmann
Jürgen Lott, Gerd Petzke
Hubertus Halbfas
Franz Josef Schierse**

Sechste, überarbeitete und erweiterte Auflage

**Verlag W. Kohlhammer
Stuttgart Berlin Köln Mainz**

CIP-Kurztitelaufnahme der Deutschen Bibliothek

Sachkunde Religion
Gert Otto (Hrsg.). Unter Mitarb. von Hans Joachim Dörger...
Stuttgart, Berlin, Köln, Mainz: Kohlhammer.
NE: Otto, Gert [Hrsg.]; Dörger, Hans Joachim [Mitarb.]
1. Bibel, Kirche, Theologie. – 6., überarb. u. erw. Aufl. – 1980.
   (Kohlhammer-Taschenbücher; Bd. 1031)
   ISBN 3-17-005675-1

Die Karten sind mit freundlicher Genehmigung
des Deutschen Taschenbuch Verlags München
dem dtv-Weltatlas zur Weltgeschichte Bd. 1 entnommen

6., überarbeitete und erweiterte Auflage 1980
Alle Rechte vorbehalten
© 1977 Verlag W. Kohlhammer
Stuttgart Berlin Köln Mainz
Verlagsort: Stuttgart
Umschlag: hace
Gesamtherstellung: W. Kohlhammer GmbH
Grafischer Großbetrieb Stuttgart
Printed in Germany

VORWORT ZUR ERSTEN AUFLAGE (1969)

SACHKUNDE RELIGION stellt Informationen bereit. Informationen sind Voraussetzung begründeter Stellungnahme und Entscheidung, in Theologie und Religion nicht weniger als anderswo.
Wer informiert, bezieht Stellung. Autoren und Herausgeber haben sich in Auswahl und Akzentuierung der Informationen von der Gegenwartsdiskussion in katholischer und evangelischer Theologie leiten lassen. Aufgeschlossenheit gegenüber der kritischen Aufarbeitung von Tradition und der Aufnahme neuer Fragestellungen bestimmt SACHKUNDE RELIGION.
Mit dieser Zielsetzung bietet sich SACHKUNDE RELIGION als Hilfsmittel für evangelischen und katholischen Religionsunterricht der Oberstufe jeden Schultyps an. Darüberhinaus kann sie für einzelne wie für Arbeitsgemeinschaften außerhalb der Schule Informationen vermitteln. Ein Schulbuch ist als SACHKUNDE nicht auf die Schule begrenzt.
Da Information Grundbestand eines jeden Religionsunterrichts zu sein hat, ist SACHKUNDE RELIGION an keine religionspädagogische »Richtung« gebunden. Kerygmatischer Unterricht, Evangelische Unterweisung, bikonfessioneller Religionsunterricht, Religionskunde, kirchlicher Unterricht – wie stark sie sich auch prinzipiell unterscheiden, sie alle sind auf die Informationen angewiesen, die SACHKUNDE RELIGION enthält.
SACHKUNDE RELIGION ist verwendbar:
– als Nachschlagewerk zum Alten Testament, zum Neuen Testament, zur Kirchengeschichte und Kirchenkunde, für den Unterricht und über die Schule hinaus;
– bei der gezielten Vorbereitung des Schülers auf den Unterrichtsstoff;
– sls methodischer Wegweiser bei der Einführung in Grundregeln der Auslegung Alten und Neuen Testaments;
– als Textbuch, um Diskussionen über theologische Gegenwartsfragen eine substanzvolle Grundlage zu geben und so durch den Dialog mit Autoren verschiedener Prägung Ansätze für eigene Standpunkte zu fördern.

Gert Otto

VORWORT ZUR SECHSTEN AUFLAGE (1980)

Die SACHKUNDE hat in Unterricht und Studium, als Nachschlagewerk und Textsammlung, ihren Platz gefunden.
Die Neuauflage ist, wo erforderlich, ergänzt worden, so z. B. durch Hinweise zur sozialgeschichtlichen Auslegung des Alten und Neuen Testaments; im Abschnitt VII: *Grundfragen theologischen Denkens* sind mehrere Texte ergänzt bzw. ausgetauscht worden, um der gegenwärtigen Diskussionslage gerecht zu werden.
Die bisherige SACHKUNDE, die von dieser Auflage ab ihrem Inhalt genau entsprechend BAND I: BIBEL – KIRCHE – THEOLOGIE betitelt ist, wird in absehbarer Zeit durch SACHKUNDE RELIGION BAND II: RELIGIONEN und RELIGIONSWISSENSCHAFT komplettiert werden.

Gert Otto

INHALT

Hinweise zu Anlage und Benutzung des Buches 10
Abkürzungsverzeichnis 10

I Das Alte Testament und die Geschichte Israels 13
Vorbemerkung 14
A) Die Zeit vor der Staatenbildung 15
  I. Bibelkunde: Der Pentateuch 15
  II. Die Quellenschriften im Pentateuch 15
    1. Vorbemerkung 15
    2. Charakterisierung der einzelnen Quellen 16
      a) Die Priesterschrift b) Der Jahwist c) Der Elohist
      d) Deuteronomium
  III. Hauptthemen der Überlieferung 19
    1. Vorbemerkung 19
    2. Die Hauptthemen 19
      a) Herausführung aus Ägypten b) Einzug ins Kulturland
      c) Verheißung an die Väter d) Wüstenwanderung
      e) Sinaioffenbarung
B) Israels politische Machtentfaltung – Das deuteronomistische
   Geschichtswerk 23
   Vorbemerkung 23
   Bibelkundliche Übersicht 23
   I. Geschichtsdarstellung 25
     1. Die Zeit der Richter 25
       a) Zwölfstämmebund b) Kleine Richter und
       charismatische Retter c) Samuel
     2. Das frühe Königtum in Israel 28
       a) Saul b) David c) Salomo
     3. Israel und Juda als zwei selbständige Kleinstaaten 31
   II. Schriftstellerische Eigenart und Umgang mit der
       Überlieferung 31
   III. Theologische Grundgedanken 32
C) Israel unter der Vorherrschaft altorientalischer Mächte –
   Die Zeit der Propheten 33
   I. Zum Verständnis der Prophetie 33
   II. Unter der Macht der Assyrer 34
      Amos. Hosea. Jesaja. Micha. Zephanja. Nahum. Habakuk
   III. Unter der Macht der Babylonier 40
      Jeremia. Ezechiel. Deuterojesaja. Obadja. Exkurse: Psalmen.
      Hiob. Wandlungen des Gottesverständnisses
   IV. Unter der Macht der Perser 45

Tritojesaja. Haggai. Sacharja. Maleachi. Jona. Joel
  V. Anhang: Daniel und die Apokalyptik 49
D) Hellenistische und Römische Zeit 51
  I. Die Herrschaft der Ptolemäer 51
  II. Der Konflikt mit den Seleukiden 52
  III. Das Königtum der Hasmonäer 53
  IV. Palästina unter römischem Einfluß 55
E) Sozial- und wirtschaftsgeschichtliche Aspekte 57

I. Auslegungsbeispiel – Quellenscheidung 59
Vorbemerkung 60

III Aufbau, Entstehung und theologische Eigenart der Schriften des Neuen Testaments 67
Vorbemerkung 68

1. Thessalonicherbrief 69
Galaterbrief 70
1. Korintherbrief 72
2. Korintherbrief 74
Römerbrief 77
Philipperbrief 79
Philemonbrief 80
Kolosserbrief 81
Markusevangelium 86
Matthäusevangelium 90
Lukasevangelium 94
Apostelgeschichte 98

Epheserbrief 100
Hebräerbrief 102
Johannesevangelium 104
1. Johannesbrief 107
2. und 3. Johannesbrief 108
Johannesoffenbarung 109
1. Petrusbrief 111
Jakobusbrief 112
Judasbrief 113
Die Pastoralbriefe 114
2. Thessalonicherbrief 115
2. Petrusbrief 116

IV Auslegungsbeispiele 117

V Kirche in der Geschichte – Chronologische Tabellen 131
Vorbemerkung 132
Alte Kirche 133
Reichskirche 136
Kirche im Frühmittelalter 139
  im Hochmittelalter 141
  im ausgehenden Mittelalter 145
  zur Zeit der Reformation 147
  zur Zeit des Pietismus und der Aufklärung 152
  im 19. Jahrhundert 154
  im 20. Jahrhundert 158

VI Graphische Darstellungen 164
1. Der Ökumenische Rat der Kirchen 165
2. Die Evangelische Kirche in der Bundesrepublik Deutschland 167
3. Bund der Evangelischen Kirchen in der DDR 169
4. Die hierarchische Gliederung der Katholischen Kirche nach dem geltenden Kirchenrecht 170
5. Die Entstehung der Kirchen 173

VII Grundfragen theologischen Denkens 174
Vorbemerkung 175

I. TRADITIONEN – POSITIONEN 176
Victor Conzemius: Die Kirche in der Neuzeit 177
Ev. Erwachsenenkatechismus: Welche Fragen bewegen die Theologie des 20. Jahrhunderts? 185

II. BIBEL – VERSTEHEN 192
Gert Otto: Bibel – Glauben – Denken 192
Hans Walter Wolff: Bibel – Entstehung und Weg 194
Hubertus Halbfas: Wege zum Verstehen – biblische Hermeneutik 196
Karl Barth: Vorwort zum »Römerbrief« 199
Rudolf Bultmann: Entmythologisierung 200
Herbert Braun: Vom Verstehen des Neuen Testaments 203
Joseph Ratzinger: Das Dilemma des Glaubens heute 205

III. GOTT – JESUS CHRISTUS 207
Karl Barth: Gott – Jesus Christus 207
Karl Rahner: Theologie der Menschwerdung 209
Dorothee Sölle: Stellvertretung – Schauspieler Gottes 211
Gert Otto: Gebet 213
Hans Küng: Gott existiert 215
Hans Küng: Was heißt Christ sein? 217

IV. KIRCHE – BEKENNTNIS 221
Holländischer Katechismus: Reformation – Wege, die auseinandergehen 221
Martin Luther: Bekenntnis – wider die Feind des Evangelii und allerlei Ketzereien 225
II. Vatikan. Konzil: Aus dem Dekret über den Ökumenismus 229
Hans Küng: Die Zukunft der Kirche 232
Dorothee Sölle: Grenzen der Kirche – Kirche außerhalb der Kirche 239
Karl Rahner: Kirche außerhalb der Kirche? 242

V. Theologie der Welt 243
   Paul Tillich: Religion und Kultur 243
   Johann Baptist Metz: Christentum und Marxismus –
   Nachwort zum »Dialog« 246
   Johann Baptist Metz: Politische Theologie 249
   Dorothee Sölle: Politisches Nachtgebet 253
   Erklärung von fünfzehn katholischen Bischöfen:
   Plädoyer für die Dritte Welt 254
   Ev. Erwachsenenkatechismus: Religion und Religionen 258

Register   265

10 Hinweise und Abkürzungen

HINWEISE ZU ANLAGE UND BENUTZUNG DES BUCHES

Dieses Buch ist als Orientierungs- und Informationshilfe angelegt. Daher ist die Darstellungsform der Tabellen gewählt worden. Sie helfen, den Stoff übersichtlich zu gliedern und einzelnes rasch zu finden; ihre Grenze liegt darin, daß die knappe Formulierung nicht allen Nuancen und Details gerecht werden kann.

Das Register ist der Schlüssel zum Inhalt; zugleich verbindet es Ausführungen, die in verschiedenem Zusammenhang und an unterschiedlichem Ort stehen, sich jedoch aufeinander beziehen. Deswegen sollte der Leser auch dann, wenn er die gesuchte Auskunft ohne Register finden kann, stets noch einmal nachschlagen, ob ihn das Register auf weitere Zusammenhänge und Querverbindungen verweist.

ABKÜRZUNGSVERZEICHNIS

BIBLISCHE BÜCHER

1Mos (Gen)	das erste Buch Mose (Genesis)	4Mos (Num)	das vierte Buch Mose (Numeri)
2Mos (Ex)	das zweite Buch Mose (Exodus)	5Mos (Dtn)	das fünfte Buch Mose (Deuteronomium)
3Mos (Lev)	das dritte Buch Mose (Leviticus)		

Jos	das Buch Josua	Ez	Ezechiel
Ri	das Buch der Richter	Dan	Daniel
Ruth	das Buch Ruth	Hos	Hosea
1Sam	das erste Buch Samuel	Joel	Joel
2Sam	das zweite Buch Samuel	Am	Amos
1Kön	das erste Buch der Könige	Ob	Obadja
		Jon	Jona
2Kön	das zweite Buch der Könige	Mi	Micha
		Nah	Nahum
1Chr	das erste Buch der Chronik	Hab	Habakuk
		Zeph	Zephanja
2Chr	das zweite Buch der Chronik	Hag	Haggai
		Sach	Sacharja
Esr	das Buch Esra	Mal	Maleachi
Neh	das Buch Nehemia	Mt	Matthäus
Est	das Buch Esther	Mk	Markus
Hi	das Buch Hiob	Lk	Lukas
Ps (s)	Psalm, die Psalmen	Joh	Johannes
Spr	die Sprüche	Apg	Apostelgeschichte
Pred	der Prediger	Röm	Römerbrief
Hhld	das Hohelied	1Kor	1. Korintherbrief
Jes	Jesaja	2Kor	2. Korintherbrief
Jer	Jeremia	Gal	Galaterbrief
Klgl	die Klagelieder	Eph	Epheserbrief

Abkürzungen 11

Phil	Philipperbrief	Jak	Jakobusbrief
Kol	Kolosserbrief	1Petr	1. Petrusbrief
1Thess	1. Thessalonicherbrief	2Petr	2. Petrusbrief
2Thess	2. Thessalonicherbrief	1Joh	1. Johannesbrief
1Tim	1. Timotheusbrief	2Joh	2. Johannesbrief
2Tim	2. Timotheusbrief	3Joh	3. Johannesbrief
Tit	Titusbrief	Jud	Judasbrief
Phlm	Philemonbrief	Off	die Offenbarung
Hebr	Hebräerbrief		des Johannes

APOKRYPHE SCHRIFTEN

1Clem	1. Clemensbrief	PsSal	Psalmen Salomo

WEITERE ABKÜRZUNGEN

ägypt.	ägyptisch	Dt.	Deutschland
akkad.	akkadisch	Dtr	Deuteronomist
allg.	allgemein	dynast.	dynastisch
altbabylon.	altbabylonisch	E	Elohist
altoriental.	altorientalisch		(Pentateuchquelle)
anglikan.	anglikanisch	EKD	Evangelische Kirche in
apodikt.	apodiktisch		Deutschland
apokalypt.	apokalyptisch	EKU	Evangelische Kirche
arab.	arabisch		der Union
aram.	aramäisch	engl.	englisch
archäolog.	archäologisch	ephraemit.	ephraemitisch
armen.	armenisch	etc.	etcetera
assyr.	assyrisch	Ev.	Evangelium
AT	Altes Testament	ev.	evangelisch
at.	alttestamentlich	exil.	exilisch
äthiop.	äthiopisch	f	folgender(s)
babylon.	babylonisch	ff	folgende
benjamin.	benjaminitisch	fr.	französisch
bes.	besonders, besondere	gegr.	gegründet
bibl.	biblisch	geistl.	geistlich
bischöfl.	bischöflich	german.	germanisch
BK	Bekennende Kirche	geschichtl.	geschichtlich
byzantin.	byzantinisch	gnost.	gnostisch
bzw.	beziehungsweise	griech.	griechisch
ca	circa	hebr.	hebräisch
chr., christl.	christlich	hellenist.	hellenistisch
D	Deuteronomium	hg.	herausgegeben
	(Pentateuchquelle)	histor.	historisch
d. Ä.	der Ältere	hl.	heilig
DC	Deutsche Christen	Hl. Schrift	Heilige Schrift
d. Gr.	der Große	israelit.	israelitisch
d. h.	das heißt	J	Jahwist
d. J.	der Jüngere		(Pentateuchquelle)

12 Abkürzungen

Jh.	Jahrhundert	Pls	Paulus
jordan.	jordanisch	polit.	politisch
jüd.	jüdisch	presb.	presbyterianisch
kanaan.	kanaanäisch	preuß.	preußisch
Kap.	Kapitel	prot.	protestantisch
kasuist.	kasuistisch	Q	Spruchquelle Q
kath.	katholisch	rechtl.	rechtlich
kirchl.	kirchlich	ref.	reformiert
königl.	königlich	relig.	religiös
krit.	kritisch	röm.	römisch
kult.	kultisch	russ.	russisch
lat.	lateinisch	S.	Seite
lukan.	lukanisch	s.	siehe
luth.	lutherisch	schriftl.	schriftlich
LXX	Septuaginta	seleukid.	seleukidisch
matth.	matthäisch	S.J.	Jesuitenorden
messian.	messianisch	s. o.	siehe oben
Mill.	Millionen	sog.	sogenannt
mündl.	mündlich	sowjet.	sowjetisch
nChr	nach Christi Geburt	s. u.	siehe unten
NS	Nationalsozialismus	synopt.	synoptisch
NT	Neues Testament	syr.	syrisch
nt	neutestamentlich	theol.	theologisch
ökumen.	ökumenisch	u.	und
OP	Ordinis Praedicamentorum (Dominikaner)	u. a.	unter anderem, und andere
oriental.	orientalisch	u. ö.	und öfter
orth.	orthodox	urchristl.	urchristlich
Orth.	Orthodoxe	usw.	und so weiter
P	Priesterschrift (Pentateuchquelle)	u. v. a.	und viele andere
		v.	vón
palästin.	palästinensisch	vChr	vor Christi Geburt
päpstl.	päpstlich	VELKD	Vereinigte Ev.-Luth. Kirche Deutschlands
par	und Parallelstellen		
paulin.	paulinisch	Verf.	Verfasser
pers.	persisch	vgl	vergleiche
persönl.	persönlich	weltl.	weltlich
philos.	philosophisch	wissenschaftl.	wissenschaftlich
phönik.	phönikisch	z. B.	zum Beispiel
phryg.	phrygisch	z. T.	zum Teil
pln.	paulinisch		

ERSTER TEIL

Das Alte Testament und die Geschichte Israels

LITERATURHINWEIS

A. H. J. Gunneweg, Geschichte Israels bis Bar Kochba (1979³)
O. Kaiser, Einleitung in das Alte Testament (1978⁴)
H. G. Kippenberg, Religion und Klassenbildung im antiken Judäa (1978)
M. Metzger, Grundriß der Geschichte Israels (1977⁴)
W. Schottroff/W. Stegemann (Hg.) Der Gott der kleinen Leute. Sozialgeschichtliche Auslegungen. Altes Testament (1979)
M. Weber, das antike Judentum. Gesammelte Aufsätze Bd. 3 (1920/1976⁶)

VORBEMERKUNG

Der Werdeprozeß des Alten Testaments und die Geschichte Israels sind untrennbar ineinander verwoben. Die Worte des Alten Testaments sind nicht losgelöst von ihrer Zeit und ihren geschichtlichen Umständen verstehbar.
Für das Verständnis alttestamentlicher Texte sollte man einige leitende Gesichtspunkte durchgehend berücksichtigen:
— es handelt sich um eine bruchstückhafte Sammlung israelitischer Literatur;
— die vorliegende Endgestalt der einzelnen Schriften ist auf einem zum Teil langen Weg erreicht worden;
— auf diesem Weg sind vielfach kleinere literarische Einheiten in größere Zusammenhänge eingeschmolzen worden;
— für die ältere Prosa ist vor der schriftlichen mit mündlicher Überlieferung zu rechnen.

So stellt das Alte Testament in sich einen Traditions- und Verstehensprozeß dar. Innerhalb der Geschichte seiner Überlieferung ist das Alte Testament so geworden, wie es uns vorliegt. Für diesen Prozeß lassen sich vor allem vier Phasen markieren:

1. Die frühe Königszeit ist die erste Periode der Sammlung alter Traditionen und neuer Zeugnisse. Die älteste Schicht — ältere Überlieferungen enthaltend — ist die »jahwistische Quelle« (9. Jh. vChr vgl S. 16 f). Annähernd gleichaltrig ist die »elohistische Quelle« (vgl S. 17 f). Außerdem werden Überlieferungen aus der Zeit Sauls und Davids gesammelt.

2. Im. 8. Jh. vChr beginnt die zweite Periode literarischer Gestaltung und Sammlung: Zeit der Prophetie (vgl S. 33 ff).

3. Im 7. Jh. vChr entsteht der Kern des Deuteronomiums, und in seinem Sinn wird die Tradition gesichtet (vgl S. 18).

4. Mitte des 5. Jh. vChr (nach dem Exil) setzen priesterliche Kreise noch einmal neu zur Sammlung und Interpretation alter Überlieferung an: »Priesterschrift« (vgl S. 16). Um 400 vChr ist mit einem ersten Abschluß des Überlieferungsprozesses zu rechnen.

Überliefern bedeutet im Alten Testament: sammeln, sichten, neu verstehen. So wurde Überkommenes lebendig gehalten, und alte Aussagen verbinden sich ständig mit der Antwort (Interpretation) späterer Zeiten. In dem unermüdlichen Verweis auf diese geschichtliche Gebundenheit der bibl. Texte liegt die Herausforderung von Einleitungswissenschaft und Exegese an die Theologie als ganze.

ÜBERSICHT

A] Die Zeit vor der Staatenbildung	15
B] Israels politische Machtentfaltung	23
C] Israel unter der Vorherrschaft altorientalischer Mächte	33
D] Hellenistische und römische Zeit	51
E] Sozial- und wirtschaftsgeschichtliche Aspekte	57

A] Die Zeit vor der Staatenbildung

I. Bibelkunde

Die fünf Bücher Mose werden Pentateuch genannt (»aus fünf Büchern bestehend«). Auch »das Gesetz« genannt (vgl Mt 5,17). Die Namen der fünf Bücher sind aus dem Griechischen stammende lateinische Bezeichnungen nach dem Hauptinhalt der Bücher: Genesis (Anfang), Exodus (Auszug), Leviticus (Levitisches Gesetz), Numeri (Zahlen; Volkszählung), Deuteronomium (Wiederholung des Gesetzes).

Gen 1–11 Urgeschichte	Gen 12–50 Geschichte der Väter	Ex 1 bis Dtn 34: Geschichte des Volkes Israel (Vom Auszug aus Ägypten bis zum Tod des Mose)				
	12–25: Abraham	Ex 1–13 Veranlassung des Auszuges und der Aufbruch	Ex 14–18 Zug zum Berg Sinai	Ex 19– Num 10 Am Berg Sinai	Num 10–32 Zug vom Berg Sinai zum Jordan	Dtn 1–34 Abschiedsrede des Mose und Moses Tod
	25–36: Isaak (Jakob u. Esau)					
	37–50: Joseph (Jakobs Söhne)					

II. Die Quellenschriften im Pentateuch

1. Vorbemerkung

Die fünf Bücher Mose sind nicht von einem Mann – auch nicht Mose – geschrieben. Der wechselnde Gebrauch des Gottesnamens (Jahwe bzw. Elohim) und Doppelüberlieferungen einzelner Erzählungen (vgl Gefährdung der Ahnfrau: 1Mos 12,10 ff; 20 und 26; Hagars Vertreibung: 1Mos 16 und 21; Dekalog: 2Mos 20 und 34 u. a.) führten dazu, mehrere Quellenschriften anzunehmen:
– der »Jahwist« (J), vermutlich die älteste Quelle, gebraucht für Gott den Namen »Jahwe«. Entstehungszeit: davidisch-salomonische Zeit oder später;
– der »Elohist« (E), eine etwa gleich alte – möglicherweise aber auch jüngere – Quellenschrift, gebraucht anfangs »Elohim« als Gottesbezeichnung (bis 2Mos 3,15);
– das »Deuteronomium« (D) umfaßt außer einigen Versen vor allem das fünfte

16 AT und die Geschichte Israels

Buch Mose (bes. 1—30), nach dem es seinen Namen hat. Entstehung vermutlich zur Zeit Josias (7. Jh.);
— die »Priesterschrift« (P) erhielt ihre Bezeichnung wegen eines Interesses an kult. Einrichtungen und priesterl. Ordnungen. Jüngste Quellenschrift des Pentateuch: ca 6./5. Jh.

2. Zur Charakterisierung der einzelnen Quellenschriften

a) Priesterschrift (P)

P ist die jüngste Quellenschrift. Erzählungsgrundlage des Pentateuch, durch jeweils an Ort und Stelle passende Einfügungen aufgefüllt.

THEOLOGISCHE GRUNDGEDANKEN	UMFANG UND SCHWERPUNKT
1. Großes Interesse an kultischen Fragen und Gegenständen (Sabbat, Mischehe, Beschneidung u. a.). Verf. schildert den kult. Dinge seiner eigenen Zeit und versucht, sie durch Rückführung auf Mose zu legitimieren (typisch für israelit. Geschichtsverständnis vgl S. 19; 29 f). 2. Beschränkung von Kult und Opfer auf Israel. 3. Zugang zu Gott nur über Kult und Priester möglich (Anthropomorphismen treten stark zurück, zurückhaltende Darstellung von Gottesoffenbarungen). 4. Ordnung des ganzen Lebens durch Ritualgesetz. 5. Zusicherung der Gegenwart Gottes »Ich will unter den Kindern Israel wohnen und ihr Gott sein« (2Mos 29,43 ff). P tröstet durch Betonen der göttl. Gnade eine Gemeinde, die alles verloren zu haben meint. Ihr wird gezeigt: Bundeszeichen gelten auch in der Fremde und binden die Gemeinde an Jahwe.	Beginnt mit eigener Schöpfungsgeschichte 1Mos 1,1—2,4 — unterschrieben mit für P bezeichnendem Satz: »Dies ist der Ursprung von Himmel und Erde«. Geringer Anteil an den Erzvätererzählungen, umfangreicher dagegen an den Mosegeschichten. Schwerpunkt: Gründung der Kultgemeinde am Sinai (Stiftshütte, Priester, Opferdienst 1Mos 25,1—31,18; 2Mos 40; 3Mos 8—10) vgl zum Ganzen S. 19 ff.

ENTSTEHUNGSZEIT

P ist keine Einheit, sondern literarische Komposition, in der älteres Material mitverarbeitet ist (Gesetze, Kultordnungen, Sammlungen priesterl. Berufswissens u. a.). Vorgang des Sammelns begann im 6. Jh. in priesterl. Kreisen in Babylonien und wurde im 5. Jh. — nach der Zeit des babylon. Exils — abgeschlossen.

b) Jahwist (J)

Der Jahwist ist ein literarisches Werk, das altes Überlieferungsgut — oft möglichst unverändert — zusammenstellt. Die weitergegebenen Traditionen — z. T.

aus kult. Bekenntnissen erwachsen und bisher eventuell mündl. überliefert —
werden unter theologischen Gesichtspunkten schriftlich fixiert.

THEOLOGISCHE GRUNDGEDANKEN

UMFANG UND
SCHWERPUNKT

1. Thema: 1Mos 12,2 f »So will ich dich zu einem großen Volke machen und dich segnen und deinen Namen berühmt machen, daß er zum Segensworte wird. Segnen will ich, die dich segnen ... und mit deinem Namen werden sich Segen wünschen alle Geschlechter der Erde.«
2. Gedanke einer einheitlichen — unter der Sünde stehenden — Menschheitsgeschichte taucht auf. J denkt universalistisch: Segen für die Welt (1Mos 12; 18; 28; 4Mos 22, 24,9).
3. Ausweitung des Gottesbegriffs über nationale Grenzen hinaus.
4. Frage nach der Gerechtigkeit Gottes (1Mos 18,25: »Ferne sei es von dir, ... den Gerechten mit dem Gottlosen zu töten, daß es dem Gerechten erginge wie dem Gottlosen! Das sei ferne von dir! Der aller Welt Richter ist, sollte der nicht Recht üben?«
5. Verheißung Gottes setzt sich durch gegen Schuld der Menschen.

Beginnt mit Schöpfungsgeschichte, die in der Erschaffung des Menschen gipfelt (1Mos 2,4b–25). J umfaßt ausführliche Erzählung über die Zeit der Väter, Teile der Josephsgeschichten, Errettung aus Ägypten und größere Passagen der Sinaioffenbarung. Letzter größerer Teil: Zug ins Ostjordanland. Schluß: 4Mos 25,1–5.

ENTSTEHUNGSZEIT

Zeitgeschichtl. Angaben fehlen bei J. Anzunehmen ist: Entstehung im 10. Jh. im Südreich (Bevorzugung südlicher Traditionen wie Bethel, Hebron, Mamre).

c) Elohist (E)

Elohistisches Erzählungswerk liegt nur noch in Bruchstücken vor. Bearbeiter der älteren Pentateuchüberlieferung legte J zugrunde und füllte Fehlendes aus E auf. Doppelüberlieferungen sind nicht einfach Parallelen, sondern Varianten.

THEOLOGISCHE GRUNDGEDANKEN

UMFANG UND
SCHWERPUNKT

1. Ansätze zur Betonung der rechtl. Seite im Bundesverhältnis Gott–Volk (Dekalog).
2. Plan Gottes umspannt alle Völker, aber exklusive Stellung Israels unter den Völkern wird betont.
3. Allen Widerständen zum Trotz setzen sich Pläne Gottes durch.

Beginn: ohne Urgeschichte in 1Mos 15 mit Abraham. E enthält meist nur kurze Nachträge und Ergänzungen, einen größeren Anteil

18 AT und die Geschichte Israels

4. Verbindung zu den Propheten: Mose und Abraham werden Propheten genannt (1Mos 20; 4Mos 12); Mose ist über alle Propheten.
5. Gott tut seinen Willen niemals direkt kund (kein mündl. Verkehr Gottes mit den Menschen wie bei J). Abraham erfährt in Visionen den Auftrag Gottes (1Mos 15). Hoheit Gottes ausgedrückt durch Begegnung in Gesichten und Träumen, Begegnungen in der Nacht, Handeln durch Werkzeuge.

aber an den Josephserzählungen.
Sondergut vor allem 1Mos 22,1—19.
Schluß: 4Mos 23.

ENTSTEHUNGSZEIT

Keine genaueren Angaben möglich. Beziehung zu älteren Traditionen lassen vermuten: nicht viel später als davidisch-salomonische Zeit.

d) Deuteronomium (D)

D bringt wenig erzählende Partien (im histor. Rahmen 1—4; 31—34), sonst ist es als Rede konzipiert, die Mose bei Abschluß der Wüstenwanderung vor dem Jordanübergang vor seinem Tod gehalten hat (1,1—5).

THEOLOGISCHE GRUNDGEDANKEN

UMFANG UND
SCHWERPUNKT

1. Gott ist der Eine, ihm gebührt die ganze Liebe. Aufgrund seiner unverdienten gnädigen Zuwendung und Erwählung der Väter schuldet man ihm Furcht, Liebe und Dienst.
2. Ausdrückliche Mahnung zum Gehorsam im »Heute«. Für Gehorsam gegen seine Gebote wird Segen, für Nichtachtung Fluch zugesagt. Segen ist ein zentraler theolog. Begriff im D.
3. Mahnung zum Halten der Gebote beruht auf der Verkündigung der großen Taten Gottes (vgl 1.).
4. Alleinverehrung Jahwes am Heiligtum dient zur Überwindung polit. Trennung und relig. Überfremdung. Theolog. Absicht: Rückkehr zur alten Jahwereligion der Zeit vor dem Seßhaftwerden im Kulturland.

Mitte: deuteronomisches Gesetz (12—26) und Bekenntnis zu dem einen Gott (6,4 f). Abschluß des Pentateuch (31—34) enthält Lied des Mose (32,1 ff), Mosesegen (33) und Moses Tod (32,48 ff und 34).

ENTSTEHUNGSZEIT

Die Reden können nicht auf Mose zurückgeführt werden, da Einzug ins westjordan. Kulturland und ein von einem König regierter Staat vorausgesetzt sind. D hat auf die Reformmaßnahmen Josias (621 vgl S. 38) eingewirkt, sie aber nicht ausgelöst. Entstehung etwa um die Mitte des 7. Jh.

III. Hauptthemen der Überlieferung

1. Vorbemerkung

»Ein umherirrender Aramäer war mein Vater; er zog hinab mit wenigen Leuten nach Ägypten, blieb dort als Fremdling und wurde dort zu einem großen, starken und zahlreichen Volk. Aber die Ägypter mißhandelten und bedrückten uns, sie legten uns harte Arbeit auf. Da schrien wir zu Jahwe, dem Gott unserer Väter, und Jahwe hörte uns und sah unser Elend, unsere Mühsal und Bedrückung. Und Jahwe führte uns heraus aus Ägypten mit starker Hand und ausgestrecktem Arm, unter großen Schrecken, unter Zeichen und Wundern, und brachte uns an diesen Ort und gab uns dieses Land, das von Milch und Honig fließt« (5Mos 26,5–9).

Das *Bekenntnis* ist die Form, in der Israel von einschneidenden Ereignissen seiner Vorzeit Kenntnis gibt. Die wesentlichen Themen des israelitischen Glaubenszeugnisses (bei kultischen Veranstaltungen ausgesprochen), aus denen der Pentateuch gewachsen ist, sind:
a) Herausführung aus Ägypten
b) Einzug ins Kulturland
c) Verheißung an die Väter
d) Wüstenwanderung
e) Sinaioffenbarung

Die überlieferten Traditionen setzen schon für die Vorzeit Israels einen Zusammenschluß der einzelnen Stämme voraus, der jedoch erst nach dem Seßhaftwerden erfolgt, d. h. *Überlieferungen der Erlebnisse einzelner Stämme oder Stammesteile wurden später von Gesamtisrael übernommen.*
Neben diesem heilsgeschichtlichen Rahmen: große Anzahl selbständiger Überlieferungen (Sagen, Märchen, Ätiologien) einzelner Stämme im Umlauf. Aufgabe der Verfasser des Pentateuch: Überlieferungen der verschiedensten Einzelerzählungen zu einem Ganzen zu verbinden und dabei den theologischen Gedankengang des Bekenntnisses beizubehalten.
Besonders ausgeführt wurde: Überlieferung von den Vätern. In den Rahmen eingefügt: Überlieferung vom Sinai. Vorgebaut: Urgeschichte.
Das zeigt: Das *Geschichtsverständnis Israels* kann unbefangen die Situation der Gegenwart in die Vergangenheit einfließen lassen. Es kennt keine absolute Grenze zwischen vergangenem und gegenwärtigem Geschehen im Sinn einer Ausschließlichkeit histor. Ereignisse.

2. Hauptthemen

a) Herausführung aus Ägypten

»Jahwe hat Israel aus Ägypten herausgeführt« ist einer der am häufigsten wiederholten Glaubenssätze des AT. Hieraus hat Israel seine Sonderstellung im Kreis der Völker abgeleitet. Auch die klassischen Propheten kennen Jahwe als den Gott Israels »von Ägypten her« (Hos 12,10; 13,4). In den katechismusartigen Zusammenstellungen der grundlegenden Taten Gottes erscheint die Heraus-

20 AT und die Geschichte Israels

führung aus Ägypten als eigentliche Haupttat Gottes (5Mos 6,21—23; 28,8; Jos 24,67).
Diese Glaubensaussage Israels ist schon früh festgeprägte Formel geworden, in den verschiedensten Zusammenhängen zitiert. Sie drängte — als »Urbekenntnis« Israels — zu erzählender Ausgestaltung, dabei gehörte die Vernichtung der Ägypter im Meer mit hinzu. In beiden zusammen sah man den Beginn der Geschichte Israels.
Quellenschriften des Pentateuch veranschaulichen den Glaubenssatz »Jahwe hat Israel aus Ägypten befreit« durch *erzählende* Ausgestaltung. Einig sind sich Jahwist, Elohist und Priesterschrift: Jahwe habe auf wunderbare Weise Israel vor dem Pharao am Meer gerettet, die erzählende Ausgestaltung aber im einzelnen variiert:
Analyse von 2Mos 14:
J: Jahwe legt durch starken Ostwind Meer über Nacht trocken. Israeliten ziehen sicher durch, Ägypter kommen — von einem Gottesschrecken verwirrt — in der Flut des zurückströmenden Meeres um (2Mos 14,21a.27).
E: Engel Gottes tritt zwischen Israeliten und die sie verfolgenden Ägypter (2Mos 14,19a.25a).
P: Gott spaltet das Meer, das, solange die Israeliten durchziehen, wie eine Mauer steht, über den Ägyptern aber zusammenbricht (2Mos 14,22.23.26. 28.29).
Die verschiedene erzählende Ausgestaltung macht deutlich:
a) keine einheitliche Überlieferung vorhanden;
b) Auszugstradition hat grundlegende Bedeutung für den Jahweglauben: Ursprung seines Erwählungsbewußtseins und Beginn der Geschichte Israels.

b) Einzug ins Kulturland

Der sachlich selbständige Glaubenssatz von der »Herausführung aus Ägypten« zog leicht die spätere Erweiterung an, Jahwe habe Israel in das Land, das es nun besitzt, hineingeführt (5Mos 6,23; 26,9; Jos 24,8 u. a.). Auch dieser Glaubenssatz wurde mit konkreten Erzählungen ausgestaltet — besonders aus dem Erfahrungsbereich der mittelpalästin. Stämmegruppe.
Beim Lesen der Texte zu diesem Thema ist zu beachten:
Im AT ist die Landnahme idealisiert als geschlossener Einzug aller Stämme (vgl Jos 2). Hinter dieser Darstellung aber steht ein Prozeß, der sich über längere Zeit erstreckte, in verschiedenen Abschnitten und unterschiedlichen Formen vor sich ging: die 12 Stämme wurden nicht alle zur gleichen Zeit in Kanaan seßhaft. Seit dem 14. Jh. ließen sich jeweils einzelne Stämme oder Stammesgruppen im Zuge des Weidewechsels und im Rahmen der »aram. Wanderung« im wenig bewohnten Teil Palästinas nieder. Erst in späterer Zeit: kriegerische Auseinandersetzungen mit kanaan. Bevölkerung. Für Rückschlüsse auf den Vorgang des Einziehens ins Kulturland sind heranzuziehen:
Negatives Besitzverzeichnis (Ri 1,17—36); Landnahmetraditionen der Stämme Benjamin (Jos 2—9), Ephraim (Jos 11) und Joseph (Jos 17,14 ff); Grenzfixpunktreihen (Jos 13—19).
Nach Abschluß der Landnahme aller Stämme wurde die Vorstellung einer *gemeinsam erfahrenen Geschichte* vor und während des Seßhaftwerdens wach. Dazu trat die gemeinsame Verehrung Jahwes. Sondertraditionen einzelner Stäm-

me wurden bedeutsam für die anderen Stämme und so zu Begebenheiten erweitert, die Israel als Ganzes erlebt hat.
Die Landnahmeerzählungen gehören zur Gattung der *Sagen*, jener sprachlichen Form, in der sich Völker der Frühzeit mit ihrer Vergangenheit auseinandersetzen und ihre geschichtliche Erinnerung in Worte fassen.

c) Verheißung an die Väter

Als Erzväter bezeichnet man die Empfänger göttlicher Verheißungen und Stifter von Kulten an den durch den Verheißungsempfang geheiligten Orten (etwa: Sichem 1Mos 12,6; Bethel 1Mos 12,8; 13,3; 28,11—22; Beerseba 1Mos 21,22 ff; 26,23 ff; 46,1—4; Terebinthe von Mamre bei Hebron 1Mos 13; 18,1 ff).
Die Gestalten der »Väter« sind vor allem um der Götter dieser Väter willen festgehalten. Die Erzväter verehrten den »Gott der Väter«, benannt nach den Personen, die diesen Gott verehrten und seinen Kult stifteten. Wesentlich für die Vätergötter ist die jeweilige Beziehung zwischen Gott und Person (nicht Kultort). Daher sind sie beweglich im Eingehen auf eventuelle Wandlungen im als unkriegerische Kleinviehnomaden lebenden Verehrerkreis und seinem Schicksal. Der jeweilige Vätergott (Gott Abrahams, Schrecken Isaaks 1Mos 31,53, Gott Jakobs, Starker Jakobs 1Mos 49,24 u. a.) zog entsprechend der Lage seines Verehrers mit ihm und ist an kein bestimmtes Heiligtum gebunden.
Er macht Mut (1Mos 28,13—18), verheißt Landbesitz und Nachkommen (1Mos 12,1; 28,13; 46,3), sagt Schutz zu (1Mos 28,15; 31,5), offenbart sich in Gesicht und Audition (1Mos 15,1; 18,1) und Traum (1Mos 28 u. a.). Die Erzvätergeschichten sind keine Geschichtsdarstellungen, sondern Erzählungen. Historisch betrachtet, umfaßte das Thema »Verheißung an die Väter« zunächst nur Erzählungen um die Gestalt Jakobs (vgl 5Mos 26,5—9), während z. B. die Erzählungsreihe »Josephsgeschichten« erst ein späteres Element ist, das die Zusammenstellung der großen Hauptthemen des Pentateuch schon voraussetzt. Bei den Südstämmen sind die Erzählungen von Isaak und Abraham im langwierigen Entstehungsprozeß des Pentateuch hinzugewachsen — Erzählungen, die das Thema »Verheißung« lediglich variieren.

d) Wüstenwanderung

Das Thema »Führung in der Wüste« setzt die Themen »Herausführung aus Ägypten« und »Hineinführung in das Kulturland« voraus und lehnt sich an sie an. Es stellt vor allem einen Beitrag der Südstämme zur Pentateucherzählung dar. Erzählerisches Motiv dürfte der Wunsch sein, etwas Konkretes über das Ergehen der israelit. Stämme nach der »Herausführung aus Ägypten« auszusagen. Das Thema ist in Einzelerzählungen ausgeführt, deren Ursprungs- und Überlieferungsort an einigen Wasserstellen in der Wüste am südlichsten Ausläufer des palästin. Kulturlandes zu suchen ist. Traditionsgeschichtl. betrachtet, stellt die Erzählung von der Wüstenwanderung das Ende eines langen Wachstums- und Kombinationsprozesses dar. In Jos 24,7b findet sie sich schon als eigener Schwerpunkt und begegnet von da an in den Geschichtshymnen (vgl

Ps 136,16). Charakteristisch ist die einseitige Betonung des Handelns Jahwes am passiven und stummen Israel.
Zwei Betrachtungsweisen kann man unterscheiden:
Jer 2,1—3: Wüstenwanderung ist Zeit der großen Liebe zwischen Jahwe und seinem Volk, die sich in seiner wunderhaften Führung erweist und bewährt. Auf der anderen Seite hat Israel seinerseits Jahwe versucht (2Mos 17, 1 ff; 4Mos 14,22; Ps 78; Ps 106 u. a.). Ez 20 dagegen stellt die Wüstenzeit als Vorbild des künftigen Gerichts dar. Dies düstere Bild gehört jüngerer Überlieferung an und stammt vor allem aus der späteren Königszeit.

e) Sinaioffenbarung

Überlieferung vom Sinai ist als eigene Geschichte erst spät in den Pentateuch einbezogen worden. Ihre Grundlage bildet möglicherweise ein Fest der Bundschließung bzw. Bunderneuerung (vgl 5Mos 31,10 ff). Sinai: allgemein verehrtes Wallfahrtsheiligtum (nicht genau lokalisierbar).
Auch die Offenbarung am Sinai ist Erlebnis einzelner Stämmegruppen, das später von allen Stämmen als eigene Erfahrung übernommen wurde, als sie ihre Sonderüberlieferungen dem neuen Gottesverständnis unterordneten (Jos 24 möglicherweise Erinnerung an Übernahme der Jahwereligion durch alle Stämme).
Ältester Grundbestand der Sinaiüberlieferung:
a) Jahweerscheinung,
b) Offenbarung des Jahwenamens,
c) Gesetzgebung.
Die Gesetze legen den Namen Jahwes in seiner Bedeutung für das Volk aus. Sie betonen den Ausschließlichkeitsanspruch des Jahwekultes. Ein friedliches Nebeneinander mit anderen Göttern oder Kulten ist ausgeschlossen (1Mos 35, 2 ff; 2Mos 19,3). Bundesversprechen des Volkes: Halten der Gebote Jahwes (2Mos 20,21), Bundesversprechen Jahwes: Schutz und Hilfe (2Mos 23,20 ff).

Dieser Grundbestand der Hauptthemen der Überlieferung wurde im weiteren Erzählen und Sicherzählenlassen durch verschiedenste Einzelstoffe erweitert und ergänzt. Eine Trennung zwischen älteren und jüngeren Elementen der Erzählungen ist nicht immer sicher möglich.

B] Israels politische Machtentfaltung
Das deuteronomistische Geschichtswerk

VORBEMERKUNG

Wahrscheinlich wurden die Bücher Josua, Richter, Samuel und Könige von einem Redaktor überarbeitet, für den das Deuteronomium (5Mos) richtungweisend war (daher »deuteronomistisches Geschichtswerk« — eine konstruierte Darstellung des Weges Israels von der Mosezeit bis zum Exil als ein Glaubenszeugnis aus der Exilszeit, kein Bericht über den histor. Ablauf der Ereignisse).

Bibelkundliche Übersicht

Von der Landnahme bis zum Exil

Jos 1—24	Ri 1—20	1Sam 1—8	9—15	16—25	26—31	2Sam 1—24	1Kön 1—11	1Kön 12- 2Kön 17	2Kön 18—25
Landnahme u. Verteilung des Landes	Zeit der Richter 1—2,5: »Bericht« von der Landnahme	Samuel (letzter Richter)				Königszeit Davids	Königszeit Salomos	Geschichte der beiden Teilreiche	Geschichte Judas
			Saul (erster König)						
				David					

1Chr 1—9: von Adam bis Saul	1Chr 10—29 David	2Chr 1—9 Salomo	2Chr 10—36: Geschichte Judas

Josua

Eroberung des Landes Kanaan Befehl zum Aufbruch (1); Durchgang durch den Jordan (3); Jericho (6)	1—12	vgl Ri 1,17—36: negatives Besitzverzeichnis
Verteilung des Jordanlandes an die 12 Stämme	13—21	
Rückkehr der Oststämme	22	
Abschiedsreden des Josua (Landtag zu Sichem)	23—24	

24 AT und die Geschichte Israels

	Richter	
Eroberung des Landes Kanaan (vgl Jos 1–12!)	1,1–2,5	
Zustände der Richterzeit	2,6–3,6	
Richtererzählungen Debora und Barak (4–5); Gideon (6–8) Abimelek (9); Simson (13–16)	3,7–16,31	
Anhänge: Wanderung des Stammes Dan Bestrafung Benjamins	17–18 19–21	
	1Samuel	
Samuel in Silo Ladeerzählung: 4–6; 2Sam 6	1–3	(1–25: Samuel)
Entstehung des Königtums Parallelberichte: Sauls Salbung 9,1–10,16 Sauls Erwählung 10,17–27 Sauls Kampf gegen Ammon 11,1 ff Geschichte von Sauls Aufstieg: 9–14	7–12	(9–31: Saul)
Sauls Verwerfung durch Samuel (vgl 13,7 ff) Geschichte von Davids Aufstieg: 1Sam 16–2Sam 5	15	
Saul und David Davids Aufstieg (16–19); Feindschaft (20–27); Sauls Ende (28–31)	16–31	(1Sam 16–2Kön 2: David)
	2Samuel	
David wird König Nathanverheißung (7)	1–8	
Geschichte von Davids Thronnachfolge Bathseba und Uria (11); Nathans Strafpredigt, Salomos Geburt (12); David flieht vor Absalom (15); Absaloms Tod (18)	9–20 (1Kön 1–2)	
	Königsbücher	
Salomo Davids Tod (2); Tempelbau und Einweihung (5–8); Salomos Tod (11)	1–11	
Die getrennten Reiche Prophet Elia (1Kön 17–2Kön 2) Prophet Elisa (2Kön 2–9)	1Kön 12 – 2Kön 17	
Gotteserscheinung am Horeb (19); Untergang Israels (2Kön 17)		

Israels politische Machtentfaltung 25

Geschichte Judas bis zum Untergang   2Kön 18—25
Jesaja (19); Josias Reform (22—23);
Eroberung Jerusalems (22—25). Exil.

I. Geschichtsdarstellung

1. Die Zeit der Richter

a) Zwölfstämmebund

Andere Zwölferschemata im AT

Viele Punkte der Frühgeschichte Israels bleiben im dunkeln. Weite Zustimmung hat in der at. Forschung die Vermutung gefunden, die Israeliten hätten bald nach ihrer Landnahme (vgl dazu S. 20) in Palästina einen sakralen Verband von 12 Stämmen — eine Amphiktyonie — gebildet (neuerdings verschiedene kritische Stimmen zu dieser These). Als Analogie (= Entsprechung) und Modell für mögliche israelit. Stämmebund können gelten: Stammesverbände der alten griech. Geschichte, die in Sechser- bzw. Zwölferreihen mit gemeinsamem Heiligtum zusammengestellt sind. Bedeutendste Zwölferamphiktyonie: pyläisch-delphische um die Heiligtümer der Demeter in den Thermopylen und des Apollo in Delphi. Die Zwölfzahl ist Israel bereits vorgegeben. Sie spielt im antiken Denken eine große Rolle als Zahl des Tierkreises, der Monate des Jahres und der Gesamtzahl überhaupt. Die Zwölfzahl der israelit. Stämme soll die Gesamtheit Israels symbolisieren.
Mögliche Gründung des sakralen Zwölfstämmebundes wird angesetzt auf: Landtag zu Sichem (Jos 24 beinhaltet älteres Sagenmaterial); histor. Hergang ist nicht mehr im einzelnen rekonstruierbar. Hierbei spielt der Ephraimit Josua eine wichtige Rolle. Er führt die letzte Stämmegruppe — »Haus Joseph« — nach Palästina. Damit ist der Abschluß des mehrere Stadien durchlaufenden Prozesses der

Im AT auch Nachbarvölker Israels zu Zwölfer- bzw. Sechsergruppen zusammengestellt:
1Mos 22,20—24 (Jahwist): 12 Söhne Nahors als Ahnherren von Aramäerstämmen.
1Mos 25,13—16 (Priesterschrift): 12 Söhne Ismaels als Ahnherren der Ismaeliterstämme.
1Mos 36,10—14 (Jahwist): Ahnherren der von 3 Frauen Esaus abgeleiteten Edomiterstämme.
1Mos 25,2 (Jahwist): 6 Söhne Abrahams mit Ketura als Ahnherren arab. Stämme.
Quellen zeigen drei verschiedene Formen des Zwölferschemas:

1Mos 29; 30	1Mos 49	4Mos 1; 26
a) Lea:		
Ruben	Ruben	Ruben
Simeon	Simeon	Simeon
Levi	Levi	—
Juda	Juda	Juda
Issaschar	Issaschar	Issaschar
Sebulon	Sebulon	Sebulon
Dina	—	—
b) Bilha:		
Dan	Dan	Dan
Naphtali	Naphtali	Naphtali
c) Silpa:		
Gad	Gad	Gad
Asser	Asser	Asser
d) Rahel:		

26 AT und die Geschichte Israels

Landnahme erreicht und zugleich der Anfang einer neuen Phase in der Geschichte Israels gegeben.

Joseph	Joseph	Ephraim
—	—	Manasse
—	Benjamin	Benjamin

Der Vergleich zeigt: vorgegebene Zwölfzahl ist der histor. Situation mehrfach angeglichen worden. Josua fordert die noch abseits vom Jahweglauben stehenden Stämmegruppen auf, sich zur alleinigen Verehrung des Gottes Jahwe zu bekennen. Erweiterung des Bundes vom Sinai auf die 12 Stämme. Gott des »Hauses Joseph« wird zum Gott »Israels«.

b) »Kleine Richter« und »Charismatische Retter«

Mit Ri 2,6 ff leitet Dtr die »Zeit der Richter«, eine neue Epoche in der Geschichte Israels, ein. Als Quellen benutzt er zwei verschiedene Überlieferungskomplexe (die sich in der Person des Jephtha überschneiden):
Erzählungsreihe über verschiedene Stammeshelden und ihre siegreichen Heldentaten (»Charismatische Retter« oder auch »Große Richter« genannt);
Liste sogenannter »Kleiner Richter« mit stichwortartigen Notizen über Herkunft, Amtsdauer und Begräbnis.
Schriftstellerische Absicht der Geschichten aus der Richter-Zeit: Darstellung des ständigen Abfalls des Volkes von seinem Gott.

»KLEINE RICHTER«

Alle kurzen Angaben über sie sind in bestimmtem Schema abgefaßt: »Nach ihm war Richter in Israel . . . aus . . . und er richtete Israel . . . Jahre lang. Danach starb . . . und wurde in . . . begraben.«
Das Richteramt war ein den einzelnen Stämmen übergeordnetes Amt mit den Aufgaben: Bewahrung, Vortrag und Auslegung des Gottesrechts sowie Aufsicht über seine Beachtung und Ahndung von Übertretungen. Zu den »Kleinen Richtern« zählen:
Thola, Jair, Jephtha, Ibzon, Elon und Abdon (vgl Ri 10,1—5; 12,7—15).

»CHARISMATISCHE RETTER«

Ihre Aufgabe war eine kriegerische und ihre Bedeutung auf je einen Stamm begrenzt. Ihre Stellung innerhalb des Heerbanns hatten sie nicht aufgrund einer Stammesvollmacht, sondern durch ein Charisma (Gnadengabe), das überraschend auftrat und nur begrenzte Zeit dauerte. Der ursprüngliche Titel »Retter« ist erst vom Dtr durch »Richter« ersetzt worden. Die diesen Geschichten zugrunde liegenden Heldensagen sind alle nach festem Schema geordnet: »Die Israeliten taten, was dem Herrn mißfiel« (Ri 2,11; 3,7.12; 4,1; 6,1; 10,6; 13,1). »Da entbrannte der Zorn des Herrn wider Israel und er verkaufte es in die Hand . . . Jahre lang« (Ri 2,14; 3,8.12.14; 4,2.3; 6,1; 10,7.8; 13,1).
»Da schrien die Israeliten zum Herrn,

Israels politische Machtentfaltung

RECHTSPRECHUNG

Zwei Formen:
a) apodiktische Rechtssätze
b) kasuistische Rechtssätze

a) apodiktische Rechtssätze:
Altes israelit. Recht aus der Zeit halbnomadischen Lebens. Meist eingeführt mit: »Du sollst nicht ...«. Jahwegesetze setzen Gottesverhältnis voraus (vgl 2Mos 20) und haben die Funktion: Bewahrung vorhandener kultischer Ordnung.

b) kasuistische Rechtssätze:
Altorientalische Rechtsform. Israel übernimmt sie in der Zeit nach der »Landnahme« von Kanaanäern. Meist formuliert: »Wenn jemand ..., dann soll er« (vgl 2Mos 22,1). Funktion: Ordnung des Zusammenlebens (notwendig durch Probleme nach dem Seßhaftwerden).

Vgl Nebeneinander apodikt. und kasuist. Rechtssätze in 2Mos 21. Älteste erhaltene Rechtssammlung in Israel: »Bundesbuch« 2Mos 20,22–23,33. Nahe Verwandtschaft zu anderen altorientalischen Rechtssammlungen (z. B. Codex Hammurapi). Daneben: kultische Weisungen (z. B. Lev 1–5).

und der Herr ließ den Israeliten einen Retter erstehen:...« (Ri 2,16; 3,9.15; 4,3; 6,6.14). »Und der Geist des Herrn kam über ihn« (Ri 3,10; 6,34; 11,29). »Und der Herr gab ... (Name des Feindes) in seine Hand« (Ri 3,10; 3,28; 4,14; 7,9.15; 11,32). Schilderung des Kampfes.
»Da hatte das Land vierzig Jahre lang Ruhe« (Ri 3,11; 3,30; 5,31; 8,28).

Zu den charismatischen Rettern gehören:
Othniel Ri 3,7–11
Ehud Ri 3,12–30
(Samgar Ri 3,31)
Debora
Barak Ri 4–5
Gideon Ri 6–8
Jephtha Ri 10,6–12,7

Für den Fall entscheidender Gefährdung der Existenz einzelner Stämme oder Stämmegruppen: Möglichkeit zu mit Nachbarstämmen gemeinsam geführtem »Krieg Jahwes« (auch: »Heiliger Krieg«), d. h. einem Krieg, den Jahwe durch machtvolle Taten für sein Volk führt. Vorsteher in solchen Kriegen: vom Geist Jahwes ergriffene und damit zu besonderen Taten befähigte Männer. Ältester uns bekannter Krieg Jahwes liegt der Erzählung Ri 4 zugrunde. Deborasiegeslied (Ri 5): Sieg durch Jahwes Hilfe zustande gekommen.

c) Samuel

Den zweiten Teil und zugleich den Abschluß der Richterzeit mit Überleitung zur Königszeit bilden die Themen der Philisterbedrängnis (Ri 13,1 ff) und der Tätigkeit Samuels. Dtr führt Samuel als »Richter« im Sinne des Richterbuches ein (1Sam 7,2–17). Als Quelle benutzt er vor allem den Anfang der alten Saul-David-Überlieferung. Entsprechend seiner Konzeption, daß alle Personen, die in der »Richter-Zeit« gesamtisraelit. Bedeutung erlangten, »Richter« waren, betont Dtr, daß Samuel »Israel richtete« (1Sam 7,6.15.16.17). Da den Richtern jeweils große Machttaten zugeschrieben wurden, läßt Dtr die Reihe der Rettertaten mit einem frei konstruierten Philistersieg Samuels abschließen. Samuel hat vor allem versucht, das Volk zur Umkehr zu bewegen, um so Voraussetzungen für ein Eingreifen Jahwes zu schaffen (1Sam 7,3.4), der dann auch durch einen Donner den Sieg über die Philister herbeiführt. Mit 1Sam 8 bereitet Dtr die Königszeit vor und versucht, das Verlangen des Volkes nach einem König mit dem Alter Samuels und der Kritik an seinen Söhnen zu begründen.

28 AT und die Geschichte Israels

2. Das frühe Königtum in Israel

ENTSTEHUNG

Eine polit. Notlage Israels — die Herrschaft der Philister über den Verband der israelit. Stämme nach der Niederlage bei Eben Ezer — weckt in Israel den Wunsch nach einem Zusammenschluß aller Stämme unter einem politischen Oberhaupt. Hierin sieht Dtr eine Abkehr des Volkes von Jahwe und einen Grund, das Königtum abzulehnen mit der Behauptung, das israelit. Volk sei letztlich durch seine Könige in den Untergang geführt worden.

WANDEL DER SITUATION

Entstehung des israelit. Königtums bringt Wandel der Situation:
— aus vorübergehender Führerschaft wird dauerndes Herrscheramt,
— neben Berufung des Königs durch Jahwe tritt Zustimmung des Volkes,
— aus eventuellem sakralem Stämmeverband wird polit. Königtum.
(Gegensatz zum schon länger bestehenden assyr.-babylon. und ägypt. Königtum: keine göttliche Verehrung des Königs in Israel).

UNTERSCHIEDLICHE BEURTEILUNG

Die Darstellung der Entstehung des israelit. Königtums in 1Sam 8—12 ist aus mehreren Traditionen zusammengesetzt:
a) Kritische Beurteilung:
1Sam 8; 1Sam 10,17ff: legendarische Erzählung von der Wahl Sauls durch das Los; 1Sam 12: Abschied Samuels.
b) Bejahung des Königtums: Erzählung mit Strukturelementen des Märchens 1Sam 9,1–10,16.
c) Aufweis der Notwendigkeit des Königtums: 1Sam 11, zugleich der Bericht, der wohl dem tatsächlichen Verlauf der Ereignisse am nächsten kommt.
Die geschichtliche Wirklichkeit erscheint hier in einem durch die verschiedenen Überlieferungen und die deuteromist. Bearbeitung mehrfach gebrochenen Licht. Dtr hat eine alte, dem Königtum freundlich gegenüberstehende Überlieferung durch längere Zufügung im Sinn seiner negativen Beurteilung des Königtums ergänzt (1Sam 7,2b–17; 8,1–22; 10,17–27a; 12,1–25).

a) Saul

GESCHICHTLICHE SITUATION

Dtr bietet die Sauüberlieferung im Blick auf das Kommende dar. Mit der Proklamation Sauls zum König durch das »ganze Volk« in Gilgal »vor Jahwe« (1Sam 11,15) handelt Israel nicht mehr als *sakraler* Stämmebund, sondern als *politisch* agierendes »Volk«. Mit diesem Schritt hin zu polit. Machtentfaltung ist der weitere Verlauf der Geschichte Israels festgelegt.
Saul gelingt es, die Ammonitergefahr abzuwehren (1Sam 11), die Philister aus dem Bereich der Stämme Israels zu vertreiben und die Amalekiter zu besiegen (1Sam 15). Um 1000 vChr aber führen neue Auseinandersetzungen mit den Philistern zur vernichtenden Niederlage der Israeliten an »der Quelle bei Jesreel«. Sauls Söhne fallen in der Schlacht, er begeht Selbstmord (1Sam 31). Einer unbestrittenen Herrschaft der Philister über Palästina steht nichts mehr im Wege.

Israels politische Machtentfaltung

SAULS KÖNIGTUM

Sauls Königtum war ein den östlichen Nachbarn vergleichbares nationales Heerkönigtum. Nach dem Vorbild der Philister hatte er Söldner um sich gesammelt. Sein Vetter Abner war Hauptmann des Heerbanns (1Sam 14,50), David sein Waffenträger (1Sam 16,21) und Gibea (6 km nördl. von Jerusalem) die Residenzstadt.

KRISE IM INNERN

Spannungen zwischen überkommenen Forderungen des »Krieges Jahwes«, Gedanken der »Amphiktyonie« einerseits und militärisch-polit. Gesichtspunkte andererseits führen zum Bruch zwischen Saul und Samuel, dem Hüter der alten kultischen Tradition. Samuel widerruft öffentlich Sauls Berufung durch Jahwe und entzieht Sauls Königtum damit die Grundlage.
(vgl 1Sam 13,9 mit 1Sam 13,8;
1Sam 14,24 ff mit 1 Sam 14,29 f;
1Sam 15,3.8 mit 1Sam 15,9.20 f).

b) David

GESCHICHTLICHE SITUATION

Nach Sauls Tod wird sein Waffenträger David in Hebron durch »Männer von Juda« (2Sam 2) zum König gewählt. Damit: Konstituierung eines eigenen Staates Juda als selbständige Größe. Sauls Vetter und Heerbannführer Abner macht dessen Sohn Isbaal zum Nachfolger Sauls als König in Israel. Nach Isbaals Ermordung wird David durch Bundesschluß mit den Ältesten der Stämme Israels König über die gesamten Stämme. Die Aufteilung in zwei verschiedene Staaten wird beibehalten und David regiert Israel und Juda — als getrennte Reiche — in Personalunion. Die Vereinigung beider Reiche in einer Hand ruft die Philister wieder auf den Plan. David bricht ihre Vorherrschaft in Palästina (2Sam 5,17—25), gliedert eroberte kanaan. Landesteile den Reichen Israel und Juda ein und unterwirft die ostjordan. Randstaaten der Moabiter (2Sam 8,2), Edomiter (2Sam 8,14) und Ammoniter (2Sam 10—12). Seine Residenz verlegt er von Hebron in die bisher von Jebusitern bewohnte freie Stadt Jerusalem, die zur »Stadt Davids« wird (2Sam 5,6—8). Israel wird beherrschende Macht in Syrien-Palästina und erstreckt sich vom Golf von Akaba bis an den Orontes.

GESCHICHTSVERSTÄNDNIS

Zur Zeit Davids tritt in Israel neben und an die Stelle von volkstümlicher Sagenüberlieferung die *Geschichtsschreibung*. Epoche der Sagenbildung ist mit der Zeit der Staatenbildung zu Ende. Es folgt ein (überraschend kurzer) Prozeß hin zur Darstellung des Zeitgeschehens in großen Zusammenhängen — unter übergeordnetem (hier theolog.) Gesichtspunkt (in der Welt des Alten Orients einmalig zu dieser

GOTTESVERSTÄNDNIS

Ein Wandel im Gottesverständnis läßt sich beobachten. Gott wird jetzt nicht mehr mit einzelnen Machttaten unmittelbar in den Gang der Ereignisse eingreifend gedacht. Das Zeitgeschehen wird als mehr oder weniger verborgenes bzw. offenbares Handeln Gottes gedeutet. Die Beobachtung, daß der Gott Israels seinem Volk in erster Linie im

30 AT und die Geschichte Israels

Zeit). Israel hat erkannt: Überliefern ist notwendig, um die Gegenwart zu verstehen und zu bestehen. Voraussetzung dazu ist Abstand von sich selbst und die Fähigkeit, die eigene Geschichte zum Gegenstand der Betrachtung zu machen. Prophet Nathan gibt grundlegende Legitimierung des davidischen Königshauses und verheißt ihm Bestand. Der Inhalt seiner Weissagung wurde den jeweiligen Nachfolgern neu verkündigt (Ps 2; 132 u. a.). Hier liegen die Wurzeln für die mit der Dynastie Davids verbundenen messianischen Endzeiterwartungen (vgl Jes 8,23—9,6; Mi 5,1 u. a.). So wurde David zum Urbild des messianischen Königs der Endzeit (Jer 30,9; Ez 34,23 ff).

geschichtl. Geschehen begegnet, macht Achten auf dies Geschehen nötig. Während vorher die geschichtl. Gotteserfahrung in erzählten Sagen weitergegeben wurde, wird jetzt die Überlieferung literarisch festgehalten und theologisch ausgedeutet.

KULT

Kult. Mittelpunkt wird — wie in der Antike jede polit. Hauptstadt zugleich kult. Zentrum war — Jerusalem. Altes israelit. Heiligtum steht damit am Kultort einer kanaan. Stadt. (Vielleicht ist in Ps 24,7 ein Wechselgesang erhalten, der gesungen wurde, als die Lade vor die Tore Jerusalems gekommen war.) Der Kult des im vordavidischen Jerusalem verehrten »Höchsten Gott« El Eljon bleibt neben dem Jahwekult bestehen, wird später aber von diesem aufgesogen. El Eljon wird Prädikat Jahwes.

c) Salomo

GESCHICHTLICHE SITUATION

Salomo beseitigt alle, die seine Machtpolitik gefährden könnten (1Kön 2,10 ff). Kluge Bündnispolitik schafft Israel Gelegenheit, seine Kräfte im Frieden zu entfalten. Neue Wege für Handel, Verkehr und Handwerk durch Bündnis mit Tyrus (1Kön 5,1) beleben die wirtschaftl. Lage. Trotz Entfremdung der nördl. Stämme von der Regierung in Jerusalem wegen Salomos Unterdrückungspolitik (erhöhte Abgaben der Bevölkerung zum Ausbau strategisch wichtiger Städte zu militärischen Stützpunkten; Eingriffe in die Verwaltung der Stämme) erlebt Israel Zeit polit. und wirtschaftl. Blüte, die auch einen gewissen Aufschwung auf dem Gebiet der Kultur bringt.

INNERE UMGESTALTUNG

— Vom Stämmeverband mit sakralen Einrichtungen und charismatischem Führertum zum dynastischen Staat.

KULTURELLE SITUATION

Der Königshof Salomos wird zur Pflegestätte der Weisheit (= Versuch, die Erscheinungen der Natur zu ordnen und zueinander in Beziehung zu setzen).

— Ende der Stammesorganisation durch Aufteilung in zwölf Verwaltungsbezirke (1Kön 4,7).
— Radikale Umstrukturierung der israelit. Gesellschaft durch Aufblühen von Handwerk, Verkehr und Handel. Grenzziehung nach Ertragsfähigkeit der Provinzen. Einrichtung von Handelsmonopolen zur Deckung von Bau- und Rüstungskosten.
— Spannungen zwischen Vertretern amphiktyonischer Tradition und Ansprüchen der Monarchie.

Lebensweisheiten werden gesammelt und in Sprichworte gefaßt. Die »Weisheitsliteratur« diente seit alters im Alten Orient zur Weitergabe von Wissen und Erfahrung. (Das Buch der Sprüche stammt zwar erst aus nachexilischer Zeit, die israelit. Weisheitstradition hat aber hier ihren Anfang; vgl 1Kön 5,9–14; 1Kön 10,23 + 24.)
Im Zusammenhang mit vielfältigem kulturellem Austausch kommt es zur Aufnahme und Umdeutung kanaan. Psalmen (Ps 29; 45; 18 u. a.) und zur Komposition neuer Psalmen, die teilweise dann in Vergessenheit gerieten.

3. Israel und Juda als selbständige Kleinstaaten

Für diesen Teil seiner Geschichtsdarstellung hat Dtr als Quellen »Tagebücher der Könige von Israel und Juda« benutzt. Er zitiert Einzelangaben aus diesen »Königstagebüchern«, um die Geschichte der Königszeit und ihrer Katastrophe als Ganzes darzustellen. Mit den jeweiligen Einzelheiten über den einen oder anderen König gibt er zugleich sein Gesamturteil über die Königszeit ab. Seine Urteile über Könige im einzelnen sind also nicht Urteile eines zuverlässigen Geschichtsschreibers, sondern nur verstehbar aus den bestimmten geschichtlichen Voraussetzungen bei Dtr und seiner Beurteilung der Königszeit insgesamt. Jeder, der weitere Einzelheiten über die Könige wissen will, wird eben an diese »Tagebücher« verwiesen.

Während Dtr wenig über die Könige von Israel erwähnt und auch aus den »Tagebüchern der Könige von Juda« nicht viel zitiert, fällt sein Interesse am prophetischen Wort auf. So finden sich in seiner Darstellung des Königtums bis hin zu seiner Katastrophe eine Reihe Prophetenerzählungen (so u. a. über Elia und Elisa, Jesaja, Ahia von Silo, Micha ben Jimla).

Mit der Unterwerfung Ahas' unter Assyrien leitet Dtr die letzte Phase der geschichtl. Entwicklung ein, die zum Ende des Staates Israel führt. Ein Schwerpunkt bildet für ihn noch die Regierung Josias, der dem im Tempel in Jerusalem bei Restaurationsarbeiten gefundenen Gesetzbuch (»deuteronomisches Gesetz«) mit staatl. Machtmitteln Geltung verschaffte (vgl S. 39).

II. Schriftstellerische Eigenart und Umgang mit der Überlieferung

Der Deuteronomist (Dtr) ist der Verfasser eines umfassenden Traditionswerkes. Allein seiner Darstellung ist eine nähere Kenntnis der Geschichte seines Volkes zu verdanken. Im Blick auf sein Gesamtthema (vgl S. 32) hat er Überlieferungsstoffe gesammelt, gesichtet, neu verstanden, miteinander verbunden, Unstim-

migkeiten ausgeglichen und korrigiert. Er hat Vorhandenes aufgenommen und zu Wort gebracht — aber auch das Ganze von sich aus geordnet, gegliedert und durch voraus- und zurückschauende Zusammenfassung systematisiert und ausgelegt. Durch das Verbinden und Neuverstehen einzelner Überlieferungskomplexe und ihre Einordnung in sein Gesamtkonzept hat er manchem eine Bedeutung zukommen lassen, die von ihrem eigentlichen Inhalt durchaus abweicht. Seine die Geschichte deutenden Reflexionen hat Dtr an den Wendepunkten des Geschichtsverlaufs eingefügt und meist führenden Persönlichkeiten in den Mund gelegt (z. B. Jos 23; 1Sam 12; 1Kön 8,14 ff).
Für die vom Dtrn selbst formulierten Passagen sind charakteristisch:
— häufig gleiche einfache Redewendungen,
— ständig wiederkehrende Hinweise auf die Notwendigkeit des Gehorsams gegenüber dem »göttlichen Gesetz« und
— Verweis auf die unheilvollen Folgen des Ungehorsams (s. u.).
So wird einem nach Form, Umfang, Inhalt und Bedeutung aus recht verschiedenartigen Überlieferungsstoffen zusammengestellten Ganzen der Stempel schriftstellerischer Einheitlichkeit aufgedrückt.

III. Theologische Grundgedanken

Der Deuteronomist verfaßte seine Geschichtsdarstellung in der Zeit des babylon. Exils unter dem Eindruck der Katastrophen, die dem nationalen Eigenleben Israels ein Ende bereitet hatten. Er ist mit einer bestimmten theologischen Überzeugung an seine Geschichtsdarstellung herangegangen. Er läßt die Geschichte Israels von der Landnahme bis zum Untergang als eine Geschichte fortschreitenden Abfalls des Volkes von Jahwe erscheinen. Ein zentrales Thema wird dadurch die »Gottesverehrung«. Hierbei geht es ihm nicht um die Entfaltung verschiedener gleichwertiger Möglichkeiten der Gottesverehrung, sondern um den Aufweis falscher Wege seines Volkes.
Auf die Mißachtung des »Gesetzes« antwortete Jahwe zunächst mit Warnungen und Strafen, schließlich mit völliger Vernichtung (2Kön 17,7 ff u. a.). Nachzuweisen, daß Israel sich diese Vernichtung selbst zuzuschreiben habe, ist ein Hauptziel des Dtrn.
Während etwa vorexilische Propheten die von ihnen angekündigten Katastrophen nicht als letztes Ende Israels, sondern als Beginn eines Neuanfangs betrachteten, hat das göttl. Gericht im Zusammenbruch des Volkes Israel für Dtr endgültigen und abschließenden Charakter. Er erwartete nicht einmal die Sammlung der zerstreuten Deportierten. Jeder Blick in die Zukunft fehlt in seinem Geschichtswerk.
Ausgangspunkt für seine Darstellung war wohl das Erlebnis der Katastrophen seines Volkes und die Frage nach ihrem Sinn im Gesamtablauf der Geschichte Israels.

C] Israel unter der Vorherrschaft altorientalischer Mächte – Die Zeit der Propheten

I. Zum Verständnis der Prophetie

Das Alte Testament zeigt: zu allen Zeiten der israelit.-jüd. Geschichte gab es Propheten, die damit verbundene Anschauung wechselte von Zeit zu Zeit. Der Titel »Prophet« wird großzügig gebraucht, z. B. für Abraham (1Mos 20,7), Aaron (2Mos 7,1), Mose (5Mos 34,10), Mirjam (2Mos 15,20), Debora (Ri 4,4), Hulda (2Kön 22,14) u. a.
Kennzeichnend (wie für kanaan. Propheten) ist die durch Musik (2Kön 3,15) und Tanz (1Kön 18,26) erwirkte Ekstase. Der Prophetenstand hat eine nicht mehr genau skizzierbare Entwicklung durchgemacht. Der Prophet bleibt im Laufe der Geschichte Israels nicht ein unverständliche Worte aussprechender Ekstatiker, sondern wird Bote Jahwes. Seine Worte sind »Kraft Jahwes« (Jer 23, 29). Seine Aufgabe ist eine doppelte:
a) er ist Sprecher Jahwes und
b) Fürbitter des Volkes vor Jahwe.
Die Propheten beanspruchen, gültiges Wort Jahwes für eine konkrete Situation zu sprechen. Sie reden das Volk ihrer Zeit in seiner augenblicklichen Lage an und rufen es zu ganz bestimmtem – von Jahwe gefordertem – Verhalten auf. Prophetenworte sind keine zeitlos gültigen Wahrheiten, sondern Worte für die Gegenwart der jeweiligen Hörer (nicht allein Zukunftsweissagungen). Die Propheten haben sowohl die Vergangenheit – mit der Glaubensüberlieferung ihrer Hörer – als auch die gegenwärtige Situation der Angesprochenen im Blick. Ihre Themen sind u. a.: Treue Jahwes, Ungehorsam des Volkes, Schicksal von Staat und Volk.
Bei den prophetischen Büchern muß berücksichtigt werden, daß sie im allgemeinen auf verschieden alte Teilsammlungen von Prophetensprüchen zurückgehen, die erst später zu größeren Sammlungen zusammengefaßt wurden und deshalb zum Teil uneinheitlich sind.

34 AT und die Geschichte Israels

II. Unter der Macht der Assyrer

AMOS

	BIBELKUNDE	ZUR PERSON DES AMOS
1–2 Völkergedicht	Gerichtsandrohung gegen die Nachbarvölker Israels und Juda. Erwählung Israels gibt keine Sicherheit. Das Volk ist in Sünde gefallen. Gegen verflachten Gottesdienst. Lobpreise 4,13; 5,8–9 später eingefügt. In fünf Visionen Warnung vor dem drohenden Gericht. Amos und der Priester Amasja (7,10 ff). Abschluß: Ein Heilswort (9,11 ff) nach dem Exil angefügt.	Schaf- und Maulbeerfeigenzüchter (1,1; 7,14) aus Thekoa, 16 km südl. von Jerusalem. Er wurde von seiner Herde weg berufen (7,14), ging dann ins Nordreich und verkündigte in Samaria (3,9; 4,1 ff; 6,1 ff) und Bethel (7,10 f; 4,4 f; 5,4; 5,21).
3–6 Gerichtsworte an Israel		
7–9 Visionen		

GESCHICHTLICHE SITUATION

Zeit Jerobeams II um 750 vChr. Niedergang des Aramäerreiches von Damaskus ermöglicht Israel kurzes Aufleben (vgl 1Kön 13,22 f). Königreich von Assur wird zwar stärker, aber noch keine akute Bedrohung für Israel. Zeit scheinbarer Sicherheit; politisches und kulturelles Hochgefühl.

THEOLOGISCHE GRUNDGEDANKEN

1. Ankündigung des Gerichtes Jahwes über Israel (1,2; 3,15; 5,18 ff; 5,27; 7,1 ff; 7,11; 9,8). Häufig ist die Rede von militärischer Katastrophe (3,13 ff; 6,9 f u. a.). Der Bestand ganz Israels wird infrage gestellt.
2. Ankündigung dieses Gerichtes aufgrund der Erwählung durch Jahwe (3,2 f; 2,10.13; 9,7).
3. Anklagepunkte: a) soziale Ungerechtigkeit (2,6 ff; 3,9 ff; 4,1 ff; 5,11; 8,4 f);
   b) kultische Sicherheit (4,4 f; 5,4 f; 5,21 ff).

Israel unter der Vorherrschaft altorientalischer Mächte

HOSEA

	BIBELKUNDE	ZUR PERSON DES HOSEA
1–3 Ehe des Hosea	Zwei Berichte über Hoseas Ehe mit einem treulosen Weib, um Jahwes Verhalten zum untreuen Israel zu veranschaulichen. (Kp. 1 Fremdbericht; Kp. 3 Selbstbericht).	Hosea = Jahwe hat geholfen. Biographische Elemente treten im Hoseabuch zurück. Vater: Beeri = mein Brunnen. Weder Heimatort noch Titel werden genannt. Er ist verheiratet mit gewisser Gomer. Drei Kinder tragen Symbolnamen. Seine Ehe hat besondere Bedeutung im Zusammenhang seiner Verkündigung (1–3). Hosea trat im Nordreich auf.
4–14 Lehrreden	Überwiegend Gerichtsworte; Aufforderung zur Umkehr. Spruchsammlungen gegen polit. und kult. Ungehorsam (4,1–9,9); Sprüche über Vergangenheit und Gegenwart (9,10–14,9).	

GESCHICHTLICHE SITUATION

Anfang des Wirkens Hoseas fällt in die letzten Jahre Jerobeams II. 2,4–17 u. 3,1–5 spiegeln politisch ruhige und wirtschaftlich satte Zeiten wider. Im Vordergrund des Interesses: Fragen des Kultes. Ein Schwerpunkt in Hoseas Verkündigung: Zeit der Not im syrisch-ephraimitischen Krieg (5,8–11) und der Eroberung weiter Gebiete Israels durch Tiglatpileser. Kp. 9–12 zu verstehen auf dem Hintergrund der ruhigen Zeit vor und nach Regierungsantritt Salmanassars V.

THEOLOGISCHE GRUNDGEDANKEN

1. Ankündigung des Gerichtes. Namen der Kinder (Hos 1): Zeichen des Gerichtswillens Jahwes gegen zum Baalkult abgefallenes Israel. (Verwendung grausiger Bilder für Jahwes Gerichtshandeln: 5,12.14; 13,7+8.)
2. Israel kann sich dem Gericht nicht durch Bündnisse mit Großmächten entziehen (5,12 f u. a.).
3. Ankündigung des Gerichts als Erziehung zur Umkehr (3,4 f). Gericht ist für Hosea Gericht zum Heil (11,8 f).
4. Ankündigung neuen Heils angesichts polit. Untreue (Königtum und Bündnispolitik) und kult. Abfalls (1–3; 4,11 f; 10,4).

36 AT und die Geschichte Israels

JESAJA

	BIBELKUNDE	ZUR PERSON DES JESAJA
1—12 Worte über Juda und Jerusalem	Überwiegend Drohworte. Weinberggleichnis (5); Berufung (6); Verheißung des Immanuel (7,14 ff vgl Mt 1,23) später auf Jesus bezogen. Weitere messianisch verstandene Stellen 9,1 ff; 11,1 ff.	Jesaja (= Jahwe ist Heil) ist Sohn eines unbekannten Amoz 1,1; 2,1 (hat nichts zu tun mit Prophet Amos), kommt wahrscheinlich aus Jerusalem und wirkt in Juda. Er hatte einen Kreis von Jüngern um sich versammelt (8,1). Seine Frau nennt er Prophetin, seine Kinder tragen Symbolnamen 7,3; 8,3; 7,10 ff? Im Todesjahr des Ussia (um 750) zum Propheten berufen (6,11). Über seinen Tod ist nichts bekannt.
13—23 Worte über die fremden Völker	Drohworte gegen Babel, Assur, Moab, Syrien, Ägypten u. a.	
24—27 Apokalypse	Sicher später eingefügte eschatologische Reden: Gericht über die Welt, Erlösung des Volkes Israel.	
28—32 Der »assyrische Zyklus«	Jes wendet sich gegen die freundliche Politik gegenüber Ägypten. Gerichtsworte gegen Juda.	
33—35 Anhänge	Unechte Stücke: Gericht über Völker; Erlösung Israels (nachexilisch).	
36—39 Berichte	Vgl 2Kön 18—20: Bericht über die Bedrohung Jerusalems durch Sanherib; Errettung.	

GESCHICHTLICHE SITUATION

Politisch dramatische Zeit. Nach einem gewissen Aufschwung Israels unter Jerobeam II: wirtschaftliche Blüte und Bildung einer begüterten Oberschicht
745 wächst die Macht Assurs unter Tiglatpileser III. Ziel der assyr. Expansionspolitik: Unterwerfung ganz Syrien-Palästinas. König Ahas von Juda weigert sich, eine antiassyr. Koalition einiger syr.-palästin. Kleinstaaten unter Rezin von Damaskus und Pekah von Israel zu unterstützen. Es kommt zum
733 sog. »syr.-ephraimit. Krieg«. Rezin und Pekah versuchen, Juda zum Bündnis zu zwingen und Ahas abzusetzen. Ahas unterwirft sich Tiglatpileser und erbittet von ihm Hilfe. Die Eroberung Israels durch die Assyrer bringt Ende des syr.-ephraimit. Krieges und Aufteilung Israels in drei assyr. Statthaltern unterstellte Provinzen: a) Megiddo (Galiläa und Jerusalem); b) Dor (Israelit. Gebiet der palästin. Küstenebene); c) Gilead (Israelit. Ostjordangebiet).

Israel unter der Vorherrschaft altorientalischer Mächte

722/21 Sargon II — Nachfolger des neuen Assyrerkönigs Salmanassar V — erobert Samaria: Ende der Existenz des Staates Israel. Aufstände und Gebietsverluste folgen.
701 Belagerung Jerusalems durch Sanherib. Keine Möglichkeit der Entfaltung eigenen geschichtlichen Lebens mehr für das aufgeteilte und in
610 assyr. Provinzen lebende Israel bis zum Zusammenbruch des assyr. Reiches. (Vgl auch weitere Angaben bei Micha S. 38.)

THEOLOGISCHE GRUNDGEDANKEN

1. Ankündigung des Gerichts über Unrecht und Unglaube (falsche Opfergottesdienste; Scheinfrömmigkeit).
2. Aufforderung, das Vertrauen in bewegter politischer Situation allein auf Jahwe zu setzen (7,1 ff; 10,5 ff, 24 ff; 14,24 ff; 30,15 ff; 31,1 ff).
3. Ankündigung eines neuen David (8,23—9,6; 11,1—5; 11,6 ff).
4. Ankündigung des Friedensreiches aufgrund der Erwählung des Zion (1,4 ff; 7,7 ff; 10,32; 14,28 f; 28,16; 29,1 ff).
5. Diese Ankündigung angesichts eines verstockten Volkes (6,1 ff; 29,9).

MICHA

	BIBELKUNDE	ZUR PERSON DES MICHA
1—3 Unheilsverheißungen	Ankündigung des Untergangs von Samarien und Jerusalem. Klage über Zerstörung und soziale Mißstände. Nachexil. Heilswort 2,12 f.	Micha (= er ist wie Jahwe) stammt aus Moreseth-Gath und wirkte in Juda. Er war jüngerer Zeitgenosse Jesajas.
4—5 Verheißung	Ankündigung des Exils und der Rettung; Heil aus Bethlehem 5,1 ff.	
6—7 Unheilsdrohung	Gerichtsrede Jahwes gegen Israel, Schelt- und Drohworte. Als Abschluß 7,7 ff: Gott wird wieder helfen.	**ZUM AUFBAU DES BUCHES** Seine Worte sind in mehreren Sammlungen zusammengefaßt worden (1—3; 6—7). Heilsweissagungen keine Sammlung, sondern Reihe loser Einzelsprüche.

GESCHICHTLICHE SITUATION

Zur geschichtl. Situation vgl zunächst die Angaben bei Jesaja S. 36. Micha wirkte hauptsächlich unter Hiskia (Jer 26,18).
724 Unter Salmanassar V stellt Hosea von Israel Tributzahlungen an assyr.

38 AT und die Geschichte Israels

Großkönig ein und versucht, durch Verbindung mit Ägypten sich assyr. Herrschaftsanspruch zu entziehen. Salmanassar setzt Hosea gefangen, bemächtigt sich seines Gebiets und belagert Samarien.

722/21 Eroberung Samariens unter Sargon II. Unter Hiskia werden antiassyr. Aufstände in Juda niedergeworfen.

713/11 Juda, Edom und Moab versuchen, sich Assurs Herrschaft zu entledigen; gemeinsames Hilfegesuch an Ägypten. Juda und seine Nachbarn ziehen aber
701 wieder zurück. Sanherib stellt auf Syrien-Palästina-Feldzug alte Ordnung wieder her.

THEOLOGISCHE GRUNDGEDANKEN

1. Unheilsankündigung über Israel und Juda angesichts des Treibens der Fürsten und Propheten. Angeklagt werden: Großgrundbesitz (2,2 f); ungerechte Oberschicht (3,1); bettelnde Heilspropheten (3,5 ff) und bestechliche Priester (3,11).
2. Die Strafe Jahwes bringt Mangel an Jahweworten bei den Propheten; Zion wird zum Feld umgepflügt, Jerusalem zum Trümmerhaufen und der Tempelberg zur Waldeshöhe (3,12).
3. Das rechte Verhältnis des Menschen zu Jahwe ist nicht durch perfekten Kult mit kostbarsten Opfern ausgezeichnet, sondern durch bestimmte ethische Grundhaltung (6,8).

ZEPHANJA

	BIBELKUNDE	ZUR PERSON DES ZEPHANJA
1,1–2,3 Gerichtsandrohung	Vernichtungsgericht über dem Götzendienst verfallenes Volk am Tag Jahwes, dem Tag der Finsternis.	Zephanja (= Jahwe hat bewahrt) wirkte zur Zeit des Königs Josia (als dieser noch unmündig war 1,8) um 630. Letzte Ausformung des Buches nach dem Exil.
2,4–15 Fremdvölkersprüche	Gerichtsworte über Philistäa, Moab, Ammon, Ägypten und Assur.	
3,11–20 Heilsworte	Schluß: Loblied aus der Zeit nach Zerstörung Jerusalems.	

GESCHICHTLICHE SITUATION

640 ff Josia nutzt Niedergang Assurs, schrittweise Selbständigkeit Judas zurückzugewinnen und Grenzen des alten davidischen Reiches wiederherzustellen. Nach Rückgewinnung der Provinzen Samaria und Megiddo verfügt ein

Israel unter der Vorherrschaft altorientalischer Mächte 39

Davidide wieder über Gebiet des ehemaligen Israel (vgl Ortslisten in Jos 13; 15; 18; 19).
Im Rahmen innerer Reformen entfernt Josia assyr. Staatskult aus Jerusalemer Heiligtum. Dem bei Restaurationsarbeiten im Tempel gefundenen »deuteronomischen Gesetz« verschafft Josia mit staatlichen Machtmitteln Geltung. Jahwekult in den Lokalheiligtümern des Landes eingestellt; einzige legitime Kultstätte Israels: Jerusalem.

THEOLOGISCHE GRUNDGEDANKEN

Im theologischen Gedankengut verfolgt Zephanja die Linie: Amos — Hosea — Jesaja (vgl jeweils dort).

NAHUM

612 Nahum (= Tröstung) ist Zeitgenosse Jeremias. Er wirkt in Jerusalem als Berufsprophet (?). Er kündigt den Fall Ninives an. Seine Einzelsprüche und Lieder stammen aus der Zeit kurz vor dem entscheidenden Angriff der Meder und Babylonier, der mit der Eroberung der assyr. Hauptstadt Ninive den Untergang Assurs bringt. Das Buch Nahum wird auch verschiedentlich verstanden als Liturgie für ein nach dem Fall Ninives in Jerusalem gefeiertes Fest.

HABAKUK

Berufsprophet (1,1; 3,1), der Jahweoffenbarungen von sich aus herbeizuführen sucht. Zur geschichtl. Situation vgl die Angaben zu Zephanja und Nahum. Habakuk schreibt in einer Zeit der Bedrückung des Volkes durch Assur (?). Das Buch enthält Klagelieder (1,2 f. 12) und Ankündigungen der Hilfe Gottes (3,3 ff). Abschluß: Loblied (3,18 ff).

III. Unter der Macht der Babylonier

JEREMIA

	BIBELKUNDE	ZUR PERSON DES JEREMIA
1—25 Prophetien gegen das eigene Volk	Berufung (1); einige erzählende Partien, überwiegend jedoch Gerichtsworte. Tempelrede (7); Konfessionen (11—20); Töpfergleichnis (18).	Um 650 als Sohn eines Priesters Hilkia in Anathoth geboren (1,1; 11,21 f; 29,27; 32,7 f). Jeremia, bei Berufung nicht sofort bereit, wird zum Botenamt gezwungen (interessant: Hinübergleiten des Interesses von der Botschaft auf den Boten). Ab ca 605 ständiger Begleiter Jeremias: Baruch. Beide von Volksmassen gezwungen, nach Ägypten zu emigrieren. Jeremia trat in drei Perioden auf: 1. 628—609 (nach Josias Tod kaum mehr verkündigt); 2. 608—597 nach Josias Tod (harte Auseinandersetzung mit Priestern und Tempelpropheten). Eintreten der »Ältesten« bewahrt ihn vor Märtyrertod. 3. um 589. Bald nach 587 in Ägypten gestorben.
26—45 Erzählungen über Jeremia	30—35 enthalten Heilsworte (vgl neuer Bund 31). Zur Frage der wahren Prophetie: Jer und Hananja (27 f). Belagerung Jerusalems. Flucht Jeremias nach Ägypten.	
46—51 Fremdvölkersprüche	Sprüche gegen Ägypten, Moab, Damaskus, Babel u. a. Dieser Abschnitt stand möglicherweise früher zwischen 25 und 26.	
52 Anhang	Geschichtl. Anhang (nicht von Jer) vgl 2Kön 24 f.	

GESCHICHTLICHE SITUATION

612 Rechtliche Nachfolger des assyr. Reiches sind die Sieger (vgl zu Nahum S. 39): Babylonier im Zweistromland und in Syrien-Palästina; Meder in Ostkleinasien und im iran.-armen. Hochland. Durch Sieg des babylon. Kronprinzen Nebukadnezar über Pharao Necho von Ägypten bei Karkemisch am Euphrat (nach Jer 46,2): neubabyl. Macht neuer Oberherr über Syrien-Palästina. Versuch Jojakins von Juda, wie sein Vater Jojakim Politik der Unabhängigkeit von Babylon zu betreiben, scheitert. Nebukadnezar marschiert gegen Jerusalem und nimmt es nach kurzer Belagerung ein (vgl 2Kön 23,31 ff; 24; 25). Um künftigem Aufstand gegen Babylon vorzubeugen, wird Jojakin mit Familie, Hofstaat, Adel und Facharbeitern nach Baby-
597 lon deportiert. Zedekia wird von Nebukadnezar als neuer König eingesetzt. Nach einigen Jahren Vasallentreue versuchen nationalistische Kreise, Zede-

Israel unter der Vorherrschaft altorientalischer Mächte 41

589
587

kia zum Aufstand gegen Nebukadnezar zu gewinnen. (3. Auftreten Jeremias: sein Warnen wird als Verrat ausgelegt.) Nebukadnezar führt Feldzug gegen Juda und nimmt am 29. 7. 587 Jerusalem ein, zerstört Tempel und Königspalast (wahrscheinlich auch Bundeslade). Zedekia wird gefangen, seine Söhne hingerichtet, er selbst geblendet und nach Babylon gebracht. Weitere Angehörige der Oberschicht werden deportiert (2. Wegführung). Damit Ende der polit. Eigenständigkeit Judas durch Eingliederung in das babylon. Reich Nebukadnezars. Gedalja — als Statthalter eingesetzt — wird ermordet. Dauer des Exils bis ca 538 (vgl auch Brief Jeremias an die Deportierten Jer 29).

THEOLOGISCHE GRUNDGEDANKEN

1. Ankündigung des Gerichts über Israel als Unheil »von Norden her« (4,5 ff; 25,27 ff u. a.) angesichts des unbegreiflichen Abfalls Israels. Aus der Ferne (4,16; 5,15) kommt der Feind wie eine Wetterwolke (4,13) mit Rossen, Wagen und Reitern (6,22 f) und es gibt kein Entrinnen.
2. Gerichtsankündigung aufgrund des Bundes Jahwes, den Israel gebrochen hat (2; 4,18; 11).
3. Angeklagt werden besonders: Entartungen auf religiösem und kult. Gebiet (2,1 ff; 7,1 ff; 11,13) und soziales Fehlverhalten.
4. Mahnung zu Umkehr und Buße (3; 13,23; 18 u. a.).
5. Ankündigung neuen Heils (24; 31,31 f); Heil für die Verbannten (30; 31; 32; 35); Ankündigung des Messias (?) (23,1).

EZECHIEL

	BIBELKUNDE	ZUR PERSON DES EZECHIEL
1—24 Gerichtsworte über Juda	Berufungsgeschichte (1—3); neben Prophetenworten zahlreiche Gleichnishandlungen.	Ezechiel (= Gott macht stark), um 623 geboren, ist Priester (1,3). Jüngerer Zeitgenosse Jeremias, mit der Oberschicht seines Landes deportiert. Genaue Kenntnis der geschichtl. Vorgänge und die Verbindung priesterl. und prophet. Tradition zeichnen ihn aus.
25—32 Gerichtsworte über die Völker	Sieben Nachbarvölker sind Adressaten von Gerichtsworten: u. a. Ägypten und Tyrus.	
33—39 Heilsworte	Verheißung des neuen Bundes (33 ff); Bild des guten Hirten (34); Erweckung der Totengebeine (37).	
40—48 Der neue Tempel	Schau des zukünftigen Tempels, seines Dienstes und des neuen Gesetzes. Hier Interesse des Priesters deutlich.	

42 AT und die Geschichte Israels

GESCHICHTLICHE SITUATION

Die Drohworte in Ez 4—24 stammen aus der Zeit vor 593 (vgl dazu die Angaben bei Jeremia S. 40).

587 ff Zweiter Schwerpunkt der Wirksamkeit Ezechiels während des babylon. Exils. Die Deportierten waren zu verschiedenen Dienstleistungen für Babylonier herangezogen. In festen Siedlungen hatten sie Versammlungserlaubnis, konnten Häuser bauen und Familien gründen. Gemeinsamer Jahweglaube und Hoffnung auf Rückkehr (vgl 1Kön 8,46—51) bieten Zusammenhalt in der Fremde. Klagelieder Jeremias (nicht von Jeremia verfaßt) 2—5 schildern Verhältnisse direkt nach der Katastrophe von 587 und überliefern Liturgie regelmäßig im Exil abgehaltener Kultfeiern. Seit 562 (Tod Nebukadnezars): Niedergang des babylon. Reiches.

THEOLOGISCHE GRUNDGEDANKEN

1. Ankündigung des Gerichts über Juda und Jerusalem (1—24). Jahwe wird Feuer, Pest, Hunger und Schwert schicken.
2. Das Gericht kommt aufgrund der Erwählung (16; 20,23) angesichts des Bruches heiliger Ordnungen (8; 18,5 ff; 22) und langer Unheilsgeschichte. Seine Katastrophenschilderungen lassen keinen Raum für Hoffnung (5,3; 17,22 ff; 20,33 ff sind spätere Zusätze).
3. Im Gegensatz zu Jeremia keine Mahnung zu Umkehr und Buße.
4. In Anknüpfung an Sprichwort: »Väter haben saure Trauben gegessen, den Kindern sind die Zähne stumpf geworden« lehnt Ezechiel jede Kollektivhaftung ab. Jeder haftet für seine eigene, jetzt von ihm begangene Schuld (18,20.21).
5. In seiner zweiten Wirkungsperiode nach 587: Ankündigung neuen Heils für die Verbannten (33; 34; 36; 37 u. a.).

DEUTEROJESAJA
(Jes 40—55)

BIBELKUNDE

ca 50 Einheiten verschiedener Art: Streitgespräche, Scheltreden, Trost- und Verheißungssprüche. Wichtig: »Gottesknechtlieder« in: 42,1 ff; 49,1 ff; 50,4 ff; 52,13 ff. Diese Lieder vom Leiden eines Knechtes Jahwes werden im NT vielfach auf Jesus gedeutet. Ihr ursprünglicher Sinn ist umstritten.

ZUR PERSON DES
DEUTEROJESAJA

Deuterojesaja (zweiter Jesaja) als Person im Abendland seit 1892 erkannt (Kommentar von B. Duhm). Unbekannter Prophet der 2. Hälfte des 6. Jh.s. Zeit seines Auftretens: 547/46 und 538 (Tempelbauedikt erwähnt er nicht). Deuterojesaja wendet sich besonders an Babylon. Tätigkeit im Gottesdienst der Exilsgemeinde (?).

Israel unter der Vorherrschaft altorientalischer Mächte 43

GESCHICHTLICHE SITUATION

546 Aufstieg des Persers Cyrus (559—529). Beginn seines Eroberungszuges mit Angriff auf Babylon. Auf den Siegeszug des Cyrus setzt Deuterojesaja große Hoffnungen für sein Volk (45,13), dessen augenblickliche Situation trostlos ist: Juda verwüstet (49,19), Jerusalem verödet (44,26; 52,9) und der Tempel zerstört (44,28). Israel selbst in babyl. Gefangenschaft (40,2.27; 42,7; 47,6).

538 539/38 Einnahme Babylons durch Cyrus. 538 Erlaß des Tempelbauediktes. (vgl Esra 6,3—5) und Wiederaufbau des Tempels.

THEOLOGISCHE GRUNDGEDANKEN

1. Ankündigung eines neuen umfassenden Heils (40,1—5; 42,16 ff; 52,11; 54). Jahwe hat einen Adler als sein Werkzeug aus fernen Landen berufen (46,11).
2. Ankündigung eines neuen Knechtes Jahwes aufgrund der Allmacht Jahwes.
3. Neue Hoffnung für das geschlagene Volk Israel (49,14 ff u. a.).
4. Betonung Gottes als Schöpfer und Herr der Geschichte.

OBADJA

Sammlung ursprünglich anonymer Drohworte gegen Edom, das besonders wegen seines Verhaltens bei der Eroberung Jerusalems angeklagt wird (9 + 10). Die Juda gewünschte Vernichtung wird nun Edom selbst treffen. Die Ankündigung des Tages Jahwes (15b—21) mit Untergang für die Völker und Rettung für Zion ist jüngerer Anhang. Obadja (= Knecht Jahwes) wirkte im 6. Jh. Genauere Angaben sind nicht möglich.

Exkurse

BUCH DER PSALMEN

Die Sammlung der Psalmen — der »Psalter« — ist erst in nachexilischer Zeit entstanden. Einige früher selbständige Sammlungen lassen sich noch erkennen: Davidpsalmen 3—41 und 51—72 (im ganzen 73 Psalmen; der größte Teil aber nicht von David), die Asaphpsalmen (73—83) oder die Korachpsalmen (42—49) (diese Namen bezeichnen Sängergeschlechter: vgl 1Chr 15,19 und 2Chr 29,30).
Das Alter der Psalmen ist sehr schwer oder gar nicht festzustellen. Jedenfalls sind viele Psalmen schon vor dem Exil entstanden (z. B. Königspsalmen).
Der Psalter ist in fünf Bücher eingeteilt: 1—41; 42—72; 73—89; 90—106; 107—150.
Die wichtigsten Gattungen sind:

44 AT und die Geschichte Israels

Gattung	Einführung	Hauptteil	Schluß
Hymnus (8; 19; 29; 33; 65; 66; 100; 104; 105; u. a.) vgl Jahwekönigslieder (47; 93; 96—99)	Aufforderung zum Lobpreis; Bezeichnung der aufgeforderten Person	Mit »denn« eingeleitet; Attribute der Herrlichkeit; Name Jahwes im Zentrum	Wunsch und Bitte; Spendeformel
Individuelle Klagelieder (3; 5—7; 13; 17; 22; 25—28; . . 51; u. a.)	Anrufung des Namens Jahwe; Hilferuf; Darstellung des Beters	Grund der Klage (Not, Krankheit, Verfolgung) Frage: Warum? Wie lange?	(kein deutlicher Übergang) Bitte um Jahwes Einschreiten; Dank.
Individuelle Danklieder (9; 10; 18; 30; 34; u. a.)	Anrede Jahwes; »ich will dir danken . . .«	Situation der Anfechtung; Hilfe Jahwes;	geht über zum Bekenntnis
Individuelle Vertrauenslieder (4; 11; 16; 23; 62; 131)	Vertrauensvolle Zuwendung zu Jahwe	Jahwe in Gleichnissen und Bildern als Zuflucht geehrt; Abkehr von fremden Mächten	
Klage-, Dank- und Vertrauenslieder des Volkes (60; 74; 79; 80; 83; 85; 90; 137; bzw. 46; 125; 129)	entsprechend den individuellen Liedern, nur auf das Volk bezogen		
Königspsalmen (2; 18; 20; 21; 45; 72; 89; 101; 110; 132)	handeln von Königen (Thronbesteigungsfest [?])		
Zionslieder (48; 76; 84; 87; 122; 132)	Verherrlichung des Zion		

BUCH HIOB

Thema des Buches ist Leiden und Bewährung des Frommen. In der älteren Rahmenerzählung wird Hiobs Frömmigkeit, seine Verdächtigung durch den Satan und seine Bewährung erzählt. Darin eingefügt sind Reden, die das Problem des Leidens behandeln (Hiobs Freunde: Leiden muß Schuld voraussetzen; Hiob ist sich aber keiner Schuld bewußt; dies führt zum Zweifel an der Gerechtigkeit Gottes). Die Entstehungszeit ist schwer festzulegen: sicherlich nachexilisch. Zeitliche Schichtung:

Israel unter der Vorherrschaft altorientalischer Mächte

Rahmenerzählung	Hiobs Klage	Drei Redegänge mit den Freunden	Hiobs Klage	Reden Elihus (später eingefügt)	Gottes Reden (Schöpfer u. Herr der Geschichte)	Rahmenerzählung
1–2,13						42,7–17
	3	4–14 15–21 22–28 29–31			38–42,6	
			32–37			

Wandlungen des Gottesverständnisses

1. Israel hat eine Reihe von Gottesaussagen aus seiner Umwelt entlehnt. Das gilt vermutlich für die Eigenschaften »heilig« und »lebendig«, den Titel »König«, die Schöpfungsaussagen und die Erscheinungsschilderungen u. a.
2. Der Übergang ins Kulturland brachte insgesamt für Israels Gottesaussagen einen entscheidenden Wandel mit sich. Die Einflüsse von außen brachten Neues und wurden so für Israels Glauben wesentlich.
3. Was Israel aus seiner Umwelt aufgriff, hat es nicht unverändert gelassen. Es wurde neu verstanden und teilweise in andere Zusammenhänge eingebaut. Dabei wurden z. B. mythisch gefüllte Vokabeln zu Begriffen, die das Verhältnis zwischen Gott und Mensch charakterisieren (der »heilige« Gott wird zum »Gott Israels«, der sich in Gericht (bei Jesaja) oder Befreiung (so Deuterojesaja) als heilig erweist.
4. Zum andern werden fast alle Wendungen auf die Zukunft hin umgeprägt (aus dem irdischen Königtum z. B. wird die Verheißung eines künftigen Messias; Gottes Herrlichkeit und sein Erscheinen werden noch erwartet u. a.).
5. Alles in allem: Israel hat das ursprünglich fremde Gut aufgenommen und in Richtung auf das Verhältnis Gott–Mensch und in Richtung auf die Zukunft umgedeutet. Die Übernahme fremden Gedankenguts stellte also einen kritischen Prozeß dar; um andere Götter ihrer Vorherrschaft zu berauben, zog Jahwe Wesenszüge dieser Götter auf sich. So wandelt sich in legitimer Weise das Gottesverständnis Israels, das nicht abgelöst von seiner jeweiligen Situation verstehbar ist, weil es auch in ihr entstanden ist.

IV. Unter der Macht der Perser

TRITOJESAJA

Die späteren Anhänge im jetzigen Jesajabuch (Jes 56–66) werden unter dem Namen Tritojesaja (= dritter Jesaja) zusammengefaßt. Tritojesaja ist also keine Prophetenpersönlichkeit (im Unterschied zu Deuterojesaja), sondern eine Sammlung von Stücken aus verschiedenen Jahrhunderten: z. B. Samm-

46 AT und die Geschichte Israels

lung in der Art der Gottesknechtlieder (60—62); Drohrede (56,9—57,21); Bußliturgie (63,7—65,25) u. a. Tritojesaja vermittelt Einblick in nachexilisches Judentum.

HAGGAI

GESCHICHTLICHE SITUATION

Zeit nach dem Exil. Die Verbannten sind teilweise zurückgekehrt, die von Nebukadnezar geraubten Tempelgeräte zurückgegeben und Mittel zum Aufbau des Tempels zur Verfügung gestellt. Der Tempelaufbau kommt — wohl
520 aus wirtschaftl. Gründen — über Anfänge nicht hinaus. Um 520 tritt Haggai auf.

THEOLOGISCHE GRUNDGEDANKEN

1. Mahnung, über dem Neubau eigener Häuser den Bau des Tempels nicht zu vergessen (1,1—14; 2,1—5.15—19).
2. Künftiges Heil ist an die Wiederherstellung des Tempels gebunden.
3. Gericht Jahwes über die Welt trifft nur die heidnischen Reiche (2,6—7. 21—22).

SACHARJA

	BIBELKUNDE	ZUR PERSON DES SACHARJA
1—6 Visionen	Auf einleitenden Bußruf folgen 8 Visionen mit Verheißungen für das Volk und seine Führer, von Einzelsprüchen unterbrochen. Sprüche betreffen Fragen des Fastens und des Tempelbaus. Heilssprüche.	Sacharja (= Jahwe hat sich erinnert), Sohn des Iddo, gehörte zu den Priestern. Seine datierbaren Worte und Visionen stammen aus der Zeit um 520 (vgl dazu Haggai).
7—8 Sprüche		
9—14 Anhänge	Zwei anonyme Sammlungen (9,1 ff; 12,1 ff), die dem Sacharjabuch angefügt und Deuterosacharja genannt werden. Inhalt: Ankündigungen der Heilszeit für Zion; Gerichtsworte über die Völker.	

THEOLOGISCHE GRUNDGEDANKEN

1. Acht Visionen vom kommenden Heil voll fremder mythologischer und religionsgeschichtlicher Anspielungen.

Israel unter der Vorherrschaft altorientalischer Mächte

2. Jahwe, der Herr der Geschichte, straft den Ungehorsam des Volkes. Im kommenden Heil wird er sein Volk zurückführen und in seiner Mitte wohnen.

3. Jahwe ist als unnahbarer Gott vorgestellt, der sogar im Verkehr mit den Propheten einen Mittler benutzt.

4. Im Anhang (Deuterosacharja = zweiter Sacharja genannt): Völker zerstören Jerusalem, aber Jahwe tritt hervor und bringt das Heil der Endzeit, während die Völker durch eine Seuche umkommen.

MALEACHI

Anonyme Sammlung, die später mit dem Namen Maleachi vgl 3,1 (= mein Bote) versehen wurde. Die Sammlung besteht aus sechs Teilen, nach dem Schema der Diskussionsrede aufgebaut:
a) Jahwe liebt sein Volk (1,2—5);
b) gegen Mißstände im kult. Bereich, durch die die Ehrfurcht vor Jahwe verletzt wird (1,9; 2,9);
c) gegen lässige Beachtung ehelicher Treue (2,10—16);
d) gegen nachlässige Handhabung der Tempelabgaben (3,6—12);
e) + f) Murren der Frommen gegen Gerechtigkeit Jahwes (2,17—3,5 und 3,13—21) und Ankündigung von Lohn für Gerechte und Strafe für Böse.
Der Schluß ist später zugewachsen. Entstehungszeit um 470 vor der Reform Esras (vgl S. 48).

JONA

BIBELKUNDE

Jona (= Taube) weigert sich, im Auftrag Jahwes der Stadt Ninive das Gericht anzusagen. Auf der Flucht (1,1—3) wird er ins Meer geworfen und vom Walfisch verschlungen (1,4—16). Wieder freigegeben (2,1—11) führt Jona — auf Jahwes erneuten Befehl hin — den Auftrag aus und verkündigt Ninive den Untergang in 40 Tagen (3,1—4). Die Bevölkerung tut Buße und das Gericht wird abgewendet (3,5—10). Jona lehnt sich auf (4,1—3) und wird zurechtgewiesen.

ZUR LITERARISCHEN FORM

Das Jonabuch ist keine Sammlung von Prophetenworten, sondern eine Prophetenerzählung. Sie gehört zur literarischen Gattung der Prophetenlegende — will also auch als solche und nicht als histor. Bericht von einem Ereignis gelesen werden. Diese Prophetenlegende verfolgt lehrhafte Absicht.

GESCHICHTLICHE SITUATION

Die Prophetenerzählung stammt aus der Zeit Esras und Nehemias (ca 400), gekennzeichnet durch polit. Neuordnung der Verhältnisse in Jerusalem und Judäa unter Nehemia. Als Statthalter von Jerusalem hat er Vollmacht, Je-

48 AT und die Geschichte Israels

rusalem wieder aufzubauen und zu befestigen. In 52 Tagen ist der Mauerbau beendet und Jerusalem sowohl Kultzentrum der nachexilischen Gemeinde als auch polit. Zentrum der Provinz Juda. Für Nehemia ist sein theolog. Rigorismus kennzeichnend: Verbot der Mischehe, strenge Sabbatruhe und Reinigung des Jahwekultes von allem Fremden. Esra gibt der nachexilischen Jahwegemeinde feste Kultordnung.

THEOLOGISCHE GRUNDGEDANKEN

1. Jahwe erbarmt sich über das Böse auch dann, wenn es in Gestalt einer fernen großen Stadt und im Tun von Heiden erscheint (4,2; 4,11).
2. Liebe und Barmherzigkeit Jahwes umfassen alle Menschen und Völker.
3. Von Jahwes Erbarmen kann man nicht Besitz ergreifen. Von Jahwes Güte leben heißt: sie weitergeben — unter Umständen so, daß man zur Umkehr ruft und anderen die Verschonung gönnt.

JOEL

BIBELKUNDE

1–3 Plagen
3–4 Ankündigungen

Heuschreckenplage und Dürre haben das Land verwüstet. Durch Buße wird der angekündigte Tag Jahwes abgewendet.

Ankündigung der Endzeit; Gericht über die Völker und Heil für Israel. 4,4–8 und Schlußverheißung sind später zugefügt.

ZUR PERSON DES JOEL

Über Joel (= Jahwe ist Gott), Sohn eines Pethuel, ist nichts Näheres bekannt. Er wirkte im Südreich Juda. Zeit unbekannt.

GESCHICHTLICHE SITUATION

Zeit nach dem Babylon. Exil, denn: Zerstörung Jerusalems und Exil werden vorausgesetzt; Stadt und Tempel in Jerusalem sind aber wieder aufgebaut (1,14; 2,7 ff). Entstehung des Buches ca 4. Jh.

THEOLOGISCHE GRUNDGEDANKEN

1. Am Tag Jahwes wird er ein Strafgericht über alle Völker vollziehen im Tal Josaphat (= Jahwe hält Gericht) 4,1 ff.
2. Aus der Not der Endzeit wird der Fromme gerettet werden (3,5).
3. Heilsweissagung: Ausgießung des Geistes Gottes (3,1 ff).

Israel unter der Vorherrschaft altorientalischer Mächte 49

V. Anhang: Daniel und die Apokalyptik

Auch nach dem Verstummen der Propheten spricht Israel von den noch immer ausstehenden Endzeithoffnungen. In dieser Zeit entsteht eine neue Form der Rede von der Vollendung der Geschichte: die Apokalyptik (von apokalyptein = enthüllen, offenbaren).

Die Apokalyptik ist eine Literaturgattung mit Spekulationen über den Weltlauf und Voraussagen über das Weltende; Einteilung des Weltenlaufs in verschiedene Perioden.

Meist Dualismus: jetzige Welt ist die böse Welt — der kommende Äon ist das Friedensreich des Messias. } persische

In der Welt Scheidung in Licht und Finsternis; Engel- und Geisterlehre: Mächte des Lichts und der Finsternis. } Herrschaft

Oft: Gegenwart ist die Zeit des letzten Kampfes zwischen den Mächten vor dem Weltende; besonderes Verhalten der Menschen gefordert (Askese, Buße).

Mit dem Weltende häufig verbunden: allg. Totenauferstehung; Anbruch der ewigen Gottesherrschaft.

Verf. der Apokalypsen schreiben meist unter dem Namen berühmter Männer der Vergangenheit; kleiden Geschehnisse ihrer Zeit in das Gewand prophet. Weissagungen.

Vgl Dan 2: Traum Nebukadnezars von den 4 Weltreichen; Dan 7–12: Visionen Daniels.

Andere apokalypt. Schriften werden nicht in den Kanon aufgenommen z. B.: Henochoffenbarung (Ausschmückung der Urgeschichte nach 1Mos 5,24: Henoch, in den Himmel aufgefahren, gibt Offenbarung zahlloser Geheimnisse); Testament der 12 Patriarchen, »Kriegsrolle« von Qumran u. a.

DANIEL

BIBELKUNDE

1–6 Erzählungen	Bericht über das Ergehen Daniels am babylonischen Hof: Träume des Königs u. Deutungen (2; 4); Drei Männer im Feuerofen (3); Schrift an der Wand (5); Daniel in der Löwengrube (6).
7–12 Visionen	Die Gesichte gehören zur Apokalyptik (vgl Jes 24–27 u. Sach 1–6); Menschensohn 7,9 ff (vgl NT); Ereignisse der Endzeit (10–12).

50 AT und die Geschichte Israels

VERFASSERFRAGE

Jüd. wie christl. Tradition führen das Danielbuch, das keine ausdrückliche Verfasserangabe macht, auf Daniel, den Seher am babylon. Hof zurück. Schwerwiegende Gründe erweisen diese Tradition als falsch:
a) grobe Verstöße gegen bessere histor. Überlieferung;
b) späte sprachl. Merkmale des Hebräischen und Aramäischen;
c) ausgebildete Engellehre, Auferstehungsglaube, Vermeidung des Jahwenamens;
d) späte literar. Bezeugung (zuerst um 140).
Das Buch ist um 165 entstanden, um die von Antiochus IV. verfolgten Juden zu ermutigen.

THEOLOGISCHE GRUNDGEDANKEN

1. Israels Heil liegt im Festhalten an den überlieferten Geboten. Der Gotteswille wird jetzt absolut gesetzt (ein für allemal) und ist nicht mehr — wie früher — in der jeweiligen Situation neu zu verstehen.
2. Hinter Bewahrung und Bedrohung wird die lenkende Hand Gottes in der Weltgeschichte sichtbar. Dem Gehorsam ist die göttl. Hilfe gewiß (3; 6).
3. Der Geschichtsablauf ist so determiniert (= vorherbestimmt), daß der Entscheidung des Menschen nur eine untergeordnete Bedeutung zukommt.
4. Der Blick des Verfassers richtet sich gebannt auf das göttl. Ziel der Geschichte.

D] Hellenistische und Römische Zeit

I. Die Herrschaft der Ptolemäer

GESCHICHTLICHE SITUATION

Nach dem Tod Alexanders des Großen regierten seine Feldherren Antigonos (Kleinasien), Seleukos (Nordsyrien und Zweistromland) und Ptolemaios (Ägypten) die Teilstaaten des ehemaligen Großreichs. Die ausbrechenden Diadochenkämpfe enden mit der Oberherrschaft der Ptolemäer über Syrien-Palästina.
In Kleinasien entstehen jüd. Diasporagemeinden durch Ansiedlung von 2000 jüd. Familien aus Babylon in Phrygien und Lydien unter Antiochus III. Alexandria wird zum Zentrum der griechisch sprechenden jüd. Diaspora. Hier werden griech. Sprache, Theater, griech. Philosophie und Literatur gepflegt, und sowohl Tempelkult als auch Tempelsteuer und Festtagswallfahrten zum Heiligtum halten die Verbindung zum Mutterland.

KULTGEMEINDE

Die Ptolemäer gewähren den Juden freie Ausübung des Jahwekultes. Gesetzestreue Kreise üben massive Kritik an der Hellenisierung in der Diaspora. Die an den alten — unwandelbar gedachten — Überlieferungen festhaltenden Gruppen schließen sich zusammen zu den »Chassidim« (= Fromme); später gehen daraus die Gruppen der Pharisäer und Essener hervor (vgl S. 53). Die Theologie der Chassidim war eschatologisch orientiert und stand jeder polit. Aktivität entgegen. Allerdings war, um »Leben und Gesetz« zu retten, auch polit. Widerstand möglich (vgl 1Makk 2,42).
Es kommt zum »Samaritanischen Schisma«, der Trennung der Samaritaner von der Jerusalemer Kultgemeinde. Nach der Spaltung übernehmen die Samaritaner den Pentateuch als Kanon, während in der Jerusalemer Kultgemeinde auch die anderen Schriften des AT kanonische Autorität erhalten.
Die Auseinandersetzung der beiden Kultgemeinden spiegelt sich im »Chronistischen Geschichtswerk« (1Chron; 2Chron; Esr; Neh). Der Chronist gestaltet ihm überlieferte Stoffe mit der Absicht um, die alleinige Legitimität des Jerusalemer Kultes nachzuweisen. Diesen Tatbestand belegt der Vergleich der Samuel- und Königsbücher mit den Chronikbüchern: der »Chronist« hat alles Negative aus den Überlieferungen über die Jerusalemer Könige David und Salomo gestrichen.

52 AT und die Geschichte Israels

II. Der Konflikt mit den Seleukiden

GESCHICHTLICHE SITUATION

Das Reich der Seleukiden erreicht den Höhepunkt seiner Macht unter Antiochus III. Zwar muß er zunächst aus Phönikien und Palästina weichen, sichert sich diese Gebiete aber wieder nach einem Sieg über Ptolemäus V Epiphanes. Der Beginn des Niedergangs des Seleukidenreiches zeichnet sich im Frieden von Apamea ab, der den Römern die Herrschaft über Kleinasien sichert, nachdem sie Antiochus III besiegen konnten.

KULT

Über Auseinandersetzungen zwischen den Seleukiden und der Jerusalemer Kultgemeinde berichten 1Makk und 2Makk (Septuaginta). Während der Seleukidenherrschaft war der Repräsentant des Königs zugleich als Hoherpriester Vorsteher der Kultgemeinde. Es kommt zu Einmischungen in kult. Angelegenheiten: Verbot des Jahwekultes in herkömmlicher Weise (Sabbat, Beschneidung und Opfer werden unter Todesstrafe gestellt); Tempel in Jerusalem wird in Kultstätte des olymp. Zeus umgewandelt; überall Einrichtung von Zeusaltären und Zwang zum Opfern auf diesen Altären. Die zwangsweise Einführung hellenist. Kulte fordert den bewaffneten Widerstand des aus priesterl. Geschlecht stammenden Matthathja heraus (stammt aus der Familie eines Hasmon — daher Name für dieses Freiheitskämpfergeschlecht: Hasmonäer). Unter seinem Bruder Judas (Beiname Makkabäus = der Hammerartige) besiegen die Makkabäer die Seleukiden und erobern Jerusalem. Das entweihte Heiligtum wird gereinigt (neuer Altar, neue Kultgeräte) und der Opferdienst wiederaufgenommen. Später im Judentum jedes Jahr im Dezember Feier des Chanukka-Festes (Fest der Tempelweihe).

SCHRIFT UND SCHRIFTAUSLEGUNG

Eine wichtige Rolle im Judentum spielt die Frage der Schriftauslegung (Midrasch von darasch = suchen) der Rabbinen:
Haggada: Auslegung erzählender Stücke des AT;
Halacha: Auslegung des Gesetzes.
Die Auslegungstradition wird von den Rabbinen auf Mose zurückgeführt: »Mose empfing das Gesetz vom Sinai und überlieferte es Josua, Josua den Ältesten und die Ältesten den Propheten, und die Propheten überlieferten es den Männern der Synagoge« (Abot 1,1–3).
Es kommt zu einem neuen Aufleben der Weisheitsliteratur:
a) kritische Auseinandersetzung mit den Gedanken der vorexil. Weisheit: Skepsis gegenüber den Möglichkeiten der Weisheit im Buch Prediger.
b) theolog. Neuinterpretation der Weisheit: Sie wird personifiziert zum schon vor der Schöpfung existierenden Zwischenwesen zwischen Gott und Welt (vgl Spr 1–9 mit Weish 6–9; 4./3. Jh. und 1. Jh.). Enge Beziehung ist hergestellt zwischen Weisheit und Torafrömmigkeit: Die wahre Weisheit ist die Erfüllung des Gesetzes. Buch der Weish zeigt Einwirkungen der griech. Philosophie. Weisheit ist hier verstanden als Lehrerin der vier Kardinaltugenden: Gerechtigkeit, Maß, Mannhaftigkeit, Einsicht (Weish 7,25).

III. Das Königtum der Hasmonäer

GESCHICHTLICHE SITUATION

Simon, der Sohn des Judas (vgl S. 52) erlangt von Demetrius II polit. Zugeständnisse. Mit Zustimmung des Volkes nennt er sich »Großer Hoherpriester, Feldherr und Anführer der Juden« und herrscht faktisch selbständig. Er erreicht das von den Makkabäern angestrebte Ziel: die Unabhängigkeit von den Seleukiden, gründet die Hasmonäerdynastie und wird auch von Rom anerkannt.

Unter Hyrkan I können die Hasmonäer ihren Einfluß nach Süden und Südosten ausdehnen. Die Hasmonäerherrschaft bedeutet für Israel Zeit polit. Eigenständigkeit ohne fremde Oberherrschaft.

Das Machtstreben der Hasmonäer stößt aber auf heftige Kritik der hier zum ersten Mal urkundlich erwähnten Pharisäer und Sadduzäer.

PHARISÄER

Religiöse Vereinigung von Laien aller Stände, vor allem: Handwerker. Peinlich genaue Befolgung göttl. Gebote, die sich finden in:
a) schriftlicher Tora
b) mündlicher Auslegungsüberlieferung.
Übernahme fremder Vorstellungen:
a) Auferstehung der Toten (pers.),
b) Engel- und Geisterlehre.
Ziel: Gerechtigkeit des Menschen vor Gott; menschliche Willensfreiheit ist vorausgesetzt: »Alles ist (von Gott) vorausgesehen, aber der freie Wille ist gegeben« (Abot III, 15). Das Ziel kann also durch menschl. Anstrengung und durch menschl. Verdienste erreicht werden.
Wie die Apokalyptik erwarten sie den Anbruch der Gottesherrschaft, lehnen aber spekulative Berechnungen ab.

SADDUZÄER

Setzen sich zusammen aus Angehörigen der Priesteraristokratie. Kennzeichnend: buchstäbliche Deutung der Heiligen Schrift. Verwerfung jeglicher mündlichen Weiterbildung der Lehre. Ablehnung des Gedankens der Auferstehung der Toten; Ablehnung von Engel- und Geisterlehre. Sadduzäer spotten über die genauen Reinheitsvorschriften der Pharisäer.
Das Neue Testament sieht sie als die Gegenspieler der Pharisäer; für die Rabbinen waren sie Häretiker. Polit. stehen sie den Hasmonäern nahe; sie hatten die Spitzenämter in der jüd. Selbstverwaltung inne.
Untergang mit dem Ende des jüd. Staates 70 nChr.

ESSENER

Neben Pharisäern und Sadduzäern bildet sich Gruppe der Essener. Von ihnen haben wir Kenntnis durch Philo, Josephus und Plinius d. Ä. Die Gemeinde der Essener (ca 4000) ist in streng hierarchischer Ordnung gegliedert und in mönchsartigem Orden fest zusammengeschlossen, mit einem Mann priesterl. Abstammung an der Spitze. Das tägl. Leben im Orden ist streng geregelt: Gebet, Schriftauslegung, Arbeit. Andere Charakteristika:

54 AT und die Geschichte Israels

Gütergemeinschaft, tägl. Waschungen und Tauchbäder, tägl. gemeinsames Kultmahl, freiwillige Ehelosigkeit.

QUMRAN

Den Essenern steht die Gemeinde von Qumran nahe — eine aus dem üblichen Judentum ausgegrenzte Sondergemeinde. Hier werden alle Vorschriften nach besonders strenger Auslegung des Mose-Gesetzes gehalten. Von allen, die das nicht tun, ist Abkehr gefordert. Haß ist Pflicht gegenüber Außenstehenden, den »Söhnen der Grube«.
Charakteristisch: Besitzverzicht; starke Bedeutung des Kultisch-Rituellen; strenge Sabbatbeachtung. Den Vorsitz führt ein Priester mit unanfechtbarem Stammbaum. Die Qumrangemeinde, die einen eigenen Kalender hat, versteht sich als Endgemeinde; die lebenden Glieder sind die letzte Generation. Beim Endgericht werden die Erwählten mitwirken. Sie bekommen Teil an der ewigen Ratsversammlung der Engel. In dieser Endzeit treten Endheilbringer auf: Wiederkommender Lehrer der Gerechtigkeit, messianischer Prophet, zwei Messiasse (weder praeexistent gedacht, noch ist die Rede von Leiden, Auferstehen und Auffahrt).

Quellen: 1947 in der Nähe des wadi qumran (Nordwestufer des Toten Meeres) gefundene Originaldokumente (Handschriften):
a) Sektenregel (spiegelt Lehre und Leben dieser Gruppe wieder);
b) Habakukkommentar (Schriftauslegung);
c) Kriegsrolle (apokalyptische Schrift mit dem Thema: Kampf der Söhne des Lichts gegen die der Finsternis);
d) Genesistargum (aram. geschrieben).

Vergleicht man Qumran und das Neue Testament, zeigt sich u. a.:

gemeinsam	*unterschiedlich*
Wendungen wie: »die in ihrem Geiste Armen« »Menschen des Wohlgefallens«. Verdacht gegen Besitz. Neigung: Tod — Leben, Finsternis — Licht durchweg entgegenzusetzen. Überzeugung, im Anbruch eines nahen Endes zu leben.	Qumran kennt zwei Messiasse. Gemeinde von Qumran praktiziert zwar das Gesetz, erkennt aber nicht, daß der Mensch hierdurch wieder in den Selbstruhm gerät. Qumran: Bei genauem Gehorsam gegenüber dem Gesetz kann der Fromme des Heils gewiß sein. NT: Dem Verlorenen hilft die Forderung nicht, nur Erfahrung der Liebe hilft, allein sie leitet an zum Rechttun.

Hellinistische und Römische Zeit 55

IV. Palästina unter römischem Einfluß

GESCHICHTLICHE SITUATION

63   Bei Pompeius in Damaskus treffen Gesandtschaften der streitenden jüd. Parteien (Hyrkan II, Aristobul II und das »Volk« — wohl um beide loszuwerden —) ein und suchen seine Entscheidung zu ihren Gunsten. Pompeius setzt Hyrkan wieder ein; Palästina wird aufgeteilt und Samaria kommt zur röm. Provinz Syrien. Neben dem Hohenpriester Hyrkan gewinnt der oberste Verwaltungsbeamte Antipater großen Einfluß.
Durch die Machtergreifung Caesars entsteht eine neue Situation. Hyrkan und Antipater werden nach kurzem Zögern Parteigänger Caesars und unterstützen ihn mit Hilfstruppen. Antipater wird röm. Prokurator und teilt das Land unter seine Söhne: Jerusalem und Umgebung an Phasael, Galiläa an Herodes. Als Herodes in Rom zum König über Judäa ernannt wird, beginnt die Rückeroberung des Landes.

37   Mit dem Beginn der Regierungszeit des Herodes (später »der Große«): Ende der Hasmonäerherrschaft.

31   Wechsel des Herodes auf die Seite des Octavian (Augustus) nach dessen Sieg bei Actium. Urteil des Josephus über Herodes: »Ein allem menschlichen Empfinden abgeneigtes Ungeheuer.«
Nach dem Tod Herodes des Großen wird das Reich aufgeteilt unter seine Söhne. Archelaos erhält Judäa, Idumäa und Samaria, Herodes Antipas Peräa und Galiläa. Archelaos wird von den Römern verbannt und in seinem Gebiet ein röm. Prokurator (= »Landpfleger«) eingesetzt. In die Regie-

4   rungszeit des Herodes Antipas fällt wahrscheinlich die Kindheit Jesu von
vChr   Nazareth, das Auftreten Johannes des Täufers (vgl Mk 1 par) und dessen Hinrichtung — wohl wegen polit. Aufwiegelung des Volkes.

39   Herodes Antipas wird nach Gallien verbannt. Unter seinem Nachfolger
nChr   Agrippa ist noch einmal fast das ganze Gebiet Herodes des Großen in einer Hand. Nach Agrippas Tod ist die röm. Provinz Judäa wieder unter einem Statthalter.

GEISTESGESCHICHTE	THEOLOGIEGESCHICHTE
Weisheit, Apokalyptik und anderen Strömungen ist gemeinsam: Beeinflussung durch den Hellenismus. Damit war auch für die zahlreichen, in der Diaspora lebenden Juden (Ägypten ca 1 Mill.) die Notwendigkeit gegeben, sich mit dem griech. Denken auseinanderzusetzen. Zug des Hellenismus zum Monotheismus und die Berührung jüd. Sittlichkeit mit	Große Bedeutung erlangt die Alexandrinische Exegetenschule mit allegorischer Auslegung des AT, um seine philos. Wahrheit zu beweisen. Bedeutendster jüd.-hellenist. Theologe war Philo von Alexandrien (ca 20 vChr—40 nChr). Beispiele allegorischer Auslegung: Die drei Erzväter stellen die drei Tugendtypen dar; Josef mit seinem bunten Rock ist das Urbild des wandlungsfähigen Politikers. Der Kanon des AT ist weitgehend festgelegt (endgültig um 100 nChr). Nun ist die Frage der Auslegung der Hl. Schrift und der Weitergabe der mündl. Lehren akut.

56 AT und die Geschichte Israels

verbreiteter stoischer Moral brachten Missionserfolge für das Judentum (Proselyten = Übergetretene). Späterer Kommentar Senecas: »Die Besiegten haben den Siegern ihre Gesetze gegeben.«

Zur Zeit des Herodes gibt es zwei berühmte Gesetzesausleger und -lehrer: Rabbi Hillel und Rabbi Schammaj. Sammlung ihrer und anderer Auslegungen in den »Abot« (= Sprüche der Väter). Hillel vertritt die Auffassung: Jede Generation hat eigene Aufgaben der Auslegung, die sich von denen vorangegangener Generationen unterscheiden: »Man lasse doch die Israeliten selbst entscheiden, denn wenn sie auch keine Propheten sind, so sind sie Kinder von Propheten.«
Schammaj fällt konservative Entscheidungen in Fragen der Gesetzesauslegung (z. B. Ehescheidung).
Im Zusammenhang mit den apokalyptischen und messianischen Hoffnungen, Erwartungen und Spekulationen der Zeit: Wirken Johannes des Täufers (Verkündiger des nahen Gerichts, Bußprediger: »Taufe der Buße zur Vergebung der Sünden« (Mk 1,4). Später: Urchristl. Umdeutung zum Vorläufer Jesu).

EXKURS: KANON

Seit der Mitte des 4. Jh. nChr wird in der chr. Kirche die Sammlung der Schriften des AT und NT als *Kanon* (= Norm, vollendete Gestalt, Maßstab) bezeichnet. Die Grenzen des Kanons sind zunächst fließend, verfestigen sich allmählich, bleiben aber umstritten.
Sowohl die Septuaginta (griech. Übersetzung des AT) als auch die Vulgata (vgl S. 132) enthalten eine ganze Reihe Bücher, die im hebräischen Kanon fehlen. Seit Hieronymus bzw. in der ev. Kirche seit Karlstadt und Luther werden sie als Apokryphen bezeichnet (= verborgene, von der öffentlichen Verbreitung ausgeschlossene Schriften). Zu ihnen rechnet man das 3. Esrabuch, drei Makkabäerbücher, Tobit, Judith, das Gebet des Manasse, Zusätze zu Daniel und Esther, Baruch, den Brief des Jeremia, Jesus Sirach und die Weisheit Salomos.
Im Tridentinum (1546; vgl S. 144) hat die kath. Kirche die Mehrzahl dieser Bücher als kanonisch gewertet. Luther fügt sie seiner Bibelübersetzung an als »Bücher, so nicht der hl. Schrift gleichgehalten, und doch nützlich und gut zu lesen sind«. Die reformierte Kirche läßt sie in ihren späteren Übersetzungen weg.
Von den Apokryphen sind die Pseudepigraphen zu unterscheiden. Schriften, die zu Unrecht den Anspruch erheben, von einem at. »Gottesmann« verfaßt zu sein bzw. sich auf einen Namen berufen, der bei den Heiden hoch angesehen war (zB Aristeas). Die wichtigsten dieser Schriften sind u. a.: Henochbücher, Testamente der 12 Patriarchen, Jubiläenbuch, Himmelfahrt des Mose, Psalmen Salomos. 4. Makkabäerbuch, Himmelfahrt des Jesaja, Aristeasbrief und die Sibyllinen.

E] Sozial- und wirtschaftsgeschichtliche Aspekte

Die in der Bibelauslegung in Deutschland seit 1945 vorherrschende Frage nach Weltbildern, Formen und Gattungen, Redaktionen und Traditionen der alttestamentlichen Textsammlung wird in den letzten Jahren durch die Aufnahme sozial- und wirtschaftsgeschichtlicher Problemstellungen erweitert und ergänzt. Dieser Rückbezug alttestamentlicher Texte auf konkrete wirtschaftliche und politische Realität und gesellschaftliche Verhältnisse hat neue Akzente bei der Erklärung der Entstehung des Alten Testaments als Sammlung literarischer Texte gesetzt, ebenso im Blick auf ihre Interpretation. Dabei wird u. a. die Frage untersucht: welche materiellen Voraussetzungen, Interessen und Bedürfnisse führen zu welchen Begriffen, Ideen und theologischen bzw. religiösen Aussagen?

Eine ausgeführte Sozial- und Wirtschaftsgeschichte zum Alten Testament und seiner Umwelt liegt bisher aber nicht vor.

Bei dem Versuch einer Bestimmung der sozialökonomischen Gesellschaftsformationen und der Analyse ihrer Auswirkungen auf inhaltliche Aussagen alttestamentlicher Schriftsteller ist methodisch zu beachten, daß die einzelnen Autoren überlieferte Traditionselemente oder -stränge mit einer bestimmten Tendenz zusammengestellt und bearbeitet haben. Auf dem Hintergrund der Analyse dieser »Tendenz« ist nach zugrundeliegenden alten Erzählungen bzw. ausgestalteten Fragmenten zu fragen, die dann ihrerseits im Blick auf das untersucht werden können, was sie an wirtschaftlichen und sozialen Verhältnissen, an ökonomischen, politischen und ideologischen Interessen und Machtverhältnissen voraussetzen.

Als direkte *Quellen* kommen für diese Fragestellung u. a. in Betracht[1]:
— Rechtsbücher (1Mos 20—23; 3Mos 17—26; 5Mos 12—26);
— Salomo-Geschichten (bes. zu Fronarbeit) in 1Kön 1—11;
— Nabots Weinberg (1Kön 21)
— Tributleistungen an die Assyrer (2Kön 16—18)
— Texte zur prophetischen Sozialkritik (z. B. Am 2,6—8; 3,9 ff; 4,1—3; 5,7 ff; 6,1 ff; 8,4—8; Mi 2,1 ff; 3,1 ff. 9 ff; Jes 5,8 ff; 10,1 f; Hos 12,8 f)
— Neh 5

Diese im Alten Testament enthaltenen Dokumente altorientalischer Religion geben Aufschluß über sehr unterschiedliche Wirtschafts- und Gesellschaftsordnungen, die bei der Interpretation der Texte jeweils zu berücksichtigen sind: z. B. Stammesgesellschaft und altorientalischer Agrarfeudalismus.

STAMMESGESELLSCHAFTEN

sind differenzierte, aus Vielfamiliengruppen (Sippen) zusammengesetzte Gesellschaftsformationen (vgl. Jos 7,14 ff). Das Verwandtschaftssystem regelt die sozialen, politischen und wirtschaftlichen Beziehungen. Seine Abstammung weist dem einzelnen seinen Platz in der Gemeinschaft zu, bestimmt über politische Macht und Stellung. Die Wirtschafts- und Gesellschaftsordnung ist durch Abgabenverpflichtungen innerhalb des Verwandtschaftssystems charakterisiert. Güter und Leistungen werden an zentrale Instanzen abgegeben (z. B. Häuptlinge / Priester / Älteste) und von dort aus (um)verteilt. Individuelles Gewinnstreben ist unbekannt. In Auseinandersetzungen zwischen den Kleinviehnomadengruppen geht es um Nutzungsrechte (z. B. von Brunnen) und nicht um Privateigentum (vgl. 1Mos 26,15 ff). Politische Macht und gesellschaftlichen Ein-

58 AT und die Geschichte Israels

fluß hat derjenige, der viel verschenken kann.
Reste von Stammesüberlieferungen im Alten Testament sind enthalten in
— Erzählungen (Erzvätererzählungen: Abraham 1Mos 12—25; Isaak; Jakob-Erzählungen 1Mos 25—36; Mose-Geschichten 2—4 Mos; Josua-Geschichten Jos 1—11);
— Rechtsbüchern (2Mos 20—23; 3Mos 17—26; 5Mos 12—26);
— Stammessprüchen (1Mos 49; 5Mos 22; Ri 5);
— Liedern (1Mos 4,23 f; 2Mos 15,21; 4Mos 21,17 f, 27 ff)
— Sprüchen (2Mos 17,16; Ri 7,18; 4Mos 10,35 f).
Dabei ist durchweg zu beachten, daß es sich nicht um historische Notizen handelt, sondern um literarische Kompositionen und Bearbeitungen, die die Geschichtsschreiber der Königs- und Exilszeit (8.—6. Jh. v. Chr.) in die Frühzeit zurückprojeziert haben.

AGRARFEUDALISMUS

Mit diplomatischem Geschick einigte David Nord- und Südstämme und schuf einen militärisch-expansiven Territorialstaat mit stehendem Heer, Beamtenapparat und Staatspriestern. Eroberungskriege nach außen und Machtkämpfe im Innern bestimmen die Szenerie. Die Gegensätze zwischen Stadt und Land werden immer größer. Große Reichtümer werden in Palästen (vgl. 1Kön 5,1 ff) und Tempeln (vgl. 1Kön 15,15 ff) zusammengebracht. Die Tempel werden zu wirtschaftlichen Großunternehmen. Scharfe Klassengegensätze zwischen Armen Bauern und dem Adel (ca. 2 % der Bevölkerung) bilden sich heraus. Der Adel verfügt über das bewirtschaftete Land und beherrscht Militär, Verwaltung und oberen Klerus. Die arbeitende Bevölkerung fühlt sich versklavt. Es kommt zu Widerstandbewegungen gegen das Königtum (vgl. Ri 9,7 ff). In 1Sam 8,10 ff formulieren Geschichtsschreiber ihr kritisches Gesamturteil süber die Wirtschafts- und Gesellschaftsordnung des monarchischen Agrarfeudalismus.

Die Propheten des 8. Jhs klagen im Namen Jahwes Unterdrückung und Ausbeutung der Armen und sozial Benachteiligten an und reagieren so auf das verschärfte Unterdrükkungssystem des Agrarfeudalismus, z. B.
— *Amos* hält die tendenziell an Gleichheit interessierte Stammesordnung der feudalen Unterdrückung als göttlich legitimiertes Gegenbild entgegen. Er beruft sich dabei auf ein Rechtsbewußtsein, wie es in einigen Passagen des Bundesbuches (2Mos 21—23,19) formuliert ist und auf gleiche Verteilungsverhältnisse hinzielt (Am 2,6—8; 3,9 ff; 4,1—3; 5,7 ff; 8,4—8)
— *Jesaja* (5,8—10) klagt die Enteignung der Bauern an, die Abhängige, Schuldknechte, Sklaven werden und auf ehedem eigenen Feldern für die städtischen Feudalherren arbeiten müssen.
— *Nehemia* (445—433), jüdischer Funktionär vom persischen Hof, Rechtsnachfolger der davidischen Könige, baut die Jerusalemer Stadtmauer wieder auf und sorgt für militärische Sicherheit. Im Interesse der Ausgebeuteten macht er die Jahwereligion zum Staatsgesetz. Als politisch-religiöser Machthaber verfügt er Schuldenerlaß und Rückgabe von Grundstücken (Neh 5).
Die grundlegende Berücksichtigung sozial- und wirtschaftsgeschichtlicher Aspekte kann helfen, bei der Lektüre und Auslegung alttestamentlicher Texte von den wirklich tätigen Menschen auszugehen und aus ihrem Lebensprozeß die Entwicklung und Veränderung ihrer leitenden (religiösen) Ideen zu verstehen.

1 Wichtige Hinweise verdanken wir H. Schulz (Marburg)

ZWEITER TEIL
Auslegungsbeispiel Quellenscheidung

VORBEMERKUNG

Die uns heute vorliegende Form biblischer Texte ist das Ergebnis eines Überlieferungsprozesses. Überlieferung ist verstehende Auslegung und Weitergabe. So schließt sie Veränderung, Korrektur, Ergänzung und Abstrich immer ein. Die moderne Vorstellung von der Unveränderlichkeit der Quellen ist der Entstehungszeit der biblischen Schriften fremd (vgl S. 19, 29 f).
Die einfachsten Modelle, an denen man sich diese Sachverhalte klarmachen kann, sind:

1. für das Alte Testament die Quellenscheidung,
2. für das Neue Testament der Vergleich desselben Textabschnittes in den drei ersten Evangelien (Synoptischer Vergleich).

Die Texte folgen im allgemeinen der Übersetzung der Zürcher Bibel.

1Mos 6,5–8,22: Die Sintfluterzählung

JAHWIST	PRIESTERSCHRIFT
	6,9 Dies ist die Geschichte Noahs: Noah war ein frommer Mann, unsträflich unter seinen Zeitgenossen; mit Gott wandelt er.
	10 Und Noah zeugte drei Söhne: Sem, Ham und Japhet.
6,5 Als aber Jahwe sah, daß der Menschen Bosheit groß war auf Erden und daß alles Dichten und Trachten ihres Herzens die ganze Zeit nur böse war,	11 Aber die Erde ward verderbt vor Gott und voll ward die Erde von Frevel.
6 da reute es Jahwe, daß er den Menschen geschaffen hatte auf Erden, und es bekümmerte ihn tief.	12 Da sah Gott auf die Erde und siehe, sie war verderbt; denn alles Fleisch hatte seinen Wandel verderbt auf Erden.
7 Und Jahwe sprach: Ich will die Menschen, die ich geschaffen habe, vom Erdboden vertilgen, die Menschen sowohl als das Vieh, auch die kriechenden Tiere und die Vögel des Himmels; denn es reut mich, daß ich sie gemacht habe.	13 Da sprach Gott zu Noah: Das Ende allen Fleisches ist bei mir beschlossen; denn die Erde ist voller Frevel von den Menschen her. So will ich sie denn von der Erde vertilgen.
8 Noah aber hatte Gnade gefunden vor Jahwe.	
	14 Mache dir eine Arche von Tannenholz; aus lauter Zellen sollst du die Arche machen, und verpiche sie inwendig und auswendig mit Pech.
	15 Und so sollst du sie machen: 300 Ellen sei die Länge der Arche, 50 Ellen ihre Breite und 30 Ellen ihre Höhe;
	16 nach der Elle sollst du sie fertigstellen. Ein Dach aber sollst du oben an der Arche machen, und die Tür der Arche sollst du an der Seite anbringen. Ein unteres, ein zweites und ein drittes Stockwerk sollst du darin machen.

62 Auslegungsbeispiel – Quellenscheidung

JAHWIST	PRIESTERSCHRIFT
	6,17 Ich aber lasse jetzt die Sintflut über die Erde kommen, um alles Fleisch, das Lebensodem in sich hat, unter dem Himmel zu vertilgen; alles, was auf Erden ist, soll hinsterben.
	18 Aber mit dir will ich einen Bund aufrichten: du sollst in die Arche gehen, du und deine Söhne und dein Weib und deine Schwiegertöchter mit dir.
7,1 Und Jahwe sprach zu Noah: gehe in die Arche, du und dein ganzes Haus; denn ich habe dich gerecht erfunden unter diesem Geschlecht.	19 Und von allen Tieren, von allem Fleisch, sollst du je ein Paar in die Arche führen, um sie bei dir am Leben zu erhalten; ein Männchen und ein Weibchen sollen es sein.
2 Nimm dir von allen reinen Tieren je sieben, Männchen und Weibchen, von den unreinen Tieren aber je ein Paar, ein Männchen und ein Weibchen.	20 Von jeder Art der Vögel und des Viehs und alles dessen, was auf Erden kriecht, von alledem soll je ein Paar zu dir hineingehen, um am Leben zu bleiben.
3 Auch von den Vögeln des Himmels je sieben, Männchen und Weibchen, damit auf der ganzen Erde Nachwuchs am Leben bleibe.	21 Du aber nimm dir von jeglicher Speise, die man ißt, und lege dir einen Vorrat an, damit er dir und ihnen zur Nahrung diene.
4 Denn nach sieben Tagen will ich regnen lassen auf die Erde, vierzig Tage und vierzig Nächte lang und will alle Wesen, die ich gemacht habe, vom Erdboden vertilgen.	
5 Und Noah tat, ganz wie ihm Jahwe befohlen hatte.	22 Und Noah tat es; ganz wie ihm Gott geboten hatte, so tat er.
7,16b Und Jahwe schloß hinter ihm zu.	

Ausgleich eines späteren Redaktors:

7,7 Und Noah ging mit seinen Söhnen und seinem Weibe und seinen Schwiegertöchtern vor den Wassern der Sintflut in die Arche.
8 Von den reinen und von den unreinen Tieren, von den Vögeln und von allem, was auf Erden kriecht,
9 ging je ein Paar, ein Männchen und ein Weibchen, zu Noah in die Arche, wie Gott dem Noah geboten hatte.

Auslegungsbeispiel – Quellenscheidung

JAHWIST	PRIESTERSCHRIFT
7,10 Und nach den sieben Tagen kamen die Wasser der Sintflut über die Erde.	7,11 Im sechshundertsten Lebensjahre Noahs, am siebzehnten Tag des zweiten Monats, an diesem Tage brachen alle Brunnen der großen Urflut auf und die Fenster des Himmels öffneten sich.
12 Und der Regen strömte auf die Erde vierzig Tage und vierzig Nächte lang.	
	13 An eben diesem Tag ging Noah mit seinen Söhnen Sem, Ham und Japhet, mit seinem Weibe und seinen drei Schwiegertöchtern in die Arche;
	14 sie und alle die verschiedenen Arten des Wildes und des Viehs und alles dessen, was fliegt, was Flügel hat:
	15 die gingen zu Noah in die Arche, je zwei von allem Fleische, das Lebensodem in sich hatte.
	16 Und die hineingingen waren je ein Männchen und ein Weibchen von allem Fleische, wie Gott ihm geboten hatte.
	17a Da kam die Sintflut über die Erde.
17b Und die Wasser wuchsen und hoben die Arche, und sie schwamm hoch über der Erde.	18 Und die Wasser nahmen mächtig überhand und wuchsen gewaltig über der Erde und die Arche fuhr auf den Wassern dahin.
	19 Und die Wasser wuchsen immer mächtiger über der Erde, so daß alle hohen Berge unter dem ganzen Himmel bedeckt wurden.
	20 Fünfzehn Ellen stiegen die Wasser darüber hinaus, so daß die Berge bedeckt wurden.
22 Alles, was Lebensluft atmete, was auf dem Trockenen war, das starb.	21 Da starb alles Fleisch dahin, das sich auf Erden regte, an Vögeln, an Vieh, an Wild und allem, was auf Erden wimmelte, auch alle Menschen.
23 So vertilgte er alle Wesen, die auf dem Erdboden waren: die Menschen sowohl als das Vieh, das Kriechende und die Vögel des Himmels, die wurden ver-	

64 Auslegungsbeispiel – Quellenscheidung

JAHWIST	PRIESTERSCHRIFT

JAHWIST:

tilgt von der Erde; nur Noah blieb übrig und was mit ihm in der Arche war.

8,6a Nach vierzig Tagen aber
2b wurde dem Regen vom Himmel gewehrt,
3a und die Wasser verliefen sich nach und nach von der Erde.

6b Noah aber öffnete das Fenster der Arche, das er gemacht hatte,
8 und ließ die Taube ausfliegen, um zu sehen, ob sich die Wasser vom Erdboden verlaufen hätten.
9 Da aber die Taube keine Stätte fand, wo ihr Fuß ruhen konnte, kam sie wieder zu ihm in die Arche; denn noch war Wasser auf der ganzen Erde. Da streckte er seine Hand aus, faßte sie und nahm sie zu sich herein in die Arche.
10 Hierauf wartete er noch weitere sieben Tage; dann ließ er die Taube abermals aus der Arche fliegen.
11 Die kam um die Abendzeit zu ihm zurück, und siehe da, sie trug ein frisches Ölblatt in ihrem Schnabel. Da merkte Noah, daß sich die Wasser von der Erde verlaufen hatten.

PRIESTERSCHRIFT:

24 Und das Wasser wuchs auf der Erde 150 Tage.
8,1 Da gedachte Gott des Noah und all des Wildes und des Viehs, das bei ihm in der Arche war. Und Gott ließ einen Wind über die Erde wehen, und die Wasser sanken.
2a Und es schlossen sich die Brunnen der Urflut und die Fenster des Himmels.
3b So nahmen die Wasser ab nach den 150 Tagen,
4 und am siebzehnten Tage des siebten Monats ließ sich die Arche auf den Bergen von Ararat nieder.
5 Die Wasser aber sanken noch weiter, bis zum zehnten Monat; am ersten Tage des zehnten Monats wurden die Spitzen der Berge sichtbar.

7 Noah ließ den Raben ausfliegen; der flog hin und her, bis die Wasser auf Erden vertrocknet waren.

13a Im 601. Lebensjahr Noahs, am ersten Tag des ersten Monats, waren die Wasser auf Erden

Auslegungsbeispiel – Quellenscheidung

JAHWIST	PRIESTERSCHRIFT
8,12 Dann wartete er noch weitere sieben Tage und ließ die Taube ausfliegen; sie kam aber nicht wieder zu ihm. 13b Da tat Noah das Dach von der Arche, und, siehe da, der Erdboden war trocken geworden.	versiegt. 8,14 Am 27. Tage des zweiten Monats war die Erde ganz trocken. 15 Da redete Gott mit Noah und sprach: 16 Geh aus der Arche, du und dein Weib und deine Söhne und deine Schwiegertöchter mit dir; 17 und alle die Tiere, die bei dir sind, alle Geschöpfe: Vögel, Vieh und alles, was auf Erden kriecht, die laß heraus mit dir, daß sie sich tummeln auf der Erde und fruchtbar seien und sich mehren auf Erden. 18 Da ging Noah hinaus mit seinen Söhnen, mit seinem Weibe und seinen Schwiegertöchtern. 19 Auch alles Wild und alles Vieh, alle Vögel und alles, was auf Erden kriecht, die gingen hinaus aus der Arche, Art um Art.
20 Noah aber baute Jahwe einen Altar; dann nahm er von allen reinen Tieren und von allen reinen Vögeln und brachte Brandopfer auf dem Altar. 21 Und Jahwe roch den lieblichen Duft und sprach bei sich selbst: Ich will hinfort nicht mehr die Erde um der Menschen willen verfluchen; ist doch das Trachten des menschlichen Herzens böse von Jugend auf. Und ich will hinfort nicht mehr schlagen, was da lebt, wie ich getan habe. 22 Solange die Erde steht, soll nicht aufhören Saat und Ernte, Frost und Hitze, Sommer und Winter, Tag und Nacht.	

66 Auslegungsbeispiel - Quellenscheidung

ERKLÄRUNG

In diesem Text sind zwei verschiedene Erzählungen nachträglich zu einer Einheit verwoben. Daß es sich um zwei ineinandergearbeitete Texte handelt, läßt sich feststellen an:
a) inhaltlichen Beobachtungen,
b) verschiedenen Gottesbezeichnungen,
c) Unterschieden in Stil, Sprache und Wortschatz,
d) Widersprüchlichkeiten.

Liest man beide Erzählungsfäden einzeln nacheinander und dann parallel, so fällt auf:

Nach der einen Erzählung (J) besteht die Sintflut aus einem Regen, der 40 Tage dauert (1Mos 7,12). Noah nimmt von den reinen (d. h. opferfähigen) Tieren je sieben Stück mit in die Arche (1Mos 7,2). Die Katastrophe trifft Tiere und Menschen. Noah läßt dreimal eine Taube ausfliegen, ehe er die Arche verläßt (1Mos 8,8).
Nach der anderen Erzählung (P) brechen der himmlische und der irdische Ozean los (1Mos 7,11), über ein Jahr lang dauert die Flut (1Mos 7,11; 8,14). Noah nimmt von allen Tieren je ein Paar in die Arche mit (1Mos 7,9). Die Katastrophe trifft außer Tieren und Menschen auch die Erde. Noah sendet — bevor er die Arche verläßt — nur einmal einen Vogel aus, und zwar einen Raben (1Mos 8,7).
Die jahwistische Überlieferung erzählt im Anschluß an die vorhergehende Perikope von einem vernichtenden Urteil Gottes über die Menschheit: Sie sind nur böse allezeit. Wegen dieser Verkehrtheit der Menschen will Gott alle Lebewesen von der Erde vertilgen. Doch will er nicht von seiner Schöpfung lassen. In Noah rettet er sie.
Für die Priesterschrift (Grundlage des Pentateuch, in die andere ältere Quellen eingearbeitet sind) ist die Sintflut offenbar eine Verlegenheit. Würde sich der Bund mit Noah (ältester Bundesschluß bei P; fehlt bei J) nicht so vortrefflich in das System von Bundesschlüssen einreihen, hätte P von der Flut nicht erzählen müssen — wie später auch die Chronik eine Geschichte von Abraham bis David schreiben kann, ohne Schöpfung, Sündenfall, Sintflut, Verheißungen an Abraham, Sinaibund auch nur zu erwähnen (vgl 1Chr 1,1–2,15). Alles bleibt nach der Flut wie es vorher war. Das einzig Neue: vor der Flut begehen die Menschen Freveltaten, und die Flut schließt damit, daß das erste Gesetz aufgestellt wird.
In Hauptpunkten stehen hier zwei Aussagen gegenüber, die jede Harmonisierung — aus welchen Gründen auch immer — verbieten:
Der Mensch ist für das Paradies geschaffen — er ist für die Erde geschaffen;
Leben und Arbeit sind Strafe für seine Schuld — sie sind Gottes Wille und ursprüngliche Ordnung;
das Leben steht unter dem Fluch Gottes — es steht unter dem Segen Gottes.
Unter theol. Gesichtspunkten ist die Überlieferung gestaltet worden. Es handelt sich nicht um Geschichtsberichte, sondern um Geschichtskonstruktion unter bestimmten Leitmotiven.

(vgl die babylon. Parallele hierzu im Gilgamesch-Epos).

DRITTER TEIL

Aufbau, Entstehung und theologische Eigenart der Schriften des Neuen Testaments

LITERATURHINWEIS

Herbert Braun, Jesus (1969)
Willi Marxsen, Das Neue Testament als Buch der Kirche (1965, Gütersloher Taschenausgaben 40)
Karl H. Schelkle, Das Neue Testament (1963)
L. Schottroff/W. Stegemann, Jesus von Nazareth — Hoffnung der Armen (1978, Urban-Taschenbücher, T-Reihe Bd 639)
G. Theissen, Soziologie der Jesusbewegung (1977, Theologische Existenz heute 194)
Werner Trutwin, Evangelium Jesu Christi (1969)

VORBEMERKUNG

Die neutestamentlichen Schriften sind urchristliche Literatur. Will man sie verstehen, so muß man, wie bei jeder anderen Literatur der Weltgeschichte auch, nach den Bedingungen ihrer Entstehung, nach den Verfassern und ihren Absichten, nach den Adressaten und ihren Erwartungen — kurz: nach der Entstehungssituation fragen.
Die genaue Frage nach Ziel und Absicht der einzelnen Schrift steht für uns im Vordergrund. Dabei zeigt sich, daß die Aussagen durchweg konkret veranlaßt sind. Sie sind Antworten der verschiedenen Verfasser auf unterschiedliche Nöte, Probleme, Fragen der urchristlichen Gemeinden. Erst wenn man dies erkennt, kommt es zum rechten historischen Verständnis neutestamentlicher Aussagen.

Übersicht

1. Thessalonicherbrief	69
Galaterbrief	70
1. Korintherbrief	72
2. Korintherbrief	74
Römerbrief	77
Philipperbrief	79
Philemonbrief	80
Kolosserbrief	81
Einführung in die Evangelien	83
Markusevangelium	86
Matthäusevangelium	90
Lukasevangelium	94
Apostelgeschichte	98
Epheserbrief	100
Hebräerbrief	102
Johannesevangelium	104
1. Johannesbrief	107
2. und 3. Johannesbrief	108
Johannesoffenbarung	109
1. Petrusbrief	111
Jakobusbrief	112
Judasbrief	113
Die Pastoralbriefe	114
2. Thessalonicherbrief	115
2. Petrusbrief	116

1. Thessalonicherbrief

AUFBAU

1,1–3,13 Dank an die Gemeinde	Briefeingang; Pls dankt der Gemeinde für die gute Aufnahme und Bewahrung seiner Botschaft und für seine guten Beziehungen zur Gemeinde.
4,1–5,28 Ermahnungen und Belehrungen	Im Rahmen der Ermahnungen und Belehrungen berichtet Pls über seine Vorstellung von der Wiederkunft des Herrn (4,13–5,11); Ruf zur Wachsamkeit; Briefschluß (5,23–28).

UMSTÄNDE DER ABFASSUNG

Pls hat die heidenchristl. Gemeinde in Thessalonich (später Saloniki), der Hauptstadt der röm. Provinz Mazedonien, auf seiner zweiten Missionsreise gegründet (im Jahre 50 nChr). Diese sehr lebendige Gemeinde (1,2–9), zu der Pls ein herzliches Verhältnis hatte (2,7–12), wurde nach der Abreise des Pls bedrängt und verfolgt. Bedroht war die Gemeinde von ihren nichtchristl. (vor allem jüd. – wie Apg 17,5 ff meint –?) Landsleuten (2,14). Diese haben wohl ein falsches Verständnis von Verkündigung und Verhalten des Pls verbreitet (vgl 2,1–12). Pls schrieb den Brief ca 50/51 nChr in Korinth, nachdem Timotheus ihm über den Zustand der Gemeinde berichtet hatte (3,1–6).

ANLASS

1. Die Gemeinde fragte – durch Timotheus vermittelt – nach dem Schicksal der Christen, die vor der zu Lebzeiten erwarteten Wiederkunft (Parusie) Christi gestorben sind (4,13–18); Frage nach dem Zeitpunkt der Wiederkunft (5,1–11).
2. Pls ist dankbar und erfreut darüber, daß die Gemeinde – entgegen der Sorgen und Befürchtungen des Pls (3,3.5) – doch nicht abgefallen ist.

ZIEL

1. Nach Pls leben die Christen jetzt schon in einer neuen, durch Christus geschaffenen Wirklichkeit (5,4 ff). Pls weist die Frage nach dem Zeitpunkt zurück und fordert zur tätigen Liebe und Wachsamkeit auf (4,1–12; 5,1–22); allen – auch den toten – Christen ist die verheißene Zukunft gewiß (4,13–18).
2. Pls setzt sich deutlich ab von den – außerchristl. – Wundermännern, die ebenfalls durch die Lande zogen, mit Wundertaten für *ihre* Götter warben und sich dafür bezahlen ließen; die Gemeinde soll nicht auf sie hereinfallen (2,1–12).

THEOLOGISCHE EIGENART

Der 1Thess ist das älteste Schriftstück des Urchristentums und enthält mit 4,13–18 die älteste Belehrung der Christen über das Ende der Zeit, das mit der Wie-

70 Aufbau, Entstehung und Eigenart der Schriften des NT

derkunft Christi eingeleitet werden soll. Aus 4,17 wird deutlich, daß Pls dieses Ende (»Parusie« = »Ankunft« des Herrn) noch zu seinen Lebzeiten erwartete.

Pls kann die Aufforderung zum Handeln einmal durch den Hinweis auf das Endgericht (4,6: »eschatologische« Begründung) begründen, zum anderen aber durch den Hinweis darauf, daß die Christen in der Nachfolge Christi zu tätiger Liebe bereit und fähig sind (5,4–10: »indikativisch-präsentische« Begründung). Verkündigung geschieht nicht allein durch das Wort, sondern auch durch vorbildliches Verhalten, durch die Hilfe und das Bereitsein für andere (1,5; als Nachahmer Christi: 1,6).

In 5,12 ist wohl noch nicht (wie später in 1Tim 5,17) von Vorstehern als festen Amtsträgern die Rede, sondern von Gemeindegliedern, die sich freiwillig der Brüder annehmen; auch die Aufforderungen in 5,14 gelten nicht irgendwelchen Amtsträgern.

Galaterbrief

AUFBAU

1,1–2,21 Der Ursprung des Evangeliums	Briefeingang (1,1–5); Pls verteidigt sich gegen Angriffe auf sein Apostelamt: sein Evangelium stammt von Gott (1,11 ff) und ist von der Urgemeinde gebilligt worden (2,1 ff). Auseinandersetzung mit Petrus (2,11 ff).
3,1–4,31 Die Art des Evangeliums	Pls betont die Notwendigkeit der Freiheit vom Gesetz; Abraham als Vorbild des Glaubenden (3,6 ff); Gesetz und Glaube sind Gegensätze. Freie Gotteskindschaft (3,26–4,7); Hagar und Sarah (4,21–31).
5,1–6,18 Ermahnun- gen zur Bewährung	Die geschenkte Freiheit ist zu bewähren, sie ist Befreiung zur Liebe, d. h. zum Dienst am anderen. Briefschluß: Warnung vor Irrlehrern (6,11–18).

UMSTÄNDE DER ABFASSUNG

Pls hat die verstreuten heidenchristl. Gemeinden (4,8; 5,2 f; 6,12 f) in der Landschaft (dem nördlichen Teil der Provinz) Galatien — in der Umgebung des heutigen Ankara — auf seiner zweiten Missionsreise gegründet (1,8 f; 4,11.13; vgl Apg 16,6); kurz nach einem weiteren Besuch auf der dritten Missionsreise (4,13; 5,7) erfuhr Pls von dem Rückfall der Galater (1,6; 4,9). Die Gemeinde

Galaterbrief

war von judenchristl. Irrlehrern bedroht, die sich gegen das Apostolat des Pls wenden (1,10 ff). Die Irrlehrer scheinen schon erste Erfolge gehabt zu haben (1,6; 3,1; 4,10; 5,7.9). Pls schrieb den Brief zu Beginn seines zweijährigen Aufenthaltes (52—54 nChr) in Ephesus.

ANLASS

1. Die Irrlehrer behaupten, die Apostelwürde des Pls sei nur von Menschen — und damit auch von den Jerusalemer Aposteln — abhängig (1,1.12).
2. Die Irrlehrer fordern, zusätzlich zum Glauben die Beschneidung (5,2 f; 6,12 f) und das Gesetz (3,2; 5,2 f) zu übernehmen. — Dies führt zum Selbstruhm (6,13 f); damit bleibt gerade das nur in Freiheit vom Gesetz zu erfüllende »Gesetz Christi« (6,2) unerfüllt.

ZIEL

1. Pls betont den göttlichen Ursprung seines Apostelamtes (1,1.11 f), seine Selbständigkeit und seine geschichtliche Unabhängigkeit von den Jerusalemern (1,13—24).
2. Pls konnte sein gesetzesfreies Evangelium in Jerusalem durchsetzen (2,1—10); durch das Gesetz darf (2,21) und kann (3,10 f) der Mensch vor Gott nicht gerechtfertigt werden. Der Wandel in der Liebe — als die rechte Erfüllung des Gesetzes (5,14) und als Frucht des Geistes (5,22) — ist die Verwirklichung der durch Christus ermöglichten Freiheit (5,1).

THEOLOGISCHE EIGENART

Kap. 1 f geben wichtige Hinweise auf die Bekehrung und Reisen des Pls (vgl mit den entsprechenden Angaben der Apostelgeschichte). Diese Kapitel zeigen die harten Richtungskämpfe im Urchristentum. Hinweise auf die Schärfe des Briefes: gegen die Gewohnheit des Pls fehlt eine Danksagung für die angeschriebenen Gemeinden; in 1,8 f und 5,12 stehen harte Verfluchungsformeln.
Im Gal ist zum ersten Mal die Freiheit der Christen vom Leben unter der Gesetzlichkeit und die Befähigung der Christen zu einem verantwortlichen Leben in der Liebe ausgedrückt. Diese Verkündigung wird im Röm weiter ausgeführt als die Rechtfertigung vor Gott allein aus Glauben und nicht aus der Erfüllung von Gesetzen (vgl Gal 2,16 mit Röm 3,28). Pls wendet sich gegen die Wertung des Lebens als Knechtschaft; so wurde es von den — gnostischen? — Verehrern der Weltelemente (4,9) und von jüd. Vertretern der Gesetzlichkeit eingeschätzt (vgl 4,3 mit 4,8 f). Pls betont die Aufhebung der Schranken zwischen den Menschen (5,6; 6,15; vgl 1Kor 7,19) und die Einheit von Glaube und Liebe in der Gemeinde, die von Christus her lebt und damit eine »neue Schöpfung« darstellt (6,15).

72 Aufbau, Entstehung und Eigenart der Schriften des NT

1. Korintherbrief

AUFBAU

1,1–9 Briefeingang	Pls beantwortet Anfragen der Korinther und äußert sich zu:
1,10–4,21: 5,1–6,20: 7,1–40: 8,1–11,1: 11,2–14,40: 15,1–58:	Streitigkeiten in der Gemeinde (Überschätzung der Taufenden), sittliche Mißstände (Blutschande; Prozesse, Verkehr mit Dirnen), Ehe und Ehelosigkeit, Essen von Götzenopferfleisch (Kap. 9: Rechte des Apostels), Fragen des Gottesdienstes (Kap. 11: Abendmahl; Kap. 13: Die Liebe), Auferstehung der Christen.
16,1–24	Briefschluß: Kollekte für Jerusalem; Pläne des Pls.

UMSTÄNDE DER ABFASSUNG

Pls hat die überwiegend heidenchristl. Gemeinde (12,2; vgl 16,19 mit Apg 18, 2 ff) in Korinth, der Hauptstadt der röm. Provinz Achaja, auf seiner 2. Missionsreise im Jahre 50/51 nChr gegründet. Er unterhielt sich während des 18-monatigen Aufenthaltes (Apg 18,11) durch eigene Handarbeit (Apg 18,2 ff; 1Kor 4,12; 9,6). Er hinterließ eine große und lebendige Gemeinde (1,6 f; 12, 4 ff); neben vorwiegend kleinen Leuten (1,26 ff) waren auch Reiche Mitglieder (11,21 f).
Pls hat bereits vorher einen Brief nach Korinth geschickt (5,9 ff); Timotheus ist gerade unterwegs, um das paulin. Verständnis des Evangeliums zu festigen (4,14–17). Er schrieb den Brief im Jahre 53/54 nChr in Ephesus.
Verschiedene Versteile — möglicherweise nachpaulin. Ergänzungen — erwecken den Eindruck, als sei der Brief an alle Gemeinden gerichtet (vgl 1,2b; 4,17b; 7,17b u. a.).

ANLASS

1. Spaltungen in der Gemeinde: Gruppenbildungen durch Überschätzung der Täufer (1,12 ff: Mißverständnis der Taufe als Mysterienkult führt zu besonderer Beziehung des Täuflings zum Täufer); Überheblichkeit der Geistbegabten (12,1 ff) und der Reichen (bei der Feier des Abendmahles: 11,20 ff).

ZIEL

1. Ermahnungen und Hinweise sollen die Gemeinde einen: Täufer, wie Lehrer und Verkündiger, sind nur Diener Christi (3,5–4,13); die göttliche Weisheit verleiht dem Verkündiger keinen Ruhm (1,13–3,4). Die Gemeinde — wie der Leib — kann nur in gegenseitiger Achtung der verschieden begabten Glieder bestehen (Kap. 12 f). Pls empfiehlt Trennung vom Abendmahl (Eucharistie) und Sättigungsmahl (Agape) (11,34).

2. In der Gemeinde haben gnostische Gegner Anhänger: sie sind stolz auf ihren Geistbesitz und zeigen ihn durch Zungenreden (Kap. 14) und Krafttaten (1,22–24); sie sind enthaltsam im Geschlechtsverkehr (7,1 ff), aber schrankenlos und ohne Rücksicht auf den Bruder in ihrer selbstbeanspruchten Freiheit (3,21; 5,1 ff; 8,9 ff; 10,23 ff); sie glauben sich im Besitz des Heiles und bestreiten die Zukünftigkeit der Auferstehung; das Abendmahl gilt ihnen als Heilssicherung und macht das Handeln überflüssig (10,1 ff; 11,17 ff); sie verfluchen den irdischen Jesus und halten das Wort vom Kreuz für eine Torheit (1,18 ff).

2. Pls betont demgegenüber: Erkenntnis, Weisheit und Vollkommenheit schließen als Gabe Gottes den Selbstruhm aus (1,29; 2,12); Zungenreden bedürfen der Auslegung und sollen der Erbauung dienen (14,5 ff); Enthaltsamkeit erspart Trübsal im nahen Ende (7,28); die Freiheit ist aber durch die Liebe zum Bruder begrenzt (8,9 ff; 10,14 ff; 12,1 ff); Pls betont gleichzeitig die Gegenwärtigkeit (2,12; 3,21 ff) und Zukünftigkeit des Heiles (15,23 ff). Die Sakramente sichern nicht das Heil (Beispiel: Israel als Vorbild (»Typos«) der Christengemeinde in einer »typologischen« Auslegung des AT (10, 1 ff); gerade Tod und Kreuz des irdischen Jesus haben Bedeutung für alle Zeit und für das Ende der Zeit (1,18 ff; 11,26).

THEOLOGISCHE EIGENART

Pls denkt überwiegend sakramentalistisch, d. h. er glaubt an eine übernatürliche Wirkung der Sakramente Taufe und Abendmahl (7,14; 10,5.21; 11,29 f; 15,29); deshalb lehnt er die Teilnahme am Essen von Götzenopferfleisch ab, da es ein heidnisches Sakrament ist (10,21). Andere Begründung der Ablehnung: wegen Rücksicht auf den Bruder (ethische Begründung: 8,7 ff; 10,28). In 10, 1–14 lehnt er ausdrücklich das blinde Vertrauen auf die Sakramente ab. Sie bilden vielmehr erst den Grund für die Ermahnung zum rechten Handeln (10,1–13; 6,11).

Ein Widerspruch besteht zwischen dem – in 1,22 f noch abgelehnten – Beweis der historischen Tatsächlichkeit (»Faktizität«) der Auferstehung Christi (15,1–11) und der Verkündigung der neuen Wirklichkeit der Christen, die an dem Wunder der Auferstehung Christi teilhaben (15,12 ff); diese «eschatologische« Verkündigung beruht nicht auf einem historischen Beweis; »eschatologisch« meint hier das Zugleich von Gegenwärtigkeit und Zukünftigkeit des Heiles (vgl 2,12 mit 15,23 ff). Dies ermöglicht nach Pls überhaupt erst verantwortliches Leben in der Welt. Dann ist aber nicht mehr von der Auferstehung Christi als einem feststellbaren einmaligen Ereignis die Rede.

Die Verkündigung der Liebe (Kap. 13) ist damit sachlich gleichzusetzen; die Liebe durchbricht alle – auch die zeitlichen – Schranken (13,7 f). Daher bleibt die Liebe und nicht die Erkenntnis (»Gnosis«) bestehen (13,13).

In 11,23 ff (Abendmahl), 15,1 ff (Auferstehung Christi) und 15,23–27 (apokalyptischer Zeitplan) finden sich vorpaulin. – d. h. von Pls übernommene – Überlieferungen.

74 Aufbau, Entstehung und Eigenart der Schriften des NT

2. Korintherbrief

AUFBAU

2Kor besteht höchstwahrscheinlich aus mehreren später zusammengesetzten Einzelbriefen:

Brief A: 2,14–7,4	Die Apologie
Brief B: 10–13,1–10	Der Tränenbrief
Brief C: 1,1–2,13; 7,5–16; 13,11–13	Der Versöhnungsbrief
Briefe D und E: 8 f	Die Kollektenbriefe

Brief A: 2,14–7,4 (Apologie)

UMSTÄNDE DER ABFASSUNG

Der 1Kor und die Sendung des Timotheus haben offensichtlich nicht alle Schwierigkeiten beseitigt. Judenchristl. Gnostiker (3,7 ff) haben das Apostelamt des Pls bestritten; die Gemeinde steht in der Mehrheit noch zu Pls (vgl 7,4); Pls hat durch Titus (vgl 12,18; 8,6.10) oder durch Timotheus (vgl I.4,17; 16,10 mit II.1,1) von dem Zustand der Gemeinde gehört und schreibt diesen Brief in Ephesus 53/54 nChr.
Nicht von Pls stammt das Stück 6,14–7,1, das Ermahnungen unter dem Gesichtspunkt des Endkampfes zweier gegensätzlicher Weltmächte (Licht — Finsternis) enthält.

ANLASS

Die judenchristl. Gnostiker halten sich für tüchtig (2,16c; 3,5 f) und verlangen von Pls Empfehlungsbriefe, die sie selbst besitzen (3,1–3); sie beweisen ihren Geistbesitz durch Krafttaten (4,13; 5,5. 12 f; 4,7) und lassen ihre Freiheit (3,17) nicht durch Gemeindedienst einschränken (4,5); mit dem Tod Jesu wissen sie nichts anzufangen 4,10 f) und predigen statt Christus sich selbst. Dabei machen sie Geschäfte (2,17).

ZIEL

Pls bezeichnet seine Tüchtigkeit als Gabe Gottes (3,5); die Gemeinde ist sein Empfehlungsbrief (3,1–3); der Geist ist nur das Unterpfand für künftige Vollendung, Glaube ist Hoffen auf das Unsichtbare (5,5.7); wir können darüber nicht verfügen (4,7; 5,17); der Tod Jesu bedeutet das Ende eines nur auf sich selbst bezogenen Daseins, daher ist das Apostelamt Dienst für die Gemeinde (3,3.6.8 f; 5,15.18; 6,3 ff); Pls verkündet frei von materiellen Absichten (2,17; 12,13).

2. Korintherbrief

Brief B: Kap. 10–13,10 (Tränenbrief)

UMSTÄNDE DER ABFASSUNG

Brief A ist erfolglos; Pls reist nun selbst nach Korinth; es kommt zu heftigen Auseinandersetzungen; Pls bricht seinen Aufenthalt ab und schreibt von Ephesus diesen Brief (54 nChr), in dem er in aller Schärfe mit seinen Gegnern abrechnet. Titus bringt diesen Brief nach Korinth und soll in der von judenchristl. Gnostikern (11,22 f) verführten Gemeinde für Ordnung sorgen. Pls kündigt einen dritten Aufenthalt in Korinth an (12,21; 13,1 f).

ANLASS	ZIEL
Die »Überapostel« (12,11) rühmen sich ihres kraftvollen Auftretens und ihrer Geistesgaben (11,6.22 ff; 12,1); sie verspotten das Auftreten des Pls in Leiden und Schwachheit (10,1.10; 12,5 ff); sie verführen die Gemeinde (11,3–5) und lassen sich von ihr unterstützen. Sie bezeichnen die Kollekte des Pls als Ausbeutung (11,7 ff; 12,14 ff).	Pls rühmt sich in menschlicher Weise, in »Torheit« (11,1.16 ff) auch all dieser Dinge, legt jedoch mehr Wert auf die Niedrigkeit und Demut des Dienstes (11,23 ff; 12,5 ff); er bezeichnet die Vertreter des ungebrochenen Rühmens als Irrlehrer; er verkündigt ohne Bezahlung (freiwillige Unterstützung aus Mazedonien: 11,9 ff); zugleich verteidigt er seine Kollekte gegen die Vorwürfe (12,14 ff).

Brief C: 1,1–2,13; 7,5–16; 13,11–13 (Versöhnungsbrief)

UMSTÄNDE DER ABFASSUNG

Pls wartet ungeduldig auf seinen Boten Titus und zieht ihm nach Mazedonien entgegen (7,6). Titus berichtet von dem Sinneswandel der Gemeinde und von der Bestrafung eines Übeltäters, der Pls betrübt hatte (2,5 ff). Pls schreibt in Mazedonien (vielleicht Philippi) diesen Versöhnungsbrief (54 nChr).

ANLASS UND ZIEL

Pls dankt für den Trost und die Freude, die er durch die Nachricht von dem Sinneswandel der Gemeinde erfahren hat. Pls verteidigt sich gegen den Vorwurf, mit seinen Reiseplänen unzuverlässig zu sein, da er verschiedene angekündigte Besuche nicht durchführen konnte (1Kor 16,57; 2Kor 1,15 f; 12,14; 13,1). Sorgende Liebe für die Gemeinde war der Grund für den Aufschub (1,23); ein kurzer Zwischenaufenthalt wurde wegen scharfer Auseinandersetzungen abgebrochen (2,5 ff).

Briefe D und E: Kap. 8 und 9 (Kollektenbriefe)

UMSTÄNDE DER ABFASSUNG

Zu der mit ihm wieder versöhnten Gemeinde in Korinth schickt Pls einmal Titus mit Begleitern (8,6), dann ungenannte Brüder (Kap. 9), um das Kollektenwerk für die Gemeinde in Jerusalem durchzuführen. Beide Briefe wurden vermutlich 54 nChr in Mazedonien geschrieben.

ANLASS UND ZIEL

Um der Kollekte zum Erfolg zu verhelfen, verweist Pls auf die vorbildliche Bereitschaft der Gemeinden in Mazedonien (8,1—5). Die Kollekte soll den Dank der paulin. Gemeinden gegenüber der Jerusalemer Urgemeinde ausdrücken (9,12).

THEOLOGISCHE EIGENART

Die fünf Einzelbriefe hat vermutlich ein nachpaulin. Redaktor zu Beginn des 2. Jh. durch bloße Aneinanderreihung der Briefe C, D und E zusammengestellt; den Brief A (die Apologie mit dem Hymnus auf den Triumphzug des Apostels — vgl 2,14) fügte der Redaktor gemäß seinem Bild vom Apostel als siegreichem Apostelboten an die in 2,13 (Brief C) erwähnte Reise des Pls nach Philippi an — obwohl diese Reise alles andere als ein Triumphzug war (vgl 7,5); den Brief B setzte der Redaktor an den Schluß — damit folgt er dem Brauch seiner Zeit, am Ende eines Werkes vor Irrlehrern zu warnen.

Die »Macht« des Apostels liegt lediglich in der Verkündigung des Wortes (5,18—20) und dient dem Aufbau der Gemeinde (10,8; 13,10); jeder Anschein von reiner Machtausübung wird von Pls bewußt vermieden (9,7; vgl 8,8 mit Phlm 8 f). Pls versteht sich als Gehilfen zur Freude und nicht als Herrn über den Glauben anderer (1,24).

Die ursprünglich apokalyptisch gemeinte — d. h. die im Zusammenhang mit dem Weltende erwartete — allgemeine Totenauferweckung wird in 1,9 f als gegenwärtiges Geschehen (vgl 13,4) und zwar als Aufhebung des Selbstvertrauens verstanden. In diesem Sinne ist die Predigt eine Vergegenwärtigung (nicht ein Bericht von) der Versöhnungstat Gottes (5,18—20); daher gilt die Verkündigung als ein Geschehen, in dem sich das Gericht, die für das Ende gültige Scheidung zwischen Leben und Tod, zwischen Heil und Verderben, vollzieht (2,14—16; daher »eschatologische« Verkündigung genannt).

Zur neuen Wirklichkeit (Neuschöpfung: 5,17) kommt es dadurch, daß die Liebe Christi den Glaubenden ins Mitsterben hineinzieht (5,14; vgl Röm 6,3 f); der Christ hat aber nach 1,5; 4,10 nicht mystisch an der Passion Jesu teil, sondern das Leiden und Sterben Jesu Christi geschieht gerade im irdischen Leiden und Sterben des Christen. Daher bedeutet für Pls seine von ihm selbst durchlebte Todesgefahr nichts anderes als der Tod Christi, nämlich das Ende des nur auf sich selbst bezogenen Daseins (1,8 f; 5,15; vgl Phil 3,3). Die Selbstlosigkeit des Daseins für andere ist daher ein Zeichen für christl. Lebensführung (11,7; 12,15a; 13,7—9; vgl Phil 1,23 f; Röm 9,3).

Römerbrief

AUFBAU

1,1–8,39 Die Rechtfertigung durch Glauben	Juden und Heiden stehen unter Gottes Zorn (1,18–3,20); allein durch Glauben an Christus ist das Heil zu erlangen (3,21–4,25); Freiheit von der Macht des Gesetzes, der Sünde und des Todes (5,1–8,39).
9,1–11,36 Das Schicksal Israels	Gottes Verheißung an Israel ist noch gültig; nach der Bekehrung der Heiden wird auch Israel zum Heil gelangen.
12,1–15,33 Ermahnungen	Der »vernünftige« Gottesdienst ist: Gottes Willen zu tun; Beispiele für rechtes Verhalten untereinander.
16,1–27	Empfehlungen, Warnung vor Irrlehrern (später angefügt).

UMSTÄNDE DER ABFASSUNG

Pls schreibt diesen Brief im Winter 54/55 nChr in Korinth kurz vor Antritt der Kollektenreise nach Jerusalem (15,25 f). Er will seine Missionsarbeit im Westen des röm. Reiches fortsetzen und auf dem Weg dorthin die nicht von ihm gegründete, überwiegend heidenchristl. (1,5 f; 15,15 ff) Gemeinde besuchen (1,8 ff; 15,23 f). Nach Rom wird das Christentum frühzeitig (vor 49/50) auf den Bahnen des Weltverkehrs gelangt sein.

ANLASS

1. Für die Durchführung seiner Pläne (15,23 f) braucht Pls die Hilfe der röm. Gemeinde, die er bisher noch nicht kennt.
2. In Rom geht es um die Frage, ob für den Christen das Jude-Sein noch etwas bedeutet (3,1); dies zeigt sich im Halten von Festtagen und Speisegeboten (14,1 ff); neben diesen Sonderansprüchen der Judenchristen geht es aber auch um die Heidenchristen, die von sich »höher denken« (12,3); sie halten sich für die Starken, die Fleisch essen, Wein trinken und nichts als unrein ansehen (14,1 ff).

ZIEL

1. Pls stellt sich vor (1,1–6), meldet seinen Besuch an (15,24) und bittet die Gemeinde um ihre Unterstützung (1,11; 15,24).
2. Nach Pls ist das Evangelium Gottesgerechtigkeit aus Glauben für Juden und Heiden (1,16 f); alle Sonderansprüche sind ausgeschlossen, da alle — Juden wie Heiden — unter der Sünde stehen (3,9), und nur durch Glauben gerechtfertigt werden (3,22). Die zwischen Starken und Schwachen umstrittenen Gebräuche (14,1 ff) sind ohne Heilsbedeutung (14,17); jeder muß seinem Gewissen gehorchen (14,2 f).

78 Aufbau, Entstehung und Eigenart der Schriften des NT

Echte, später angefügte Briefteile (16,1–24)

Kap. 16 gehörte ursprünglich nicht zum Römerbrief. Möglicherweise handelt es sich um Bruchstücke eines Briefes des Pls nach Ephesus (16,1–16) und anderer nicht erhaltener Pls-Briefe; die Bruchstücke enthalten Grußlisten und Warnungen vor Irrlehrern.

THEOLOGISCHE EIGENART

Nach Pls geschieht die Rechtfertigung allein aus Glauben, ohne die Werke des Gesetzes (3,28); sie ist auch schon gegenwärtig (3,21; 5,1), geschenkt (3,24); sie ist eine Rechtfertigung des Unfrommen (4,5). Damit hängt das neue Glaubensverständnis zusammen: Glaube ist Ruhmverzicht (3,27), Verzicht auf das Lohnstreben und Verdienstdenken (4,1; vgl 1Kor 9,18), Gehorsam (1,5), eine neue Lebensgestaltung (6,11; vgl Phil 3,7 f; 14,23: der Glaube bestimmt das ganze Leben), ein Leben in der Liebe (12,9 ff; 13,8–10; vgl Gal 5,6.13–15). Der Glaube wird bestimmt durch das Gewissen (14,22), die Dankbarkeit (14,6) und die Friedfertigkeit (14,19); er ist unantastbar und frei (14,5.22).
In 6,1 ff wird der Mysteriengedanke (hier: Miterleben und Nachvollziehen von Tod und Auferstehen der Gottheit in der Taufe) durchbrochen durch den Verweis auf den neuen Wandel (6,4). Das Vorbild des neuen Wandels ist Christus (15,3.7; vgl Phil 2,5 ff). Die Aufforderung zum rechten Handeln kann wie im 1Thess doppelt begründet werden: einmal durch den Hinweis auf das, was Christus für uns getan hat (6,4; vgl 1Thess 5,4 ff), dann durch den Hinweis auf das nahe Ende der Welt mit dem Kommen des Endgerichtes (13,11 ff; vgl 1Thess 4,6 f).
Der Starke, der die größeren Möglichkeiten zur Liebe hat, kann und soll aus Liebe und um des Friedens willen auf seine Freiheit verzichten (14,15.20; 15,1 f). Das Dasein für andere kann den Verzicht auf das eigene Heil einschließen (9,3; vgl Phil 1,24).
13,1 ff ist eine — zeitbedingte — Aufforderung zum Gehorsam gegenüber dem Staat; dieser Gehorsam ist allerdings begrenzt durch den Gehorsam gegenüber Gott, der über dem — heidnischen römischen — Staat steht.
Gelegentlich verwendet Pls überlieferte Glaubensformeln in seiner Lehre von Christus: a) die adoptianische Christologie (Lehre: Jesus wurde nachträglich von Gott zu seinem Sohn erwählt = »adoptiert«) in 1,3 f und die — von Pls selbst stark betonte — Präexistenzchristologie (Lehre: Jesus war vor seinem Erdendasein schon als Sohn bei Gott) in 8,3 (vgl Gal 4,4); b) die Lehre von der Erlösung durch Christus als »Sühneopfer« für die vergangenen Sünden (3,24 f; 4,25). Nachpaulin. sind die Einfügungen in 2,1; 7,25b; 8,1 sowie die (ursprünglich für den Gottesdienstgebrauch gestaltete) Lobpreisung in 16,25–27.

Philipperbrief

AUFBAU

1,1–26; 2,19–30 Berichte	Briefeingang (1,1–11); Berichte von Gefangenschaft (1,12 ff), von der Sendung des Timotheus und von Epaphrodites (2,19 ff).
1,27–2,18; 3,1–4,23 Ermahnungen und Warnungen	Wandel nach dem Vorbild Christi (1,27 ff; Christushymnus: 2,5–11); allgemeine Ermahnungen; Briefschluß (4,10–23).

UMSTÄNDE DER ABFASSUNG

Es ist umstritten, ob Phil aus drei Einzelbriefen zusammengesetzt ist (mögliche Einteilung: A: 4,10–20 (Dankesbrief); B: 1,1–3,1; 4,4–7.21–23 (Freudenbrief); C: 3,2–4,3.8 f (Tränenbrief)); Pls hat den (oder die) Philipperbrief(e) wahrscheinlich 57/58 nChr (?) in Rom (?), wo er sich in Gefangenschaft befindet (1,13 ff; 4,22; vgl Apg 28,16.30 f), geschrieben. Er gründete die Gemeinde – die erste auf europäischem Boden – auf seiner 2. Missionsreise um 49/50 nChr. Die Gemeinde sorgte gelegentlich mit Gaben für Pls (4,10.15 f; vgl 2Kor 11,8 f); sie wurde von judenchristl. (3,2) Irrlehrern bedroht (3,12 ff).

ANLASS	ZIEL
1. Irrlehrer bedrängen die Gemeinde und verlangen die Beschneidung als Bedingung für die Vollkommenheit, die die Zukünftigkeit des Heiles ausschließt (1,29 ff; 3,2.11 ff). 2. Epaphroditus überbrachte eine Gabe der Philipper (4,18).	1. Die wahre Beschneidung liegt für Pls im Verzicht auf den Selbstruhm (3,3 ff); neben der zugestandenen Gegenwärtigkeit des Heiles (3,16) betont er die Zukünftigkeit (3,11 ff.20). 2. Pls gedenkt dankbar der treuen Fürsorge der Philipper (4,15 ff).

THEOLOGISCHE EIGENART

2,5–11 ist ein altes vorpaulin. Christuslied, das von Pls durch die Wendung »bis zum Tode am Kreuz« (2,8c) ergänzt wurde. Die Verbindung dieses Liedes mit der Aufforderung zum Handeln und zum rechten Wandel zeigt, daß die Lehre von Christus kein Selbstzweck ist, sondern eine Wirkung auf die Lebensführung hat. Nach Pls geht die Aufforderung zum christl. Wandel aus der Wirksamkeit des Heiles hervor. Darauf verweist auch das Nebeneinander des »schon jetzt« (3,16) und des »noch nicht« (3,12 f) des Heiles: es ist gegenwärtig, aber nicht verfügbar – und gleichzeitig noch zu erstreben.

80 Aufbau, Entstehung und Eigenart der Schriften des NT

Im Gegensatz zu den sonst benutzten Vorstellungen von der Auferstehung der Toten am Ende der Zeit (= »apokalyptisch«; vgl 1Thess 4,15 ff; 1Kor 15,23 ff) spricht Pls in 1,23 davon, daß er gleich nach dem Tode »bei Christus« ist (= »gnostische« Jenseitsvorstellung). In 4,5b (vgl Röm 13,11) erwartet Pls sehr bald das Ende der Zeit durch die Wiederkunft Christi.

Die Nennung von »Bischöfen« (wörtlich: Aufseher) findet sich in den Pls-Briefen nur hier 1,1. Diese Aufseher sind aber noch nicht den kirchlichen Amtsträgern vergleichbar, wie sie erst später üblich wurden (vgl Pastoralbriefe).

Philemonbrief

UMSTÄNDE DER ABFASSUNG

Pls, zur Zeit der Abfassung dieses Briefes gefangen (1.13.33; 57/58 nChr in Rom?), schreibt an seinen Freund Philemon wegen eines Sklaven Onesimus, der zu Pls geflohen ist oder als Gefangener mit ihm in Berührung kam. Pls schickt Onesimus zurück.

ANLASS UND ZIEL

Pls erkennt den Rechtsanspruch des Philemon auf Onesimus an und will nicht seine apostolische Stellung mißbrauchen (11 f.16.18 f.21). Er bittet um freundliche Aufnahme für den zum Glauben gekommenen Onesimus (10) und läßt Philemon entscheiden, ob Onesimus ihm weiter dienen könne (8 f.13 f).

THEOLOGISCHE EIGENART

Der Phlm — als kürzester Pls-Brief steht er dem Privatbrief seiner Zeit sehr nahe — zeigt die Anwendung von 1Kor 7,20 ff: der Glaube überwindet zwar alle Schranken (Sklave als Bruder: 16), aber aufgrund der nahen Erwartung des Endes fehlt jede Überlegung über die Aufhebung des Sklavenstandes.

Kolosserbrief

AUFBAU

1,1–2,23 Christus über allen Mächten	Briefeingang und Dank für den Zustand der Gemeinde (1,1 ff); Christus als Schöpfungsmittler, Haupt der Kirche und aller Mächte (1,13 ff).
3,1–4,18 Ermahnungen	Leben im Namen Christi (3, ff); Haustafel (3,18–4,1); Briefschluß (4,7 ff).

UMSTÄNDE DER ABFASSUNG

Ein unbekannter Paulusschüler – nicht Pls (trotz 1,1; 1,23; 4,3.7 ff) – schrieb den Brief ca. 60–70 nChr in Kleinasien (Ephesus?) an die Christen in Kolossä (an der Verkehrsstraße von Ephesus nach Syrien); um seinem Kampf gegen die Irrlehrer Nachdruck zu verleihen, benützt er den Namen »Paulus« (vgl auch Timotheusbriefe und Tit). Die Gemeinde wurde wahrscheinlich durch Pls-Schüler von Ephesus aus missioniert (1,7; 4,12 f: Epaphras).

ANLASS

Bedrohung der Gemeinde durch gnostische (1,15 ff; 2,8 ff), judenchristl. (2,11.16) Irrlehrer, die sich nicht an Christus halten, sondern andere Sicherungen suchen: Verehrung von Engeln als Hütern der Weltordnung (2,18.23), Einhaltung von Speisegeboten und Festtagen (2,16), Reinheitsvorschriften (2,21); in Traumgesichten behaupten sie, die »Fülle« (ihre Vorstellung der Vollkommenheit) zu sehen (1,19. 28b; 2,10.18); sie setzen die Auferstehung mit dem Glauben gleich (2,12 f) und leugnen die Notwendigkeit rechten Handelns (3,1b).

ZIEL

Bekämpfung dieser Irrlehrer und Verteidigung des (vermeintlich) paulin. Christentums zur Unterstützung des Epaphras: Betonung der Alleinherrschaft Christi über Kirche und Weltmächte (1,15 ff); die Mächte werden dadurch für den Christen unbedeutend, ebenso wie die Beachtung von Reinheitsvorschriften und anderen kultischen Geboten; allein in Christus, im Worte Gottes, ist die »Fülle« zu finden (1,19; 2,9 f); Gefahr des Selbstruhmes (2,18); der Verf. nimmt die – gnostische – Gleichsetzung von Glaube und Auferstehung auf, durchbricht sie aber mit der Aufforderung zum rechten Wandel (3,1b ff).

THEOLOGISCHE EIGENART

Folgende nachpaulin. Vorstellungen schließen eine Verfasserschaft des Pls aus: a) Überschätzung des Apostels in 1,23 f (trägt stellvertretend für die Kirche die Leiden Christi) und in 1,7; 4,12 f (als Glied einer ununterbrochenen Reihe von

82 Aufbau, Entstehung und Eigenart der Schriften des NT

Übermittlern der Überlieferung: Jesus — *Apostel* — Epaphras);
b) Betonung eines feststehenden Bekenntnisses (1,5—7) und einer feststehenden Überlieferung (2,6; Kult dient zur Weitergabe geheimer Überlieferungen: 1,26 f; 2,2b; 4,5a);
c) Christus gilt als Haupt der Kirche (1,18a; 2,19), die als Leib Christi in der Mission wächst (2,19); Pls setzt in 1Kor 12,12 ff den Leib (= Kirche) mit Christus gleich;
d) Pls hat die Ermahnungen nicht einzeln für die verschiedenen Stände ausgeführt; vgl dagegen die Haustafel in 3,18 ff.
Der Mensch, zum Ebenbild des Schöpfers erneuert (3,10), lebt seinen christl. Alltag (3,18 ff) in einer von den menschenfeindlichen Mächten befreiten Welt (2,15). Die Liebe schließt alle Verhaltensweisen der Christen ein (3,12 f); sie gilt als die Vollkommenheit (3,12—14; vgl Eph 3,19).
Die stoische Formel in 3,11b (»alles in allem Christus«) versteht Christus kaum mehr als Person.

EINFÜHRUNG IN DIE EVANGELIEN

Das NT enthält vier Evangelien (Matthäus, Markus, Lukas, Johannes), von denen die ersten drei im Aufbau sehr eng zusammenhängen und teilweise auch im Wortlaut übereinstimmen. Sehr wahrscheinlich haben die Verf. des MtEv und des LkEv neben anderen Quellen das MkEv als Vorlage benutzt; sie können »zusammengeschaut« werden; deshalb nennt man die ersten drei Evangelien »Synoptiker« (griech.: synopsis = Zusammenschau). Alle vier Evangelien stellen auf teilweise sehr unterschiedliche Weise das Wirken Jesu dar.
Aufbau (vgl die Tabellen vor den einzelnen Evangelien):

I. Einleitung, Vorgeschichten und Vorbereitung des Auftretens

Mt	Mk	Lk	Joh
1,1: Das Buch der Abstammung Jesu Christi... (folgt Stammbaum Jesu).	1,1: Anfang des Evangeliums von Jesus Christus... (folgt Auftreten Johannes' des Täufers).	1,1ff: Da nun schon viele es unternommen haben, eine Erzählung der Ereignisse abzufassen... hielt auch ich es für gut, nachdem ich allem von vorn an genau nachgegangen, es der Reihe nach für dich aufzuzeichnen, hochangesehener Theophilus... (folgt Ankündigung der Geburt des Täufers).	1,1ff: Im Anfang war das Wort, und das Wort war bei Gott, und das Wort war Gott ... (Anfang des Prologes 1,1–18).

Alle vier Evangelien bieten völlig verschiedene Einleitungen. Im MtEv und LkEv folgen auf die Einleitungen unterschiedliche und sich im einzelnen widersprechende Sammlungen von Erzählungen über Geburt und Jugendzeit Jesu (vgl Mt 1,1–2,23) bzw. des Täufers und Jesu (vgl Lk 1,5–2,52). Alle drei Synoptiker berichten vom Auftreten des Täufers, der Taufe und Versuchung Jesu (Mk 1,2–13; Mt 3,1–4,11; Lk 3,1–4,13); der Bericht des JohEv (ohne Versuchung) weicht stark von den Synoptikern ab (Joh 1,19–34).

II. Die Wirksamkeit Jesu
(ausgenommen letzter Aufenthalt in Jerusalem)

Nach der Darstellung der Synoptiker zog Jesus erst kreuz und quer durch Galiläa und wandte sich dann nach Jerusalem; auf seinen Wanderungen lehrte und heilte er: vgl die zusammenfassenden Notizen Mk 1,14 f.21.32–39 u. ö. (ebenso im MtEv und LkEv). Die Synoptiker bieten in der Hauptsache ehemals selbständige Einzelsprüche und Einzelerzählungen, die von den Evangelisten verknüpft wurden. Die Anordnung der Stoffe im MtEv und LkEv richtet sich in der Hauptsache nach dem Aufriß des MkEv; jedoch sind Änderungen der Reiserouten, Auslassungen (z. B. fehlt Mk 6,45—8,26 u. a. im LkEv) und Einschiebungen (z. B. Bergpredigt in Mt 5—7) im größeren Umfange vorgenommen worden — ganz abgesehen von der Überarbeitung im einzelnen.

Das JohEv berichtet von mehreren Reisen Jesu nach Jerusalem; bis auf wenige Ausnahmen (Joh 2,13 ff; 4,43 ff; 6,1 ff.67 ff; zur Passionsgeschichte vgl unten) enthält das Evangelium keine synoptischen Stoffe; nach dem Verf. des JohEv hält Jesus ausführliche Offenbarungsreden und führt Streitgespräche mit den Juden — oft im Anschluß an eine Wundergeschichte.

III. (Letzte) Wirksamkeit in Jerusalem

Die drei Synoptiker — die nur einen Aufenthalt Jesu in Jerusalem überliefern — schildern in vergleichsweise guter Übereinstimmung Einzug, Tempelreinigung (im Joh an den Anfang des Auftretens gestellt: 2,13 ff!), Gleichnisse (im MtEv stark erweitert), Streitgespräche und die Rede Jesu von der Endzeit (Mk 11—13 und Parallelen). Der Verf. des JohEv weicht wiederum stark ab (mit den Synoptikern gemeinsamer Stoff: Einzug in Jerusalem 12,12 ff); ebenso gehen die Synoptiker und der Verf. des JohEv im ersten Teil der Leidensgeschichte unterschiedliche Wege (Synoptiker: Salbung in Bethanien, Abendmahl mit Bezeichnung des Verräters, Gang zum Ölberg — JohEv: Salbung (vor dem Einzug in Jerusalem 12,1 ff), letztes Mahl mit Fußwaschung, ausführliche Abschiedsreden). Erst im zweiten Teil besteht große Übereinstimmung zwischen allen vier

Übersicht über die Wirksamkeit Jesu

Matthäus					19—20: Durch Judäa nach Jerusalem	21—27 (28): In Jerusalem
4—18: Wirksamkeit in Galiläa und Umgebung						

Markus					10: Durch Judäa nach Jerusalem	11—16,8: In Jerusalem
1—9: Wirksamkeit in Galiläa und Umgebung						

Lukas	Auf dem Weg nach Jerusalem (Reisebericht):					
4—9: Wirksamkeit in Galiläa und Umgebung	9,51—18,14: Durch Galiläa		18,15—19,27: Durch Judäa			19,28—24,53: In Jerusalem

Johannes						
1,35—2,11: In Galiläa	2,12—3,36: Jerusalem und Judäa	4,1—54: Galiläa	5,1—47: Jerusalem	6,1—7,9: Galiläa	7,10—12,11: Jerusalem und Judäa	12,12—20,31 (21): In Jerusalem

Evangelien — dies wird ein Zeichen für das Alter dieser Überlieferungen sein. Aber auch in diesem Teil sind kleinere Umstellungen und Änderungen möglich (z. B. Umstellung in Lk 22,47—71 im Verhältnis zum MkEv; Ergänzungen: Lk 23,6 ff).

Während das ursprüngliche MkEv keine Erscheinungen des Auferstandenen berichtet, bieten die anderen drei Evangelien unterschiedliche Überlieferungen (in Jerusalem Lk 24,13 ff; Galiläa Mt 28,16 ff). Nur Lk 24,50 ff berichtet von der Himmelfahrt.

86 Aufbau, Entstehung und Eigenart der Schriften des NT

Markusevangelium

AUFBAU

1,1–13 Vorbereitung des Auftretens	Auftreten Johannes' des Täufers; Taufe Jesu; Versuchung Jesu.
1,14–9,50 Auftreten Jesu in Galiläa	Streitgespräche und Heilungen (1,16–3,35) – dazwischen Auswahl der Zwölf (3,13–19); Rede in Gleichnissen (4,1–34); Wunder am See Genezareth (4,35–5,43); Jesus in Nazareth (6,1–6); Aussendung der Jünger (6,7–13); Wundergeschichten (6,30–8,26) – dazwischen Streitgespräche (vor allem 7,1–23); Petrusbekenntnis und erste Leidensankündigung (8,27–33); Verklärung (9,2–13).
10,1–52 Auf der Wanderung nach Jerusalem	Über Ehescheidung (10,2–12); Segnung der Kinder (10,13–16); über Reichtum (10,17–31); Rangordnung unter den Jüngern (10,35–45); Blindenheilung (10,46–52).
11,1–13,37 Auftreten Jesu in Jerusalem	Einzug (11,1–10); Tempelreinigung (11,15–19); Streitgespräche (11,27–12,40); Rede über das Ende der Zeit (»synoptische Apokalypse«) (13,1–37).
14,1–16,8 Leidensgeschichte und Auferstehung	Todesbeschluß der Hohenpriester, letztes Mahl und Gang zum Ölberg (14,1–31); Gefangennahme, Verurteilung und Tod (14,32–15,41); Grablegung und leeres Grab als Zeugnis für die Auferstehung (15,42–16,8).
(16,9–20)	Unechter, später angefügter Markusschluß.

UMSTÄNDE DER ABFASSUNG

Der Verfasser ist weder der Begleiter des Petrus (vgl 1Petr 5,13) noch der Reisegefährte des Pls (vgl Apg 12,25; Phlm 24 u. ö.), wie die kirchliche Überlieferung behauptete, die das Evangelium möglichst auf apostolische Überlieferung zurückführen wollte, sondern vielmehr ein unbekannter orientalischer Heidenchrist, der Palästina nur sehr schlecht kennt, also kein Augen- und Ohrenzeuge ist; er ist abhängig von der Überlieferung seiner Gemeinden (vgl unten die Spalte »Gemeindesituation und -tradition«); allerdings sammelt er nicht nur die Überlieferungen, sondern gestaltet sie nach seinen Vorstellungen um (vgl unten die Spalte »Ziel, Redaktion«). Das Evangelium wurde wahrscheinlich um 70 nChr in Syrien (oder Rom?) abgefaßt.

Markusevangelium

GEMEINDESITUATION UND -TRADITION

1. Das MkEv ist für heidenchristl., griechische (vgl Übersetzung hebr.-aram. Ausdrücke: 3,17; 5,41; u. ö.; vgl auch die Erklärung jüd. Vorschriften: 7,3 f; 14,12; 15,42) Leser in Syrien (oder Rom ?) geschrieben.

2. Die vormarkinische (vormark.) Überlieferung ist vom Glauben der Gemeinde gestaltet: schon der irdische Jesus war der erwartete Messias und Gottes Sohn. Die Überlieferung redete unbefangen von der Gottessohnschaft Jesu, ohne sein Leiden und seine Auferstehung zu berücksichtigen. Dies wurde dem Verf. des MkEv zum Problem; denn so galt die Göttlichkeit Jesu als historisch feststellbar (d. h. beweisbar) und für den Menschen verfügbar.

3. Dem Verf. liegen folgende Gemeindeüberlieferungen vor:

a) *Wundergeschichten* (Dämonenaustreibungen: 1,23 ff; 5,1 ff u. a. Heilungen: 1,29 ff; 5,25 ff; 7,31 ff u. a.; Naturwunder: 4,35 ff; 6,34 ff u. a.; 1 Totenerweckung: 5,21 ff), die Jesus als göttlichen Menschen und Wundertäter zeigen; das Wunder gilt als Erscheinung (»Epiphanie«) der göttlichen Kraft bzw. Gottes.

b) *Streitgespräche* (2,1–3,5.31–35; 7,1 ff; 10,1 ff; 11,15 f; 12,28 ff), die wohl in den vierziger Jahren im hellenist. Judenchristentum entstanden sein dürften; sie sollten der Gemeinde eine Hilfe in der Auseinandersetzung mit ihren jüd. Gegnern sein: Jesus hat bereits das

ZIEL (REDAKTION)

1. Das MkEv will als Missionsschrift und zum Vorlesen im Gottesdienst dienen; es zeigt durch seine Verkündigung (als Erzählung) im Wirken und Geschick Jesu den Grund des Glaubens und der gesetzesfreien Heidenmission (12,9; 13,10; 7,28).

2. Der Verf. will verhindern, daß die Erscheinung der Göttlichkeit Jesu (»Epiphanie«) als Messias beweisbar wird. Die Erzählung der Geschichte Jesu soll vom Glauben gestaltete Verkündigung bleiben; um diese Spannung — vom Glauben erkennbare Göttlichkeit Jesu, aber nicht beweisbar und verfügbar — zu erreichen, umgibt er die Messianität Jesu mit einem Geheimnis (= »Theorie des Messiasgeheimnisses«); er verwendet folgende Mittel: Jesus erteilt Schweigegebote (1,25; 3,12; 8,30 u. ö), die Jünger verstehen Jesus falsch oder gar nicht (8,32 f bzw. 8,16–21 u. ö.); nach 4,10 ff teilt Jesus dem Volk seine Lehre absichtlich in Rätselworten mit (»Parabeltheorie«). Die Gottessohnschaft kann nur von Leiden und Auferstehung her verstanden werden (8,31; 9,9.31; 10,33 ff).

3. Der Verf. nimmt die Überlieferungen auf, erweitert und verändert sie nach seinen theologischen Vorstellungen:

a) Der Verf. übernimmt diese Wundervorstellung und unterstreicht sie in seinen eigenen Zusammenfassungen (3,10; 6,56); gleichzeitig weiß er aber von der Zweideutigkeit der Wunder (13,22 f) und lehnt sie als Beweis göttlicher Vollmacht ab (8,11–13); er stellt die Wunder unter das Lehren (1,23 ff; 6,34 ff); sie werden erst nach Ostern dem Glauben offenbar (vgl Schweigegebote 1,34; 3,12 u. ö.).

b) Für den Verf. vollzieht erst der nachösterliche Glaube die Beschränkung der mosaisch-pharisäischen Gesetzgebung auf die Zehn Gebote als den eigentlichen Gotteswillen; dieser Glaube kann sich jedoch mit Recht auf die Haltung des irdischen Jesus berufen; für den Verf. ist die Aufhebung des jüd. Kultgesetzes zu-

88 Aufbau, Entstehung und Eigenart der Schriften des NT

Ende der Kultgesetze verkündigt (2,23 ff; 7,1 ff) und die Mitmenschlichkeit und die alle Schranken durchbrechende Nächstenliebe in den Mittelpunkt gestellt (2,14 ff; 12,28 ff).

c) *Gleichnisse* (4,3 ff; 12,1 ff), die ursprünglich nicht allegorisch (d. h. jeder einzelne Zug des Gleichnisses hat eine Bedeutung), sondern auf einen Vergleichspunkt hin (»tertium comparationis«) ausgelegt wurden. Aber bereits eine vormark. Schicht legt die Saat als Verkündigung der Kirche allegorisch aus (4,14 ff).

d) Die sog. *kleine Apokalypse* (= Rede von der Endzeit in Kap. 13) mit verschiedenen Überlieferungsschichten; Spruchgut der urchristlichen Gemeinde (13,26.30—32. 34—36), Erfahrungen der missionierenden Kirche (13,9b.11.13.15 f. 21 f) und eine nichtchristliche Apokalypse des Judentums (13,7 f.12. 14.17—20.24—27).

e) Die *Passionsgeschichte*, das älteste zusammenhängende Erzählungsstück der Evangelien: sie war wohl ursprünglich selbständig überliefert, enthielt bereits die at. Anspielungen und Zitate (als Erklärung des Leidensweges Jesu) und eine eschatologische Mahlfeier (von der Wiedersehensfreude im Gottesreich her bestimmt: vgl 14,25); erst eine jüngere Schicht berichtet von der Einsetzung des — kultisch bestimmten — Abendmahls (14,22—24; vgl 1Kor 11,23—25) und fügt die Geschichte vom leeren Grab an (16,1 ff).

gunsten der Mitmenschlichkeit der Grund für die Passion Jesu; das zeigen die vom Verf. in diesen Zusammenhang gebrachten Todesbeschlüsse des Hohenrates (3,6; 11,18; 12,12).

c) Der Verf. betont die Notwendigkeit der allegorischen Auslegung der Gottesherrschaft als wachsender Kirche (4,26 ff; vgl 4,33 f), die sich zur weltweiten Kirche aus Juden und Heiden entwickelt (4,32; 12,1 ff); die sog. Gleichnistheorie (»Parabel-«) zeigt, daß es für den Verf. erst seit Ostern, d. h. nach Tod und Auferstehung Jesu, Kirche gibt (4,10—13).

d) Der Verf. stellt die verschiedenen Stoffe zusammen und erklärt die endzeitlich-apokalyptischen Erwartungen neu: er lehnt die Naherwartung ab (13,7 f) — anders 9,1 und 13,30 —; die Verzögerung der Wiederkunft Christi erklärt er als planmäßige, von Jesus geweissagte Zeit der Weltmission (13,9 ff); der Verf. unterscheidet zwischen übergeschichtlich-apokalyptischen Ereignissen (Auflösung des Weltalls: 13,24 ff) und innergeschichtlichen (13,7 ff; ursprünglich apokalyptisch gemeinte Ereignisse wurden dadurch vergeschichtlicht).

e) Wie die vormark. Passionsgeschichte verkündigt der Verf. in einer durchgehenden Erzählung Jesu Weg ans Kreuz als schriftgemäß und damit als Gottes Fügung; neu ist die Ausrichtung sämtlicher Jesusstoffe auf die Passion hin und die Nennung der Gründe im Zusammenhang mit der Haltung Jesu (3,6 u. ö); Leiden und Sterben als nur dem Glauben den offenbare Epiphanie des Gottessohnes wird damit zum Mittelpunkt des ganzen Evangeliums; der Verf. führt die kultische Abendmahlsüberlieferung als Verkündigung des gegenwärtigen Herrn auf den historischen Jesus zurück.

Markusevangelium 89

Unechter Markusschluß (16,9–20)

Anlaß für die Anfügung (durch einen unbekannten Verf.; wahrscheinlich im 2. Jh.) war der scheinbare Widerspruch zwischen 16,7 und 16,8; nach dem Auftauchen von Erscheinungsgeschichten lag das Mißverständnis nahe, als verweise 16,7 auf solche Erscheinungsgeschichten (der Verf. des MkEv beabsichtigte die Spannung zwischen 16,7 und 16,8: sie soll über die Grabesgeschichte hinausweisen; es ist die Spannung des österlichen Glaubens). Die Stoffe in Mk 16,9 ff sollten einen Ausgleich mit den anderen Evangelien schaffen, die Erscheinungsgeschichten berichteten.

THEOLOGISCHE EIGENART

Im MkEv wird zum erstenmal – soweit bekannt – der Begriff »Evangelium« zum Leitbegriff (1,1.14 f u. ö.) für die Darstellung der Geschichte Jesu. Vorher war dieser Begriff nur für die mündliche Botschaft gebraucht worden (»Evangelium« = frohe Nachricht). Inhalt dieser nun schriftlichen Botschaft ist der gekreuzigte und auferstandene Jesus. Die Erzählungen vor der Leidensgeschichte weisen auf die im Mittelpunkt des ganzen Evangeliums stehende Passion Jesu hin.

Die Absicht des Verf. ist, als Erzähler zu verkündigen; deshalb ist sein Bericht keine genaue Wiedergabe von historisch nachweisbaren Tatsachen, sondern eine vom Glauben bestimmte (»kerygmatische«) Darstellung. Wichtig ist für den Verf. die Geschichte des irdischen Jesus (Pls legt in seiner Verkündigung weniger Wert darauf; für ihn ist nur Tod und Auferstehung Jesu wesentlich, sonst berichtet er kaum etwas von dem irdischen Leben Jesu).

Für den Verf. ist nicht der *Zeitpunkt* der Wiederkunft (Parusie) Jesu am Ende der Zeit von Bedeutung; wichtiger ist, *daß* dieses Ende bevorsteht. Viele ursprünglich von der Gemeinde für die letzten Tage erwartete Ereignisse finden für den Verf. schon jetzt im normalen Ablauf der Zeit statt (vgl 13,7–23); damit ändert der Verf. den ursprünglichen Sinn dieser apokalyptischen Überlieferungen.

Die gesamte at.-pharisäische Gesetzesauslegung wird vom Verf. auf den Gotteswillen der Zehn Gebote beschränkt; Gottes- und Nächstenliebe (7,15) hebt die at. wie jede andere Kultgesetzgebung (z. B. Reinheitsvorschriften) auf. Die Nächstenliebe ist schrankenlos (2,13–17).

90 Aufbau, Entstehung und Eigenart der Schriften des NT

Matthäusevangelium

AUFBAU

1,1—2,23 Vor- geschichten	Stammbaum Jesu (1,1—17); Geburt (1,18—25); Magier in Bethlehem (2,1—12); Flucht nach Ägypten und Rückkehr nach Nazareth (2,13—23).
3,1—4,11 Vorberei- tung des Auftretens	Johannes der Täufer (3,1—12); Taufe Jesu (3,13—17); Versuchung (4,1—11).
4,12—18,35 Auftreten Jesu in Galiläa	Berufung der Jünger (4,18—22); Bergpredigt (5,1—7,29); Heilungen (8,1—9,34); Auswahl der Zwölf und Aussendung der Jünger (10,1—11,1); Jesus und der Täufer (11,2—19); Streitgespräche (12,1—45); Gleichnisse (13,1—52); Jesus in Nazareth (13,53—58); Wunder und Streitgespräche (14,13—16,12); Petrusbekenntnis und erste Leidensankündigung (16, 13—23); Verklärung (17,1—9); Jüngerrede (18,1—35).
19,1—20,34 Auf der Wanderung nach Jerusalem	Über Ehescheidung (19,3—12); Segnung der Kinder (19,13—15); über Reichtum (19,16—30); Gleichnisrede (20,1—16); Rangordnung unter den Jüngern (20,20—28); Blindenheilung (20,29—34).
21,1—25,46 Auftreten Jesu in Jerusalem	Einzug (21,1—9); Tempelreinigung (21,12 f); Streitgespräche und Gleichnisse (21,23—22,46); Rede gegen die Pharisäer (23,1—36); Rede über das Ende der Zeiten (»synoptische Apokalypse«) (24,1—36); Gleichnisse (24,37—25,46).
26,1—28,20 Leidensge- schichte und Auferstehung	Todesbeschluß der Hohenpriester, letztes Mahl und Gang zum Ölberg (26,1—35); Gefangennahme, Verurteilung und Tod (26,36—27,56); Grablegung, leeres Grab und Erscheinungen (27,57—28,20).

UMSTÄNDE DER ABFASSUNG

Verfasser ist nicht Matthäus (vgl die von Mk 2,14 abweichende Nennung in 9,9), wie die altkirchliche Überlieferung seit dem 2. Jh. behauptete; denn gegen die Abfassung durch einen Jünger des Zwölferkreises spricht: die Abhängigkeit des MtEv von dem heidenchristl. griechisch geschriebenen MkEv und von der ebenfalls griechisch abgefaßten palästin. Spruchquelle Q; die Benutzung der Septuaginta (griechische Übersetzung des AT); die Fortentwicklung der Gemeindeverhältnisse und -theologie.
Das Evangelium wurde nach 70 nChr (Zerstörung Jerusalems), wahrscheinlich in Syrien, geschrieben; der Verf. ist wahrscheinlich ein unbekannter schrift-

Matthäusevangelium

gelehrter Heidenchrist; der teilweise judenchristl. Charakter des MtEv stammt sicherlich aus vormatth. Überlieferung.

GEMEINDESITUATION
UND -TRADITION

ZIEL (REDAKTION)

1. Die *Situation* der juden- und heidenchristl. Gemeinden im hellenist.-syrischen Raum ist bestimmt durch die Trennung der Kirche von der Synagoge (»ihre« Synagoge: 9,34; 12,9; 13,54) auf Grund des neuen Gesetzesverständnisses; das Judentum ist in einer Krise (jüd. Krieg: 22,7); die weltweit Heidenmission treibende Kirche wird von den Pharisäern verfolgt (28,16 ff; 23,34 ff).

2. Der Verf. hat das im hellenist. Heidenchristentum verbreitete MkEv und die palästin. Spruchquelle Q als *Quellen*, sowie mündliche Sondertradition des hellenist. Judenchristentums benutzt.

a) Das *MkEv* ist ganz vom sog. Messiasgeheimnis her gestaltet: erst zu Ostern soll die Messianität Jesu offenbar werden; dies erreichte der Verf. des MkEv durch das Un- bzw. Mißverständnis der Jünger (8,16 ff; 8, 32 f), durch Schweigegebote (3,12) und durch die Begründung der Rede in Gleichnissen (4,10 ff).
Der Verf. übernimmt die Wundergeschichten des MkEv, die dort als sichtbarer Erweis der göttlichen Kraft des Wundertäters verstanden werden, sowie die Streitgespräche mit der Trennung von Kultgesetz und Sittengesetz (vgl Mk 2,1 ff; 7,1 ff; 12,28 ff).
In der Leidensgeschichte des MkEv wird durch Anspielungen auf das AT und at. Zitate (14,34.62 u. ö.) die Schriftgemäßheit und damit die Heilsbedeutung des Leidens Jesu verkündigt.

1. Der Verf. will mit seinem Gemeindebuch sagen: Die Zerstörung Jerusalems und des Tempels (= Ende der israelitischen Tempelreligion) ist als Strafgericht Gottes für das ungehorsame Volk zu verstehen (8,12; 27,51; 9,13; 12,5–7); die Einsetzung des Auferstandenen in die Würde des Weltherrschers (28,16 ff) öffnet den Weg zur Völkermission; die verfolgte Kirche teilt das Schicksal der israelitischen Propheten und Jesu (21,33 ff).

2. Der Verf. übernimmt vom MkEv im wesentlichen den Aufriß vom Leben des Messias Jesus, fügt in diesen Rahmen das Spruchgut aus der Quelle Q in sechs großen Reden (Kap 5–7; 13; 18; 23; 24 f) ein. Er erweitert das Evangelium um Vorgeschichten (Kap. 1 f) und Nachgeschichten (28,11–20).

a) Nach dem Verf. des MtEv ist Jesus von Anfang an als der vom AT angekündigte Messias offenbar; die Jünger sind nicht verständnislos (26,2); die Schweigegebote und die Rede in Gleichnissen werden anders begründet (12,16 ff; 13,34: Jesus als Messias erfüllte die geweissagte, gottgewollte Verstockung).
Im MtEv tut Jesus die Wunder nicht als hellenistischer Gottmensch, sondern als gehorsamer Messias, der die Weissagung des AT erfüllt (3,15; 4,1 ff; 8,16). Die antijüd. Haltung der Streitgespräche wird in 15,3 ff; 16,11 ff noch verstärkt; der Gotteswille wird erst in der Gesetzesauslegung Jesu offenbar (Mittelpunkt des Gesetzes in der Barmherzigkeit: 9,13; 12,6 f).
Der Verf. betont darüber hinaus die Alleinschuld Israels am Tode Jesu (27,19. 24 f; vgl 27,62 ff); durch die Anfügung von 28,16 ff bezeichnet er das Leiden Jesu als notwendigen Durchgang zur Ergreifung der Herrschaft über die gesamte

92 Aufbau, Entstehung und Eigenart der Schriften des NT

b) Die vom Verf. benutzte palästin. Sammlung von Sprüchen (allgemein als »Spruchquelle Q« bezeichnet) ist nicht erhalten; sie wurde auch vom Verf. des LkEv benutzt; wahrscheinlich gehören zu dieser Sammlung: Sprüche (Mt 6,9–15 / Lk 11,2–4; Mt 6,25–33 / Lk 12, 22–31; Mt 7,7–11 / Lk 11,9–13; Mt 8,19–22 / Lk 9,57–60; Mt 10, 26–33 / Lk 12,2–9; Mt 11,20–23 / Lk 10,13–15; Mt 11,25–27 / Lk 10, 21 f; Mt 12,39–42 / Lk 11,29–32; Mt 24,43 f / Lk 12,39 f; Mt 24,45– 51 / Lk 12,42–46), verschiedene Täufertraditionen (Mt 3,7–10 / Lk 3,7–9; Mt 11,2–6 / Lk 7,18–23; Mt 11,7–19 / Lk 7,24–35), die Versuchungsgeschichte (Mt 4,1–11 / Lk 4,1–13) und eine Wundergeschichte (Mt 8,5–13 / Lk 7,1–10). Die Leidensgeschichte und die Verkündigung von der Auferstehung fehlen. Diese Sammlung entstand vermutlich in den vierziger Jahren zum Zweck der Unterweisung palästin. Gemeinden.

c) Zum Sondergut des MtEv gehören die Vorgeschichten (1,1–2,23): verschiedene Einzelgeschichten aus der mündlichen Überlieferung des hellenist. Judenchristentums), die sog. Reflexionszitate (vgl 1,23; 2,6.15.17 u. ö.: = ausdrückliche Beziehung zwischen der vorliegenden Überlieferung [Erfüllung] und einem geeigneten at. Zitat [Weissagung]), einige ausgesprochen judenchristl. Einzelsprüche (Betonung der Gesetzlichkeit: 5,19.22b; 6,1 ff; 23,2 f u. a.), Gleichnisse (vgl Kap 13; 22; 25), sowie die Nachgeschichten (Bestechung der Wache 28,11 ff und Missionsbefehl 28,16 ff).

Welt als erhöhter göttlicher Herr (= »Kyrios«).
b) Der Verf. ordnet den Stoff dieser Quelle als die Lehre des Messias in sechs großen Reden (Kap. 5–7; 10; 13; 18; 23; 24 f) in die Geschichte Jesu ein. Er übernimmt das Gesetzesverständnis von Q, sofern Q in Übereinstimmung mit dem MkEv den Vorrang der Zehn Gebote vor dem Kultgesetz betont; Q kennt auch die Außerkraftsetzung des mosaischen Sittengesetzes (vgl 5,31 ff — vor allem in der Form von Lk 6,27 ff; 16,18) und Betonung des Gebotes der Nächstenliebe (Mt 12,11; 23,23–25); nach 5,18 hält Q am Wortlaut des at. Gesetzes fest; im Zusammenhang des MtEv bedeutet aber »Gesetz« nicht mehr — wie im AT und im Judentum — die Einheit von Kult- und Sittengesetz als ewiger und göttlicher Willensoffenbarung.

c) In den Geburtsgeschichten ist der Verf. daran interessiert, die Erfüllung at. Weissagungen aufzuzeigen; der gleichen Absicht als Schriftbeweis dienen die Reflexionszitate: Jesus ist der verheißene Messias — um die gewünschte Beziehung herzustellen, können die benutzten Überlieferungen bedenkenlos verändert werden (vgl 2,1–23). Die judenchristl. Sprüche werden durch den Zusammenhang umgedeutet (vgl 5,19 mit 5,17.20). Durch die Vor- und Nachgeschichten stellt der Verf. die Geschichte Jesu in einen größeren Zusammenhang (von Abraham 1,1 bis zur Völkermission 28,19 f).

Matthäusevangelium

THEOLOGISCHE EIGENART

Im MtEv bedeutet »Evangelium« die Botschaft, die der historische Jesus selbst verkündigte (4,23; 9,35; 24,14), und die Verkündigung, die Jesus selbst zum Inhalt hat (26,13).
Die Gesetzesauslegung Jesu (12,1—14; 15,1 ff) und sein Verhalten (11,19) — wie es das MtEv berichtet — zerbrechen die allgemein geglaubte spätjüdische Vorstellung von einem Messias: denn nach PsSal 17,26 f richtet der Erlöser gerade das gesetzestreue, heilige und fromme Israel auf, während die Sünder vertilgt werden. Nach 15,21—28 hat aber Israel keine Vorrechte. Das MtEv hat nicht wie Pls die Erwartung der Endbekehrung Israels (vgl Röm 11,25); sondern mit der blutigen Verfolgung seiner Propheten, seines Messias' und der urchristlichen Missionare hat Israel aufgehört, das erwählte Volk zu sein (21,33—43; 22,1—14; vgl 8,11 f).
Die Mitte der Gesetzesauslegung Jesu ist das Gebot der Mitmenschlichkeit — das die Sünder einschließt —, verschärft durch das Gebot der Feindesliebe (5,43 ff). Es gilt, den Armen Recht zu schaffen, Barmherzigkeit an allen — nicht nur an den Gerechten und Frommen — zu üben und dem Willen Gottes treu zu sein.
Im Unterschied zu Pls, der die Rechtfertigung allein aus Glauben betont (vgl Röm 3,21 ff) — wobei »Glaube« noch ganz selbstverständlich das gläubige Handeln einschließt —, legt der Verf. des MtEv Wert auf die guten Werke (16,27), weil es zu seiner Zeit schon ein leeres Bekenntnischristentum gibt (7,21). Damit kann das Tun von Werken erneut als Heilsweg mißverstanden werden (5,20.48) — trotz der Neuauslegung des Gesetzes.
Die Kirche besteht nicht nur aus Heiligen, sondern aus bösen und guten Menschen (13,36—43.47—50; 22,10—14; 25,1—13.31—46), die alle gerufen sind, dem Nächsten und dem Feind Liebe zu erweisen. Die endgültige Scheidung zwischen Erwählten und Berufenen (22,14) bringt erst das Endgericht. Da die Kirche nicht nur aus Erwählten besteht, sondern »gemischt« ist, benötigt sie eine Gemeindeordnung und Ämter (Kap. 18; 23,8 ff; vgl Binde- und Lösegewalt 16,16 ff und 18,18). Zum rechten Jüngersein gehört nicht nur das Tun der Gerechtigkeit, sondern auch die Nachfolge Jesu im Leiden (vgl 6,33; 10,17 ff; 16,24 ff).
Trotz mancher Sprüche, die vormatth. Überlieferung darstellen (10,33; 16,28; 24,34), übernimmt der Verf. die Vorstellung von der Verzögerung des Weltendes (24,48; 25,5.19). Vor dem Ende der Zeit muß die Mission der Völker durchgeführt werden, und das dauert seine Zeit (28,18 ff).

94 Aufbau, Entstehung und Eigenart der Schriften des NT

Lukasevangelium

AUFBAU

1,1—2,52 Vorgeschichten	Ankündigung der Geburt des Täufers (1,5—25) und Jesu (1,26—38); Geburt des Täufers (1,57—80) und Jesu (2,1—7); Anbetung der Hirten (2,8—20); Beschneidung und Darstellung im Tempel (2,21—38); zwölfjähriger Jesus im Tempel (2,41—52).
3,1—4,13 Vorbereitung des Auftretens	Auftreten Johannes' des Täufers (3,1—20); Taufe Jesu (3, 21—22); Stammbaum Jesu (3,23—38); Versuchung (4,1—13).
4,14—9,50 Auftreten Jesu in Galiläa	Heilungen und Streitgespräche (4,33—6,11) — dazwischen Fischzug des Petrus (5,1—11); Auswahl der Zwölf (6,12—16); Feldrede (6,17—49); Heilungen (7,1—17); Jesus und der Täufer (7,18—35); Gleichnisrede (8,4—18); Wunder und Heilungen (8,22—56); Aussendung der Zwölf (9,1—6); Petrusbekenntnis und erste Leidensankündigung (9,18—22); Verklärung (9,28—36).
9,51—18,14 Auf der Wanderung nach Jerusalem (durch Galiläa)	Aussendung der Siebzig (10,1—20); barmherziger Samariter (10,25—37); Streitgespräche (11,14—54); Ermahnungen an die Jünger (12,1—53); Ermahnungen zur Umkehr (12,54— 13,30); Heilung (14,1—6); Gleichnisreden (14,15—16,31); Rede vom Kommen des Reiches Gottes (17,20—37); Gleichnisse (18,1—14).
18,15—19,27 Auf der Wanderung nach Jerusalem (durch Judäa)	Segnung der Kinder (18,15—17); Gefahr des Reichtums (18, 18—30); Blindenheilung (18,35—43); Zachäus (19,1—10); Gleichnis (19,11—27).
19,28—21,38 Auftreten Jesu in Jerusalem	Einzug (19,28—40); Tempelreinigung (19,45—46); Streitgespräche (20,1—47); Rede über das Ende der Zeiten (»synoptische Apokalypse«) (21,5—38).
22,1—24,53 Leidensgeschichte und Auferstehung	Todesbeschluß der Hohenpriester, letztes Mahl und Gang zum Ölberg (22,1—38); Gefangennahme, Verurteilung und Tod (22,39—23,49); Grablegung, leeres Grab, Erscheinungen und Himmelfahrt (23,50—24,53).

Lukasevangelium

UMSTÄNDE DER ABFASSUNG

Nach altkirchlicher Überlieferung aus dem 2. Jh. soll der Verf. Lukas der Arzt, ein Reisebegleiter des Pls (vgl Phlm 24; Kol 4,10 ff; 2Tim 4,11), sein (nach 1,1 ff beruft er sich auf die Augen- und Ohrenzeugen der Geschichte Jesu); der Verf. des LkEv ist jedoch weder medizinisch besonders gebildet, noch kennt er die Theologie des Pls gut (vgl Lk 16,17 mit Röm 3,28: unterschiedliche Beurteilung des mosaischen Gesetzes; Naherwartung in Phil 4,5; 1Thess 4,17; Verzögerung des Endes in Lk 21,8).
Der Verf. ist ein unbekannter, gebildeter hellenist. Heidenchrist der ersten nachapostolischen Generation (1,1 ff); er schrieb das LkEv — zusammen mit der Apostelgeschichte (vgl Apg 1,1) — gegen Ende des 1. Jh. außerhalb Palästinas (mangelnde Kenntnis des Landes: vgl 17,11).

GEMEINDESITUATION
UND -TRADITION

ZIEL (REDAKTION)

1. Der Verf. richtet sein Werk trotz der Nennung des Theophilus (1,3 f; Apg 1,1) allgemein an griechisch sprechende Heidenchristen außerhalb Palästinas, deren Lage gekennzeichnet ist durch Verfolgungen (10,3; 21,12), Irrlehrer (17,28; 21,8; Apg 20,17 ff), Völkermission (24,47; Apg 1,8) und politische Verdächtigungen von den Juden vor den Römern (20,20 ff; 23,2 ff; Apg 17,7).

1. Der Verf. will mit diesem Erbauungsbuch seine Leser durch den Verweis auf die Gegenwart Christi trösten; für die Abwehr der Irrlehrer verweist er auf die Überlieferung der Apostel (21,14; Apg 20,17 ff); er begründet die Völkermission (24,47; Apg 1,8) und wirbt zugleich für das Christentum; er spricht die Römer von der Schuld an der Kreuzigung frei (23,4.14.20.22.47); betont die staatsfreundliche Gesinnung der Christen (20,20 f; Apg 17,7; 23,29; 24,22; 25,8. 16.24 f).

2. Im Gegensatz zu den anderen Evangelisten äußert sich der Verf. des LkEv in einem Vorwort (1,1—4) über die von ihm benutzten Quellen; er weiß von früheren Versuchen (es ist an das MkEv und an die Quelle Q, sowie an nicht erhaltene Überlieferungen zu denken), die Geschichte Jesu aufzuzeichnen; er liest seine Quellen als historische Berichte, obwohl sie das sicher nicht waren. Neben den Quellen MkEv und Q benutzt der Verf. umfangreiches Sondergut aus mündlicher Überlieferung.

2. Der Verf. will eine bessere Darstellung als seine Vorgänger geben; da aber auch er kein Augenzeuge war, bleibt er von den benutzten — unzureichenden — Quellen abhängig; er will hinter die »apostolische« Augenzeugenschaft (die natürlich erst mit dem Auftreten Jesu nach der Taufe beginnen kann) auf den »Anfang« der Ereignisse in den Geburtsgeschichten Jesu und des Täufers zurückgehen. Er folgt im wesentlichen dem Aufriß des MkEv, dessen Stoff er in drei Blöcken zusammenstellt (3,1—6,19; 8,4—9,50; 18, 15—24,11), einen großen Teil der Quelle Q schiebt er in 6,20—8,3 (= »kleine Einschaltung«) und in 9,51—18,14 (= »luk. Reisebericht«) ein; den mark. Aufriß erweitert er um Vor- und Nachgeschichten.

a) Der Verf. hat etwa die Hälfte des

a) Der Verf. hat zwar den zeitlichen

ihm vorliegenden Mk-Stoffes übernommen; weggelassen hat er vor allem die antipharisäische Gesetzesauslegung Jesu (Mk 6,45—8,26; 9,42—10,10).
Er übernimmt die Wundergeschichten mit ihrem hellenist.-orientalischen Wunderverständnis (für alle sichtbare Offenbarung der göttlichen Kraft des Wundertäters) — ohne die Wunderkritik des MkEv (Mk 8,11 ff)! —, sowie die Streitgespräche aus Mk 2,1—3,6 (nicht jedoch Mk 7,1 ff; 10,1 ff);
Er übernimmt die Überlieferungen des MkEv von der Rede über die Endzeit (Mk 13) und die Passionsgeschichte (Mk 14 ff) mit den Vorstellungen von der Verzögerung des Endes der Zeit und von der Schriftgemäßheit und Heilsbedeutung des Leidensweges (siehe oben unter MkEv).

b) Wie der Verf. des MtEv verwendet auch der Verf. des LkEv die palästin. Spruchquelle Q (zum Stoff siehe oben unter MtEv), die überwiegend Sprüche Jesu enthält.

c) Der Verf. des LkEv benutzt zahlreiches Sondergut aus verschiedenen Überlieferungen; bezeichnend ist die Betonung der »Heilandsliebe« Jesu zu den Sündern (5,1 ff; 15,1 ff u. ö.), den Armen und Verachteten (10,29 ff; 17,11 ff; vgl Frauen: 7,12 ff; 10,38 ff), sowie die starke Ablehnung des Reichtums (6,24 f; 12,13 ff; 16,1 ff.19 ff); er verwendet Vorgeschichten über die Geburt des Täufers und Jesu, sowie Nachgeschichten über Erscheinungen Jesu (24,13 ff).

Aufriß, nicht aber die Abfolge der Reisen übernommen; er verknüpft die einzelnen Stoffe stärker, verbessert das Griechisch und beseitigt anstößige Stellen ganz (vgl Mk 3,21; Lk 6,10 mit Mk 3,5 u. a.).
Er kann die Wunder der Predigt sogar überordnen (5,1 ff vor 6,20 ff; andere Reihenfolge im MtEv!); das Wunder soll den göttlichen Vorsehungsplan nachweisen; der Verf. versteht Jesu Gesetzesauslegung als eine höhere Moral (10, 25 ff); der scharfe Kampf Jesu gegen das mosaisch-pharisäische Gesetzesverständnis (Betonung des Gesetzes: 16,17) fehlt; Er führt die Vorstellungen des MkEv weiter: das Reich Gottes ist bereits in der Botschaft und den Wundertaten Jesu erschienen, die Endereignisse rücken in die ferne Zukunft (vgl 17,21; 21,8 f); in der Leidensgeschichte betont der Verf. die Unschuld des Pilatus (23,4.14.22); die Jünger fliehen nicht (Mk 14,26 ff), sondern bleiben in Jerusalem (Lk 22,28; 24,49).

b) Der Verf. ordnet die Verkündigung Jesu aus Q in die Geschichte Jesu ein; gegen die Hauptabsicht des MkEv und eines Teils der Sprüche aus Q betont er den gesetzlichen Charakter der Verkündigung Jesu (16,17).

c) Das Motiv der Heilandsliebe kommt der auf das Handeln ausgerichteten Botschaft des LkEv besonders entgegen (3,8; 8,15; 10,21 ff; 18,1 ff.9 ff u. ö.); das christliche Leben wird im Sinne einer christlich-bürgerlichen Frömmigkeit verstanden; die Vorgeschichten sind als »heilige Geschichte« (Angleichung an die Sprache der Septuaginta) verstanden; die Geschichte Jesu gehört zur Weltgeschichte (2,1 ff; 3,1 ff; vgl Stammbaum Jesu bis *Adam*); die Erscheinungsgeschichten läßt er in Jerusalem als Mittelpunkt der Mission geschehen (gegen Mt 28,16 ff; Mk 14, 28; 16,7); am Schluß des Evangeliums verweist der Verfasser auf das Kommen des Geistes zur Kirche (24,49; vgl Apg 1,4—8; 2,1 ff). Die sog. Himmelfahrt wurde möglicherweise erst später angefügt (24,50 ff; vgl Apg 1,9 ff).

Lukasevangelium

THEOLOGISCHE EIGENART

Der Verf. hat kein Evangelium im strengen Sinne (wie das MkEv eines ist) geschrieben; es findet sich auch nirgends bei ihm das Wort »Evangelium« (als Hauptwort). Vielmehr hat der Verf. mit dem LkEv das erste »Leben Jesu« geschrieben.

Für den Verf. ist das irdische Dasein Jesu von Nazareth eine vergangene Zeit, in der allerdings das Heil unter den Menschen anwesend war (17,21). Nach seiner Überzeugung war Jesus nicht vor seinem irdischen Dasein als Sohn bereits bei Gott (Präexistenzchristologie: vgl Pls in Gal 4,4 f; Röm 8,3; Phil 2,6 ff), sondern Jesus ist Gott streng untergeordnet (= »subordinatianische« Christologie) und wird von Gott in der Taufe als Sohn angenommen (3,21 ff); er ist ein Werkzeug im Heilsplan Gottes: daher liegt für den Verf. der Grund für die Passion Jesu nicht im Zerbrechen des mosaischen Gesetzes (vgl Mk 3,6; 11,15 ff), sondern die Passion ist ein notwendiger Bestandteil des göttlichen Heilsplanes (24,25 f.44).

Dieser Heilsplan Gottes verläuft in drei Zeitabschnitten zwischen Schöpfung und Weltende: Zeit Israels (zu der bewußt die Zeit des Täufers gerechnet wird: vgl Vorziehung der Gefangennahme des Täufers vor die Taufe in 3,19 f; vgl auch 16,16), Zeit Jesu (als »Mitte der Zeit«) und Zeit der Kirche. Diese drei Zeiten sind miteinander verklammert: durch den Geist Gottes (3,22; 4,1.14; 24,28; Apg 2,4), durch den Bußruf (3,3 f; 5,32; 15,7; 24,47; Apg 2,38), durch das Gesetz (16,16; 10,25 ff; Apg 21,24 f) und durch den Weissagungsbeweis (u. a. 4,18 ff; Apg 2,17 ff.25 ff.34 f).

Das ursprünglich in allernächster Zeit erwartete Weltende (1Thess 4,17; Röm 13,11 f; Phil 4,5) rückt in die ferne Zukunft (20,9; 21,8 f). Die Mahnungen zur Wachsamkeit werden deshalb nicht mehr durch die Nähe des Endes begründet, sondern durch den Hinweis darauf, daß das Ende ganz bestimmt kommt. Die Frage nach dem Zeitpunkt wird abgelehnt (21,29 ff). Das Reich Gottes wird erst am Ende der Zeit wiederkommen und wird nicht mit der Kirche gleichgesetzt.

Für Pls ist derjenige ein Apostel, dem Jesus erschienen ist (1Kor 15,3 ff); dagegen verbindet der Verf. des LkEv den Apostelbegriff mit den zwölf Jüngern; sie sind Augenzeugen des Lebens Jesu von der Taufe an, sie sind Zeugen der Auferstehung (Apg 1,21 f). Für das MkEv ist ein Apostel, wer ausgesendet worden ist (Mk 3,13).

Das Hauptproblem des Verf. ist die Frage nach der Glaubens- und Heilsgewißheit (vgl 1,1–4). Er meint diese Gewißheit dadurch gewonnen zu haben, daß er die Überlieferung als einen historischen Tatsachenbericht darstellt; d. h. er behauptet, so habe die Geschichte Jesu wirklich stattgefunden; die angebliche Augenzeugenschaft der Apostel soll diese Behauptung stützen.

98 Aufbau, Entstehung und Eigenart der Schriften des NT

Apostelgeschichte

AUFBAU

1,1—14	Einleitung: Prolog und Bericht von der Himmelfahrt Jesu.
1,15—28,31	Die Ausbreitung der Kirche:

1,15—8,3 Jerusalem	Ergänzung des Zwölferkreises (1,15—26); Pfingstereignis (2,1—41); Heilung und Predigt des Petrus (3,1—26); Petrus und Johannes vor dem Hohen Rat (4,1—22; vgl 5,17—42); Stephanus (6,1—8,3).
8,4—11,18 Samarien und Küstengebiete	Wunder des Philippus (8,4—8); der äthiopische Hofbeamte (8,26—40); Bekehrung des Pls (9,1—30; vgl 22,3 ff; 26,9 ff); Wunder des Petrus (9,31—43); Bekehrung des Heiden Kornelius (10,1—11,18).
11,19—15,35 Antiochien und Kleinasien	»Christianer« in Antiochien (11,19—26); Verfolgung durch Herodes (12,1—24); erste Missionsreise des Barnabas und Pls (13,1—14,28) — Rede in Antiochien (13,13—42); Apostelkonzil (15,1—35).
15,36—19,20 Länder um das Ägäische Meer	Zweite Missionsreise des Pls (15,36—18,22) — Rede auf dem Areopag (17,22—34); dritte Missionsreise des Pls (erster Teil: 18,22—19,20) — Wunder des Pls (19,8—20; vgl 20, 7—12).
19,21—28,31 Über Jerusalem nach Rom	Entschluß zur Reise nach Rom (19,21—22); dritte Missionsreise des Pls (zweiter Teil: 19,23—21,17); Pls in Jerusalem (21,18—23,35); als Gefangener in Caesarea (24,1—26,32); Reise nach Rom (27,1—28,16); als Gefangener in Rom (28, 17—31).

UMSTÄNDE DER ABFASSUNG

Das Werk ist zusammen mit dem LkEv anonym überliefert worden; der Verf ist ein unbekannter hellenist. Heidenchrist der nachapostolischen Generation; Abfassung wohl gegen Ende des 1. Jh. außerhalb Palästinas.
Der Titel »Taten der Apostel« — erst seit Mitte des 2. Jh. bezeugt — trifft nicht den Inhalt des Buches, da gerade die Hauptperson des zweiten Teiles, Pls, nicht Apostel genannt wird (Ausnahme: 14,4.14; nur die Zwölf sind Apostel); außerdem geht es nicht um die Taten der Menschen, sondern um den Geist, der in der Kirche wirkt (1,8; 2,33; 4,8 u. ö.). Der Verf. hat die Pls-Briefe vermutlich nicht gekannt.

Apostelgeschichte 99

GEMEINDESITUATION
UND -TRADITION

ZIEL (REDAKTION)

1. Der Verf. wendet sich über Theophilus hinaus (vgl Widmung 1,1) an griechisch sprechende Heidenchristen Palästinas, deren Situation gekennzeichnet ist durch Verfolgungen (20,22), Auftreten von Irrlehrern (20,17 ff), Völkermission (1,8) und politische Auseinandersetzung mit den Römern (17,7; 25,16).
2. Im Gegensatz zum LkEv kann der Verf. in Apg nicht auf vorangegangene durchgehende Darstellungen zurückgreifen; Apostelüberlieferungen wurden noch nicht gesammelt. Er wird daher Einzelangaben und Einzelüberlieferungen verarbeitet haben: z. B. Namenslisten (1,13; 4,36 f; 6,5), Gerichtsszenen (4,7 ff; 5,28 ff u. a.), Wirtschaftskämpfe (12,20; 19,27), Volksversammlungen (21,32 ff) u. a. Im zweiten Teil hat er möglicherweise Nachrichten über Reiserouten des Pls verwendet; umstritten ist, ob die sog. Wir-Stücke (Bericht eines Augenzeugen: 16,10—17; 20, 5—15; 21,1—18; 27,1—28,16) auf einen durchgehenden Reisebericht (Itinerar) zurückgehen.

1. Der Verf. hat mit der Apg die erste großangelegte Kirchengeschichte geschrieben; er tröstet die Christen in der Verfolgung, warnt vor Irrlehrern (20,17 ff), begründet die Mission und wirbt zugleich unter den Heiden für das Christentum; er bezeichnet die Verkündigung als unpolitisch (23,29; 25,8; 26,31) und beansprucht Gleichstellung mit der jüd., vom Staat zugelassenen Religion.
2. Der Hauptteil der verarbeiteten Stoffe wird aus mündlicher Überlieferung stammen; deshalb ist die Vorlage von der Überarbeitung nicht mehr zu trennen. Der Verf. war nicht an einer durchgehenden Erzählung interessiert, sondern mehr an Einzelbeispielen, die in verschiedenen Fassungen wiederholt werden können (vgl 10,9 ff mit 11,5 ff; 9,3 ff mit 22,5 ff und 26,12 ff); dazwischen schaltet der Verf. Sammelberichte (»Summarien«: 2,42 ff; 4,32 ff; 5,12 ff u. ö.), in denen seine Vorstellung von der idealen Urgemeinde zum Ausdruck kommen soll; an den Wendepunkten seiner Darstellung legt der Verf. den beteiligten Personen von ihm selbst geschaffene Reden in den Mund; wie in den Sammelberichten, so drückt auch in den Reden der Verf. *seine* Meinung gegenüber den Lesern aus; es können dabei alte Überlieferungen verarbeitet worden sein.

THEOLOGISCHE EIGENART

Der Verf. der Apg suchte eine Verbindung der Geschichte der Urgemeinde und der paulin. Heidenmission zu schaffen. Allerdings verändert er dabei sowohl die historische Urgemeinde als auch den historischen Pls nach seinen Absichten:
I. Der Verf. vereinheitlicht die Geschichte der Urgemeinde und läßt weg, was nicht in seine Vorstellung von der Gemeinde paßt: so gab es bereits von Anfang an in der Kirche heftige Auseinandersetzungen (Gal 2,11 ff) und Irrlehrer; in Jerusalem gab es zwei (eine aram. und eine griech. sprechende) Urgemeinden.
II. Der Verf. der Apg erweist Pls als abhängig von den Uraposteln (gegen Gal 1,1; 2,5); damit entreißt er ihn den Gnostikern und rettet ihn — entschärft! — für die Großkirche. Dieser »Pls« steht aber im Widerspruch zu den Aussagen der erhaltenen Pls-Briefe:
1. Pls war nur einmal vor dem Apostelkonzil in Jerusalem (Gal 1,22 gegen

100 Aufbau, Entstehung und Eigenart der Schriften des NT

Apg 8,1; Gal 1,17; 2,1 gegen Apg 9,26 u. ö.), und hat sich auf dem Konzil vor den Uraposteln selbst verteidigt (Gal 2,1 ff gegen Apg 15,7 ff — das Aposteldekret [15,19 f.29] kann er nicht gekannt haben: vgl Gal 2,7 ff; 1Kor 8—10); er hat nicht die röm. Gemeinde gegründet (Röm 1,6 gegen Apg 28,22 ff); er war sicherlich nicht ein großer Redner und Wundertäter (2Kor 10,10; 11,6 gegen Apg 13,16 ff; 17,22 ff; bzw. 1Kor 1,27 f gegen Apg 13,6 ff; 14,8 ff; 19,12, 20,7 ff).

2. Die paulin. Theologie wird verkürzt und den veränderten Verhältnissen entsprechend dargestellt: es fehlen die Naherwartung (vgl 1Thess 4,17), der Hinweis auf die Heilsbedeutung des Kreuzes (Röm 3,24 f), der Kampf gegen das mosaische Gesetz als Heilsweg (vgl Apg 16,9 mit Gal 2,3 ff; bzw. Apg 26,5 mit Phil 3,7 oder Apg 13,38 f mit Röm 3,20 ff) und die Ablehnung der natürlichen Theologie (vgl Apg 17,27 ff mit Röm 3,20—22 zur Gottesverwandtschaft des Menschen).

Epheserbrief

AUFBAU

1,1—3,21 Geheimnis der Heidenberufung	Alle — Juden und Heiden — sind durch Christus gerettet (2,1—22); der Verf. verkündet das Geheimnis des Erlösungswerkes Christi.
4,1—6,24 Ermahnungen	Aufruf zur Einigkeit und Bewährung auf allen Gebieten; Haustafel (5,22—6,9); Bild von der Waffenrüstung (6,10 ff).

UMSTÄNDE DER ABFASSUNG

Der Verf. — nicht Pls (trotz 3,1; 4,1; 6,20: Erwähnung der Gefangenschaft) — hat keinerlei persönliche Beziehung zu der Gemeinde (Pls war drei Jahre in Ephesus!); er ist ein hellenist. Judenchrist der ersten nachapostolischen Generation, da er nicht nur auf die Apostel, sondern auch auf die ihnen folgenden Propheten als Fundament der Kirche zurückblickt (vgl 3,5 mit 2,20 f). Der Verf. versteht sich als Schüler des Pls und benutzt den Namen »Pls«, um seinen Aussagen Beachtung und Nachdruck zu verleihen.

Die Epheser-Anschrift wird erst seit Ende des 2. Jh. überliefert; der Brief — eigentlich ist es mehr eine brieflich eingekleidete Abhandlung — wurde ca

Epheserbrief

80—100 nChr, möglicherweise in Kleinasien, verfaßt; er ist vom Kol abhängig (vgl Eph 6,21 mit Kol 4,7 f).

ANLASS

1. Die judenchristl. Anfänge und die Vorstellung von einer allgemeinen (Juden und Heiden umfassenden) Kirche gerieten in Vergessenheit.

2. Die immer stärker Einfluß gewinnende gnostische Lehre führte zu einem Christentum ohne Verpflichtung zum rechten Handeln.

ZIEL

1. Der Verf. betont die Einheit der Kirche aus Juden und Heiden (Kap. 2 f); von den Mächten der Sünde befreit ist sie ein auf die Lehre der Apostel gegründeter Bau, in dem Heiden Hausgenossen und Miterben der Verheißung an die Juden sind (2,20 ff).

2. Der Verf. betont die Wichtigkeit des rechten Handelns in der Kirche (4,12b. 15 f; 5,30.35); vgl die Aufzählungen von Tugenden und Lastern sowie die Haustafel.

THEOLOGISCHE EIGENART

Eine *Nähe zu Pls* liegt tatsächlich vor in der Rechtfertigungslehre (vgl 2,1 ff, bes. 8 f mit Röm 3,28), in der Lehre von den Gnadengaben (vgl 4,7 ff mit 1Kor 12,1 ff), in der Anschauung vom Gottesvolk aus Juden und Heiden (1,11 ff; 2,11 ff; vgl Röm 11) und in der Vorstellung von der Kirche als Leib Christi (1,23a; 4,12b.16 vgl 1Kor 12,12 ff). Dagegen ist *unpaulinisch* die Beschreibung der »heiligen« Apostel (und Propheten) als alleiniger Empfänger der Offenbarung (3,5; vgl 2Kor 12,1 ff) und als herausragender Geistmenschen (4,11), sowie ihre Bezeichnung als Grund der Kirche (3,5; vgl 1Kor 3,11: Christus als Grund); gegen 1Kor 10,16b; 12,12 ff stellt der Verf. Christus als Haupt seinem Leib (Kirche) gegenüber (1,22; 4,15; 5,26); die von Pls als notwendiges Übel zugestandene Ehe (vgl 1Kor 7,1 ff) gilt in Eph als Abbild der himmlischen Ehe (Syzygie) Christi mit der Gemeinde (5,25 ff).

Die Kirche gewinnt im Eph eine außerordentliche Bedeutung; sie wird zu einer Heilsanstalt; sie kann sogar als himmlische Größe betrachtet werden (vgl 1,23; 2,20 ff).

Die Christen sollen Gott nachahmen (5,1); die nachahmende Liebe Christi gilt mehr als die Erkenntnis (5,1 f). In seinem Aufruf zum rechten Handeln verwendet der Verf. bekannte Sprachbilder der Umwelt: z. B. vom Kampf zwischen zwei Mächten – Licht und Finsternis (5,6 ff; 6,10 ff).

Hebräerbrief

AUFBAU

1,1—10,31 Jesus, der Sohn Gottes und Hohe- priester	Gott hat in Jesus gesprochen; der Gottessohn ist höher als die Engel (1,5 ff) und als Mose (3,1 ff); als Erniedrigter ist er Bruder der Menschen geworden (2,5 ff); sein Hohepriestertum ist vollkommen (7); er erwirkt die immer gültige Erlösung (9,1 ff).
10,32—13,25 Ermah- nungen	Mahnung zur Geduld; Beispiele für hoffenden Glauben (11, 1—12,3); Pflicht zur Bruderliebe.

UMSTÄNDE DER ABFASSUNG

Der Verf. — nicht Pls, wie die kirchliche Überlieferung seit dem 4. Jh. einhellig behauptet — ist wahrscheinlich ein unbekannter hellenist. Judenchrist der ersten nachapostolischen Generation (2,3); der Verf. kannte vermutlich die paulin. Theologie (vgl 1,2 ff mit Röm 1,3; vgl 9,12 ff mit 1Kor 1,18 ff; Röm 3,21 ff; 4,23 ff; vgl 8,6 mit 1Kor 11,25; 2Kor 3,6; vgl 10,38; 11,1 f mit Röm 3,21 ff; vgl 10,38 mit Gal 3,11; Röm 1,17); seine scheinbar so genaue Kenntnis des Judentums hat er sich nur angelesen.

»An die Hebräer« ist eine später angefügte Anschrift — wohl infolge der durchgehenden Auseinandersetzung mit dem israelitisch-jüdischen Kult. Die Empfänger sind Heidenchristen (3,12; 6,1; 11,6); der Brief — eigentlich eine Sammlung von Predigten mit einem brieflichen Schluß (13,18 ff) — wurde wahrscheinlich zwischen 80 und 90 nChr an einem unbekannten Ort verfaßt.

ANLASS

Die allgemeine Lage der Verfolgung (10,32 ff), der Bedrohung durch Irrlehrer (13,9) und des Erlahmens wegen des Ausbleibens des Endes (3,12; 5,11 ff; 10,25 u. ö.), das auf gute Anfänge folgte (6,10; 10,32 ff).

ZIEL

Ermahnung, auf das Wort zu hören (1,1— 4,13), am Bekenntnis festzuhalten (4,14— 10,31) und im rechten Glauben zu wandeln (10,32—13,7); Hinweis auf die Dringlichkeit (9,26; 10,25b: der Tag naht . . .) des erneuten Ernstmachens.

THEOLOGISCHE EIGENART

Der Glaube wird als »feste Grundlage des Erhofften und Überführt-Sein von Dingen, die man nicht sieht« (11,1) bezeichnet; die Existenz Gottes muß als Voraussetzung anerkannt werden (im NT nur hier ausdrücklich genannt: 11,6). Die Erniedrigung und Erhöhung Christi wird im Gegensatz zur gnostischen

Lehre als ein *einmaliges* Geschehen bezeichnet, das für alle Zeiten Gültigkeit hat (7,27; 9,12). Der Hauptgedanke der Lehre von Christus ist Jesus Christus als der Hohepriester (Kap. 7 ff). Das Heilswerk Christi wird als Reinigung, Heiligung und Vollendung bezeichnet; die paulin. Rechtfertigungslehre fehlt. Eine »zweite Buße« nach der ersten bei der Taufe wird abgelehnt (6,4—8; 10, 26; 12,17).

Das Ausbleiben des Endes muß schon verteidigt werden (10,37).

Im Gegensatz zu Pls setzt sich der Verf. des Hebr nicht mehr mit den Juden auseinander; die Trennung ist bereits vollzogen.

Johannesevangelium

AUFBAU

1,1—18	Prolog (= Vorwort).
1,19—12,50 Auftreten Jesu in Galiläa, Judäa und Jerusalem	Zeugnis des Täufers (1,19—34); Berufung der ersten Jünger (1,35—51); Hochzeit zu Kana (2,1—11); Tempelreinigung (2, 12—22); Gespräch mit Nikodemus (3,1—21); Gespräch mit der Samaritanerin (4,1—42); Hauptmann zu Kapernaum (4, 43—54); Heilung des Gelähmten (5,1—47); Speisung der Fünftausend, Wandel auf dem See und Brotrede (6,1—59); Petrusbekenntnis (6,67—71); Jesus auf dem Laubhüttenfest (7,10 ff); Streitgespräche (7,14—8,59); Blindenheilung (9,1— 41); Jesus der gute Hirte (10,1—18); Jesus auf dem Tempelweihfest (10,22—39); Auferweckung des Lazarus (11,1—44); Anschläge (11,45—53); Salbung in Bethanien (12,1—8); Zusammenfassung der Verkündigung (12,36—50).
13,1—17,26 Abschiedsreden	Letztes Mahl mit Fußwaschung und Bezeichnung des Verräters (13,1—30); Verheißung des Beistandes (14,1—16,33); Gebet Jesu (17,1—26).
18,1—20,31 Leidensgeschichte und Auferstehung	Gefangennahme, Verurteilung und Tod (18,1—19,37); Grablegung, leeres Grab und Erscheinungen (19,38—20,29); Schluß des Buches (20,30 f).
21,1—25 Nachtrag	Jesus am See von Tiberias (21,1—14); Jesus mit Petrus und dem Lieblingsjünger (21,15—23); Schluß des Buches (21,24 f).

UMSTÄNDE DER ABFASSUNG

Der Verf. ist weder der «Lieblingsjünger» (13,23; 19,26; 20,2; 21,7.20), noch ein Augenzeuge (19,35; 21,24 sind spätere Einschübe), noch der früh verstorbene Zebedäussohn Johannes (vgl Mk 10,39) oder der »Älteste« Johannes (vgl 2Joh 1), sondern sehr wahrscheinlich ein unbekannter Heidenchrist der nachapostolischen Generation, der das Werk gegen Ende des 1. Jh., wahrscheinlich im syrischen Raum, schrieb
Der heutige Text des JohEv ist später überarbeitet worden: Eingefügt sind mehrere, den Zusammenhang störende Zwischenbemerkungen (3,24; 4,2; 18.9.32), Anspielungen auf das Abendmahl (6,51b—58) und — vermutlich — die Hinweise auf das zukünftige Endgericht (5,28 f; 6,39b.40b.44b.54b; 12,48b). Kap. 21 wurde an den ursprünglichen Schluß (20,30 f) angehängt. Die Reihenfolge des erhaltenen Textes ist gestört, die ursprüngliche Ordnung nicht mehr herauszufinden

Johannesevangelium 105

(Kap. 14 stand sicher hinter 15—17, sowie 5 hinter 6). Die Erzählung 7,53—8,11 fehlt in den ältesten Handschriften.

GEMEINDESITUATION UND -TRADITION	ZIEL (REDAKTION)
1. Die Gemeinde, die sich inzwischen vom Judentum gelöst hat (9,22; 16,2 f), wird gehaßt (15,18 f), verfolgt (16,32) und ist in ihrer Einheit bedroht (10,16; 17,20).	1. Ermunterung der Gemeinde durch den Verweis auf Jesus als Vorbild und Wegbereiter (15,18b.20) und auf die Einheit Jesu mit dem Vater und mit den Seinen in der Liebe (17,21.26).
2. Der Verf. greift auf Überlieferungen zurück, die in seinen Gemeinden umlaufen:	2. Der Verf. verarbeitet die Überlieferungen in seinem Sinne:
a) Er übernimmt aus einem Wunderbuch (20,30 f) 4 Wunder (2,1 ff; 5,1 ff; 9,1 ff; 11,1 ff) und ergänzt sie durch synoptische Wunder (4,46 ff aus der Quelle Q; 6,1 ff.16 ff aus vormark. Überlieferung). Diese Wunder beweisen unmittelbar und für jeden (3,2) die Würde des Gottmenschen Jesus und sollen den Glauben an Jesus hervorrufen (2,11; 4,53 u. ö.).	a) Er wertet die aufgenommenen Wunder als »Zeichen«; er zweifelt nicht an den Wundern, bezeichnet aber den durch sie geweckten Glauben noch nicht als den rechten (20,29; 4,48; 2,23—25); das eigentliche Wunder ist die Einheit von Sohn und Vater (10,30; 14,9 f), von Tod und Leben im Glauben als Geschehen der Liebe (11,25 f; 12,25); die an die Wunder anknüpfenden Offenbarungsreden sind weiterführende Auslegung der Wunder.
b) Er nimmt verschiedenes Spruchgut auf: über den Menschensohn, den Gottes-Sohn, »Ich-bin«-Bildworte und -reden; dieses Spruchgut stammt von judenchristl., gnostisch beeinflußten Gemeinden am Rande Palästinas.	b) Nach Ansicht des Verf. hat nur Jesus einen Anspruch auf die in den »Ich-bin«-Worten genannten, in der gesamten Umwelt verbreiteten Titel (6,35; 8,12; 10, 11 ff; 11,25 f; 14,6; 15,1 ff); er betont die Erhöhung und Verherrlichung des (gnostisch als Urmensch verstandenen) Menschensohnes am Kreuz (3,14 f; 8,28; 12, 23 f.34; 13,31 f); das ursprünglich für die Endzeit erwartete Gericht des (dann apokalyptisch verstandenen) Menschensohnes wird in den Zeitpunkt des Hörens und Glaubens verlegt (5,24 ff).
c) Die Aufnahme der vormark. Überlieferung vom Täufer (1,6—8. 19 ff; 3,25 ff) zeigt die scharfe Auseinandersetzung zwischen den joh. Christengemeinden und den Täufergemeinden (die *ihren* Meister z. T. als Messias ansahen) (1,20).	c) Der Verf. verschärft den Kampf gegen die Täufergemeinde; er legt Nachdruck auf das Zeugnis des Täufers für Jesus, bereits unter des Täufers Zeitgenossen (1,6—8; 1,26; 3,23 f); der Täufer ist nicht Vorläufer Jesu, sondern gleichzeitig auftretender Zeuge für Jesus.
d) In der Darstellung der Passion ist der Verf. abhängig von der vormark. Passionsgeschichte (jedoch andere Begründung für die Passion in 5,17 ff und ein anderer Todestag: nach JohEv starb Jesus zur Stunde	d) Der Verf. versteht die Passion als Hingang des Sohnes zum Vater (10,17; 14,28; anders MkEv: Folge des göttlichen »Muß«; MtEv: Begründung durch Schriftbeweis; LkEv: göttlicher Heilsplan); der Tod Jesu ist die Vollendung des aufge-

der Schlachtung des Passahlammes (14. Nisan), nach den Synoptikern setzte Jesus zu dieser Stunde das Abendmahl ein und starb am Tag darauf [15. Nisan]). Für die Ostergeschichten verarbeitet er hellenist. Gemeindeüberlieferung.

tragenen Werkes (14,31; 19,30); der Tod am Kreuz ist Erhöhung, Himmelfahrt (12,23 f.32 ff), Pfingsten (14,16; 16,7; 20,19 ff) und Parusie (14,18 f.23) zugleich. Die vom Verf. noch ergänzten (20,24 ff) Osterlegenden sind weitere Zeichen für das eigentliche Wunder des Glaubens.

THEOLOGISCHE EIGENART

Der Verf. des JohEv wendet sich gegen eine Entleerung der Gegenwart durch ein Starren in die Zukunft. Das (End-)Gericht entscheidet sich im gegenwärtigen Hören auf das Wort Jesu. Die Worte Jesu richten sich an seine Jünger damals und ebenso an die vom Verf. angeredeten Gemeinden (5,25; 16,32); damit wird die Darstellung der Vergangenheit zu einer unmittelbaren Anrede in der Gegenwart.

Christsein geschieht im Hören des Wortes. Der Begriff »Kirche« kommt offenbar bewußt nicht vor. Das Hören des Wortes schließt das Tun der Liebe ein (13,34); Gott begegnet im Wort und in der Liebe; Jesus gilt als Beispiel der Liebe (13,1.15; 15,18). Im Mittelpunkt seiner Forderung steht die Bruderliebe (13,34 f; 15,12 f; nicht die Feindesliebe!).

Der nie mit Namen genannte, erst später in 19,35 und 21,24 mit dem Verf. gleichgesetzte, »Lieblingsjünger« ist möglicherweise eine Idealgestalt des Christen, ein Beispiel echter Jüngerschaft.

Für den Verf. ist die Zeit der Wunder vorbei. Den Schwachen wird zwar das Wunder von Jesus gewährt, aber der wahre Glaube ist unabhängig von dem durch die Sinne erkennbaren Wunder (20,29).

1. Johannesbrief

UMSTÄNDE DER ABFASSUNG

Der Verf. des anonym überlieferten Schreibens steht unter dem Einfluß des JohEv (vgl 1Joh 2,22; 4,2.15 mit Joh 1,14; vgl 1Joh 3,14 mit Joh 5,24); er verkirchlicht das johanneische Gedankengut durch die Betonung der Überlieferung (1,1; 2,7; 3,11), des Bekenntnisses (2,22 ff; 4,2 f.15) und des rechten Glaubens (5,1.4 f).
Trotz 1,4; 2,1.7.12 ff; 5,13 ist der 1Joh kein Brief, da sowohl Briefeingang und Briefschluß, wie auch jede Beziehung zu einer bestimmten Gemeinde fehlen. Das Werk wurde um 100 nChr im Osten (Syrien oder Kleinasien?) abgefaßt.

ANLASS	ZIEL
1. Gnostische Irrlehrer lehnen das Bekenntnis zum vollen Menschsein Jesu ab und leugnen die Heilsbedeutung des Kreuzes (2,22; 4,1 ff; bzw. 1,7; 2,1 f; 3,16).	1. Der Verf. betont: Zur Kirche gehört nur, wer für das Bekenntnis zum vollen Menschsein Jesu, zum Erlösertod Jesu am Kreuz eintritt (2,19 ff; 4,2 f; bzw. 1,7; 2,1 f; 3,16).
2. Die Irrlehrer unterschätzen die Einheit von Glauben und Leben (1,6 ff; 2,4 ff), verstehen sich auf Grund ihrer Erkenntnis (Gnosis) als sündlose Licht- und Gotteskinder und mißachten das Gebot der Bruderliebe (2,9 ff; 4,20).	2. Der Verf. ruft zu einem dem Glauben entsprechenden Wandel in der Liebe auf (1,6 ff; 2,4 ff); trotz der dem Glaubenden geschenkten Freiheit von den Sünden (3,6 ff; 5,18) bleibt das Sündenbekenntnis notwendig (1,6 ff).

THEOLOGISCHE EIGENART

Die Liebe zu Gott und die Liebe zum Bruder werden gleichgesetzt (3,10; 4,7 f. 16.20 f), ebenso die Gottesgemeinschaft mit der Gemeinschaft der Brüder (1,6; 2,6.9); die Liebe bleibt auf die Brüder der Gemeinschaft beschränkt; für die anderen soll keine Fürbitte geleistet werden (2,19; 5,16: Trennung von der Gemeinde ist »Sünde zum Tode«). Hier zeigen sich deutliche Anzeichen für eine Kirchenspaltung.
Im Gegensatz zum JohEv wird eine baldige Wiederkunft Christi erwartet. Das Gericht, im JohEv im Augenblick des Hörens und Glaubens, ist damit wieder an das Ende der Zeit gerückt.

2. und 3. Johannesbrief

UMSTÄNDE DER ABFASSUNG

Beide Briefe wurden um 100 nChr im Osten des röm. Reiches geschrieben; der Verf. ist eine namentlich unbekannte Person, die unter dem Titel »Alter« in weiten Kreisen angesehen war; durch von ihm entsandte Missionare (3Joh 3. 5—8.10) hatte er einen breiten Wirkungskreis.
Der 2Joh ist an eine unbekannte Gemeinde gerichtet; die Gemeinde ist durch Irrlehrer, die die Menschheit Jesu leugneten (2Joh 7), bedroht; der Verf. betont die Einheit des irdischen Jesus und erhöhten Christus.
Der 3Joh ist an einen sonst unbekannten (wohl vom Verf. bekehrten) Gajus gerichtet, der die vom Verf. gesandten Missionare im Unterschied zu seinem Gemeindeleiter Diotrephes gastlich aufgenommen hat; der Verf. will seine Mission gegen die Maßnahmen des Diotrephes fortsetzen.

THEOLOGISCHE EIGENART

Diese Briefe zeigen die Spannung zwischen der sich verfestigten Gemeinde auf der einen Seite und dem Wirken der umherziehenden Wanderprediger auf der anderen Seite.
Beachtenswert ist die Betonung der kirchlichen Überlieferung (2Joh 5 f: »was von Anfang war«), des Bekenntnisses (2Joh 7) als kirchlichen Maßstabes und der Kirchenzucht als kirchlicher Maßnahme (2Joh 10 f; 3Joh 9 f).
Beide Briefe sind — wie der Phlm — Beispiele des antiken Privatbriefes.

Johannesoffenbarung

AUFBAU

1–3 Berufungs- vision und Send- schreiben	Die Umstände der Offenbarung (1); an sieben Gemeinden Kleinasiens werden Mahnschreiben gerichtet (2–3).
4–22 Beschreibung des Endes der Zeit	Die Thronvision (4–5); die sieben Siegel (6–7; u. a. die Versiegelung der 144 000 aus den Stämmen Israels); die sieben Posaunen (8–11: Katastrophen auf der Erde); der Drache und das Lamm (12–14); die sieben Schalen (15–16: entsetzliche Plagen); der Fall Babylons (17,1–19,10); das Kommen Christi (19,11–22,5); Schluß (22,6–21).

UMSTÄNDE DER ABFASSUNG

Der Verf. ist nach 1,1.4.9; 22,8 Johannes; er empfängt die Vision (Traumgesicht) auf der Insel Patmos und schreibt Sendbriefe an 7 Gemeinden Kleinasiens, die er sehr genau kennt; deshalb wird die Off in Kleinasien – zur Verfolgungszeit des Domitian (90–95 nChr) – abgefaßt sein.

Eine Gleichsetzung mit dem Zebedäussohn Johannes (Mk 1,19) ist sehr unwahrscheinlich; es fehlt jede Augenzeugenschaft des Lebens Jesu; die Unterschiede zum JohEv (gegenwärtiges Gericht im JohEv – zukünftiges Gericht in der Off; die mit jüd. Wendungen durchsetzte Sprache der Off) spricht auch gegen eine Gleichsetzung mit dem Verf. des JohEv. Der Verf. wird wohl zu den im NT oft genannten urchristl. Propheten gehören; Sprache und Bilder verweisen auf judenchristl. Herkunft.

Die Gemeinden stehen unter Verfolgung, weil sie das Kaiseropfer verweigern (13,12 ff; 14,9 ff); die sieben Gemeinden werden nach ihrer Ausdauer beurteilt; z. T. werden sie – in prophetischer Einkleidung – auf Geschehenes hin ermahnt (2,10).

QUELLEN UND ZIEL

Bei seiner Darstellung konnte der Verf. auf eine reiche Überlieferung jüd. Ursprungs zurückgreifen: neben kanonischen (Dan, Jes 24–27, Sach 9–11, Joel) bes. auf außerkanonische Schriften apokalyptischen Inhalts. Im NT zeigen Mk 13; 1Thess 4,15–17 u. a., wie stark das Urchristentum vom apokalyptischen Denken beeinflußt war; die verarbeiteten Ausdrucksmittel waren den Zeitgenossen verständlich (z. B.: Babylon/Dirne = Rom; Tier mit 7 Köpfen und 10 Hörnern = röm. Staat).

Der Verf. deutet die Geschehnisse der Verfolgung als Zeichen des nahen Endes (1,1.3; 22,6 f u. ö.); die Gemeinden werden durch Hinweis auf den Sieg Gottes

110 Aufbau, Entstehung und Eigenart der Schriften des NT

gestärkt; das Christusereignis ist die Grundlage seiner Schau der Geschichte (7,14; 12,5.11; 1,5; 3,21). Im Gegensatz zu seinen Vorgängern schreibt der Verf. unter seinem Namen und verbirgt sich nicht hinter einer berühmten Person der Vergangenheit.

THEOLOGISCHE EIGENART

Christus werden göttliche Eigenschaften zugeschrieben: er heißt »Herr« (11,8; 14,13; 22,20 f), die Geschöpfe beten ihn an (5,13). Der Versöhnungstod Jesu als des Lammes wird betont und bildlich dargestellt (1,5; 5,9; 12,11; vgl 14, 1 ff).

Der Ablauf des Weltendes wird ausführlich und vollständig (22,18) dargestellt; der Gedanke des 1000jährigen Reiches (Kap. 20) ist in der Folgezeit immer wieder neu zum Durchbruch gekommen.

1. Petrusbrief

UMSTÄNDE DER ABFASSUNG

Der Verf. ist nicht Petrus, der Jünger Jesu und Apostelfürst; dagegen spricht: das gute Griechisch (Septuaginta-Zitate; für den Juden aus Galiläa undenkbar); es zeigt sich keine Bekanntschaft mit dem historischen Jesus; die Theologie des Pls ist vorausgesetzt (1,18 f; 2,24: Sühnewirkung des Todes Jesu; 4,13; 5,11: Leiden mit Christus); die erste überregionale Verfolgung (5,9) erfolgte unter Domitian, 30 Jahre nach dem Tod des Petrus.
Der Brief wurde möglicherweise von Rom aus (Deckname für Rom: Babylon 5,13; vgl Off 14,8 u. ö.) um 90–95 nChr an die Christen in Kleinasien (»Fremdlinge« 1,1) von einem unbekannten Verf. geschrieben.

ANLASS UND ZIEL

Die kleinasiatischen Gemeinden sind durch die Verfolgung verwirrt (4,12 ff; 5,8 ff). Der Verf. rät ihnen, Auseinandersetzungen mit dem Staat zu vermeiden (2,13 ff); er bezeichnet die Verfolgungen als Prüfungen Gottes (1,6 ff) vor dem Ende der Zeiten (4.7.17); er ermahnt zur Ausdauer und erinnert an die bei der Taufe eingegangenen Verpflichtungen, einen heiligen Wandel zu führen (1,3 ff; 2,1 ff) und den gestellten Aufgaben nachzukommen (»Haustafel« 2,18 ff; 3,1 ff; 4,12 ff).

THEOLOGISCHE EIGENART

Der Verf. ist weitgehend von Pls abhängig: in den Lehren von Christus (Präexistenzchristologie: vor seinem Erdendasein war Jesus als Sohn beim Vater; vgl 1,20 mit Phil 2,5 ff; Gal 4,4), vom Loskauf von der Sünde (vgl 1,18 mit Gal 3,13), vom stellvertretenden Leiden und Sterben (vgl 2,21 ff mit Röm 3, 25 f; 8,3) und von der Auferstehung und Erhöhung (vgl 3,21 f mit 1Kor 15,1 ff; Phil 2,5 ff).
Die Christen leben als Fremdlinge in der Welt, von der sie als »Heilige« geschieden sind (1,14–17); das Verhalten wird aus der Taufe begründet (3,21).
Der Gedanke von der Predigt vor den Geistern im Gefängnis, d. h. vor den Toten (3,19), wurde später als »Höllenfahrt Christi« bezeichnet.

Jakobusbrief

UMSTÄNDE DER ABFASSUNG

Der unbekannte Verf. schreibt unter dem Namen und mit dem Ansehen des Herrenbruders Jakobus (vgl 1Kor 15,7; Gal 1,19); diese bis ins 4. Jh. umstrittene Schrift (bei einer Verfasserschaft des Herrenbruders undenkbar) zeigt keine Anspielung auf die Verwandtschaft des Verf. zu Jesus; das gute Griechisch und der zeitliche Abstand zu der (inzwischen entstellten) Lehre des Pls schließen ebenfalls die Verfasserschaft des Herrenbruders aus. Die Abhandlung — eine Sammlung ermahnender Sprüche mit brieflicher Überschrift — wurde wahrscheinlich um 100 nChr von einem unbekannten Judenchristen für die gesamte Christenheit als das wahre Israel (1,1) geschrieben.

ANLASS UND ZIEL

Sorge um das Nachlassen des sittlichen Ernstes der Christen und Auseinandersetzung mit der mißverstandenen oder entstellten paulin. Lehre; der Verf. ermahnt zur Geduld (5,7 ff), Einigkeit (3,1 ff), Bewährung (1,2 ff; 1,12 ff), Armut (1,22 ff; 4,13 f), zum Vertrauen auf Gott (4,7 ff) und zum praktischen Christentum (2,14 ff). Der Reichtum wird scharf angegriffen (2,1 ff; 5,1 ff).

THEOLOGISCHE EIGENART

Bedeutsam ist der offensichtliche Gegensatz zwischen Jak und Pls: Gerechtsprechung aus Werken (Jak 2,21); Gerechtsprechung durch Glauben ohne Werke (Röm 3,28) (vgl das Verhältnis von Glaube und Werk im MtEv!); Pls und Jak berufen sich auf das gleiche — aber verschieden gedeutete — AT-Zitat: vgl 1Mos 15,6 in Jak 2,21 ff; Röm 4,3 ff. Wie ist dieser Gegensatz innerhalb des Kanons zu bewältigen — ohne die Widersprüche zu verwischen?
Dem Brief fehlt jede Christusverkündigung. 5,14 wurde später als eine Begründung für die »Krankensalbung« (veraltet: »Letzte Ölung«) verwendet.

Judasbrief

UMSTÄNDE DER ABFASSUNG

Der unbekannte Verf. nennt sich Judas, Bruder des Jakobus, und erhebt den Anspruch, ein Bruder Jesu (vgl Mk 6,3) zu sein. Da er bereits Apostel mit dem Ansehen eines Schriftworts in einem Weissagungsbeweis zitiert (17), wird er zu einer späten Zeit (um 100 nChr) geschrieben haben; der wohl judenchristl. Verf. hat eine genaue Kenntnis jüd. Schrifttums (9.11.14) und schreibt gutes Griechisch; er schreibt nicht an einen bestimmten Empfängerkreis (»An die Berufenen« ist sehr allgemein).

ANLASS UND ZIEL

Die Gemeinden sind durch Gnostiker bedroht, die meinen, als Visionäre alles tun zu dürfen (Störung des Liebesmahles 12; Auflehnung gegen die Staatsgewalt 8); der Verf. warnt vor einer Verwechslung der Freiheit des Evangeliums mit Zügellosigkeit.

THEOLOGISCHE EIGENART

Wie im Jak fehlt jede Christusverkündigung. Die Gegner werden nicht widerlegt, sondern ihnen wird mit dem göttlichen Gericht gedroht (5.7.15 f). Die Apostel genießen das gleiche Ansehen wie die Schrift; außerdem werden Schriften zitiert, die nicht im at. Kanon stehen (»apokryphe« Schriften: vgl 6.9.14 f) — der Verf. des 2Petr, der Jud benutzt hat, hat diese Zitate gestrichen.

114 Aufbau, Entstehung und Eigenart der Schriften des NT

Die Pastoralbriefe (= Hirtenbriefe)

1. Timotheusbrief, 2. Timotheusbrief, Titusbrief

UMSTÄNDE DER ABFASSUNG

Gemeinsamkeiten in Sprache und Stil, in den Anweisungen für die Leitung der Gemeinde und in der bekämpften Irrlehre erlauben es, diese drei Briefe zusammenzuziehen. Der Verf. ist nicht Pls, obwohl dieser Anschein eindeutig erweckt wird. Jedoch lassen sich die angeblich vorausgesetzten Situationen der Pastoralbriefe nicht mit den Angaben der Apostelgeschichte und der Pls-Briefe in Einklang bringen; im Vordergrund der Briefe stehen Ämter, die es zur Zeit des Pls noch nicht gab (Presbyter = Älteste; Episkopen = Aufseher, später »Bischöfe«); die Auseinandersetzung mit den Irrlehrern geschieht unter Berufung auf die überlieferte Lehre (Pls stellte falsche Lehren durch selbständige theologische Argumente richtig).
In gleicher Weise wie die Verfasserschaft des Pls ist auch die Empfängerschaft des Timotheus und Titus hinfällig; die eigentlichen Empfänger sind die kirchlichen Amtsträger des beginnenden 2. Jh. Auf Grund der fortgeschrittenen Verfestigung der Gemeindeordnung sind die Briefe kaum vor 100 nChr geschrieben worden, möglicherweise in Kleinasien.

ANLASS UND ZIEL

Jüd.-gnostische Irrlehrer verwirren die Gemeinden: sie lehren das jüd. Gesetz (1Tim 1,7; Tit 3,9), nehmen Geld dafür (1Tim 6,19), rühmen sich höherer Erkenntnis (Gnosis; 1Tim 6,20) und fordern Enthaltsamkeit von den Hörern (Askese: 1Tim 4,3; Tit 1,1).
Der Verf. festigt die Gemeinden durch Begründung des Amtes und der Aufgaben der Gemeindebeamten (1Tim 3,1 ff: Bischöfe; 3,8 ff: Diakonen; Tit 1, 5 ff: Älteste); sie werden durch Handauflegung eingesetzt (1Tim 5,22) und von den Gemeinden unterhalten (1Tim 5,17). Gegen die Irrlehrer ist an der Lehre der Apostel festzuhalten (2Tim 2,2.8). Daneben enthalten die Briefe mannigfache Einzelermahnungen und Weisungen für das Leben im Alltag und in der Gemeinde.

THEOLOGISCHE EIGENART

Die Hirtenbriefe sind ein wesentliches Bindeglied zwischen dem ältesten Christentum und der späteren, durch Ämter gegliederten Kirche; sie geben Einblick in die Probleme einer Gemeinde, die sich in der Welt einzurichten beginnt (nachdem das erwartete Ende ausgeblieben ist): Aufgaben der Amtsträger, richtiges Predigen, Ordnung des Gottesdienstes, sowie Verwaltung und Aufsicht.
Die Briefe stehen in der Überlieferung paulin. Theologie (1Tim 1,15 f; 2Tim 1,9 f; Tit 3,5); durch Anpassung an die veränderte Situation wird jedoch z. B. aus »Glauben« »Glaubens*lehre*« (1Tim 4,1.6; Tit 1,3) und »Frömmigkeit« das richtige Verhalten in der Welt (1Tim 2,2; Tit 2,12).

2. Thessalonicherbrief

UMSTÄNDE DER ABFASSUNG

Der Verf. ist nicht Pls, sondern ein späterer Unbekannter, der wohl den 1Thess vorliegen hatte und als Rahmen benutzte; den Namen »Pls« verwendet er, um die Überlieferung des Apostels auf seine Weise und für seine Zeit neu zu gestalten.
Die Empfänger dieses zwischen 70 und 120 nChr geschriebenen Briefes sind unbekannt, wahrscheinlich keine bestimmte Gemeinde (auch nicht die Thessalonicher).

ANLASS UND ZIEL

Die Gemeinde(n) wurde(n) von Irrlehrern bedroht, die sich auf Pls beriefen (2,2), jedoch behaupteten, die Vollendung sei schon gekommen, und die Gemeinde(n) zu einem zügellosen Lebenswandel verführten (3,1–16).
Der Verf. zählt in einem sog. »apokalyptischen Fahrplan« die noch ausstehenden Endereignisse auf; die Vollendung ist also noch keineswegs eingetreten (2,3–12); für den Lebenswandel verweist er auf das moralische Vorbild des Apostels.

THEOLOGISCHE EIGENART

Ein Vergleich des 2Thess (II) mit dem 1Thess (I) zeigt am deutlichsten die theologische Eigenart: Gegenüber der Naherwartung des Endes durch Pls (I.4,17; 5,11 f) wird in diesem Brief das Ausbleiben des Endes betont (II.2,3 ff; vgl 2Petr 3,8 f); gegen die Hauptabsicht der paulin. Rechtfertigungslehre führt der Verf. erneut den Vergeltungsgedanken ein (II.1,7 ff); die Überlieferung der Apostel ist zu glauben (II.2,15; 3,6).

2. Petrusbrief

UMSTÄNDE DER ABFASSUNG

Der Verf. ist nicht Petrus (trotz 1,1 und 3,1), da das Schreiben im Wortlaut und Gedankengang von Jud abhängig ist (vgl 2,1—22 mit Jud), da eine Auseinandersetzung mit Leugnern der Parusie (3,3 ff) zur Zeit des Petrus nicht notwendig war (die Erwartung der Wiederkunft Christi war selbstverständlich), da weiterhin auf die Briefsammlung paulin. Briefe und anderer Schriften hingewiesen wird (Berufung auf die Schriften der Apostel erst in nachapostolischer Zeit); die Sprache (»göttliche Kraft, Herrlichkeit und Tugend«, »teilhaftig göttlicher Natur« 1,3 f) deutet auf einen hellenist. heidenchristl. Verf.; der Empfängerkreis ist nicht zu bestimmen. Der Brief wurde zwischen 125 und 150 nChr abgefaßt.

ANLASS UND ZIEL

In der Kirche entstand eine Krise durch das Ausbleiben des Endes und durch die Leugnung seines Eintreffens überhaupt. Der Verf. wehrt die Leugnung der Parusie ab (3,3 f), bestärkt die Hoffnung und ermahnt zur christlichen Tugend (1,4).

THEOLOGISCHE EIGENART

Die Naherwartung wird zwar aufgegeben, aber an der Erwartung wird festgehalten; das Ausbleiben wird damit begründet, daß bei Gott ein Tag wie tausend Jahre sei (3,8). Die Schriftweissagungen dürfen nicht eigenmächtig gedeutet werden (1,20 f); da nicht jeder den Heiligen Geist hat, wird die Kirche Inhaberin der richtigen Auslegung. Neben das AT treten bereits die Aussagen der Apostel (auch des »richtig verstandenen« Pls; vgl 1,19; 3,2.15 f). Die volle Gottheit Christi wird betont (1,1; 3,18).

VIERTER TEIL
Auslegungsbeispiele

Mk 1,32–34 und Parallelen: Krankenheilungen am Abend
– Synoptischer Vergleich –

Mt 8,16–17	Mk 1,32–34	Lk 4,40–41
(16) Als es aber Abend geworden war, brachten sie viele Besessene zu ihm,	(32) Als es aber Abend geworden war, als die Sonne unterging, brachten sie zu ihm alle, die krank und besessen waren. (33) Und die ganze Stadt war an der Türe versammelt. (34) Und er heilte viele, die an mancherlei Krankheiten litten, und er trieb viele Dämonen aus	(40) Als aber die Sonne unterging, brachten alle, die Leidende an mancherlei Krankheiten hatten, sie zu ihm;
und er trieb die Geister mit dem Wort aus und heilte alle Kranken,		und er legte jedem von ihnen die Hände auf und heilte sie. (41) Es fuhren aber auch Dämonen von vielen aus, indem sie schrieen: Du bist der Sohn Gottes! Und er bedrohte sie und ließ sie nicht reden, weil sie wußten, daß er der Christus sei.
(17) damit erfüllt würde, was durch den Propheten Jesaja gesprochen worden ist, welcher sagt: »Er nahm unsre Gebrechen weg und unsre Krankheiten trug er fort.«	und ließ die Dämonen nicht reden, weil sie ihn kannten.	

ERKLÄRUNG

Mk 1,32–34 ist ein redaktioneller Sammelbericht; »redaktionell«, weil der Bericht von einem Redaktor – in diesem Fall »Markus« – vielleicht auf Grund älterer Vorlagen formuliert wurde (Redaktor wird jemand genannt, der Texte sammelt, zusammenstellt und überarbeitet, also »redigiert«); »Sammelbericht«, weil in zusammenfassenden Bemerkungen die Wirksamkeit Jesu beschrieben wird. Ähnliche redaktionelle Sammelberichte: Mk 3,10–12; 6,53–56; Mt 4,24 f; 14,34–36; Lk 6,17–19.
Mt und Lk übernehmen nicht einfach den Text des Mk, sondern sie verbessern, stellen um, lassen weg und erweitern.

120 Auslegungsbeispiele

»MATTHÄUS«

Von der doppelten Zeitangabe — Abend und Sonnenuntergang — tilgt Mt die zweite. Weiterhin kürzt und glättet er den Text, so läßt er z. B. die den Zusammenhang unterbrechende Situationsangabe (Mk V. 33: Publikum vor der Türe) weg. Er steigert außerdem die Aussage des Mk; aus: »sie brachten alle ... und er heilte viele« wird: »brachten sie viele ... und er heilte alle«. Der Heilungsvorgang wird verdeutlicht: »er trieb die Geister mit dem Wort aus ...«. Ein besonderes Kennzeichen für die Theologie des Mt ist die Erweiterung am Schluß der Szene: Mt fügt ein Prophetenzitat an, das die Heilungen Jesu vorausgesagt haben soll (Jes 53,4). Vgl außerdem Mt 1,22 f; 2,15.17.23; 4,14 ff u. ö.

»LUKAS«

Er übernimmt von der doppelten Zeitangabe nur die zweite. Die Situationsangabe bei Mk (V. 33) tilgt er ebenso wie Mt. Lk steigert in gleicher Weise wie Mt, wenn er schreibt: »alle brachten (Kranke) zu ihm ... und er legte jedem von ihnen die Hände auf und heilte sie«; d. h. auch bei Lk heilt Jesus alle Kranken. Die Verschiedenartigkeit der Leiden, die Mk zwischen den Berichten von den Heilungen notiert, berichtet Lk bereits am Anfang. Lk verdeutlicht den Heilungsvorgang durch den Hinweis auf die Handauflegung. Die Notiz des Mk, daß die Dämonen Jesus kannten, erweitert Lk zu einem ausführlichen Bekenntnis zu Jesus als Sohn Gottes und als Christus.

Mk 16,1–8 und Parallelen: Leeres Grab und Auferstehung
– Synoptischer Vergleich –

Mt 28,1–8	Mk 16,1–8	Lk 24,1–12	Joh 20,1–13
(1) Nach dem Sabbat aber, als es zum ersten Tag der Woche aufleuchtete, kamen Maria aus Magdala und die andre Maria, um das Grab zu besehen.	(1) Und als der Sabbat vorüber war, kauften Maria aus Magdala und die Maria des Jakobus und Salome Balsam, um hinzugehen und ihn zu salben. (2) Und sehr früh am ersten Tag der Woche kamen sie zur Gruft, als die Sonne aufgegangen war.	(1) Am ersten Tag der Woche aber kamen sie am frühen Morgen zur Gruft und brachten den Balsam, den sie bereitet hatten.	(1) Am ersten Tag der Woche aber kommt Maria aus Magdala früh, als es noch dunkel war, zur Gruft
(2) Und siehe, es geschah ein großes Erdbeben; denn ein Engel des Herrn kam aus dem Himmel herab, trat hinzu, wälzte den Stein weg und setzte sich darauf. (3) Sein Aussehen aber war wie der Blitz und sein Kleid weiß wie der Schnee. (4) Aus Furcht vor ihm aber erbebten die Wächter und wurden wie tot. (5) Der Engel jedoch begann	(3) Und sie sagten zueinander: Wer wird uns den Stein von der Tür der Gruft wegwälzen? (4) Und wie sie aufblickten, sahen sie, daß der Stein fortgewälzt war. Er war nämlich sehr groß. (5) Und sie gingen in die Gruft hinein und sahen einen Jüngling zur Rechten sitzen, bekleidet mit einem langen weißen Gewand; und sie erschraken. (6) Er aber sagte zu ihnen:	(2) Da fanden sie den Stein von der Gruft weggewälzt. (3) Als sie aber hineingingen, fanden sie den Leib des Herrn Jesus nicht. (4) Und es begab sich, während sie darüber ratlos waren, siehe, da traten zwei Männer in blitzendem Gewand zu ihnen. (5) Als sie aber in Furcht gerieten und das Angesicht zur Erde neigten,	und sieht den Stein von der Gruft hinweggenommen. (vgl. unten V. 11–13)

Auslegungsbeispiele 121

122 Auslegungsbeispiele

Mt 28,1–8	Mk 16,1–8	Lk 24,1–12	Joh 20,1–13
und sprach zu den Frauen: Ihr sollt euch nicht fürchten; denn ich weiß, daß ihr Jesus, den Gekreuzigten, sucht. (6) Er ist nicht hier; denn er ist auferweckt worden, wie er gesagt hat: Kommet her, sehet den Ort, wo er gelegen hat; (7) und gehet eilends hin und saget seinen Jüngern, daß er von den Toten auferweckt worden ist! Und siehe, er geht euch voran nach Galiläa; dort werdet ihr ihn sehen. Siehe, ich habe es euch gesagt.	Erschrecket nicht! Ihr sucht Jesus von Nazareth, den Gekreuzigten; er ist auferweckt worden, er ist nicht hier; siehe da den Ort, wo sie ihn hingelegt haben. (7) Aber gehet hin, saget seinen Jüngern und dem Petrus:	sprachen sie zu ihnen: Was sucht ihr den Lebendigen bei den Toten? (6) Er ist nicht hier, sondern er ist auferweckt worden. Erinnert euch, wie er zu euch geredet hat, als er noch in Galiläa war, (7) indem er sagte: Der Sohn des Menschen muß ausgeliefert werden in die Hände sündiger Menschen und gekreuzigt werden und am dritten Tag auferstehen.	
	Er geht euch voran nach Galiläa; dort werdet ihr ihn sehen, wie er euch gesagt hat.		
(8) Und sie gingen eilends von der Gruft hinweg mit Furcht und großer Freude und liefen, um es seinen Jüngern zu verkündigen.	(8) Und sie gingen hinaus und flohen von der Gruft, denn Zittern und Entsetzen hatte sie ergriffen. Und sie sagten niemandem etwas, denn sie fürchteten sich.	(8) Und sie erinnerten sich seiner Worte. (9) Und sie kehrten von der Gruft zurück und verkündigten dies alles den Elfen und allen übrigen.	(2) Sie läuft nun und kommt zu Simon Petrus und zu dem andern Jünger, dem, den Jesus liebhatte, und sagt zu ihnen: Sie haben den Herrn aus der Gruft hinweggenommen, und wir wissen nicht, wo sie ihn hingelegt haben.
		(10) Es waren aber Maria Magdalena und Johanna und die Maria des Jakobus; und die übrigen mit ihnen sagten dies zu den Aposteln. (11) Und diese Worte kamen ihnen vor wie	

Auslegungsbeispiele

Mt 28,1–8	Mk 16,1–8	Lk 24,1–12	Joh 20,1–13

Lk 24,1–12:
leeres Gerede und sie glaubten ihnen nicht. [(12) Petrus aber machte sich auf und lief zur Gruft; und wie er sich hineinbeugt, sieht er nur die leinenen Binden. Und er ging heim voll Verwunderung über das Geschehene.]

Joh 20,1–13:
(3) Da gingen Petrus und der andere Jünger hinaus und machten sich auf den Weg zur Gruft. (4) Die beiden aber liefen miteinander. Und der andere Jünger lief voraus, schneller als Petrus, und kam zuerst an die Gruft. (5) Und wie er sich hineinbeugt, sieht er die leinenen Binden daliegen; doch ging er nicht hinein. (6) Nun kam auch Simon Petrus, der ihm folgte, und ging in die Gruft hinein. Und er sieht die Binden daliegen (7) und das Schweißtuch, das auf seinem Haupte gewesen war, nicht bei den Binden liegen, sondern an einem Ort für sich zusammengewickelt. (8) Da nun ging auch der andre Jünger hinein, der zuerst an die Gruft gekommen war, und sah und glaubte. (9) Denn sie verstanden die Schrift noch nicht, daß er nämlich von den Toten auferstehen müßte. (10) Da gingen die Jünger wieder heim. (11) Maria aber stand außen bei der Gruft und weinte. Wie sie nun weinte, beugte sie sich in die Gruft hinein; (12) da sieht sie zwei Engel in weißen Kleidern dasitzen, den einen beim Haupte, den andern bei den Füßen, da, wo der Leib Jesu gelegen hatte. (13) und sie sagten zu ihr: Weib, was weinst du? Sie sagt zu ihnen: Sie haben meinen Herrn hinweggenommen, und ich weiß nicht, wo sie ihn hingelegt haben.
(Es folgt die Erscheinung Jesu vor Maria am Grabe; vgl V. 14–18)

Mt 28: (vgl V. 9 f: Jesus erscheint den Frauen, als sie weggehen)

Mk 16: (vgl V. 9–11 – unecht! –: Jesus erscheint Maria an einem nicht genannten Ort)

124 Auslegungsbeispiele

Vergleich und Verlauf der vier Erzählungen

ANSCHLUSS UND EINLEITUNG

Bei Mk, Lk und Joh (»Mk«, »Mt« usw. werden als Namen für die unbekannten
Verf. der jeweiligen Evangelien beibehalten) schließt die Erzählung direkt an
die Erzählung von der Grablegung an. Mt hat dazwischen die Geschichte von
den Wächtern am Grabe eingeschoben (vgl 27,62—66). Mk erwähnt als erstes
den Einkauf von Salben für die Einbalsamierung und begründet damit den
Gang der Frauen zum Grab (V. 1). Lk berichtet von einem Kauf der Salben vor
dem Sabbat (vgl 23,56). Mt und Joh erwähnen nicht die Absicht der Frauen,
den Leichnam zu salben; nach Mt wollen die Frauen nur das Grab sehen; Joh
gibt überhaupt keinen Grund für Marias Gang zum Grab an.
Nach Mt gehen Maria aus Magdala und die »andere« Maria zum Grab; Mk erwähnt
dazu noch Salome. Lk setzt die Namen als bekannt voraus (vgl 23,55 f;
für Mt und Mk müßte dies auch zutreffen: vgl Mt 27,61 und Mk 15,47 — das
Schwanken der Bezeichnung »Maria des Joses« [Mk 15,47] und »Maria des Jakobus«
[16,1] für die Mutter dieses Brüderpaares kann anzeigen, daß es sich
um ursprünglich alleinstehende Erzählungen handelt); am Ende der Erzählung
nennt Lk neben den beiden Marien noch Johanna. Nach Joh geht Maria (aus
Magdala?) allein zum Grab.
Die Zeitangaben der vier Erzählungen sind unterschiedlich: Lk schreibt ungenau
»am frühen Morgen«, Mk »als die Sonne aufgegangen war« und »sehr
früh«; nach Mt leuchtete es zum ersten Tag der Woche auf — also Dämmerung;
Nach Joh war es noch dunkel.

DER STEIN

In der Mk-Fassung der Erzählung überlegen die Frauen unterwegs, wie sie den
Stein vom Grab wegwälzen können — unklar bleibt, auch bei Lk und Mt, wie
sich die Frauen überhaupt vorgestellt haben, in das Grab hineinzukommen, da
sie von dem schweren Stein wußten (vgl Mk 15,42; Mt 27,60 — Lk erwähnt
den Stein erst Lk 24,2!). Bei Mk entdecken die Frauen bei der Ankunft, daß der
Stein weggewälzt ist; ähnlich in der Lk- und Joh-Fassung. Keiner dieser drei
Evangelisten berichtet, wann und wie der Stein entfernt wurde. Nach Mt sind
die Frauen Zeugen eines gewaltigen Erdbebens; ein Engel des Herrn steigt vom
Himmel herab und wälzt den Stein fort.

DER GÖTTLICHE BOTE

Nach Mt setzt sich der Engel auf den weggewälzten Stein vor dem Grab; die
Frauen betreten also gar nicht das Grab; als Beschreibung der göttlichen Herkunft
des Engels werden Blitz und schneeweißes Kleid erwähnt. Nach Mk saß
ein Jüngling im weißen Gewand — also auch offensichtlich himmlischer Herkunft
(Beispiele: Mk 9,3 par; Apg 1,10) — bereits bei der Ankunft der Frauen
im Inneren des Grabes. Nach Lk treten zwei Männer im blitzenden Gewand zu
den Frauen, als sie ratlos in der leeren Gruft stehen und verzweifelt sind. Die
Erzählung des Joh nimmt jetzt einen ganz anderen Verlauf: Maria läuft, nach-

Auslegungsbeispiele 125

dem sie den weggewälzten Stein gesehen hat, zu Petrus und einem zweiten Jünger und berichtet über das Verschwinden des Leichnams. Erst später geht sie in das Grab hinein und sieht zwei Jünglinge in weißen Kleidern, die sie nach dem Verbleiben des Leichnames fragt (V. 11—13).
Nach Mt, Mk und Lk erschrecken die Frauen, als sie die göttlichen Boten erblicken. Nach Mt waren die Wächter am Grabe »wie tot«.

DIE BOTSCHAFT UND DER AUFTRAG

Nach Joh fragen die Boten nach dem Grund der Klage der Maria — anschließend erscheint Jesus selbst. Bei Lk verweisen die Männer auf frühere Aussagen Jesu: Jesus hat sein Leiden und Auferstehen vorausgesagt — die Leidensankündigung wird wiederholt (vgl V. 7 mit Lk 9,22; 9,43 f; 18,31 ff mit den jeweiligen Parallelen, sowie 24,44). Die Frauen erinnern sich dieser Worte und berichten das Gesehene den elf Jüngern. Von einem direkten Auftrag wird nichts erwähnt. Anders Mt und Mk: Der Bote gibt nicht nur die Auskunft, daß Jesus auferweckt wurde und deshalb nicht mehr hier ist, sondern er beauftragt die Frauen, den Jüngern mitzuteilen, daß Jesus in Galiläa erscheinen wird; bei Mt wiederholt der Bote noch einmal, daß die Frauen die Auferweckung weitersagen sollen. Die besondere Erwähnung des Petrus (Mk V. 7) fällt bei Mt weg.
Es entspricht der Anlage des LkEv (Jerusalemer Traditionen), daß Lk nicht von einer Erscheinung in Galiläa berichtet; deshalb fehlt bei Lk auch der Bericht von der Jüngerflucht (vgl Mk 14,28.50).

DER ABSCHLUSS

Nach Mk fliehen die Frauen und berichten niemandem etwas; nach Mt verkündigen sie das Erlebte den Jüngern mit Freude; nach Lk verkündigen die — jetzt noch einmal genau benannten — Frauen das Erlebte, finden aber keinen Glauben.

DER ERZÄHLUNGSVERLAUF NACH JOHANNES

Die Einleitung der Erzählung nach Joh verläuft gemeinsam mit den synoptischen Parallelen Mk, Mt und Lk. Jedoch schaut Maria nicht in das Grab, sondern läuft gleich zu Petrus und zu einem zweiten Jünger. Dieser zweite Jünger wird der Lieblingsjünger Jesu genannt (vgl 13,23; 19,26; 21,20 ff) — er ist sicher nicht der Verf. des JohEv. Die beiden Jünger laufen zum Grab; obwohl der andere Jünger zuerst ankommt, läßt er Petrus den Vortritt beim Betreten des Grabes. Was das zu bedeuten hat, ist nicht mehr auszumachen — möglicherweise ist Petrus der Vertreter des Judenchristentums und der andere Jünger der Vertreter des Heidenchristentums; dann wäre damit die zeitliche Vorrangstellung des Judenchristentums ausgedrückt. Auffallend ist der Hinweis auf die Ordnung der Leinentücher; vielleicht soll damit der Verdacht des Leichenraubes ausgeschlossen werden. »Die Jünger verstehen die Schrift« (V. 9 ist so zu verstehen, daß sie die Schrift nicht verstanden, *bevor* sie das Grab sahen), ohne vom himmlischen Boten belehrt werden zu müssen.
Überraschenderweise sieht Maria, die sofort nach den beiden Jüngern das Grab betritt, zwei Jünglinge, die vorher offensichtlich nicht anwesend waren (es wird auch nicht erwähnt, daß Maria zum Grab zurückgekehrt ist). Auf die Frage der

126 Auslegungsbeispiele

Maria antworten nicht die Jünglinge, sondern Jesus selbst, der der Maria erscheint (vgl V. 13 ff — Mt 28,9 f und den unechten Mk-Schluß 16,9 ff).
Einige Handschriften haben — wohl in Übernahme von Joh — bei Lk einen Vers über den Lauf des Petrus zum Grab eingefügt (Lk 24,12).

Ergebnisse des Vergleiches

Es muß eindeutig klargestellt werden, daß es sich bei diesen vier Erzählungen nicht um Berichte — schon gar nicht um Augenzeugenberichte handeln kann. Denn die Unterschiede sind nicht miteinander vereinbar.
Zwar haben Mt und Lk offensichtlich den Text des Mk benutzt, aber jeder der beiden hat ihn nach seinen Vorstellungen verändert. Ob Joh eine Erzählung in der markinischen Form gekannt hat, ist nicht mehr festzustellen — er geht ganz eigene Wege.
Mag das Schwanken in Zahl und Namen der Frauen zur Not noch mit ungenauer Berichterstattung erklärbar sein. Die Abweichung des Joh — nach dessen Bericht Petrus und nicht eine der Frauen der erste Zeuge der Auferstehung bzw. des leeren Grabes ist — kann nicht mehr als ungenaue Berichterstattung mit den Fassungen der Synoptiker vereint werden. Weiterhin ist nicht anzunehmen, daß die Verf. des MkEv, des LkEv und des JohEv das Erdbeben, von dem Mt zu berichten weiß, nicht bemerkt haben sollten. In gleicher Weise kann das Schwanken der Boten zwischen einem und zweien — nach Mt wälzte der Bote erst den Stein weg und setzte sich darauf — nicht auf mangelnde Genauigkeit zurückgeführt werden. Bedeutend und nicht miteinander vereinbar sind die Unterschiede in der Botschaft des bzw. der Engel. Schließlich macht es einen Unterschied, ob die Botschaft weitergesagt wurde (Mt) oder nicht (Mk). Alle diese angeführten Unterschiede zeigen ganz offensichtlich, daß es sich bei der Erzählung vom leeren Grab nicht um verschiedene Augenzeugenberichte handelt.
Vielmehr handelt es sich um verschiedene, je nach den Verkündigungsabsichten der Verfasser veränderte Fassungen einer Legende. D. h. diese Erzählungen sind Glaubensaussagen und keine historischen Berichte eines feststellbaren Geschehens. In diesem Zusammenhang ist wichtig, daß Pls nichts von einem leeren Grab weiß. In dem ältesten erhaltenen Bericht über die Erscheinungen Jesu nach dem Tode (1Kor 15,3 ff) werden Petrus, die »Zwölf« und andere Brüder und Apostel genannt, nicht aber die Frauen, denen nach Mt und Joh Jesus erscheint.
Das älteste Evangelium — Mk — schließt, ohne von Erscheinungen Jesu berichtet zu haben (Mk 16,9 ff ist ein späterer Zusatz; es ist umstritten, ob dieser Zusatz einen ursprünglichen Bericht über Erscheinungen verdrängt hat. Dies ist sehr unwahrscheinlich).
Sowohl die Erzählung vom leeren Grab als auch die Zeugnisse von den Erscheinungen Jesu nach seinem Tod haben das gleiche Ziel: sie wollen sagen, daß Jesus am Kreuz nicht endgültig gescheitert ist. Seine Botschaft wird weiter verkündigt, er, der Gekreuzigte, wird bezeugt von seiner Gemeinde als »der Weg, die Wahrheit und das Leben« (Joh 14,6).

…

Die Haustafeln

– SOZIALGESCHICHTLICHE AUSLEGUNG –

Kolosserbrief 3,18—4,1
(3,18) Ihr *Frauen* seid euren Männern untertan, wie sich's im Herrn gebührt!

Epheserbrief 5,21—6,9 (in Auswahl)
(5,21) Seid einander untertan in der Furcht Christi. (22) Ihr *Frauen* (seid untertan) euren Männern wie dem Herrn. (23) Denn der Mann ist das Haupt der Frau, wie auch Christus das Haupt der Kirche (ist), er, (der es) als Erlöser seines Leibes (ist). (24) Wie nun aber die Kirche Christus untertan ist, so sollen es auch die Frauen ihren Männern in allem sein.

(19) Ihr *Männer* liebet eure Frauen und seid nicht bitter gegen sie!

(25) Ihr *Männer*, liebet eure Frauen, wie auch Christus die Kirche geliebt hat . . . (33) Unter euch soll jeder einzelne seine Frau so lieben wie sich selbst, die Frau aber soll vor dem Mann Ehrfurcht haben.

(20) Ihr *Kinder* seid euren Eltern gehorsam in allen Dingen; denn es ist im Herrn wohlgefällig.

(6,1) Ihr *Kinder* seid euren Eltern gehorsam im Herrn; denn das ist recht. (2) »Ehre deinen Vater und deine Mutter« — welches das erste Gebot ist, das eine Verheißung hat: (3) »damit es dir wohl gehe und du lange lebest auf Erden«.

(21) Ihr *Väter* reizet eure Kinder nicht, damit sie nicht mutlos werden!

(4) Und ihr *Väter*, reizet eure Kinder nicht zum Zorn, sondern ziehet sie auf in Zucht und Ermahnung zum Herrn!

(22) Ihr *Sklaven*, seid in allen Dingen euren leiblichen Herrn gehorsam, nicht mit Augendienereien wie Leute, die den Menschen gefallen wollen, sondern in Aufrichtigkeit des Herzens, weil ihr den Herrn fürchtet! (23) Was immer ihr tut, daran arbeitet von Herzen als für den Herrn und nicht für Menschen, (24) weil ihr wißt, daß ihr vom Herrn als Vergeltung das Erbe empfangen werdet! Dem Herrn Christus dienet! (25) Denn wer Unrecht tut, wird (die Vergeltung für das) empfangen, was er Unrechtes getan hat, und es gibt kein Ansehen der Person.

(5) Ihr *Sklaven*, seid euren leiblichen Herrn gehorsam mit Furcht und Zittern, in Aufrichtigkeit eures Herzens, wie (dem Herrn) Christus, (6) nicht mit Augendienerei wie Leute, die den Menschen gefallen wollen, sondern wie Knechte Christi, die den Willen Gottes von Herzen tun, (7) die mit Willigkeit dienen als dem Herrn und nicht Menschen, (8) da ihr wißt, daß jeder, wenn er etwas Gutes vollbringt, die Vergeltung dafür vom Herrn empfangen wird, er sei Sklave oder Freier.

(4,1) Ihr *Herren*, gewähret euren Sklaven, was recht ist, und stellet sie (euch in Christus) gleich, da ihr wißt, daß auch ihr einen Herrn im Himmel habt!

(9) Und ihr *Herren*, tut dasselbe gegen sie und lasset das Drohen, da ihr wißt, daß sowohl ihr (Herr) als auch euer Herr in den Himmeln ist und daß es kein Ansehen der Person gibt.

Vgl. auch *1. Petrusbrief 2,18 ff*: Ihr *Sklaven*, seid mit aller Furcht euren Herrn untertan, nicht nur den guten und

Auslegungsbeispiele

freundlichen, sondern auch den verkehrten! Denn das ist Gnade, wenn jemand, weil er Gottes eingedenk ist, Trübsale erträgt, sofern er Unrecht leidet ... (3,1 ff)
Gleicherweise, ihr *Frauen*, seid untertan euren Männern, damit, auch wenn etliche dem Worte nicht gehorsam sind, sie durch den Wandel ihrer Frauen ohne Wort gewonnen werden, wenn sie euren Wandel in Scheu und Zucht beobachten
..... (3,7 ff) Desgleichen ihr *Männer*, wohnet einsichtig zusammen mit dem weiblichen Teil als dem schwächeren und erweist ihnen Ehre als solchen, die auch Miterben der Gnade des Lebens sind, damit eure Gebete nicht gehindert werden!

EINE ALTE ÜBERLIEFERUNG?

Diese Texte werden gewöhnlich als »Haustafeln« bezeichnet. Dahinter steht die Vermutung, daß es in der frühen Christenheit eine alte, festgeprägte Überlieferung von Ermahnungen an die Mitglieder eines christlichen Haushaltes gegeben habe. Diese Vermutung läßt sich jedoch aus folgenden Gründen nicht bestätigen: Die Evangelien geben erstens keinen Anhaltspunkt dafür, daß Jesus und seine ersten Jünger eine solche fest geformte Zusammenstellung von Ermahnungen, wie die »Haustafeln«, kannten. Genausowenig zeigen sich zweitens in den echten Briefen des Paulus Ansätze zu einer solchen Überlieferung. Darüber hinaus läßt sich drittens nachweisen, daß in der Zeit der ntl. Schriften diese Form gar nicht so sehr gefestigt war, wie es auf den ersten Blick scheint; denn die Haustafel des Epheserbriefes hängt mit aller Wahrscheinlichkeit von der des Kolosserbriefes ab, da der Verfasser des Epheserbriefes den Kolosserbrief sehr wahrscheinlich als Vorlage benutzte und z. T. abschrieb. Die oben abgedruckte nächste Parallele zeigt bereits deutliche Unterschiede, so daß man nicht von einer fest geprägten Überlieferungsform sprechen kann.
Die in den »Haustafeln« zusammengefaßten Ermahnungen treten also zuerst im Kolosserbrief innerhalb der christlichen Überlieferung auf. Dafür gibt es einen wichtigen sachlichen Grund. Jesus und seine Generation, wie auch Paulus, erwarteten das Ende der Welt in allernächster Zeit, zu ihren Lebzeiten; die Regelung des Zusammenlebens der Menschen in einem (christlichen) Haus, wie auch in anderen gesellschaftlichen Institutionen (z. B. Staat) war völlig nebensächlich, da man mit dem Ende der Welt auch den Zusammenbruch dieser gesellschaftlichen Einrichtungen erwartete. Erst mit dem Nachlassen dieser Naherwartung, d. h. des baldigen Weltendes (schon im Kolosserbrief erkennbar), wuchs unter den Christen das Interesse, das Zusammenleben in den weltlichen Institutionen (Haus, Staat), wie übrigens auch in der Gemeinde, zu regeln; jetzt erst beginnt man, für die einzelnen Gruppen der Familie und der Gesellschaft gruppenspezifische Ermahnungen zusammenzustellen. In den späteren Briefen des NT (Eph, 1Petr, Past) gewinnen diese Ermahnungen einen immer breiteren Raum. In dieser Zeit, gegen Ende des 1. Jh., wird in vielen Gemeinden das Weltende schon nicht mehr so bewußt und intensiv erwartet; man richtet sich in der Welt ein.

Auslegungsbeispiele 129

DIE WIRKUNGSGESCHICHTE DER »HAUSTAFELN«

Obwohl also diese Ermahnungen der »Haustafeln« relativ spät Eingang in die Überlieferung der frühen Christenheit gefunden haben, beeinflussen sie doch seit Ende des 1. Jh. bis heute fast ungebrochen das Bild vom christlichen Zusammenleben. Da sie als älteste Überlieferung galten, bestimmten sie das Bild der christlichen Frau, der christlichen Untertanen und der christlichen Erziehung. So wird der erste Teil der ephesischen »Haustafel« noch heute in vielen Trauordnungen verwendet. Die Vorstellung, daß die Frau dem Manne untertan sei, bzw. ihm gehorchen zu habe, wie auch die Kinder den Eltern und früher die Sklaven dem Herrn (und allgemein — was sachlich dazugehört — die Untertanen im Staat, vgl. 1Petr 2,13 ff als Anfang dieser Haustafel!), gilt auch heute noch vielerorts als das besondere christliche Verständnis der Familie. Im Namen dieser Texte werden dann Bestrebungen zu einem freieren (emanzipierten) Zusammenleben in der Familie und im Staat als unchristlich abgelehnt.

DER SOZIALGESCHICHTLICHE HINTERGRUND

Eine sachgerechte sozialgeschichtliche Auslegung dieser Texte macht deutlich, daß die Verfasser der »Haustafeln« nichts weiter getan haben, als die Verhaltensweisen und Maßstäbe der Umwelt zu übernehmen und teilweise christlich zu begründen. In der gesamten Antike wurde die gesellschaftliche Ordnung religiös begründet: d. h. der Gott bzw. die Götter sind für den Aufbau der Gesellschaft und ihre Unterschiede verantwortlich; die gesellschaftliche Hierarchie in Familie und Staat lag in ihrer Gewalt und ist nur mit ihrer Hilfe zu ändern. Ein eigenmächtiger (menschlicher) Verstoß gegen die gesellschaftliche Ordnung galt als ein Verstoß gegen die Ordnung und das Gebot der Götter. Nach dieser Ordnung besaß in der Familie der Mann (Vater, Herr) die alleinige Gewalt; Frauen, Kinder und Sklaven hatten sich unterzuordnen. Dies läßt sich durch Texte der ntl. Umwelt eindeutig belegen. Diese Auffassung spiegelt sich sogar im Aufbau der sogenannten christlichen »Haustafeln« wider: alle Aussagen sind auf den Mann bezogen, nur die Verhältnisse zu ihm als Ehemann, Vater (Eltern) und Herr sind genannt, wobei jeweils der untergeordnete Teil der Beziehung (Ehefrauen, Kinder, Sklaven) zuerst angesprochen wird. Die untergeordneten Personenkreise werden jeweils nur zum Gehorchen angehalten; hierin zeigt sich kein Unterschied zu den bekannten Texten der Antike. Allerdings wird dies dort selten erwähnt; einmal, weil es selbstverständlich ist, zum anderen, weil in den uns bekannten Texten der Antike in der Regel die untergeordneten Personenkreise nicht angesprochen werden; diese Texte (z. B. Cicero, Seneca, Marc Aurel, Philo) sind Äußerungen der Oberschicht, an Mitglieder der Oberschicht gerichtet. Deshalb werden in diesen Schriften in der Regel nur die Verhaltensweisen des Mannes als Ehegatte, Vater und Sklavenhalter angesprochen (vgl. die Verhaltensregeln der Stoa): In gleicher Weise, wie in den christlichen »Haustafeln«, werden die Männer dazu angehalten, sich gegenüber den Frauen, Kindern und Sklaven freundlich und großzügig zu verhalten. Die ntl. Gemeinden umfaßten neben den Männern auch Frauen, Kinder und Sklaven. Deshalb werden in den ntl. Schriften, die an die ganze Gemeinde gerichtet wurden, auch diese Personenkreise direkt angeredet.
Die Begründung der jeweiligen Verhaltensregeln, wenn überhaupt eine gegeben wird, ist natürlich innerhalb der christlichen Überlieferung christianisiert. Genügte außerhalb des Christentums der allgemeine Hinweis auf die von den Göttern gesetzte Ordnung bzw. auf allgemein menschliches Verhalten (Stoa!), so wird nun die Ordnung allgemein auf Christus den Kyrios, bzw. auf den christlichen Gott, zurückgeführt und die Verhaltens-

130 Auslegungsbeispiele

regeln zunehmend christlich begründet, im Kolosserbrief nur ansatzweise, in den späteren Briefen unterschiedlich und ausführlicher (vgl. v. a. Eph: Beispiel Kirche, atl. Gebot); die Begründungen können wechseln.

FOLGERUNGEN

Die »Haustafeln« sind in keiner Weise ursprüngliches, christliches Gedankengut; sie zeigen die Anpassung der christlichen Gemeinden an die Verhaltensweisen der Umwelt. Sie geben die antike Gesellschaftsordnung wieder. Eine Änderung dieser Ordnung betrifft in keiner Weise den christlichen Glauben.

FÜNFTER TEIL
Kirche in der Geschichte
Chronologische Tabellen

LITERATURHINWEIS

August Franzen, Kleine Kirchengeschichte
  (1968, Herder Bücherei 237/238)
Bernd Moeller, Geschichte des Christentums in Grundzügen
  (1965)

VORBEMERKUNG

Die Aufteilung der einen Geschichte, in der wir leben, in Kirchen- und Weltgeschichte, verwirrt mehr als sie hilft. Das Mißverständnis, es gebe zweierlei Geschichte, schleicht sich zu leicht ein; vielmehr ist die Kirchengeschichte nur ein bestimmter Aspekt der Geschichte. Daher sind in unseren Tabellen bewußt zwischen die kirchengeschichtlichen Ereignisse immer wieder weltgeschichtliche Daten gestellt worden, um wenigstens stellenweise das Ineinander von Kirchen- und Weltgeschichte, die gegenseitigen Verflechtungen und Bedingungen vor Augen zu führen.

Bei jeder Tabelle, aber bei einer historischen besonders, muß man beachten, daß sie unvermeidlich verkürzt und schematisiert, weil sie nur einen bestimmten Rahmen an Fakten bringen kann. Indem alles übersichtlich wird, scheint es »einfacher«, als es gewesen ist. Daher können Tabellen nicht mehr als eine erste Orientierungshilfe sein.

ÜBERSICHT

Alte Kirche (bis ca 300)	133
Reichskirche (bis ca 500)	136
Kirche im Frühmittelalter (bis ca 950)	139
Kirche im Hochmittelalter (bis ca 1300)	141
Kirche im ausgehenden Mittelalter (bis ca 1500)	145
Kirche zur Zeit der Reformation, katholischen Erneuerung und Gegenreformation (bis ca 1650)	147
Kirche zur Zeit des Pietismus und der Aufklärung (bis ca 1800)	152
Kirche im 19. Jahrhundert (bis ca 1900)	154
Kirche im 20. Jahrhundert	158

Alte Kirche (bis ca 300)

um 4 vChr Geburt Jesu von Nazareth.
um 27/28 Auftreten Johannes des Täufers und seiner Jünger (vgl Lk 3,1 f).
um 28/30 Auftreten Jesu (vgl Lk 3,23). Wirkungszeit nach den Synoptikern: ein Jahr; nach dem JohEv: mindestens drei Jahre.
um 30 Kreuzigung Jesu wegen politischen Aufruhrs (Römer) bzw. Gotteslästerung (Juden) (vgl religiös gemeinte, politisch mißverstehbare Kreuzinschrift: König der Juden). Auferstehungsglaube der Jünger führt zu Bildung erster chr. Gemeinden.
um 31/32 Bekehrung des Paulus vor Damaskus (vgl Apg 9 mit Gal 1,11 ff).
34/35 Missionstätigkeit in Syrien und Kilikien (Gal 1,21; 2,1).
—48 Missionsreise des Paulus mit Barnabas nach Zypern und dem südöstl. Kleinasien (vgl Apg 13 f).
48 Apostelkonzil in Jerusalem. Meinungsverschiedenheit über die Frage der Aufnahme von Heidenchristen in die christl. Gemeinde. Ergebnis: a) Jerusalemer Apostel erkennen gesetzesfreie Heidenmission (unter Verzicht auf die Beschneidung) an. b) Durch eine freiwillige Kollektensammlung für die Jerusalemer Gemeinde wird die Einheit der juden- und heidenchristl. Richtung gewahrt.
48/49 —51/52 Missionsreise des Paulus von Syrien/Kilikien aus durch Kleinasien nach Mazedonien und Griechenland mit 18monatigem Aufenthalt in Korinth (vgl Apg 18).
 Das Erscheinen des Paulus vor Gallio, dem Statthalter von Achaja (Apg 18,12 ff) ist einziger Anhaltspunkt für die Einordnung des Paulus in die allg. Zeitrechnung (vgl Gallio-Inschrift; Brief des Kaisers Claudius).
51 (52?)
1/52—55 Missionsreise des Paulus über Galatien, Mazedonien nach Griechenland.
55 Gefangennahme in Jerusalem und Haft in Caesarea.
56 Überführung des Paulus nach Rom.
64 (?) Hinrichtung des Petrus in Rom (bei der neronischen Verfolgung gekreuzigt?).

54—68 Nero röm. Kaiser. Anklage gegen die Christen, den Brand Roms verursacht zu haben, und Verfolgung in Rom.
70 Einnahme und Zerstörung Jerusalems durch Titus nach dem jüd. Aufstand gegen Rom. Anschließend sinkt das Judenchristentum rasch zur Bedeutungslosigkeit ab.

Bisher »Apostolisches Zeitalter«: Mündl. Überlieferung von Jesus lebendig; Erwartung der nahen Parusie (= Ankunft) des Herrn. Anschließend »Nachapostolische Zeit« (Frühkatholizismus): Nachlassen der Naherwartung, Anfänge kirchl. Organisation; Aufbau der Einzelgemeinden: Ursprüngliche Gleichheit charismatischer Dienste (1Kor 12; Röm 12) geht über in geistl. Hierarchie (1Tim; Tit). 1 Clem (um 100): »Lernt euch unterzuordnen«. Loser Zusammenschluß geht über in feste Formen (z. B. 1Tim 3,1 ff). Ordnung des Gottesdienstes: Neben Apg 2,42; Kol 4,16; 1Tim 4,13 f bes.: »Lehre der 12 Apostel« (um 95) Ordnung für Taufe, Abendmahl, Predigt, Diakonenamt, Bischofsamt.

134 Kirche in der Geschichte – Chronologische Tabellen

um 95 Christenverfolgung unter Domitian (81—96), Titel: »Unser Herr und unser Gott«. Verweigerung der Opfer vor den Kaiserbildern durch Christen ist Staatsverbrechen. Entstehung der Offenbarung des Johannes auf dem Hintergrund dieser Auseinandersetzung (vgl Kap. 13 und 17).

Fließender Übergang von den Schriften des NT zu den sog. »Apostolischen Vätern« (nichtkanonische Schriften) z. B.: 1Clem, Lehre der 12 Apostel, Barnabasbrief (Lehrschrift), Ignatiusbriefe (u. a. Betonung des Bischofsamts), Hirt des Hermas (Apokalypse = Offenbarungsschrift über das Weltende). Neben den — später — im NT gesammelten Schriften Entstehung und Verbreitung zahlloser apokrypher Evangelien, Apostelgeschichten und Apokalypsen z. B.: ÄgypterEv, PetrusEv, ThomasEv; Petrusakten, Paulusakten, Johannesakten, Thomasakten; Offenbarung Petrus, Offenbarung Paulus.

um 140 Glaubensbekenntnis »Romanum«. Grundlagen: Lk 2, Phil 2,5; 1Kor 8,6.
ca 140 Wirkungszeit der Apologeten (= Verteidiger) Justin, Tatian u. a.
—180 Schutzschriften gegen die literarischen Angriffe auf das Christentum. Notwendigkeit für die Apologeten, christl. Gedanken schärfer zu bestimmen, Wesentliches herauszuarbeiten, im Gedankengut der Zeit zu formulieren. Christl. Lehre wird »einzig sichere und heilsame Philosophie« (Justin).
ca 120 Auseinandersetzungen mit häretischen (= ketzerischen) Strömungen in und
—200 neben der Großkirche.

Die Gnosis (= Erkenntnis). Schon im NT bekämpft (vgl 1 Kor, Kol, Hebr, Joh). Erlösungslehre: Die Seele ist in der Materie gefangen, keine Selbsterlösung möglich, deshalb Heiland notwendig, der den Weg der Erlösung zeigt (Gnadenreligion): »Alle Mysterien will ich erschließen, die Gestalten der Götter will ich zeigen, und den verborgenen heiligen Weg, der Gnosis heißet, tu' ich kund« (Naassenerlied).

Marcion. Gründung einer eigenen Kirche; Geltung nur der 10 Paulusbriefe und eines von judaistischen Zusätzen gereinigten LkEv. Ablehnung des AT, Entgegensetzung des Gottesbildes von AT und NT. AT: rächender Schöpfergott; NT: liebender Erlösergott.

Der Montanismus. Gründer Montanus, der sich als »Tröster« (Joh 14,26) verstand. Asketische und ekstatische Bewegung. Erwartung des nahen Weltendes aufgrund neuer Offenbarungen; die Schriften der montanistischen Propheten gelten als dritte Offenbarungsquelle neben AT und NT.

um 180 Entstehung des Kanons des NT. Sammlung der nt. Schriften weitgehend abgeschlossen. Auswahlkriterien: 1. zeitlich: Nähe zum historischen Jesus; sachlich (dogmatisch): Nähe zu dem, was »Christum treibet« (Luther). Abgrenzung des Christentums gegen falsche Lehre war notwendig, auch Irrlehrer berufen sich auf die Hl. Schrift (vgl 2Petr 3,16).
Normen »reiner« christl. Lehre: 1. Taufbekenntnis (wird, um jede Mißdeutung auszuschließen, immer ausführlicher); 2. Der Kanon des NT; 3. Die Überlieferung durch die Apostel (»apostolische Sukzession« = direkte Nachfolge der Bischöfe und Priester, auf die Apostel zurückgeführt; wesentlich für die Weitergabe der richtigen Auslegung der Hl. Schrift).

200 ff Zeitalter der Kirchenväter: Irenäus, Tertullian, Cyprian, Hippolyt, Clemens von Alexandrien, Origenes.
Irenäus, seit 178 Bischof von Lyon.

Alte Kirche

† ca 220
Tertullian, ältester lat. Kirchenvater. Schöpfer der lat. Kirchensprache und der Grundbegriffe altkirchl. Dogmatik.
Trinitätslehre: Einheit Gottes auch in der Unterschiedenheit der Personen (Vater, Sohn, Geist) festgehalten (una substantia, tres personae); aber subordinatianisch (= unterordnend): Geist dem Sohn, Sohn dem Vater untergeordnet.
Um 205 Übertritt zum Montanismus.

249 –251
Decische Verfolgung, erste Verfolgung im ganzen Reich. Zahlreiche Christen wurden hingerichtet, noch mehr sind abgefallen. Man unterschied zwei Gruppen von Abgefallenen: 1. solche, die vor den Kaiserbildern geopfert und Weihrauch gestreut hatten, 2. solche, die sich durch Bestechung eine Bestätigung des Opferns beschafft hatten.

† 254
Origenes: Exeget, Philosoph, Apologet, theol. Lehrer. Hauptwerk: »De Principiis« (Über die Grundlagen). Erstes geschlossenes christl. Lehrgebäude: Teil I: Lehre von Gott, Teil II: Lehre von der Welt, Teil III: Lehre von der Freiheit (Erlösung), Teil IV: Lehre von der Hl. Schrift. Verbindung seiner Theologie mit der Philosophie des Neuplatonismus für Jh. christl. Lehre bestimmend.

† 258
Cyprian (Märtyrertod). Bestreitet den Anspruch des Bischofs von Rom: »Bei uns gibt es keinen Bischof der Bischöfe, da zwingt keiner seine Amtsbrüder mit tyrannischer Gewalttätigkeit zum Gehorsam«. Kirchenbegriff: »Außerhalb der Kirche ist kein Heil«; »Man kann nicht Gott zum Vater haben, wenn man nicht die Kirche zur Mutter hat«.
Nach kath. Auffassung war, auch wenn der Name Papst noch nicht auf den Bischof von Rom beschränkt war, auch wenn es keine bes. Titel und Insignien gab, der Sache nach der Primat vorhanden. Ignatius von Antiochien (Märtyrer † ca 112): »die römische Gemeinde hat den Vorrang auch in der Liebe«.
Für die Gläubigen bürgert sich die Bezeichnung Laien ein (gr. laos = Volk), die führenden Gemeindemitglieder werden als Klerus (gr. kleros = Los, Erbe) zusammengefaßt. In der frühesten Zeit läßt sich die Spendung folgender Sakramente nachweisen: Taufe-Firmung-Eucharistie-Buße-Ehe. Das frühe Christentum predigte Bruderliebe.

† ca 275
Der Manichäismus (Gründer: Mani, Märtyrertod). Einflüsse der Religion des Zarathustra. Lehre: Innerweltl. Kampf der Elemente Licht und Finsternis; Erlösungslehre; streng asketische Ethik. Zahlreiche Anhängerschaft.

um 300
Entstehung des Mönchtums. Älteste Form: Eremitenleben (= Einsiedlerleben) in abgelegenen Gegenden (Antonius, vor 300).
Jüngere Form: Klosterleben, Gemeinschaft der Mönche. Erste Klosterregel von Pachomius (um 300 in Ägypten): Geistl. Übungen, Pflicht zur Arbeit, unbedingter Gehorsam, kein Privateigentum, lebenslänglich verpflichtendes Gelübde.
Rasche Ausbreitung des Mönchtums im Orient, langsamere im Abendland.

303 –313
Schwerste Christenverfolgung unter Diokletian. Versuch der Ausmerzung des chr. Einflusses aus Gründen der römischen Staatsräson. »Eine Verfolgung indessen, wie man in späteren Zeiten z. B. gegen die Sachsen, Albigenser, Waldenser, Hugenotten, Preußen und Liven vornahm, ist gegen sie

136 Kirche in der Geschichte – Chronologische Tabellen

nie ergangen; Religionskriege dieser Art lagen nicht in der römischen Denkweise« (Herder).

312 Schlacht an der Milvischen Brücke. Sieg Konstantins über Maxentius im Kampf um die Herrschaft im Abendland. Legende: Erscheinung des Kreuzeszeichens vor der Schlacht: »In hoc signo vinces« (= in diesem Zeichen wirst du siegen). 324 Sieg Konstantins im Kampf um die Herrschaft im Orient: Alleinherrscher, Titel: »der Große«, »Herrscher des ganzen Erdkreises«.

Reichskirche (bis ca 500)

Konstantin

313 Mailänder Konvention. Gleichstellung des Christentums mit den anderen Religionen; volle Freiheit der Religionsausübung, Rückgabe kirchl. Eigentums.

Wendepunkt in der Geschichte des Christentums: von heftiger Verfolgung zur Duldung, bald Begünstigung, schließlich Alleinberechtigung.

Gründe für die Wendung: 1. persönl. Entscheidung Konstantins; 2. das Universalreich drängte zur Universalreligion; 3. umfassende Organisation des Christentums; 4. hohe Sittlichkeit; 5. Monotheismus; 6. Aufnahme vieler verbreiteter spätantiker Gedanken.

319 Verbot privater heidnischer Opfer; 321 Sonntag wird staatl. Ruhetag. Allmähliche Übertragung der weltl. Verwaltungsordnung auf die Kirche. Reichsprovinz = Kirchenprovinz, Provinzhauptstadt = Sitz des Metropoliten.

In der weiteren Entwicklung werden vielfach aus den Verfolgten Verfolger (Carl Schneider).

330 Einweihung der Stadt Konstantinopel (vorher Byzanz). Gründung aus militär. Gründen und in bewußtem Gegensatz zum heidnischen Rom.

314 Donatistisches Schisma (= Spaltung), Bildung einer nordafrikan. Sonderkirche. Ursache in der diokletian. Verfolgung. Donatus, Bischof von Karthago: ein von Todsündern (in der Verfolgung abgefallenen Priestern) gespendetes Sakrament ist unwirksam. Betonung des Martyriums und strenger Sittlichkeit.

Dagegen ist Rom für die Wirksamkeit der Sakramente. Parteinahme Konstantins für Rom; Gewaltanwendung jedoch ohne Erfolg. Seit 321 Duldung der donatistischen Kirche.

411 Disputation in Karthago. Vertretung der Großkirche (Rom) durch Augustin: »Zwingt sie einzutreten« (Lk 14,23). Blutige Verfolgung. Augustin: »das Urbild des mittelalterlichen Ketzerverfolgers« (K. Holl); seine Auslegung von Lk 14,23 bleibt grundlegende Theorie zum »Ketzerproblem« im MA.

Reichskirche 137

325 Konzil von Nizäa; 1. ökumen. Konzil (= allgemeine Kirchenversammlung).
Da die Kirche dem Staat nur von Nutzen ist als geschlossene Einheit, versucht Kaiser Konstantin, den trinitarischen Streit zu schlichten.
Problemstellung: Die Apologeten hatten sich bei den Auseinandersetzungen mit den Gegnern des Christentums deren Sprach- und Gedankenwelt bedienen müssen. Dabei wurde der Logos-Begriff übernommen (vgl Joh 1). So auch Irenäus, Tertullian, Cyprian, Origenes.
Aber: Abtrennung des selbständigen »Wortes« von Gott ist Gefährdung des Monotheismus. Das sehen die Monarchianer: 1. adoptianische Monarchianer: Christus ist Mensch, zum Sohn Gottes adoptiert; 2. modalistische Monarchianer: Christus ist eine Erscheinungsweise (modus) Gottes.
Die Vertreter der Logos-Lehre sagen dagegen: Damit ist die Selbständigkeit der göttlichen (und menschlichen) Person Jesus Christus nicht genug zum Ausdruck gebracht.
Die Logos-Lehre setzt sich durch. Der Weg zum trinitarischen Dogma ist beschritten.
Nun ist die Frage: Wie ist das Verhältnis des Logos – Christus zu Gott? Das Interesse war, beizubehalten: 1. Unveränderlichkeit Gottes, und gleichzeitig 2. gänzliche Verbindung der Gottheit mit der Menschheit (»Was nicht angenommen ist, ist nicht erlöst« Gregor von Nazianz).
Hier entzündet sich der Streit zwischen Arius/Antiochien (318 verbannt) und Athanasius/Alexandrien.
Arius: Christus ist das »vornehmste Geschöpf Gottes« (später: Gott ähnlich; Wesensähnlichkeit = Homoiusie). Eingreifen des Kaisers entschied für Athanasius: Der Sohn ist Gott gleich (Wesensgleichheit = Homousie); »Gott von Gott ... eines Wesens mit dem Vater« Grundlage unseres Glaubensbekenntnisses.
Ebenfalls wurde auf dem Konzil zu Nizäa die Gleichstellung der Patriarchate von Alexandrien, Antiochien, Jerusalem und Rom beschlossen.

um 335 Weihnachtsfest wird in Rom als Geburtsfest Jesu gefeiert (anstelle der Brumalien, des röm. Wintersonnenwendfestes).
Zur gleichen Zeit Epiphanias als Fest der Geburt Jesu in Ägypten nachweisbar.
Vielfache Übernahme vorhandener relig. Vorstellungen: Märtyrer- und Heiligenverehrung hat Parallelen im antiken Heroenkult; wachsende Bedeutung des »Mysteriums« in der christl. Messe.

337 Tod Konstantins. Empfang der Taufe auf dem Sterbebett (Klinikertaufe) aufgrund des Verständnisses der Taufe als einmaliger Vergebung aller Sünden.

337 –361 Konstantius II. Zunächst Kaiser des Ostreichs, seit 350 Alleinherrscher; Arianismus für die Gesamtkirche verbindlich; Interesse an der Einigkeit des Reichs: »Die Stabilität unseres Staates beruht in höherem Maße auf der Religionsausübung, als auf der Verwaltung und dem Schweiß der Arbeit«.

361 –363 Julian; wegen Bevorzugung des Heidentums »Apostata« (= Abtrünniger) genannt. Bibelkritik, Aufdeckung der Widersprüche in den Auferstehungsgeschichten: Julian »wendet sich gegen die Schriften der Heiligen und behauptet, sie stünden gegen sich selbst« (Cyrill).

379 –395 Theodosius der Große; 379 von Gratian zum Mitkaiser im Osten ernannt. Edikt von Thessalonich (380): Verbot des Arianismus im Ostreich. Athana-

138 Kirche in der Geschichte – Chronologische Tabellen

sianismus wird Staatsreligion. Verbot aller heidnischer Kulte.
394 Ende der antiken Olympischen Spiele.
394/95 Theodosius Alleinherrscher; nach seinem Tod: Teilung des Reichs, Ende der röm. Reichseinheit.

ca 310 –380
Wulfila. 341 Weihe zum Bischof der Goten durch Euseb von Nikomedien (Arianer). Ablehnung des Nicaenums. Planmäßige (arian.) Missionierung der Germanen. Übersetzung der Bibel ins Gotische (Codex Argenteus = Silberhandschrift).

ca 345 –420
Hieronymus. Übersetzung der Bibel aus dem Hebräischen und Griechischen ins Lateinische, sog. Vulgata (= für das Volk bestimmte).

ca 340 –397
Ambrosius. 374 Bischof von Mailand, Prediger, Hymnendichter. Hauptwerk »De officiis ministrorum«, christl. Ethik (aufgebaut nach Ciceros »De officiis«).
Abendmahlslehre: Durch die Einsetzungsworte des Priesters reale Verwandlung der Elemente Brot und Wein in Leib und Blut Christi.

354 –430
Augustin. Nach wechselvollem Leben (Redner in Rom, Anhänger des Manichäismus) 386 Bekehrung. 395 Bischof von Hippo Regius (Nordafrika). Bis heute für fast alle theol. Probleme bedeutend; Herausstellung der Rechtfertigungslehre.
Hauptwerke: »Über den Gottesstaat«: Reich Gottes triumphiert am Ende der Zeiten über das Reich des Teufels; verfaßt unter dem Eindruck der Eroberung Roms durch Alarich 410. (Im MA vom Papsttum auf Kirche und Staat gedeutet.)
»Selbstbekenntnisse«: Schilderung der Wandlungen seines Lebens.
Abendmahlslehre: Das Sakrament weist auf die unsichtbare Gnade Gottes hin, es ist »Zeichen« dieser Gnade: symbolische Deutung.

367
Seit dem Osterfestbrief des Athanasius Kanon des NT für die westliche Kirche in heute vorliegendem Umfang festgelegt.

381
Konzil von Konstantinopel (2. ökumen.). In Nizäa (325) Mehrheit der Bischöfe vom Kaiser überspielt, Verschärfung des trinitarischen Streits. Führer der Gegner nach dem Tode des Arius (336): Eusebius von Nikomedien. Einigungsversuche; Verschiebung der Deutung des Nicaenums (Betonung der Dreiheit in der Einheit) durch die drei Kappadozier: Basilius, Gregor von Nazianz, Gregor von Nyssa führt 381 zum Nicaeno-Constantinopolitanum. Bestätigung des Beschlusses von Nizäa. Glaubensbekenntnis der Liturgie.

431
Konzil von Ephesus (3. ökumen.). Problemstellung: Bekenntnisformel: Christus ist wahrer Mensch und wahrer Gott. Nun Frage: Wie verhalten sich Göttliches und Menschliches in der Person Christi?
Nestorius/Antiochien: Betonung der menschlichen Natur Christi. Einheit des Göttlichen und Menschlichen ist Einheit des Verhaltens; der Mensch Jesus verhält sich göttlich. Maria ist Christusgebärerin.
Cyrill/Alexandrien: Betonung der göttlichen Natur Christi; Jesus Christus ist physisch göttlich. Maria ist Gottesgebärerin.
Entscheidung des Konzils im Sinne Cyrills. Offene Frage (s. 451): Hat Christus eine Natur oder zwei?

Frühmittelalter 139

Pelagianischer Streit beendet. Lehre des Pelagius: Sünde ist Krankheit, nicht angeboren. Der Mensch ist imstande, nicht zu sündigen.
Unter Augustins Einfluß (Lehre von der Erbsünde) verurteilt.
Beendigung des semipelagianischen Streits 529 (Synode von Orange): Rechtfertigung geschieht dadurch, daß die Gnade Gottes allen Verdiensten und Bemühungen des Menschen zuvorkommt. Luther

440 –461 Papst Leo I., der Große. Volle Ausprägung der Papstidee. Vorher wechselnder Erfolg des Papsttums bei Führungsansprüchen (Festterminen, Ketzerstreitigkeiten, Bischofseinsetzungen). Als dem »Nachfolger Petri« ist dem Papst übertragen: 1. die Schlüsselgewalt (d. h. das höchste Richteramt der Kirche, Mt 16,19); 2. die oberste Verwaltung der Kirche (Joh 21,15); 3. das höchste Lehramt (Lk 22,23).

451 Konzil von Chalkedon (4. ökumen.). 431 nicht beantwortet: Frage nach den Naturen Christi. Nun Eutyches: Christus hat eine Natur.
Dagegen Leo I.: Christus hat zwei Naturen, göttliche und menschliche, aber eine Person. Entscheidung des Konzils im Sinne Leos: Christus hat zwei Naturen; ungemischt und ungewandelt (gegen Eutyches), ungeteilt und ungeschieden (gegen Nestorius, vgl 431).
Gleichstellung der Bischöfe von Rom und Byzanz.

476 Untergang und Ende des weström. Reichs. Absetzung des letzten (west-)-röm. Kaisers Romulus Augustulus durch den german. Heerführer Odoaker.

Kirche im Frühmittelalter (bis ca 950)

482 –511 Chlodwig, König der Franken (Geschlecht der Merowinger). Einigung der german. Gaue; Begründung des Frankenreiches.

498 (?) Übertritt Chlodwigs zur kath. Kirche. Glaubenseinheit des Reiches: Begründung des »Christlichen Abendlandes«.

529 Gründung des Klosters Monte Cassino durch Benedikt von Nursia (480–543). Benediktinerorden; Regel: Gebundenheit an das Kloster im Gegensatz zu den Wandermönchen, Armut, Ehelosigkeit, Betonung der Arbeit (»Bete und arbeite«), Gehorsam. Aufgaben des Klosters: Armenfürsorge, Bildungsaufgaben (Klosterschulen). Herbergswesen.
Klöster werden kulturelle Mittelpunkte.

553 Konzil von Konstantinopel (5. ökumen.). Bestätigung der Beschlüsse von Chalkedon (451). Wegen der stärkeren Betonung der zwei Naturen Christi Abspaltung der syr. Kirche und der kopt. Kirche in Ägypten.

140 Kirche in der Geschichte – Chronologische Tabellen

590 Papst Gregor I., der Große. Titel: Servus servorum Dei (= Diener der Die-
–604 ner Gottes). Zentralisierung des päpstl. Besitzes, Begründung der weltl.
Macht des Papsttums. Bedeutung der german. Völker von Gregor erkannt
und deren Bindung an Rom gefördert; Einbeziehung der Angelsachsen. Gottesdienstreform, Kirchenlied (»Gregorianischer Choral«).

680/81 Konzil von Konstantinopel (6. ökumen.). Verdammung der Lehre vom
einen Willen Christi und Dogmatisierung der Zwei-Willen-Lehre (Dyotheletismus), Verdammung von Papst Honorius I. und Kaiser Heraklius, die
die Ein-Willen-Lehre verkündet hatten.

622 Der Islam. Ca 570–632 Mohammed; um 610 Niederschrift des Korans. Hedschra (= Flucht) von Mekka nach Medina: Beginn der islamischen Zeitrechnung. 630 Rückkehr nach Mekka, »Reinigung« der Stadt und der Kaaba (altes arab. Heiligtum). Kriegerische Ausbreitung des Islam: 638 Palästina, Syrien, 641 Kleinasien. 642 Alexandrien: Nordafrika offen. 711 Spanien.
732 Rückschlag des Islam durch Karl Martell: Schlacht bei Tours und Poitiers.

ca 675 Bonifatius (Winfried), »Apostel der Deutschen«. Mission in Friesland, Hes-
–754 sen, Thüringen, Bayern. Aufbau kirchl. Organisation (Bistümer); Klostergründungen.
Enge Bindung der fränkischen Kirche an Rom: 746 Erzbischof von Mainz. Märtyrertod in Friesland.

752 Papst Stefan II. Verbindung mit dem Frankenreich. »Pippinsche Schen-
–757 kung« Begründung des Kirchenstaates (bis 1870). Aber: Anspruch des Papstes auf eigenes Herrschaftsgebiet begründet mit der Konstantinischen Schenkung. Gefälschte Schenkungsurkunde (erst um 1450 als solche erkannt): Selbständigkeit Roms von Kaiser Konstantin garantiert, westliche Reichshälfte dem Papst übertragen.

751 Erhebung des fränkischen Hausmeiers Pippin (751–768) zum König der Franken. Zustimmung des Papstes Zacharias, Salbung Pippins (durch Bonifatius?); letzter Merowinger wurde ins Kloster geschickt.
754 Hilfeleistung Pippins für Papst Stefan II. gegen die Langobarden, Schutzversprechen. Titel Pippins: »Patricius Romanus« (= Schutzherr Roms). Salbung durch den Papst.

768 Karl der Große, Schutzherr und Leiter der Kirche (Eigenkirchentum), König
–814 von Gottes Gnaden (Gottesgnadentum). Kaiserl. Eingreifen bei der Ernennung der Bischöfe und bei Reformen des Gottesdienstes.
Aufsicht der Königsboten über geistl. und weltl. Gebiet.
772–804 Kämpfe gegen die Sachsen; Christianisierung: zwangsweise Bekehrung.
800 Kaiserkrönung Karls in der Peterskirche zu Rom durch Papst Leo III. Wahrscheinlich überraschend für Karl, der Affront gegen Byzanz (oström. Kaisertum) vermeiden wollte.
813 Krönung seines Sohnes Ludwig zum Mitkaiser (ohne Papst).
Karolingische Renaissance: Berufung von Gelehrten an den Hof von Aachen: Alkuin, Paulus Diakonus, Einhard – Geschichtsschreibung. Gründung von Schulen, Unterricht in den sieben »freien« Künsten: Trivium = Grammatik, Rhetorik, Dialektik; Quadrivium = Astronomie, Geometrie, Arithmetik, Musik.
Bauten: Pfalzen, Klöster, Münster.

Hochmittelalter 141

ca 776 –856 Hrabanus Maurus, Schüler Alkuins. Abt in Fulda, 847 Erzbischof von Mainz. Begründer des Schulwesens in Dt.: »Praeceptor Germaniae« (= Lehrer Dt.).

10./11. Jh. Cluniazensische Reformbewegung. 910 Gründung des Klosters Cluny (Burgund). Reform gegen Verweltlichung des Klosterlebens, gegen Eingriffe weltl. Herrscher (Eigenkirchentum).
Zusammenschluß von ca 200 Klöstern unter Führung Clunys.
Aus der Klosterreform wird eine Reform der Gesamtkirche (bes. des Papsttums).

Kirche im Hochmittelalter (bis ca 1300)

936 –973 Otto I., der Große.
Begründung der »Reichskirche«: Übertragung weltl. Herrschaftsrechte auf die Bischöfe, Besetzung der Bistümer durch den König (Ehelosigkeit verhindert Erbbesitz). Vermehrung des Kirchengutes (Teil des Reichsgutes).
Kirche Hauptstütze der Reichseinheit; aber Möglichkeiten eines direkten Eingreifens des Papsttums in die dt. Politik.
962 Kaiserkrönung Ottos: Heiliges Römisches Reich Deutscher Nation.
Ottonische Renaissance: Widukind von Corvey: »Res gestae Saxoniae« (sächs. Geschichtsschreibung). Hroswitha von Gandersheim.
Klöster Kulturmittelpunkte: St. Gallen, Reichenau, Fulda, Corvey.

ca 950 –1200 Die Romanik: erster abendländisch-christl. Stil; byzantin. und antike Elemente.

1039– 1056 Heinrich III. Versuch einer Kirchenreform:

1046 Synode von Sutri. Absetzung dreier Päpste; Einfluß des röm. Adels bei der Papstwahl beseitigt. Klemens III. »Reformpapst«. Bedeutung für das Kaisertum: Stärkung des Papsttums (Investiturstreit).

1049– 1054 Der deutsche Papst Leo IX. bringt die cluniazensische Reform nach Rom.

1054 Schisma (Bruch) zwischen Ostkirche (Byzanz) und Westkirche (Rom). Ursachen: Polit. Differenzen: Anschluß Roms an Franken, Erneuerung des Kaisertitels im Westen, Streit um Süditalien.
Kirchl. Differenzen: Bilderstreit Liturgie.
Anlaß: Anspruch Leos IX. (Rom) auf Jurisdiktion über Süditalien. Daraufhin Kirchen und Klöster der Lateiner in Byzanz geschlossen.
Streitschriften. Antwort Roms durch Kardinal Humbert: Ohne ernsthafte

142 Kirche in der Geschichte – Chronologische Tabellen

Verhandlungen Niederlegung der Bannbulle auf den Altar der Hagia Sophia. Gegenbann der Ostkirche.
Verhärtung des Bruchs zwischen Ost- und Westkirche durch die späteren Kreuzzüge.
1965 Aufhebung des Banns gegen die Ostkirche auf dem II. Vatikan. Konzil.

1057 Streitschrift Kardinal Humberts »Gegen die Simonisten«: Angriff auf die Investitur (= Einsetzung) der Bischöfe durch den König. Forderung der Bischofswahl durch den Klerus.
1059 Papstwahldekret. Befreiung der Papstwahl von weltl. Einflüssen; Wahl durch ein Kardinalskollegium. Einfluß des Kaisertums ausgeschaltet.

1073– Papst Gregor VII. Ziele: Befreiung der Kirche von weltl. Machteinfluß.
1085 Durchsetzung päpstl. Herrschergewalt innerhalb der Kirche und gegenüber dem Kaiser.
1075 Verbot der Laieninvestitur (Einsetzung in ein geistl. Amt durch weltl. Fürsten) durch Gregor VII. Androhung des Banns.
1076 Reichstag zu Worms. Heinrich IV. und die dt. Fürsten erklären Gregor für abgesetzt.
1076 Absetzung und Exkommunikation (Bann) des Königs durch den Papst. Lösung der Untertanen vom Treueeid.
1076 Umschwung der Fürsten: Beschluß der Absetzung des Königs, falls dieser nicht in Jahresfrist vom Bann gelöst ist (Fürstentag zu Tribur).
1077 Canossa. Heinrich IV. zwingt den Papst durch öffentliche Buße zur Aufhebung des Banns.
Dennoch: Wahl eines Gegenkönigs: Rudolf von Schwaben. Sieg Heinrichs. Italienzug, zweiter Bann wirkungslos.
1084 Eroberung Roms, Flucht Gregors. Kaiserkrönung Heinrichs durch Gegenpapst Clemens III.
1084 Gründung des Kartäuserordens durch Bruno von Köln.
1085 Tod Gregors VII. in der Verbannung: Übersteigerung kirchl. Machtansprüche. Gedanke des Gottesgnadentums und der Gottunmittelbarkeit von König- und Kaisertum nicht erschüttert.
1106 Tod Heinrichs IV. nach seiner Abdankung. Erschütterung des Ansehens weltl. Macht durch die Demütigung in Canossa. Aber: keines der königl. Privilegien wurde aufgegeben.

1106– Heinrich V.
1125
1122 Ende des Investiturstreites: Wormser Konkordat. Beschlüsse: Verzicht des Kaisers auf die Investitur mit Ring und Stab (Zeichen des Bischofs) zugunsten des Papstes. Kaiser: nur Verleihung des Szepters.
Verleihung des Szepters in Dt. vor der Weihe zum Bischof; in Italien und Burgund sechs Monate nach der Weihe.
Erschütterung der Reichskirchenidee. Möglichkeit eines direkten päpstl. Einwirkens in die dt. Politik. Lockerung der Abhängigkeit geistl. (und weltl.) Fürsten vom Kaiser.

Die Kreuzzüge: »Gott will es!«
1095 Synode von Clermont. Verkündigung des Kreuzzugsablasses.

Hochmittelalter 143

1096–1099 1. Kreuzzug: Eroberung von Jerusalem.

1147–1149 2. Kreuzzug: Predigt des Bernhard von Clairvaux. Niederlage des Kreuzfahrerheeres vor Damaskus.

1189–1192 3. Kreuzzug: Eroberung Akkons; Tod Barbarossas.

1202–1204 4. Kreuzzug: »Eroberung« Konstantinopels; gesteuert von Venedig, Ausschaltung wirtschaftlicher Konkurrenz (Doge: E. Dandolo). Einrichtung eines lat. Kaisertums in Konstantinopel.

1228–1229 5. Kreuzzug: Friedrich II. König von Jerusalem.

1291 Nach erfolglosem 6. und 7. Kreuzzug Fall Akkons. Ende der Kreuzzüge. Folgen: Starker Aufschwung des Handels (Orientwaren), Aufblühen der Städte. Vielfältige Einflüsse arab. und byzantin. Kultur.

1098 Gründung des Zisterzienserordens (Citeaux). 1115 Bernhard von Clairvaux Abt des Tochterklosters Clairvaux.

1120 Gründung des Prämonstratenserordens; bes. Aufgabe: Seelsorge.
Weitere Ordensgründungen (während der Kreuzzüge):

1120 Johanniterorden (Spitalorden; Verwundeten- und Krankenpflege);
Templerorden (Schutz des Heiligen Landes);

1190 Deutscher Orden (Spitalbruderschaft); spätere Aufgabe: Ostkolonisation (Preußen, Baltikum).
1309 Sitz des Hochmeisters des Ordens auf der Marienburg.

1198–1216 Innocenz III., Höhepunkt der Machtstellung des mittelalterlichen Papsttums. Vormund Friedrichs II.; dt. Kaiser als König von Sizilien sein Lehnsmann. Lehenshoheit über: England, Aragon, Portugal, Ungarn, Polen u. a.
Zentralisation der Kirche: Beschneidung bischöfl. Gewalt durch päpstl. Legaten (= Gesandte).

1215 4. Laterankonzil. Höhepunkt kirchl. Macht im MA.
Transsubstantiationslehre (= reale Verwandlung von Brot und Wein in Leib und Blut Christi durch die Worte des Priesters) zum Dogma erhoben. Festlegungen: Pflicht zur Osterbeichte, Kleidervorschriften für die Juden.

1216 Dominikanerorden vom Papst bestätigt (O. P. = ordo praedicatorum = Predigerorden). Bettelorden. Aufgaben: Ketzerpredigt; seit 1232 »Verwalter« der Inquisition; wissenschaftl. Theologie.

1223 Franziskanerorden vom Papst bestätigt (O.F.M. = ordo fratrum minorum = Minderbrüder). Gegründet von Franz von Assisi († 1226). Bettelorden. Ideal der Nachfolge Christi. Aufgaben: Seelsorge, wissenschaftl. Theologie.

Seitenströmungen:
Katharer (= »Die Reinen«; daher Name: Ketzer): Östlich beeinflußt (Manichäismus), strenge Askese (= Enthaltsamkeit), apostelgleiche Armut.

1167 Eigenes Konzil (»Ketzerkonzil«), Bischofskirchen. Wichtigste Gruppe: Albigenser (Stadt Albi) in Südfrankreich. Nach vergeblichen »Bekehrungsversuchen« durch die Großkirche Ausrottung in den Albigenserkriegen 1209–1229.

144 Kirche in der Geschichte – Chronologische Tabellen

um 1180 Waldenser (Anhänger des Petrus Waldus). Armutsideal, Biblizismus, Predigt in der Volkssprache (gegen weltl. Leben der Kirche — später gegen kirchl. Lehren), Verurteilung der Todesstrafe, Verwerfung von: Fegfeuer, Ablaß, Heiligenverehrung. Verbreitung in Frankreich und Oberitalien (bis heute). Bekämpfung durch die Kirche in »Kreuzzügen« und durch die Inquisition, in der sich Kaiser und Papst verbinden.

Todesstrafe für Ketzer gleichzeitig in Deutschland (Friedrich II.) und Frankreich Rechtens.

Die Inquisition war eine negative Antwort auf die Irrlehren gewesen, die Bettelorden gaben eine positive. Auch sie kehrten zum Evangelium und seiner Armutsforderung zurück, aber sie blieben in der Kirche.

Die Scholastik (scholasticus = zur Schule gehörig; Schulwissenschaft).

† 1109 Frühscholastik: Anselm von Canterbury: credo, ut intellegam (ich glaube, damit ich erkenne), Satisfaktionslehre; ontologischer Gottesbeweis: Gott ist das vollkommenste Wesen, über das hinaus nichts Größeres gedacht werden kann.

† 1142 Petrus Abaelard.

Hauptproblem: Universalienstreit:

Realismus: Die Allgemeinbegriffe (Universalien) haben Seinscharakter (objektive Realität).

Nominalismus: Die Universalien sind Abstraktionen (Verallgemeinerungen) des Verstandes; ihnen liegt keine objektive Realität zugrunde.

† 1160 Petrus Lombardus: Sentenzenbücher (dogmatisches Lehrbuch des MA).

† 1280 Hochscholastik: Albertus Magnus. Lehrer von

† 1274 Thomas von Aquin O. P., Hauptwerk: Summa Theologia: Natur und Übernatur (Vernunft und Offenbarung) zu großem, zielgerichteten System vereinigt.

† 1308 Duns Scotus O. F. M. Begründer der Franziskanerschule. (Auseinandersetzungen mit der Dominikanerschule bestimmend für die theol. Diskussion bis heute.)

Dichterisches Symbol der Scholastik: Dante Alighieris »Göttliche Komödie«. Gang vom Inferno (Unterwelt) zum Paradies als Vision eines universalen Weltgerichts. Einheit von Diesseits und Jenseits.

Wesensverwandt der Scholastik: Die Gotik. Darstellung der Harmonie zwischen irdischer und himmlischer Welt. Der gotische Dom ist Abbild der geschlossenen Welt — am Anfang von deren Auflösung.

† 1349 Spätscholastik: Wilh. von Occam (Nominalist). Trennung zwischen unbegründbaren Glaubenswahrheiten und Erkenntnis/Erfahrung. Damit von der Theologie unabhängige Erforschung des letzteren möglich: Freisetzung des naturwissenschaftl. Denkens.

1401–1464 Nikolaus von Cues: Große Zusammenschau; alle Gegensätze sind in Gott vereint, alles hat an ihm teil.

Kirche im ausgehenden Mittelalter (bis ca 1500)

1302	Bulle »Unam Sanctam« von Papst Bonifaz VIII. Zusammenfassung des päpstl. Universalanspruchs: »Dem römischen Bischof untertan zu sein, ist für jede menschliche Kreatur absolut heilsnotwendig.«
1303	Gefangennahme des Papstes durch Philipp den Schönen von Frankreich.
1309–1377	Päpste in Avignon, »Babylonische Gefangenschaft der Kirche«. Universalanspruch des Papsttums scheitert an den nationalen Monarchien. Auseinandersetzung mit dem Papsttum: Marsilius von Padua u. Wilhelm von Occam (vom Hofe Ludwigs des Bayern aus). Hauptwerk des Marsilius: »Defensor Pacis« (Anwalt des Friedens): Idee der Volkssouveränität, Forderung der Wahlmonarchie. Aufsichtsrecht des Staates über die Kirche. Kirche ist: Gesamtheit der Gläubigen, gewählte Synoden sind oberste Organe. Ablehnung des päpstl. Primats, da allmählich entstanden.
1338	Kurverein zu Rhense, Lösung des Kaisertums vom Papsttum: Die Königswahl durch die Kurfürsten bedarf keiner päpstl. Bestätigung.
1356	Goldene Bulle. Reichsrechtl. Festlegung der Königswahl durch die 7 Kurfürsten.

Allmähliche Scheidung der Juden von der übrigen Bevölkerung. Ende 13. Jh. Entstehung eigener Stadtviertel (Ghettos). Judenverfolgungen während der Kreuzzüge, nach der großen Pest (1347–1354). Relig. und materielle Gründe der Verfolgungen.

Die Mystik, Antwort auf die vernunftbestimmte Scholastik und die kirchl. Verweltlichung. Suche nach Gott durch innere Schau (Versenkung), Aufgehen in ihm (unio mystica).

†1153	Bernhard von Clairvaux: Jesusmystik.
†1327	Meister Eckehart, bedeutendster Mystiker des MA: »An der wahren Einung der Seele mit Gott hängt allein ihre Seligkeit«, »Wer leer ist aller Kreatur, wird Gottes voll«.
†1361	Joh. Tauler: Prediger der Mystik; H. Seuse († 1366): Lyriker der Mystik. Vielfach von der Mystik beeinflußt wird die Volksfrömmigkeit. Entstehung von relig. Gemeinschaften: »Gottesfreunde« (Elsaß), »Brüder vom gemeinsamen Leben« (Niederrhein); Verbindung von Laien, Mönchen, Priestern: Studium der Hl. Schrift, Volksmission, Schularbeit. Zusammenfassende Bezeichnung dieser Bewegungen: »Devotio moderna« (neue Frömmigkeit), Einfluß auf Erasmus, Papst Hadrian VI. (1522/23) u. Kaiser Karl V.
†1471	Aus diesem Kreis: Thomas a Kempis: »Nachfolge Christi«; Einfluß auf Ignatius von Loyola. Gleichzeitig: Zunahme von Heiligenverehrung, Wallfahrten, Reliquienkult.

1378–1417	Großes Papstschisma (Spaltung). Doppelwahl: Urban VI. (Rom), Clemens VII. (Avignon).
1414–1418	Konzil von Konstanz. Forderung einer Reform der Kirche »an Haupt und Gliedern«. Meinung des Konzils: Nicht der Papst, sondern die in der Synode repräsentierte Gesamtheit der Gläubigen vertreten den Willen Gottes (Konziliarismus). Das Konzil erklärt sich zuständig für: 1. Einheit der Kir-

146 Kirche in der Geschichte – Chronologische Tabellen

	che (Absetzung der bisherigen Päpste, Neuwahl), 2. Reform der Kirche, 3. Reinheit der Lehre (Ketzerprozeß, Verbrennung des Joh. Hus).
1431–1449	Konzil von Basel. Erfolglose Reformversuche, Ansätze vom wiedererstarkten Papsttum erstickt. Renaissancepapsttum (Borgia, Medici).

	Nationale und relig. Opposition gegen die Kirche:
† 1384	John Wiclif: Nur die Hl. Schrift hat Geltung für Lehre und Kult. Verwerfung priesterlicher Hierarchie (Rangordnung), Zölibat (Ehelosigkeit), Ablaß, röm. Abendmahlslehre. Forderung: Kirche der Auserwählten in chr. Armut (auf nationaler Grundlage). Anhänger: »Lollarden«, seit 1401 verfolgt. Aufnahme seiner Gedanken in Böhmen durch
† 1415	Joh. Hus (auf dem Konzil zu Konstanz als Ketzer verbrannt). Sein Tod entfacht 1419–1436 die Hussitenkriege, einen nationalen, relig. und sozial motivierten Aufstand. Gruppe der »Böhmischen Brüder« kam später in Verbindung mit der Reformation.
† 1498	Girolamo Savonarola, Bußprediger und Reformator in Florenz, Kritiker des Papstes (Alexander VI.). Nach Folterungen gehenkt und verbrannt.

	Der Humanismus (humanistisch = den Menschen betreffend): Verselbständigung des Individuums. Hinwendung zur Antike.
1466–1536	Erasmus von Rotterdam, Versuch eines Ausgleichs zwischen humanistischer Gesinnung und christl. Frömmigkeit. Herausgeber einer griech. Ausgabe des NT. Charakteristisch für Erasmus: Biblizismus – Adogmatismus – Kritizismus.
Joh. Reuchlin, Studien am Urtext des AT; Verfolgung durch die Inquisition. Ph. Melanchthon, »Praeceptor (Lehrer) Germaniae«, Versuch einer Einung von Reformation und Humanismus.
† 1517	Ximenez de Cisneros, Reformator der span. Kirche unter den »katholischen« Königen Ferdinand von Aragonien u. Isabella von Kastilien. Quellen der Reformen: Ordensideal (Franziskaner), Humanismus.

| 1514 | Erneuerung des Ablasses für den Neubau der Peterskirche in Rom durch Papst Leo X. Begründung des Ablasses: Kirche verwaltet »Schatz der Werke Christi und der Heiligen«, deren »überschüssige Verdienste« können Sündern zugerechnet werden.
Allgemeine Unzufriedenheit und Erbitterung über Reich und Kirche in Flugschriften »Gravamina (Beschwerden) der Deutschen Nation«. Forderung nach Rechtsschutz; Protest gegen kirchl. Bevormundung und finanzielle Ausnutzung des Reiches durch das Papsttum. Kritik am hohen Klerus (»Junker Gottes«), an der Verrechtlichung von Beichte und Buße. |
|---|---|

Kirche zur Zeit der Reformation, katholischen Erneuerung und Gegenreformation (bis ca 1650)

1483– **Martin Luther**. 1505 Eintritt ins Kloster, 1507 Priesterweihe, 1512 Doktor
1546 der Theologie in Wittenberg u. Professor der Bibelwissenschaft.
Um 1515 entscheidende relig. Erkenntnis (sog. Turmerlebnis): Rechtfertigung des Menschen vor Gott geschieht nicht durch gute Werke und eigene Willensanstrengungen, sondern allein durch die Gnade Gottes (Röm 1,17).

1517 Nach dem 31. Oktober Ausbreitung der 95 Thesen gegen das Ablaßunwesen in ganz Dt. Vorladung Luthers nach Rom; Schutz durch seinen Kurfürsten Friedrich den Weisen.

1518 Verhör Luthers durch Kardinallegat Cajetan auf dem Reichstag zu Augsburg. Appellation Luthers an ein allgemeines Konzil.

1519 Leipziger Disputation, Karlstadt u. Luther / Eck. Luther leugnet: päpstl. Primat, Gleichrangigkeit der kirchl. Tradition mit der Hl. Schrift, Unfehlbarkeit eines Konzils. Bruch nicht mit irgendeinem »verderbten« Katholizismus, Bruch mit zentralen Aussagen kath. Lehre.
Wahl des dt. Kaisers. Mit Hilfe Fuggerscher Gelder gewinnt Karl V. gegen Franz I. von Frankreich. Karls selbstgestellte Aufgabe: Wiederherstellung des mittelalterlichen Universalreichs.

1520 Programmschriften Luthers: »An den christlichen Adel deutscher Nation: von des christlichen Standes Besserung« (Kaiser und Fürsten sollen aufgrund des allgemeinen Priestertums die Reform der Kirche in die Hand nehmen). »Von der babylonischen Gefangenschaft der Kirche« (Luther will die Kirche aus ihrer Gefangenschaft befreien, in die sie ihre Sakramentslehre gebracht hat). »Von der Freiheit eines Christenmenschen« (Luther versucht, Freiheit und Bindung des Christen zu vereinigen).
Verbrennung der Bannandrohungsbulle, daraufhin Bannung Luthers.

1521 Reichstag zu Worms. Freies Geleit für Luther; Weigerung, seine Lehren zu widerrufen, Berufung auf die Hl. Schrift. Reichsacht über Luther ausgesprochen. Verbot seiner Lehren im Wormser Edikt.

1521/ Wartburgaufenthalt Luthers. Übersetzung des NT; durch die »September-
1522 bibel« wird er zum Schöpfer der neuhochdeutschen Schriftsprache. (1534 gesamte Bibelübersetzung)

1523 Schuldbekenntnis Papst Hadrian VI.

1524 Reichstag zu Nürnberg. Die Fürsten versprechen dem päpstl. Legaten, das Wormser Edikt »so viel als möglich« zu achten.

Erste Ausbreitung der luth. Lehre: Wittenberg («deutsches Rom»): neben Luther Melanchthon (1521 erste luth. Lehrschrift: »Loci communes«), Bugenhagen, Spalatin, Lukas Cranach. Straßburg: Martin Bucer. Nürnberg: A. Osiander, Albrecht Dürer, Hans Sachs. Weitere Zentren: Ulm, Nördlingen, Magdeburg, Bremen.
Zürich: weitgehend selbständige Reformation durch Ulrich Zwingli.

Nebenströmungen der Reformation: Wittenberg: Radikale Reformen während Luthers Wartburgaufenthalt durch Karlstadt: Bildersturm, Auflösung der Klöster.

148 Kirche in der Geschichte – Chronologische Tabellen

»Zwickauer Propheten« (Thomas Münzer), hussitisch beeinflußt: Vorbereitung des kommenden Gottesreiches, stark sozial motivierte Bewegung.

1525 Bauernkrieg: Aufstand des selbstbewußt gewordenen Bauernstandes gegen den Steuer- und Frondruck ihrer Grundherren. Lutherschrift: »Ermahnung zum Frieden« an Fürsten und Bauern, dann harter Aufruf zur Vernichtung der Bauern: »Wider die mörderischen und räuberischen Rotten der Bauern«. Niederlage des Bauernheeres bei Frankenhausen und furchtbares Strafgericht. Folgen: Aufwertung des Fürstenstaates durch Luthers Lehre vom »Gehorsam gegen die Obrigkeit«, Wandlung der Reformation von einer Volksbewegung zu einer Angelegenheit der Landesfürsten.
K. Schwenckfeld, Seb. Franck: Mystische Bewegung, Endzeiterwartung.
»Melchioriten« (nach Melchior Hoffmann): Errichtung des »Königreichs Zion« der Wiedertäufer in Münster (1534/35). Bedeutung der Täuferbewegung durch die Eroberung Münsters gebrochen; weitere Wirkung als »Die Stillen im Lande«, Einfluß Menno Simons (»Mennoniten« bis heute).

1525 Luther heiratet die frühere Zisterziensernonne Katharina von Bora.

1525 Zusammenschluß der norddt. kath. Fürsten im Dessauer Bund ruft den Torgauer Bund (ev.) ins Leben.
1526 1. Reichstag zu Speyer. Beschluß: Jeder Reichsstand habe sich so zu verhalten, »wie er das gegen Gott und kaiserliche Majestät hoffe zu verantworten«. Für die Evangelischen Rechtsbasis zur Durchführung der Reformation.
1526– 2. Krieg gegen Frankreich und seine Verbündeten (Papst), 1527 Eroberung
1529 und Plünderung Roms.
1529 2. Reichstag zu Speyer. Aufhebung des Beschlusses von 1526; Protest der ev. Reichsstände (daher »Protestanten«). Philipp von Hessen drängt auf Zusammenschluß; Vermittlung des Marburger Religionsgesprächs.

1484– Ulrich Zwingli, Reformator der dt. Schweiz. Von Zürich aus großer Ein-
1531 fluß in Süddt. (Straßburg). Gefallen in der Schlacht bei Kappel.
1529 Marburger Religionsgespräch zwischen Luther und Zwingli. Keine Einigung in der Abendmahlslehre. Luther: »das ist mein Leib«, Zwingli: »das bedeutet mein Leib«.

1530 Reichstag zu Augsburg, Versuch des Kaisers, Reichs- und Glaubenseinheit zu retten. Die Prot. legen Bekenntnisse vor: »Augsburger Konfession« (Verf.: Melanchthon), »Confessio Tetrapolitana« (Bucer, Capito), »Fidei ratio« (Zwingli). Kath. Gegenschrift: »Confutatio«, prot. Antwort: »Apologie«. Zurückweisung der »Apologie« durch den Kaiser. Bestätigung des Wormser Edikts (1521). Daraufhin Zusammenschluß der prot. Reichsstände im
1531 »Schmalkaldischen Bund«.
1532 Wegen der Türkengefahr kommt es zum »Nürnberger Anstand«. Gegen Hilfeleistung der prot. Fürsten Duldung bis zu einem Konzil.
Lähmung des Schmalkald. Bundes durch die Doppelehe Philipps von Hessen (Billigung Luthers).
1544 Siegreiche Beendigung der fr. Kriege, dadurch freie Hand für den Kaiser im Reich.
1546/47 Schmalkaldischer Krieg, verbündet mit Papst, Bayern, Moritz von Sachsen (prot.). Sieg Karls bei Mühlberg über die vereinigten Evangelischen.

Reformation, katholische Erneuerung und Gegenreformation 149

1548 »Augsburger Interim«. Forderung voller Unterwerfung der Prot., nur Laienkelch und Priesterehe bis zu einem Konzilsentscheid gestattet.
1552 Überraschende Empörung Moritz' von Sachsen gegen den Kaiser. Passauer Vertrag: Status quo wird gewahrt.
1555 Augsburger Religionsfriede. Beschlüsse: 1. Geltung des Friedens nur für die luth. und die kath. Konfession (nicht: ref.); 2. Untertanen müssen dem Bekenntnis des Landesherren folgen (cuius regio, eius religio); 3. Geistl. Fürsten haben nach persönl. Glaubenswechsel ihre Ämter niederzulegen (reservatum ecclesiasticum).
1556 Abdankung (Resignation) Karls V. († 1558), Kaiser wird sein Bruder Ferdinand, Spanien erhält sein Sohn Philipp II.

1509– Johannes Calvin, Reformator der fr. Schweiz. Hauptwerk: »Institutio religionis christianae« (Unterricht in der christl. Religion). Seit 1541 wieder in Genf; Einführung der Genfer Kirchenordnung, eines theokratischen Regiments (kirchl. = staatl. Ordnung). Die Gemeinde verwaltet sich selbst, beruft: Pastoren (Predigt), Doktoren (Lehre), Älteste (Kirchenzucht), Diakone (Armenpflege). Kirchenzwang, Verbot von Spiel und Tanz, Beseitigung von Bildern, Altären, Kerzen. Widerstand gegen den Genfer »Gottesstaat« hart bestraft (58 Todesurteile bis 1546).
1564

1491– Martin Bucer. Nach 1538 Einführung der Konfirmation als Wiederholung des Taufbekenntnisses durch den mündig gewordenen jungen Menschen, damit Aufnahme in die Gemeinde, Zulassung zum Abendmahl.
1551
1536 Wittenberger Konkordie, Einigung Melanchthons und Bucers in der Abendmahlslehre.
1549 Consensus Tigurinus, Einigung der Gemeinden zwinglischer und calvinscher Richtung; zwinglische und calvinsche Lehre im folgenden »reformiert« genannt.
1563 Heidelberger Katechismus (Z. Ursinus, C. Olevianus), Bekenntnis der ref. Kirchen.

Luth. Lehrstreitigkeiten zwischen den Anhängern Melanchthons und »wahren Lutheranern« um Flacius Illyricus führen zu der von den Fürsten geförderten, ausgleichenden »Konkordienformel«. Anschluß der meisten Fürsten und damit Landeskirchen.
1577

1580 »Konkordienbuch«, Sammlung von Symbolen (Bekenntnissen): Nicaenum, Luthers Katechismen, Augsburger Konfession, Apologie u. a. Beginn der Versteinerung des Luthertums in der Orthodoxie (Rechtgläubigkeit).
Theologie der Orthodoxie: Alleinige Autorität der Hl. Schrift (sola scriptura) gegen die Autoritäten des Katholizismus: Papst, Konzilien, Tradition.
Aber: Hl. Schrift wird Gesetz, Sammlung einzelner göttlicher Lehroffenbarungen, die den Verfassern (»Griffel des Heiligen Geistes«) der biblischen Bücher wörtlich eingegeben worden sind (Verbalinspiration).

1618/19 Dordrechter Synode der ref. Kirchen, Festlegung auf die Lehren Calvins: Beginn der »reformierten Orthodoxie«.

Kath. Erneuerung: 1. Selbstreform (Spanien, Italien; neue Orden), 2. Selbstreform als Reaktion auf die Glaubensspaltung (Konzil von Trient), 3. Abwehr und Angriff gegen den Protestantismus (Gegenreformation).

1524 Theatinerorden (Weltpriesterorden) von Pietro di Caraffa (später Papst Paul

150 Kirche in der Geschichte – Chronologische Tabellen

	IV.) und Gaetano di Thiene gegründet (franziskanische Armut und strenge Askese).
1528	Matthäus von Bascio gründet den Kapuzinerorden, einen neuen, strengen Zweig des Franziskanerordens.
1491–1556	Ignatius von Loyola, bask. Adliger. Verwundung 1521 im Dienste des Vize-Königs von Navarra läßt ihn zum »Ritter im Dienst Jesu« werden. Hauptwerk: Exercitia spiritualia (geistliche Übungen): Willensschulung, Hingabe. 1523 Pilgerfahrt nach Jerusalem, 1526 Aufnahme theol. Studien (Alcala, Salamanca), nach Konflikten mit der Inquisition seit 1528 an der Sorbonne/Paris.
1534	zusammen mit 7 Gefährten Gründung der Societas Jesu (Gesellschaft Jesu, abgek.: S.J.).
1540	Bestätigung des Ordens durch Paul III.; 1541 Ignatius erster Ordensgeneral, Verfassung: Mönchsgelübde, weltliche Priestertracht; gewählter Ordensgeneral (»Schwarzer Papst«), straffe Leitung des Ordens. Ein Admonitor (Ermahner) an seiner Seite ist zu ständiger Kritik verpflichtet. Bes. »Professi« legen ein 4. Gelübde ab (bes. Gehorsam gegenüber dem Papst), sie bilden den inneren Kern des Ordens. Ziele: Mission, Bekehrung von Heiden und Ketzern. Umstrittene Methoden. Einsatz an Fürstenhöfen als Beichtväter, an Schulen und Universitäten. Ketzerbekehrung und -bekämpfung: Faber, Canisius; Mission: Südamerika: Jesuiten-Staat Paraguay; Indien, Japan: Franz Xaver. China: Ricci; Las Casas OP wendet sich vergeblich gegen die gewaltsame Missionierung und die brutale Ausbeutung der spanischen Conquistadoren in Südamerika. »Akkomodation« (Anpassung) der jesuit. Missionare an die Traditionen des jeweiligen Landes 1742 verurteilt. Neben dem Jesuitenorden wichtigster Beitrag Spaniens (außer der Inquisition) zur Erneuerung der Kirche: span. Mystik, bes. durch Teresa von Avila (1582).
1534–1543	Paul III. Ernennung mehrerer Reformtheologen zu Kardinälen: Caraffa (später Paul IV.), Contarini.
1545–1563	Konzil von Trient (z. T. in Bologna), auf Drängen Karls V. einberufen. Mehrere Perioden, nur 1551/52 Teilnahme prot. Vertreter. Ergebnisse: Glaubensdekrete (Ablehnung der protest. Lehren) über: Sakrament, Schrift und Tradition, Meßopfer, Priestertum, Beichte. Reformdekrete über: Ausbildung, Pflichten, Zölibat der Priester; Beseitigung von Pfründenmißbrauch.
1564	Bestätigung der Konzilsbeschlüsse durch Paul IV. Eidliche Verpflichtung des Klerus auf die Beschlüsse des Tridentinums. Weitere Ergebnisse: 1566: röm. Katechismus, 1568: röm. Brevier, 1570: Missale Romanum (offizielles röm. Meßbuch), 1582: Kalenderreform Gregor XIII., 1590: neue »Vulgata«-Ausgabe.
† 1584	Karl Borromäus, Bischof von Mailand, hat beispielhaft im Sinne des Tridentinums gewirkt.
† 1597	Petrus Canisius, erster deutscher Jesuit, der zweite »Apostel Deutschlands«.
1567–1622	Franz von Sales (1665 heilig, 1878 Doctor ecclesiae), Bischof von Annecy (Genf), zusammen mit Frau von Chantal Gründung der Visitantinnen – Salesianerinnen (Mädchenerziehung).
1576–1660	Vincenz von Paul, Stifter der beiden Kongregationen der Lazaristen und der Barmherzigen Schwestern, zur Hilfe für Verwahrloste und zur Krankenpflege, Volksmission.

Reformation, katholische Erneuerung und Gegenreformation 151

1534 Lösung der engl. Kirche von Rom (Heinrich VIII.); König vom Parlament als Oberhaupt der anglikan. Kirche bestätigt.
Versuch der Rekatholisierung unter Maria »der Katholischen«.
1558– Durchsetzung der Reformation unter Elisabeth I.
1603 Auseinandersetzungen in der anglikan. Kirche zwischen Episkopalen (für bischöfl. Verfassung, apostolische Sukzession) und Presbyterianern/Puritanern (Gemeindeverfassung, calvinist. beeinflußt).
1640 Ausbruch der Revolution. 1642 Sturz der bischöfl. Staatskirche durch die Presbyterianer. Entstehende presbyterian. Staatskirche abgelöst durch Oliver Cromwell (Partei der Independenten: Verwerfung jeden Staatskirchentums, Selbstbestimmung der Einzelgemeinden, Kongregationalismus).
Militärdiktatur Cromwells, »Parlament der Heiligen«, Hinrichtung des Königs. Nach Cromwells Tod Rückkehr der Stuarts; Versuch der Rekatholisierung Englands.
1688 »Glorreiche Revolution«, Sturz der Stuarts, Berufung Wilhelms III. von Oranien zum König.
1689 »Declaration of Rights«: Gewissensfreiheit, Redefreiheit. Anglikan. Kirche bleibt Staatskirche mit Vorrechten, aber Duldung selbständiger relig. Grupsen (Dissenters) – außer der kath. Kirche.

1630 Entstehung von Baptistengemeinden: Erwachsenentaufe, streng bibl. Frömmigkeit.
1650 Quäker (Zitterer) als »Gesellschaft der Freunde« von George Fox gegründet. Lehre: Unmittelbare göttl. Erleuchtung (»Christus in uns«), starke Betonung prakt. Frömmigkeit. 1683 »heiliges Experiment«: Gründung des Quäkerstaates Pennsylvania durch W. Penn.

1589– Frankreich: Heinrich IV. (Hugenotte): Übertritt zum Katholizismus bei Re-
1610 gierungsantritt (»Paris ist eine Messe wert«). Nach den vorhergegangenen blutigen Verfolgungen der fr. Protestanten (Hugenotten) in den Hugenottenkriegen (1572 Bartholomäusnacht, Ermordung von etwa 20 000 Menschen) nun Duldung im »Edikt von Nantes«.

n 1580 Gegenreformation in Dt.; Versuch, die Reformation einzudämmen und verlorengegangene Gebiete zurückzugewinnen, ausgehend von Bayern und Österreich. Erfolge: z. B. 1583 Erzbistum Köln, 1584 Errichtung einer ständigen Nuntiatur in Köln zur Eindämmung der neuen Lehre, ab 1592 Steiermark rekatholisiert.
1622 Gründung der päpstlichen Missionszentrale »De propaganda Fide« (Für die Ausbreitung des Glaubens). Aktive Missionstätigkeit der kath. Kirche in der ganzen Welt.

1608 Die Rekatholisierung der Reichsstadt (!) Donauwörth durch den bayerischen Kurfürsten führt zur Gründung der prot. Union. Im Gegenzug Gründung der kath. Liga (1609).
1618 Auslösung des Dreißigjährigen Kriegs durch Unruhen in Böhmen (»Prager Fenstersturz«); Pfälz.-böhm. Krieg: Niederlage Friedrichs II. von der Pfalz (Haupt der Union) durch das Heer der Liga.
1620 Eingreifen Dänemarks. Aufstellung eines kaiserl. Heeres durch Wallenstein.
1629 Völlige Niederlage der Union. Restitutionsedikt des Kaisers: Rückgabe der von den Protestanten nach 1552 eingezogenen geistl. Güter.

152 Kirche in der Geschichte – Chronologische Tabellen

1630 Eingreifen Gustav Adolfs von Schweden.
1632 Schlacht bei Lützen, Tod Gustav Adolfs. Eingreifen Frankreichs gegen die (kath.) Habsburger (Leitung der fr. Politik: Richelieu, Kardinal u. Minister).
1648 Westfälischer Friede (Münster u. Osnabrück). Beschlüsse u. a.: Bestätigung des Augsburger Religionsfriedens (1555), Einschluß der Reformierten (dagegen Protest der Lutheraner). 1624 Normaljahr für kirchl. Besitz- und Bekenntnisstand.

1633 Galileo Galilei von der Inquisition gezwungen, der Lehre des Kopernikus von der Bewegung der Erde um die Sonne abzuschwören.

† 1638 Cornelius Jansen, Bischof von Ypern. Hauptwerk: »Augustinus«, 1642 auf jesuit. Betreiben verboten. Wortführer der »Jansenisten« gegen die jesuit. Morallehre: Blaise Pascal.
Ebenfalls der Inquisition erlag die span. Mystik Michael Molinos und seiner Anhänger.

1682 Formulierung der »gallikanischen Freiheiten« (nationalkirchl. Tendenzen, weitgehende Unabhängigkeit von Rom) durch den berühmten Prediger Bischof Bossuet; Zustimmung des fr. Klerus, aber 1693 Unterwerfung unter den Papst.

Kirche zur Zeit des Pietismus und der Aufklärung (bis ca 1800)

Pietismus (»Frömmelei«): Gegenströmung gegen Äußerlichkeit und dogmatische Erstarrung der Orthodoxie. Streben nach verinnerlichter Religiosität (»Herzensfrömmigkeit«), Betätigung des Glaubens in praktischen Werken; Abkehr von der »Welt«, Sammlung »bekehrter« Christen in Konventikeln (privaten Zusammenkünften). Gefahr der Separation (Sonderkirchen).

Luth. Pietismus:
† 1705 Ph. J. Spener. Hauptwerk: Pia desideria (Fromme Wünsche); Kritik der kirchl. Zustände, Reformvorschläge.
† 1727 Aug. H. Francke. Gründer bedeutender Stiftungen: Hallesches Waisenhaus, Mission, Bibelanstalt.
† 1760 Nik. L. Graf von Zinzendorf. Gründer der Herrnhuter Brüdergemeine; Überkonfessionalität, Sonderkirche.
† 1752 Joh. A. Bengel. Württemberg. Pietismus: streng bibl., kirchl., volkstümlich; große Breitenwirkung durch »Stunden« (Bibelstunden).

Pietismus und Aufklärung 153

Ref. Pietismus:
† 1769 Gerhard Tersteegen. Mystiker, Liederdichter (»Geistliches Blumengärtlein«).
1703– Engl. Erweckungsbewegung unter pietist. Einfluß entstanden (Herrnhut).
1791 Bildung der »Methodisten«-Kirche durch J. Wesley. Bekehrungserlebnis (Tag, Stunde), Betätigung des Christentums im Leben; Organisation der Bekehrten in Klassen, Gesellschaften und Bezirken. Kanzelverbot durch die anglikan. Kirche, Predigt unter freiem Himmel; Volksmission, Armenfürsorge.
Starke Ausbreitung des Methodismus in Nordamerika. 1804 Gründung der »Britischen und ausländischen Bibelgesellschaft«. Anprangerung der Sklaverei (Wilberforce), 1807 Verbot des Sklavenhandels durch das brit. Parlament.

Dt. Erweckungsbewegung: Gegenströmung gegen die Aufklärung; pietist. beeinflußter Biblizismus. J. H. Jung-Stilling; Matthias Claudius (»Wandsbeker Bote«).

18. Jh. Aufklärung: ausgehend von Westeuropa, aufbauend auf Humanismus, Reformation, Naturwissenschaften. Aufklärung ist: »Ausgang des Menschen aus seiner selbstverschuldeten Unmündigkeit« (Kant). Erziehung zu Humanität, Vernunft, Freiheit. Toleranz anstelle von Tradition, kirchl. und staatl. Autorität, moralischen und ständischen Vorurteilen.
Im Zuge der Aufklärung Entspannung im Verhältnis der Konfessionen. Betonung des Allgemein-Christlichen; z. T. gegenseitige Aushilfe kath. und ev. Pfarrer.

Philosophie:
England: Fr. Bacon, J. Locke, D. Hume: Empirismus, Skeptizismus, Deismus.
Frankreich: R. Descartes: Rationalismus. F. Voltaire: Kritik an der Kirche. D'Alembert und Diderot: Volksaufklärung (»Enzyklopädie«).
Deutschland: G. W. Leibniz, Chr. Wolff, I. Kant. Rationalismus, Kritizismus.

1717 Entstehung der Freimaurerei, Ziel: Humanität.

Theologie:
1725– Joh. Jak. Semler. Begründer der histor.-krit. Bibelwissenschaft. Nachweis
1791 der allmählichen Entstehung des bibl. Kanons. Damit Infragestellung der Lehre von der Verbalinspiration.

1729– G. E. Lessing. »Erziehung des Menschengeschlechts« zur Selbstbesinnung
1781 und Humanität. Forderung nach Toleranz der Religionen: »Nathan der Weise«. These zur Entstehung des Christentums: Am Anfang stand nicht der nt. Kanon, sondern das Bekenntnis. Der Glaube kann auf histor. Beweise aus der Bibel nicht gegründet werden: »Zufällige Geschichtswahrheiten können der Beweis von notwendigen Vernunftwahrheiten nie werden.«

1694– H. S. Reimarus. Schärfster Angriff auf das Christentum im 18. Jh. Rück-
1768 führung der Auferstehung auf Betrug der Jünger (Diebstahl des Leichnams); bibl. Hinweise: Widersprüche in den Auferstehungsberichten. Schriften des Reimarus 1774 ff als »Fragmente eines Unbekannten« (Wolffenbütteler Fragmente) von Lessing herausgegeben.

154 Kirche in der Geschichte – Chronologische Tabellen

Kirchenpolit. Folgen der Aufklärung:
Preußen: Friedrich II.: »Die Religionen müssen alle toleriert werden...
hier muß jeder nach seiner Fasson selig werden.« Aber schon 1788 unter dem Nachfolger Friedrichs Verbot der aufklärerischen Predigt durch das »Wöllnersche Religionsedikt«.
Österreich: Josef II., kirchl. Reformen (Josefinismus). Versuch, von Rom unabhängige Nationalkirche zu schaffen; Verminderung der Klöster. Reise Papst Pius VI. nach Wien ohne Erfolg (1782). 1781 Toleranzpatent: Duldung der Luth., Ref. und griech. Orth.
USA: Trennung von Staat und Kirche; Gleichberechtigung der Religionen, relig. Freiheit des Einzelnen.
Portugal, Spanien, Frankreich: »Jesuitensturm«, Vertreibung der Jesuiten, weil »Verwalter« der Intoleranz.

1763 Veröffentlichung des Buches des Trierer Weihbischofs Nik. v. Hontheim (»Febronius«) über die Gewalt des Papstes. Episkopalistische Tendenz. Eigenständigkeit des bischöfl. Amtes gegenüber dem Papst (»Febronianismus«, deutsche Form des »Gallikanismus«).

1786 Emser Punktation der Erzbischöfe von Köln, Trier, Mainz und Salzburg (Übereinkunft größerer Unabhängigkeit von Rom); aber: 1789 Unterwerfung.

1773 Unter Berufung auf göttliche Eingebung und »auf immer« Aufhebung des Jesuitenordens durch Papst Klemens XIV. Bes. in Frankreich starke antiklerikale Strömungen. Rußland und Preußen boten den Jesuiten Asyl.

1789 ff Im Zuge der Französischen Revolution Enteignung der Kirchengüter, Auflösung der Klöster und Orden, Lösung der Kirche von Rom. Bezahlung der Geistlichen durch den Staat, eidliche Verpflichtung auf die Verfassung.
Dann: Abschaffung des Christentums zugunsten des »Kultes der Vernunft« (»Fest des höchsten Wesens«), Abschaffung der christl. Zeitrechnung.

1795 Wiederherstellung der Religionsfreiheit nach dem Sturz Robespierres (1794).

1798 Kurzfristige Aufhebung des Kirchenstaates, Gefangennahme Papst Pius VI.

1801 Konkordat Napoleons mit Papst Pius VII. aus rein polit. Gründen; Katholizismus als »Religion der großen Mehrheit der französischen Bürger« anerkannt.

Kirche im 19. Jahrhundert (bis ca 1900)

1803 Reichsdeputationshauptschluß: Auflösung der geistlichen Fürstentümer (Säkularisation); Aufteilung der Gebiete, Entstehung konfessionell gemischter Staaten. Schwierigkeiten für Katholiken unter der Herrschaft prot. Fürsten. Kath. Bischofssitze nicht mehr Privileg des Adels.

1806 Gründung des Rheinbundes unter Napoleons Protektorat, Verzicht Franz II.

19. Jahrhundert

von Österreich auf die dt. Kaiserkrone. Ende des »Heiligen Römischen Reiches Deutscher Nation«.
1809 Aufhebung des Kirchenstaates, Gefangennahme des Papstes.
1812 Rußlandzug Napoleons, Befreiungskriege.
1813 Völkerschlacht bei Leipzig. 1814 Napoleon nach Elba verbannt; Rückkehr, Herrschaft der hundert Tage (1815).
1815 Schlacht bei Waterloo, Verbannung Napoleons nach St. Helena († 1821). Ludwig XVI.

1814/15 Wiener Kongreß. Restauration (Wiederherstellung) des polit. Zustandes von 1792. Gemeinsame Interessenpolitik der Fürsten zur Abwehr revolutionärer (demokratischer) Ideen.
1815 Gegen die nationalen und revolutionären Bewegungen: Stiftung der »Heiligen Allianz« der Monarchen des orth. Rußland, kath. Österreich, prot. Preußen. Gegenseitige Verpflichtung zu »christl.« Regierung: »Sie werden sich ihren Untertanen und Armeen gegenüber als Familienväter betrachten.« »Die drei verbündeten Fürsten sehen sich nur an als die Bevollmächtigten der Vorsehung um die Zweige einer ... Familie zu regieren.«

1814 Aufschwung des Katholizismus durch die Romantik. Wiederherstellung des Kirchenstaates, Rückkehr des Papstes. Neuzulassung des Jesuitenordens.
1817 ff Konkordat der kath. Kirche mit dem Staat Bayern; Zirkumskriptionsbullen mit Preußen, Baden, Württemberg, Hessen-Darmstadt, Hessen-Kassel, Hannover.
In Frankreich und Deutschland Entstehung des Ultramontanismus (= jenseits der Berge = streng päpstl. orientiert). Daneben nationalkirchl. Strömungen.
Im Gefolge der Romantik Entstehung zahlreicher kath. »Erweckungskreise« (Fürstin Gallitzin, J. Michael Sailer u. a.). Übertritt bekannter Romantiker zum Katholizismus.
Theolog. bedeutsam: Johann Adam Möhler († 1838), »Tübinger Schule«; Georg Hermes (»Hermesianer«), Aufnahme von Gedanken Kants und Fichtes (1835 verurteilt).
Neuscholastik: Ihr Beginn in Dt. war zunächst polemisch bestimmt, gegen die Tübinger Schule, bes. aber gegen G. Hermes und A. Günther. Strukturelemente der Neuscholastik sind das bewahrende Verhältnis zur Überlieferung und ein ungeschichtliches Verhältnis zur Geschichte. Sie stellt einen Rückgriff zur Erneuerung und Verteidigung kath. Theologie und christl. Philosophie gegen die neuzeitliche Säkularisation des abendländischen Geistes dar.

1768–1834 Fr. D. E. Schleiermacher. Neues Verständnis von Religion: »Ihr Wesen ist weder Denken noch Handeln, sondern Anschauung und Gefühl.« Anschauung des Unendlichen im Endlichen, »Gefühl der schlechthinnigen Abhängigkeit«. Dogmen und Lehrsätze sind nur etwas Abgeleitetes.

Noch unter dem Einfluß der Aufklärung: Entspannung des Verhältnisses Lutheraner — Reformierte.
1817 Einführung der Union luth. und ref. Gemeinden in Preußen (Friedrich Wilhelm III.); es folgen Hessen, Kurhessen, Baden u. a. In Preußen z. T. Widerstand (Agendenstreit); Entstehung luth. Freikirchen.

156 Kirche in der Geschichte – Chronologische Tabellen

Unter engl. Einfluß Gründung von Missionsgesellschaften für die Heidenmission: 1815 Basler Mission, 1824 Berliner Mission, 1836 Goßner Mission u. a.

1822 Gründung des Werkes der Glaubensverbreitung sowie des Kindheit-Jesu-Vereins (Päpstl. Missionswerk der Kinder). Durch die Tätigkeit vieler Orden erlebte das Missionswerk der kath. Kirche im 19. Jh. eine neue Blüte.

1830 ff Entstehung außerkirchl., christl. geprägter Gruppen (Sekten): Irvingianer, Adventisten, Heilige der letzten Tage (Mormonen); meist Erwartung des nahen Endes, Rückgang auf urchristl. Organisationsformen.

1837– Kölner Kirchenstreit nach der Verfügung des preuß. Staates, daß Kinder
1840 aus konfessionell gemischten Ehen die Konfession des Vaters anzunehmen hätten. Dagegen Protest bes. des Kölner Erzbischofs Clemens August von Droste-Vischering, der neben anderen gefangengesetzt wurde. Publizistische Proteste bes. durch Josef von Görres, u. a. in seiner Schrift »Athanasius«. 1840, nach der Thronbesteigung Friedrich Wilhelms IV., Beilegung des Streites.

Entstehung eines kath. Gemeinschaftsbewußtseins in Dt.: 1844 Gründung des Borromäusvereins, 1849 Bonifatiusvereins u. a.

Neben dem Ultramontanismus verstärken sich nationalkirchl. Tendenzen.

1848 Erster dt. Katholikentag in Mainz.

1852 Zusammenschluß der kath. Abgeordneten im preuß. Landtag zur »Katholischen Fraktion«, seit 1858 »Zentrumspartei«.

1846– Papst Pius IX.
1878

1854 Dogma von der Unbefleckten Empfängnis Mariens (d. h. ohne Erbsünde empfangen) verkündet.

1864 Erscheinen des »Syllabus« (Zusammenfassung), der 80 »Irrtümer« in Fragen der Religion, Wissenschaft, Politik, Wirtschaft; verurteilt u. a. Kommunismus, Liberalismus, Sozialismus, Bibelgesellschaften.

1869/70 1. Vatikan. Konzil (20. Allg. Konzil nach kath. Zählung). Es beschließt und legt als Dogmen fest: 1. die Erkennbarkeit Gottes aus der Schöpfung mit Hilfe der Vernunft; 2. den Universalepiskopat des Papstes (Bischof der ganzen Kirche, Jurisdiktion); 3. die Unfehlbarkeit des Papstes; Entscheidungen in Glauben und Sitte sind, ex cathedra (in Ausübung des Lehramtes) verkündet, unfehlbar.

Vielfache Proteste aus Kirche und Staat gegen das Unfehlbarkeitsdogma; hervorragend: Ignaz v. Döllinger, Kirchenhistoriker: Nachweis, daß Päpste häufig geirrt haben.

1870 Ende des Kirchenstaates; nach Volksabstimmung Anschluß an Italien. Papst freiwilliger Gefangener des Vatikans.

1874 Aus Protest gegen das Unfehlbarkeitsdogma Entstehung der Altkath. Kirche.

1879 Ernennung des Thomas von Aquin zum »Normaltheologen« für Theologie, Philosophie und Soziallehre.

† 1860 F. Chr. Baur. Erforschung der Geschichte des Urchristentums.

† 1874 D. Fr. Strauß. »Leben Jesu«: Die Evangelienberichte sind Mythen, von der Urgemeinde gebildete Legenden. Amtsenthebung.

19. Jahrhundert

† 1855 S. Kierkegaard. Scharfe Auseinandersetzung mit angepaßtem und anpassungsbereitem Christentum. Seine Dialektik hat wesentlichen Einfluß auf Philosophie und Theologie des 20. Jh.

1846 »Deutsch-Evangelische Kirchenkonferenz«, Zusammenschluß von 27 Landeskirchen um »das Bewußtsein der Zusammengehörigkeit und Einheit durch gegenseitige Mittheilung und Verständigung zu beleben ...«

1852 Eisenacher Kirchenkonferenz.
Wiederverschärfung der konfessionellen Gegensätze. Ultramontanismus ruft antikath. Tendenzen hervor:

1842 Gründung des Gustav-Adolf-Vereins zur Unterstützung der Evangelischen in der Diaspora.

1887 Gründung des Evangelischen Bundes.
Evangelische Erweckungsbewegung (Harms, Hengstenberg: Konfessionalismus, Ablehnung »negativer« theol. Kritik) führt zu luth. und ref. Sonderbewußtsein:

1868 Allgemeine Lutherische Konferenz.

1884 Reformierter Bund.

1833 Gründung des »Rauhen Hauses« für gefährdete Kinder durch Joh. H. Wichern in Hamburg.

1836 Gründung des ersten Diakonissenhauses (Krankenpflegeausbildung ev. Mädchen) in Kaiserswerth durch Th. Fliedner.

848/49 Zusammenschluß karitativer ev. Einzelverbände zur »Inneren Mission«.

1846 ff Kath. Gesellenvereine durch Adolf Kolping eingerichtet, Gesellenhäuser und Unterrichtsmöglichkeiten zur Aus- und Fortbildung.

1850 ff Gründung christlicher Arbeitervereine durch den »Arbeiterbischof« Wilh. E. v. Ketteler.

1867 Anstalt Bethel von Fr. v. Bodelschwingh gegründet.
Verbreitung christl.-sozialer Gedanken durch A. Stöcker: 1878 Christl.-soziale Arbeiterpartei, 1890 Ev.-sozialer Kongreß, 1897 Kirchl.-soziale Konferenz.
Erkenntnis und Initiative in der sozialen Frage Sache einzelner. Keine der Kirchen widerlegte die Vorwürfe, die Kirche sei »Einrichtung des Klassenstaates« und »Parteigängerin der Besitzenden«. Erste Hilfe in der sozialen Not: Bismarcks Sozialgesetzgebung 1883 ff. Dann erst:

1891 Enzyklika »Rerum novarum« Leos XIII. zur sozialen Frage.

1897 Caritasverband als Zusammenschluß der verschiedenen kath. Wohlfahrtsverbände gegründet.

1872– Der Kulturkampf. 1871 Kanzelparagraph gegen den polit. Mißbrauch der
1879 Kanzel.
1872 Verbot des Jesuitenordens. 1873/74 Maigesetze: Beschränkung der kirchl. Straf- und Zuchtmittel, staatl. Vorschriften für die Ausbildung der Pfarrer. 1875 Zivilstandsgesetz: Aufhebung des Taufzwangs, zivile Eheschließung verbindlich. Nichtigkeitserklärung der Maigesetze durch Papst Pius IX. Höhepunkt der Auseinandersetzung.

1878– Papst Leo XIII. Ausgleich mit Preußen; Abbau der meisten Kampfgesetze.
1903

Die orth. Kirchen: Russ.-orth. Kirche bis 1453 (Eroberung Konstantinopels durch die Türken) unter dem Patriarchat des Ostens, Konstantinopel. 1589 Patriarchat von Moskau (»drittes Rom«) begründet. 1721 Einsetzung

158 Kirche in der Geschichte – Chronologische Tabellen

des »Allerheiligsten Synods« durch Zar Peter den Großen. Leitung des Synods durch den Zaren (Cäsaropapismus).

Balkankirchen: Seit 1821 (Beginn des griech. Freiheitskampfes gegen die Türken) allmähliche Lösung der Staaten vom Einfluß der Türkei. Damit gleichzeitig Entstehung von Autokephalkirchen (mit eigenem Oberhaupt).

Kirche im 20. Jahrhundert

1822– Einflußreichster ev. Theologe nach Schleiermacher: Albrecht Ritschl. Theol.
1889 Grundgedanke: Gotteserkenntnis ist nur an der Person Jesu zu gewinnen; Ablehnung jeder Metaphysik. Daher im folgenden weitgehend bibl. orientierte Theologie.

† 1918 Julius Wellhausen: Erforschung des AT, der Synoptiker, der bibl. Umwelt.
1851– Adolf von Harnack (Schüler Ritschls): Erforschung der Dogmengeschichte;
1930 Dogmen sind »Produkte des griechischen Geistes auf dem Boden des Evangeliums«. Kulturpolitiker.

† 1923 Ernst Troeltsch: Theologe, Geschichtsphilosoph, Soziologe.
1913 wird der Theologe Albert Schweitzer Arzt in Afrika (Lambarene). Theol.-philos. Ansatz in der »Ehrfurcht vor dem Leben«.

1905 Trennung von Staat und Kirche in Frankreich; Kirchengüter werden Staatseigentum, schwere finanzielle Verluste der Kirche, geringe staatl. Bezahlung des amtierenden Klerus.

um 1900 Hervortreten des Reformkatholizismus (»Modernismus«). Dt.: u. a. Hermann Schell (1850–1906, Dogmatiker, Apologet), Franz Xaver Kraus (Kirchenhistoriker und Archäologe).
Bedeutendster Vertreter des Modernismus: Alfred Loisy (1857–1940), Prof. für Religionsgeschichte in Paris.

1907 Verbot des Modernismus durch Syllabus und Enzyklika »Pascendi« (Pius X.). Teilweise Unterwerfung der Theologen, teilweise Exkommunikation (z. B. Loisy).

1910 Einführung des Antimodernisteneides für alle kath. Theologen. Zugleich Verurteilung der Zweiquellentheorie für die Enstehung der Evv durch die päpstl. Bibelkommission (gegr. 1909).

1918 Einführung des Codex iuris canonici.

Kirche und Nationalismus:
Protestantismus: Enger Zusammenhang von Kirche und Staat seit der Reformation. Staatsangelegenheiten häufig gleichzeitig Kirchenangelegenheiten, relig. Verbrämung der Staatsgeschäfte.
Katholizismus: Seit der Französischen Revolution »Schock und Angstkomplex vor der Demokratie« (H. Maier); Legitimation der Monarchie als allein rechtmäßiger Staatsform.

20. Jahrhundert

Ineinsschau von Evangelium und Volkstum im 19. Jh., weitgehende Gleichsetzung nationaler Wünsche und christl. Gebote im 1. Weltkrieg: »Der Krieg hat die Kraft der Religion von neuem geweckt ... die Kirchen haben sich wieder gefüllt« (Kübel); »Der Schlachtendonner schafft Stille für die Laute des Himmels« (Zimmermann S. J.). Kritik Friedrich Naumanns an den Kriegspredigten: »Mischung von Bethlehem und Potsdam«.

1918 ff Situation der ev. Kirche nach dem 1. Weltkrieg ähnlich der kath. Kirche nach 1803. Äußere Ordnung mit dem alten staatl. System gestürzt, die Kirche fühlt sich z. T. »mitbesiegt«. Weitgehende Vorbehalte kirchl. Kreise gegen den »neuen Staat«.

Zentrumspartei als überwiegend katholische Partei wesentlicher Faktor des polit. Lebens der Weimarer Republik (z. B. Reichskanzler Marx und Brüning).

1919 Neuordnung der verfassungsrechtl. Stellung der Kirchen. Selbstbestimmungsrecht, als Körperschaften öffentlichen Rechts histor. bedingte Vorzugsstellung.

Bildung der ev. Landeskirchen und ihrer (meist bischöfl.) Verfassungen; 1922 Zusammenschluß: »Deutscher Evangelischer Kirchenbund«.

1922–1939 Papst Pius XI. Förderung der Laien durch die Gründung der kath. Aktion.

1925 Weltkirchenkonferenz in Stockholm, Leitung: Nathan Söderblom, Erzbischof von Schweden. Teilnahme der orth. Kirchen.

1928 Ablehnung ökumen. Zusammenarbeit durch Papst Pius XI.

1929 Konkordat (»Lateranvertrag«) des Vatikans mit Mussolini (seit 1922 an der Macht); Souveränität des Papstes im Vatikanstaat, Abfindungszahlung Italiens. Aufwertung des Faschismus.

Die Kirchen des Ostens:

1917 Russ. Revolution. Wiederbesetzung des Patriarchats für Moskau und Gesamtrußland: Patriarch Tychon († 1925), nach seinem Tod Patriarchat unbesetzt.

1918 Trennung von Staat und Kirche in der Sowjetunion; in der Folgezeit Unterdrückung und Verfolgung der Kirche.

1894 ff Fast völlige Vernichtung der armen. Bevölkerung (und Kirche) durch die Türken; Völkermord.

1930 ff Allmählicher Anschluß der exilruss. Christen an das Patriarchat von Konstantinopel.

1943 Im Zusammenhang mit dem »Großen Vaterländischen Krieg« Neubesetzung des Patriarchats von Moskau: Patriarch Sergius († 1944); Nachfolger: Patriarch Alexius († 1970); seit 1971 Patriarch Pinnen.

1948 Moskauer Kirchenversammlung im Zusammenhang der allg. sowjet. »Friedensoffensive«.

1961 Aufnahme der russ.-orth. Kirche in den Ökumen. Rat der Kirchen.

1964 Begegnung zwischen Patriarch Athenagoras von Konstantinopel und Papst Paul VI. in Jerusalem.

Prot. Theologie nach dem 1. Weltkrieg: Schroffe Ablehnung der »Liberalen Theologie«, des sog. »Kulturprotestantismus«. Anfänge der sog. »Dialektischen Theologie«, führend: Karl Barth (»Der Römerbrief«, »Kirchliche Dogmatik«), Emil Brunner, Rudolf Bultmann, Friedrich Gogarten. Gegenüber der weitgehenden Gleichsetzung von Reich Gottes und Kultur in der liberalen Theologie nun Betonung der Andersartigkeit Gottes, der totalen Unterschiedenheit (Paradoxie) von Diesseits und Jenseits, Gott und Mensch, Zeit und Ewigkeit. Betont bibl. und kirchl. Theologie.

1932 Gründung der ev. Glaubensbewegung »Deutsche Christen« (»DC«). Richtlinien: »Ausmerzung« der jüd. »Entartungen« im Christentum; Einführung eines »positiven« Christentums: völkische Religion, heldische Frömmigkeit.

Vor 1933 ablehnende Haltung des dt. Katholizismus gegenüber dem NS. Zusammenführung durch Franz von Papen: »Die Strukturelemente des Nationalsozialismus sind nicht nur der katholischen Lebensauffassung nicht wesensfremd, sondern sie entsprechen ihr in fast allen Beziehungen.«

1933 Hirtenbrief der dt. Bischöfe: »Wir wollen dem Staat um keinen Preis die Kräfte der Kirche entziehen.« Arrangement zwischen Vatikan und Reichsregierung (Konkordat); weitgehende Einigkeit im Antikommunismus. Auflösung kath. Verbände, Prozesse gegen Ordensangehörige u. a. m. machen die Gegnerschaft des NS-Regimes zur kath. Kirche immer deutlicher. Ein Widerstand allerdings bleibt der Initiative einzelner überlassen (Lichtenberg, Delp u. v. a.), gesamtkirchl. Protest nur bei Verletzung kath. Interessen. Katholisches Bibelwerk (Bibelbewegung).

Ev. Kirchenwahlen: Sieg der »DC«. Gründung des Pfarrernotbundes (später: »Bekennende Kirche« = »BK«) durch Martin Niemöller. Nach der »Wahl« Ludwig Müllers zum Reichsbischof starkes Nachlassen der deutsch-christl. Bewegung.

1934 Barmer Synode der »BK«: »Barmer theologische Erklärung« (Einfluß Karl Barths); zweite Bekenntnissynode (Dahlem): Proklamation des kirchl. Notrechts, eigene Kirchenleitungen und theol. Schulen der »BK«. Ludwig Müller praktisch entmachtet.

1937 Weltkirchenkonferenz in Edinburgh. Gründung des »Ökumenischen Rats der Kirchen«, hervorgegangen aus den Bewegungen für Glauben und Kirchenverfassung (Faith and Order) und für Praktisches Christentum (Life and Work).

Enzyklika Pius XI. »Mit brennender Sorge« gegen den NS, der die Enzyklika als hochverräterisch bezeichnete. Zugleich: Enzyklika gegen den Kommunismus.

1940 Öffentliche Proteste des Landesbischofs Wurm und des Bischofs Graf Galen gegen die Euthanasie (»Tötung lebensunwerten Lebens«). Weigerung Friedrich von Bodelschwinghs, der »Auslesekommission« die Anstalten Bethels zu öffnen.

1941 Verbot der kirchl. Presse.
Widerstand der ev. Kirche in Dt. blieb der Initiative einzelner überlassen; weitgehende Lähmung der »BK« durch innere Auseinandersetzungen.

1942 ff Rücksichtnahme auf die Bevölkerung während des Krieges hielt den NS von völliger Beseitigung der Kirche ab (vgl aber: Warthegau).

1945 Nach dem Sturz des NS Übernahme der ev. landeskirchl. Herrschaft durch die »BK«. Rasche Wiederherstellung der ev. und kath. Organisationen.

20. Jahrhundert

Großes Ansehen der Kirche bei den Besatzungsmächten ermöglichte Eintreten für dt. Belange (z. B. Kardinal [seit 1946] Frings).
Zusammenschluß der ev. Landeskirchen: »Evangelische Kirche in Deutschland« (»EKD«); 1. Ratsversammlung der EKD: Stuttgarter Schuldbekenntnis vor der Ökumene.
Seit 1941 die theol. (hauptsächlich ev., teilweise auch kath.) Diskussion bestimmend: Programm der Entmythologisierung (R. Bultmann). Frage nach der Auslegung der Hl. Schrift in einer der Gegenwart entsprechenden Weise; existentiale Interpretation; Problem der theol. Hermeneutik.

Die kath. Theologie im 20. Jh. ist gekennzeichnet durch einen systematischen und positiv-historischen Aufbruch. Joseph Lortz trat mit seiner ideengeschichtlichen Sicht der Kirchengeschichte, insbes. der Reformation hervor (1939). Michael Schmaus beschritt den Weg einer auf Verkündigung ausgerichteten Theologie (seit ca 1940); Karl Rahner S. J. verhalf einer anthropologisch orientierten Theologie zum Durchbruch (seit ca 1950). In den 50er Jahren versuchte Bernhard Häring den Weg einer von der Verkündigung bestimmten Moraltheologie zu beschreiten.

1946 Weitgehende Trennung von Staat und Kirche in der DDR; Gesetz »zur Demokratisierung der deutschen Schule«: RU ist Sache der Kirche. Einrichtung des Katechetenamtes und der »Christenlehre«.
1947 ff Heftige Auseinandersetzungen zwischen dem Vatikan und kommunist. regierten Ländern.
1948 Zusammenschluß der »Vereinigten Ev.-Luth. Kirche Deutschlands« (»VELKD«), die damit organisatorisch neben die »Ev. Kirche der altpreußischen Union« (seit 1953: »Ev. Kirche der Union« = EKU), Zusammenschluß ehemals preußischer Kirchenprovinzen, tritt.
Vollversammlung des Ökumen. Rats der Kirchen (Amsterdam).
Währungsreform, sie begründet den wirtschaftlichen Aufschwung auch der Kirchen; Kirchensteuer meist ca 8–10 % der Lohnsteuer, eingezogen durch die staatl. Finanzämter.
1. Katholikentag nach dem Kriege in Mainz.
1949 Erste Synode der EKD; Ratsvorsitzender Bischof O. Dibelius (Berlin/Brandenburg).
1950 1. Deutscher Ev. Kirchentag (Essen); Thema: »Rettet den Menschen«.
Lehre von der »Himmelfahrt Mariens nach Leib und Seele« zum Dogma erhoben (Pius XII. 1939–1958).
1950 ff Innerkirchl. (prot.) Auseinandersetzungen um Wiederbewaffnung, Atomwaffen, Wehrpflicht, Wehrdienstverweigerung.
1954 2. Vollversammlung des Ökumen. Rats der Kirchen (Evanston/USA).
1957 Arnoldshainer Abendmahlsthesen.
1958– Papst Johannes XXIII., Programm des »Aggiornamento«, der Anpassung
1963 der Kirche an die Erfordernisse der Zeit.
1960 Gründung des »Sekretariats zur Förderung der Einheit der Christen«.
1961 3. Vollversammlung des Ökumen. Rats der Kirchen (Neu-Delhi); Aufnahme der russ.-orth. Kirche, Angliederung des Internationalen Missionsrats.
Enzyklika Johannes XXIII. »Mater et Magistra« (Die Kirche als Mutter und Lehrmeisterin der Völker). Stellt als Grundzüge der kath. Soziallehre heraus: Die egoistische Gesinnung der Kapitalbesitzer ist scharf zu verwerfen.
1962– II. Vatikan. Konzil; Hauptthemen: Reform der Liturgie, Stellung der Lai-

162 Kirche in der Geschichte – Chronologische Tabellen

1965 en, Kirche als »Volk Gottes«, Verhältnis von Kirche und Welt.
1963 Papst Paul VI. 1964 Reise ins »Heilige Land«, Begegnung mit Patriarch Athenagoras von Konstantinopel.
1965 Niedersachsenkonkordat. 1965/66 Briefwechsel dt. und poln. Bischöfe. Veröffentlichung der »Kammer für öffentliche Verantwortung« der EKD: »Die Lage der Vertriebenen und das Verhältnis des deutschen Volkes zu seinen östlichen Nachbarn« (Vertriebenendenkschrift).
1966 Kundgebung der »Bekenntnisbewegung Kein anderes Evangelium« (Dortmund).
Erste offizielle Begegnung von Mitgliedern des Rats der EKD mit Vertretern der Fuldaer Bischofskonferenz.
1968 4. Vollversammlung des Ökumen. Rats der Kirchen (Uppsala).
Papst Paul VI.: Enzyklika »Humanae vitae« zur Geburtenregelung; weltweite Diskussion, z. T. scharfe Kritik.
1969 Synode der Gliedkirchen der EKD in der DDR. Gründung des »Bundes der Evangelischen Kirchen in der DDR«. Ende der (organisatorischen) Einheit der EKD.
1970/71 Intensive Diskussion um das Anti-Rassismus-Programm des Ökumenischen Rats der Kirchen (ideelle und bes. auch materielle Unterstützung der Bewegungen gegen rassische Diskriminierung).
1971 Gemeinsamer kath.-ev. Kirchentag (»Ökumenisches Pfingsttreffen«) in Augsburg.
1972 Mai: Zustimmung des Dt. Bundestages zu den Ostverträgen (Moskauer und Warschauer Vertrag).
1973 Juni: Inkrafttreten des Vertrages über die Grundlagen der Beziehungen zwischen der BRD und der DDR.
Oktober: Israel.-arab. Krieg. Welt-Erdölkrise als Folge der Produktionsdrosselung durch die arab. Staaten.
1975 »Heiliges Jahr« der kath. Kirche.
April: Blutige Zusammenstöße zwischen Palästinensern und Christlicher Falange im Libanon; Beginn eines fast zweijährigen Bürgerkrieges.
August: Schlußakte der »Konferenz für Sicherheit und Zusammenarbeit in Europa« (Helsinki); Unterzeichnung durch 35 Staaten.
November: Achte, abschließende Vollversammlung der Gemeinsamen Synode der Bistümer in der Bundesrepublik Deutschland (Würzburg).
Nov./Dezember: Fünfte Vollversammlung des Ökumenischen Rates der Kirchen in Nairobi; Leitthema: »Jesus Christus befreit und eint«.
Seit 1975: Intensive öffentliche Auseinandersetzungen um Kernenergie und Kernkraftwerke (Bürgerinitiativen); bes.: Whyl/Oberrhein, Brokdorf/Elbe.
1976 Februar: Scheitern der Reform der EKD-Grundordnung durch Nichtannahme in der württembergischen Landes-Synode.
März: Zustimmung auch des Bundesrates zu den Polenverträgen (Rentenabkommen, Ausreiseprotokoll).
1977 Seit 1. Januar: »Nordelbische ev.-luth. Kirche« als Zusammenschluß mehrerer norddeutscher Landeskirchen.
Mai/Juni: Neue Polarisierung im bundesrepublikanischen Protestantismus; der evangelische »Gemeindetag unter dem Wort« (Leitthema: »Jesus – der wiederkommende Herr«) setzt sich in Konkurrenz zum Berliner Kirchentag (Leitthema: »Einer trage des anderen Last«).

Gespräch zwischen dem Generalsekretär der SED und Staatsratvorsitzenden der DDR, E. Honecker, und dem Vorstand des Kirchenbundes der DDR; begrenztes Arrangement zwischen Staat und Kirche in der DDR, neuer Konflikt durch Einführung des »Wehrkundeunterrichts«.

Tod Paul VI.; Wahl Johannes Paul I. (gest. Sept.). Okt.: Wahl des polnischen Kardinals K. Wojtyla zum Papst Johannes Paul II.

Beginn des Zusammenschlusses der »Vereinigten Kirche in der DDR«.

Papst Johannes Paul II. auf der 3. lateinamerikanischen Bischofskonferenz in Puebla/Mexiko; Absage an eine politisch verstandene »Theologie der Befreiung«.

Nach Sturz des Schah-Regimes Volksabstimmung über eine »Islamische Republik Iran« (Ayatollah Chomeini)

SECHSTER TEIL

Graphische Darstellungen

1. Der Ökumenische Rat der Kirchen
2. Die Evangelische Kirche in der Bundesrepublik Deutschland
3. Bund der Evangelischen Kirchen in der DDR
4. Die hierarchische Gliederung der Katholischen Kirche nach dem geltenden Kirchenrecht
5. Die Entstehung der Kirchen

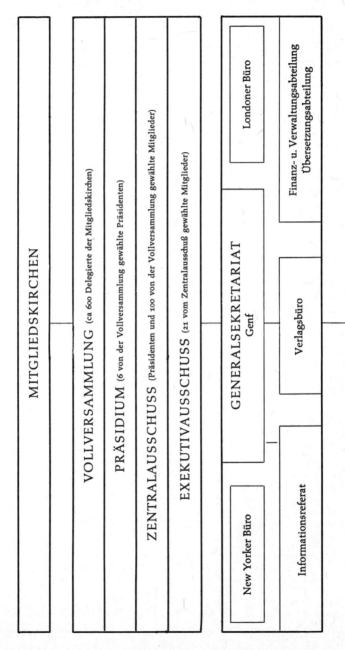

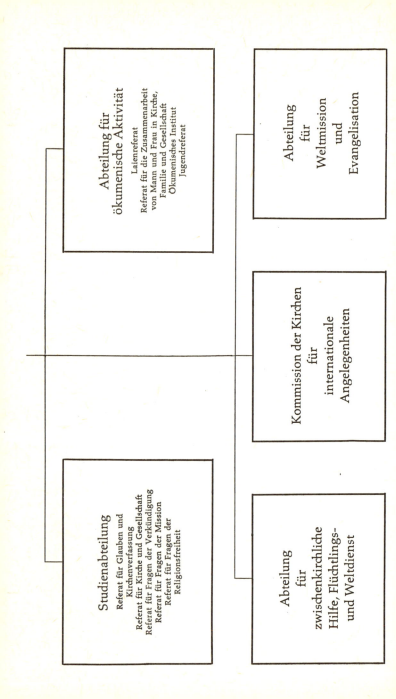

Die Evangelische Kirche in der Bundesrepublik Deutschland
(vorläufiger Aufbau)

SYNODE

gesetzgebend – Amtsdauer: 6 Jahre

Präses und Präsidium jeweils von der Synode gewählt.

100 (?) Mitglieder von den Kirchensynoden gewählt.

20 (?) Mitglieder vom Rat berufen für Berücksichtigung von: Hochschulen, Kirchentag, kirchlichen Werken.

KIRCHENKONFERENZ

beratend

Leitung: Vorsitzender des Rates der Evangelischen Kirche in der Bundesrepublik Deutschland.

20 Mitglieder als Vertreter der 20 Gliedkirchen. Entsendung durch die Kirchenleitungen.

— wählen gemeinsam —

Rat der Evangelischen Kirche in der Bundesrepublik

ausführend, vertritt die EKBRD nach außen. Amtsdauer: 6 Jahre

Leitung: Vorsitzender des Rates.

Mitglieder: Ratsvorsitzender, Präses der Synode und 10 (?) weitere von Synode und Kirchenkonferenz gewählte Personen.

KIRCHENKANZLEI (Hannover)

Amtsstelle des Rates der EKBRD, zugleich Geschäftsstelle der Synode, Kirchenkonferenz, Kammern und Beiräte.

Kirchliches Außenamt (Frankfurt)

Amtsstelle des Rates der EKBRD zur Pflege der ökumen. Beziehungen und Wahrnehmung kirchl. Verantwortung für Deutsche im Ausland u. a.

Beratende Stellen, Einrichtungen und Institute

| Finanzbeirat
Diakon. Beirat
verschiedene andere Ausschüsse
u. Kommissionen | Kirchenrechtl. Institut
Institut für Kirchenbau
Konfessionskundliches Institut | Jugendkammer
Kammer für: Publizistik, soziale
Ordnung, Erziehung, Bildung u.
Unterricht |

20 Gliedkirchen der EKBRD

KIRCHENSYNODEN – gesetzgebend

KIRCHENLEITUNGEN – ausführend
Unterschiedliche Zusammensetzung in den einzelnen Gliedkirchen.

Evang. Kirche der Union	Übrige unierte Kirchen	VELK – Vereinigte Ev. Luth. Kirche	Übrige luther. Gliedkirchen	Reformierte Landeskirchen	Durch Vertrag der EKBRD angegliedert
Berlin-Brandenburg Westfalen Rheinland	Hessen u. Nassau Kurhessen-Waldeck Baden Pfalz Bremen	Hannover Bayern Braunschweig Schaumburg-Lippe Nordelbien (früher: Schleswig-Holstein, Hamburg, Lübeck und Eutin)	Württemberg Oldenburg Eutin	Lippe Nordwestdeutschland	Herrnhuter Brüdergemeine

Bund der evangelischen Kirchen in der DDR
(vorläufiger Aufbau)

SYNODE DES BUNDES DER EVANG. KIRCHEN IN DER DDR

(»Die Synode nimmt teil an der Verantwortung dafür, daß der Bund die ihm übertragenen Aufgaben erfüllt. Sie erörtert Fragen, die sich aus dem gemeinsamen kirchlichen Auftrag ergeben und kann Richtlinien für die Arbeit des Bundes aufstellen.«)

KOMMISSIONEN

Eingesetzt durch die Synode; Mitglieder und hauptamtliche Sekretäre berufen von der Konferenz. (Beratung der Bundesorgane für bestimmte Sachgebiete.)

SEKRETARIAT DER KONFERENZ

(Förderung der Kooperation und Koordinierung unter den Landeskirchen, sowie zwischen EKU und VELK.)
Mitglieder: Sekretäre der Kommissionen

KONFERENZ DER KIRCHENLEITUNGEN DER DDR
[Leitung des Kirchenbundes – 25 Mitglieder]

Konferenzvorstand: 4 Mitglieder und der Präses der Synode
8 Landesbischöfe der Gliedkirchen
8 Mitglieder der Landeskirchenleitungen
Präses der Synode
7 von der Synode gewählte Mitglieder
Leiter des Sekretariats

KIRCHENLEITUNGEN – ausführend

LANDESSYNODEN DER 8 GLIEDKIRCHEN – gesetzgebend

EKU – Evangelische Kirche der Union
Berlin-Brandenburg
Pommern
Schlesien
Provinz Sachsen
Anhalt

VELK – Vereinigte Evang.-Luth. Kirche
Sachsen
Thüringen
Mecklenburg

Die hierarchische Gliederung der Katholischen Kirche nach geltendem Kirchenrecht

PAPST – BISCHOF VON ROM
wird vom Kardinalskollegium gewählt
Kann oberste Lehr- und Leitungsgewalt jederzeit allein ausüben

Höchste und volle Gewalt in der Kirche

KOLLEGIUM DER BISCHÖFE
(= alle Bischöfe der röm.-kath. Kirche mit dem Bischof von Rom). Kann oberste Gewalt nicht gegen den Willen des Papstes ausüben. In feierlicher Form wird das Kollegium als ökum. Konzil tätig

KARDINÄLE
Berater und Wahlmänner des Papstes, werden vom Papst ernannt. Die Kurienkardinäle sind die obersten Beamten der römischen Kurie

Staats- oder Päpstliches Sekretariat und Rat für die öffentlichen Angelegenheiten der Kirche

Die römische Kurie

Kongregationen

Glaubenslehre	Ostkirchen	Bischöfe	Sakramente	Gottesdienst	Selig- u. Heiligsprechung	Klerus	Ordensleute	Unterrichtswesen	Verbreitung d. Glaubens

Sekretariate

Einh. der Christen	Nichtchristen	Nichtglaubende

Gerichtshöfe

Oberster Gerichtshof	Röm. Rota	Bußgericht

Ämter

Päpstliche Nuntien oder Gesandte
Überwacher der kirchlichen Verhältnisse und diplomatische Vertreter des Apostolischen Stuhles

Bischofskonferenzen der lat. Kirche
Zusammenschluß der Bischöfe eines Landes oder einer Region
Kirchenprovinzen
Bistümer
(in Miss.-geb.: Apost. Vikariate oder Präfekturen)

Unierte Ostkirchen
haben weitgehende Verwaltungsselbständigkeit

griech.-byzantinischer Ritus	Armenischer Ritus	Koptischer Ritus	antiochenidischer Ritus	syrisch-chaldäischer Ritus

```
┌─────────────────┐         ┌──────────────────────────────────────────────────┐         ┌──────────────────────────────┐
│ Apostolischer   │ ◄─────► │          DEUTSCHE BISCHOFSKONFERENZ              │ ◄────── │ Die Bischöfe werden vom      │
│ Nuntius         │         │ Zusammenschluß der Bischöfe und Jurisdiktions-   │         │ Papst ernannt u. stehen      │
│ in Deutschland  │         │ träger                                           │         │ unter seiner Autorität       │
└─────────────────┘         └──────────────────────────────────────────────────┘         └──────────────────────────────┘
```

Kirchenprovinz Köln	Kirchenprovinz München und Freising	Kirchenprovinz Bamberg	Kirchenprovinz Freiburg i. Br.
Erzbistum Köln	Erzbistum München und Freising	Erzbistum Bamberg	Erzbistum Freiburg i. Br.
Bistümer: Trier, Osnabrück, Münster, Aachen, Limburg, Essen	Bistümer: Augsburg, Passau, Regensburg	Bistümer: Speyer, Würzburg, Eichstätt	Bistümer: Mainz, Rottenburg

Kirchenprovinz Paderborn	Kirchenprovinz Breslau	Bistum Meißen dem apostolischen Stuhl direkt unterstellt	Grafschaft Glatz (ehem. deutscher Anteil des Erzbistums Prag)	Erzb. Kommissariat Katscher (ehem. deutscher Anteil des Erzbistums Olmütz)
Erzbistum Paderborn	Erzbistum Breslau			
Bistümer: Hildesheim, Fulda	Bistümer: Ermland, Berlin, Freie Prälatur Schneidemühl			

In der DDR wurden die zu Bistümern der Bundesrepublik gehörenden Gebiete zu Bischöflichen Kommissariaten zusammengefaßt: Bischöfl. Kommissariat Schwerin (Osnabrück); Erzbischöfl. Kommissariat Magdeburg (Paderborn); Bischöfl. Kommissariat Erfurt (Fulda); Bischöfl. Kommissariat Südthüringen (Würzburg).

Die in der DDR gelegenen Gebiete des Erzbistums Breslau, das zur Zeit von einem polnischen Apostolischen Administrator verwaltet wird, werden durch das Erzbischöfliche Amt Görlitz kommissarisch geleitet. Eine Neuordnung der Diözesen in den ehemaligen deutschen Ostgebieten ist vom Vatikan bis zu einer endgültigen Grenzregelung zurückgestellt worden.

Die zum Bistum Ermland, zur Freien Prälatur Schneidemühl, zur Grafschaft Glatz und zum Erzbischöflichen Kommissariat Katscher gehörenden, aber in der BRD wohnenden Priester unterstehen jeweils einem Kapitularvikar bzw. Jurisdiktionsträger. Diese sowie der Apostolische Exarch für die in der BRD lebenden katholischen Ukrainer sind Mitglieder der Deutschen Bischofskonferenz.

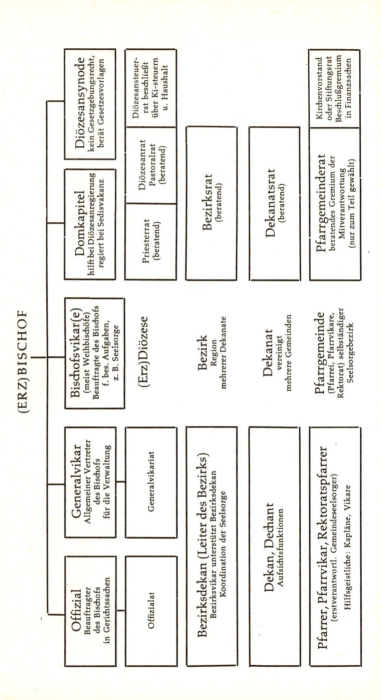

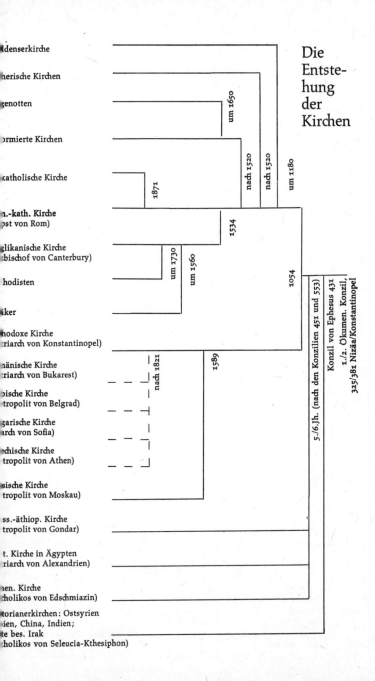

SIEBENTER TEIL
Grundfragen theologischen Denkens

LITERATURHINWEIS

Glaubensverkündigung für Erwachsene. Deutsche Ausgabe des Holländischen Katechismus (1968)
Ev. Erwachsenenkatechismus. Kursbuch des Glaubens (1975)
Aufschlüsse. Ein Glaubensbuch (1977)
Karl Rahner / Herbert Vorgrimler, Kleines Konzilskompendium. Alle Konstitutionen, Dekrete und Erklärungen . . . (1966, Herder Bücherei 270/73)
Heinz Zahrnt (Hg.), Gespräch über Gott. Die protestantische Theologie im 20. Jahrhundert. Ein Textbuch (1968)

VORBEMERKUNG

Diese Texte, vorzugsweise der neueren theologischen Diskussion entnommen, wollen einführen in Grundformen theologischen Denkens. Sie zeigen zugleich, daß Theologie immer die Aufgabe hat, unter den Bedingungen der Gegenwart aufs neue zu fragen, was das eigentlich heißt: Glauben? Gott? An Gott, an Jesus glauben?

Mit der Textauswahl ist nicht beabsichtigt, ein Gesamtbild gegenwärtiger Theologie zu bieten. Es sollen vielmehr im Sinne eines ersten Schrittes der Einübung in theologisches Denken einige entscheidende Fragestellungen der neueren Diskussion und einige ihrer historischen Bedingungen vor Augen geführt werden.

Man kann sich mit diesen Texten wie in einem »Lehrgang« auseinandersetzen, man kann aber in die unterschiedlichsten Fragestellungen und in die Beschäftigung mit biblischen Aussagen auch, am Thema orientiert, jeweils den einen oder den anderen Text einbeziehen.

Die Ein- und Überleitungen führen zu den Texten hin. Wörtliche Zitate in diesen Abschnitten stammen, wenn nicht anders vermerkt, vom jeweils folgenden Autor. Die Überschriften wurden z. T. aus den Originalen übernommen, meist wurden jedoch zentrale Stichworte des folgenden Textes vorangestellt.

ÜBERSICHT

I	POSITIONEN — TRADITIONEN	176
II	BIBEL — VERSTEHEN	192
III	GOTT — JESUS CHRISTUS	207
IV	KIRCHE — BEKENNTNIS	221
V	THEOLOGIE DER WELT	243

176 Grundfragen theologischen Denkens
Positionen — Traditionen

Theologie kann auf ganz unterschiedliche Art und Weise dargestellt werden:
— problemgeschichtlich, nach Themen;
— entwicklungsgeschichtlich, unter dem Gesichtspunkt von Kontinuität und Diskontinuität;
— sozio-politisch, in der Verknüpfung mit Gesellschaft und Politik;
— institutionengeschichtlich, auch im Gegenüber zur Kirche;
— richtungsgeschichtlich, nach Personen.

Jede dieser Darstellungsformen typisiert, stellt also einen besonderen Aspekt heraus. Dazu kommt: genaue Grenzen lassen sich bei solchen Unterscheidungen kaum ziehen, zwischen den Darstellungsformen gibt es immer Überschneidungen.

Die beiden folgenden Texte — einer die katholische, der andere die evangelische Theologie betreffend — setzen historisch an verschiedenen Zeitpunkten ein, beide aber jeweils in einer Situation der Krise und des Umbruchs:
— bei der katholischen Theologie am Beginn der Neuzeit und der Aufklärung, als traditionelle Machtstrukturen und Weltbilder zerbrechen;
— in der Entwicklung der evangelischen Theologie nach dem Ersten Weltkrieg, als die Personalunion des Bündnisses von Thron und Altar, der Landesherr als »Bischof«, zu Ende geht, eine kirchliche Selbstverwaltung entsteht, die geistliche Schulaufsicht verschwindet und anderes mehr. Hier formuliert Karl Barth am entschiedensten den Widerspruch zu einer Theologie, die sich als geistliche Verbrämung und Überhöhung verflossener feudaler Strukturen verstand und einer bestehenden bürgerlichen Kultur verstehen möchte.

Mit den beiden Texten liegen auch unterschiedliche Darstellungsformen vor: ein eher problem- und institutionengeschichtlicher Abriß auf seiten der katholischen Theologie, eine eher personalrichtungsgeschichtliche Darstellung auf seiten der evangelischen Theologie. In der Tat ist bis in die Mitte dieses Jahrhunderts die katholische Theologie enger an die Kirche gebunden und gibt ein geschlosseneres Bild ab als dies im Protestantismus der Fall war. Hier ist es wohl erst das 2. Vatikanische Konzil, das zum breiten Aufbruch in die verschiedensten Richtungen ermunterte und dessen Folgen heute noch nicht abzuschätzen sind.

Für die evangelische Theologie wurde K. Barth mit seinem Römerbriekommentar (1918) zum Begründer der die deutsche Theologie lange beherrschenden Richtung der Dialektischen Theologie. Leitend ist hier der Gedanke des unendlichen Abstandes zwischen Gott und Mensch, zentrales Thema: die Selbstoffenbarung Gottes in den Schriften des Alten und Neuen Testaments. Diese »Offenbarung« kann nur gehorsam und demütig angenommen werden. »Religion« ist demgegenüber »menschliches Gemächte« und menschliche Selbstüberhebung.

Zu den anderen in den Texten genannten Autoren: Von der Bibel als göttlicher Offenbarung geht auch R. Bultmann aus. Er fragt allerdings: wie kann ich diese Texte aus zweitausendjährigem Abstand verstehen, um glauben zu können? Um eine »nichtreligiöse Interpretation« biblischer Begriffe in der »mündig« gewordenen Welt bemüht sich D. Bonhoefer. Und schließlich: was sagen die Schriften des Alten und Neuen Testaments zu den Fragen von Politik, Gesellschaft und Zukunft? Hier treffen sich weitgehend eine »Theologie der Welt« (J. B. Metz) und eine »Theologie der Hoffnung« (J. Moltmann).

Die Kirche in der Neuzeit

I. KIRCHEN UND MODERNE WELT

Die Abwehr der Reformation war nicht nur insofern erfolgreich, als sie die Ausbreitung der neuen Lehre in katholischen Stammlanden unterband; in der Kultur des Barock fand die Vormachtsstellung des Katholizismus zudem ihren sichtbaren Ausdruck. In Südamerika und auf den Philippinen schuf das spanische Kolonialreich die Voraussetzungen für die außereuropäische Verbreitung des katholischen Christentums. Missionarische Vorstöße in Indien und China brachen nach vielversprechenden anfänglichen Erfolgen gegen Mitte des 18. Jahrhunderts an der Rivalität verschiedener katholischer Missionsmethoden zusammen.

1.1 Diese Vormachtstellung des Katholizismus wird unterhöhlt, als im 18./19. Jahrhundert die europäische Führung an protestantische Länder übergeht, zunächst an England, dann teilweise in der 2. Hälfte des 19. Jahrhunderts an Preußen und im 20. Jahrhundert an das protestantische Amerika. Einmal beruhte die katholische Hegemonie auf geschichtlich erprobten Modellen der Allianz von Kirche und Staat, von »Thron und Altar«. Ihrem Wesen nach wiesen diese ins Mittelalter zurück. Als sie in der Französischen Revolution zerbrachen, war die Katholische Kirche als Erbin des mittelalterlichen Universalismus der Neuzeit hilfloser preisgegeben als die protestantischen Kirchen und Gruppierungen. Diese konnten sich mit dem Nationalstaat des 19. Jahrhunderts verhältnismäßig gut arrangieren, zumal wenn nach ihrer eigenen Selbstdarstellung das Erbe der Reformation kurzschlüssig in der Verwirklichung patriotisch-nationaler Ziele aufging.

1.2 Doch der echte Vorsprung des Protestantismus in der Neuzeit liegt anderswo. Früher als der Katholizismus hat der Protestantismus begonnen, sich mit den Fragen der modernen Bibelkritik auseinanderzusetzen; auch das Verhältnis der Protestanten zu den Naturwissenschaften war ungetrübter als das der Katholiken. Hier setzte die Verurteilung Galileo Galileis durch die römische Indexkongregation 1616 ein Fanal: Der Schwerpunkt der naturwissenschaftlichen Forschung verschob sich aus dem Süden in den protestantischen Norden.

1.3 Die Beantwortung der Frage, ob Protestantismus für die Entstehung des »modernen Menschen« schicksalhafter als der Katholizismus geworden ist, setzt zunächst eine begriffliche Klärung voraus. Der Pluralismus protestantischer Konfessionsbildung zwingt zu notwendiger Differenzierung, wie auch der »moderne Mensch« kein eindimensionales Retorten-Produkt ist. Unter diesen Vorbehalten ließe sich sagen, daß der Beitrag kleinerer protestantischer Gruppen (z. B. Wiedertäufer), die von den rechtgläubigen Protestanten scharf bekämpft wurden, vor allem für den Durchbruch des Toleranzgedankens bahnbrechend war; soweit sie einem strengen Biblizismus zuneigten, war ihr Ertrag für eine »kritische« Theologie gering. Umgekehrt haben die protestantischen »Großkirchen« der Lutheraner und Kalvinisten verhältnismäßig wenig zur Toleranz beigetragen.

1.4 Den Lutheranern wird der Hang zur Staatsfrömmigkeit und zu konservativem Ordnungsdenken nachgesagt. Am ausgeprägtesten begegnen uns »moderne« Züge im Kalvinismus des 17. und 18. Jahrhunderts. In ihm verbindet sich eine Vorliebe für die demokratische Staatsform mit ausgeprägtem Einsatz für wirtschaftlich-industrielle Expansion. Daß der Kalvinismus den »Geist des Kapitalismus« entbunden habe, ist allerdings eine Übertreibung, denen die Fakten auch im katholischen Raum entgegenstehen. Die Minderheitssituation kalvinistisch-reformierter Gruppen hat eine entscheidendere Rolle gespielt als ihre Theologie. Doch grundsätzlich festzuhalten, daß auch in säkularisierten Zeiten Verhaltensweisen, wie sie durch verschiedene religiöse Überzeugungen eingeschliffen wurden, längere Lebensdauer haben, als meistens angenommen wird.

2. KRISE DER AUFKLÄRUNG

Damit wird das Stichwort genannt, das die Tendenzrichtung der Kultur der Neuzeit anzeigt: Säkularisierung. Sie ist ein vielschichtiger Vorgang, dessen Wurzeln ins Mittelalter und in die Renaissance zurückreichen. Man kann ihn mit dem Bestreben umschreiben, den Menschen aus den Bezügen der Transzendenz zu lösen und ihn selber und seine Fragestellungen in den Mittelpunkt zu rücken. Der theonome Kosmos des Mittelalters, den auch die Reformatoren noch ungefragt hingenommen hatten, zerfällt; die Autonomie des Menschen tritt in den Vordergrund. Die Frage nach der Wahrheit, auf die die christliche Kirche eine unbestrittene Antwort hatte, wird anders gestellt, zunächst unter dem Gesichtspunkt des Nutzens für den Menschen. In den Bildungseliten geraten die herkömmlichen Maßstäbe sittlichen Verhaltens ins Wanken; allmählich steigt das praktisch-tatsächliche Verhalten in den Rang letzter menschlicher Normen auf. Die Kirche verliert ihren privilegierten Sonderstatus in der Öffentlichkeit. Die Französische Revolution liquidiert ihre Vormachtstellung in Gesellschaft und Staat; sie verliert nicht nur ihre großen Reichtümer, sie wird allmählich auch aus jenen Domänen des menschlichen Lebens herausgetrieben, in denen ihr Einfluß bisher konkurrenzlos geblieben war: Wissenschaft, Universität, Schule, Ehe, private Moral, zuletzt soziale Fürsorge.

Die Konsequenz dieser Entwicklung wurde nicht von Anfang an gesehen, ihre Auswirkungen auf dem Lande viel später als in städtischen Ballungszentren wahrgenommen. Die Fassade der bürokratisch gezähmten Staatskirche blieb in den meisten Ländern auch während des 19. Jahrhunderts intakt. Sie ist erst im 20. Jahrhundert eingestürzt.

2. 1 Dieser epochale Wandel, der die Gestalt der konstantinischen Kirche aufgelöst hat, war weder die Frucht der Kirchenspaltung, noch das Ergebnis einer zielstrebig gegen das Christentum gerichteten Bewegung. Das konfessionell zerrissene Christentum konnte der Säkularisierung kein geschlossenes, überzeugendes Gedankenkonzept entgegenstellen; es sah in dieser Entwicklung, die zugleich Bedrohung, aber auch Chance neuer Möglichkeiten war, nur den Geländeverlust, selbst dort, wo es von unnötigem Ballast befreit wurde. Ihr gegenüber haben die christlichen Kirchen sich auf eine Linie der Defensive und Opposition zurückgezogen. Das schwächte ihre Verteidigung gerade dort, wo es um Unaufgebbares ging, wo die »Hypothese« eines persönlichen, sich in die Welt hinein offenbarenden Gottes fallengelassen und Modelle einer Zivilisation ohne Gott entworfen wurden. Hingegen hat die Verteidigungsstrategie der Kirche selbst dort, wo sie innerkirchlichen, also »eigennützigen« Zielsetzungen diente, dazu beigetragen, die vom Totalitätsanspruch des souveränen Staates bedrohten »jungen« — kaum geborenen — Freiheiten des »modernen« Menschen zu schützen, indirekt und ohne daß dieses Ziel unmittelbar angestrebt wurde.

2. 2 Naturgemäß wurde die Katholische Kirche stärker von dieser Krise erfaßt als die protestantischen Kirchen. Sie war auch in vermehrtem Maß dafür anfällig, hinter diese epochale Wende wieder ins Mittelalter zurückzugehen, somit der Versuchung restaurativer Gedankengänge zu erliegen. Die Philosophen der Aufklärung hatten — einen gewissen Antiklerikalismus, den es in der Kirche schon immer gab, hinter sich lassend — zuletzt die Offenbarungswahrheiten des christlichen Glaubens angegriffen. Die Französische Revolution, an deren geistiger Vorbereitung und Durchführung Mitglieder des Klerus nicht unbeteiligt waren, zerstörte, nach dem mißglückten Experiment einer Staatskirche, gewaltsam den Öffentlichkeitscharakter der französischen Kirche. Der Schock dieser Zwangsmaßnahmen wirkte im französischen Katholizismus das ganze 19./20. Jahrhundert nach und ist auch heute noch bei kirchlichen Randgruppen extrem konservativer Gesinnung lebendig. Die eine Richtung im französischen Katholizismus verband mit ihrer moralischen Entrüstung über die Gewaltpolitik der Revolution die Ablehnung der gesellschaftlichen Situation, wie sie aus der Revolution entstanden war. Rückkehr zur Monarchie und zu mittelalterlichen Gesellschaftszuständen waren für sie

typische Idealvorstellungen; der jüngste Ausläufer dieser Richtung ist die Auffassung, daß das 2. Vatikanische Konzil (1961—1965) einem Komplott von Liberalen, Freimaurern und Juden erlegen sei. Diese Richtung wird als Integralismus bezeichnet.
2. 3 Die andere Richtung akzeptierte den gesellschaftlichen Wandel. Sie sah die Aufgabe der Kirche darin, für ihre Organisation und Gesellschaftslehre die Konsequenzen daraus zu ziehen. F. de Lamennais (1782—1854) wurde ihr Wegbereiter. Im liberalen Katholizismus seiner Schüler lebte sein Gedankengut auch nach seinem Ausscheiden aus der Kirche weiter. Gegen Ende des Jahrhunderts wurde diese Richtung von einer anderen abgelöst, die sich zur modernen Demokratie und zu einer realistischen Lösung der sozialen Frage bekannte. Vielleicht hat die größere Vertrautheit der französischen Katholiken mit der gesellschaftlichen Situation, mit der sich die Kirche in der modernen Welt abzufinden hatte — 1906 wurde die Trennung von Kirche und Staat beschlossen —, die französische Theologie in stärkerem Ausmaß befähigt, sich auf ein neues Verständnis von Kirche und Welt einzuüben und darüber zu reflektieren.
2. 4 Auch das Papsttum wurde unmittelbar von der Französischen Revolution getroffen. Es verlor zunächst den größten Teil des Kirchenstaates, erreichte aber beim Wiener Kongreß seine Wiederherstellung. Eine andere Form der Sicherung der Handlungsfreiheit und geistigen Unabhängigkeit des Papsttums trat nicht ins Blickfeld der kurialen Diplomatie; sie war aber auch nicht von den europäischen Mächten zu erwarten. Die Kirchenstaatsfrage hemmte während des ganzen 19. Jahrhunderts die päpstliche Politik und indirekt das kirchliche Leben. Im Dilemma, entweder die Führung der nationalstaatlichen Bewegung in Italien zu übernehmen — dieses Italien war ein Gemisch von teilweise sehr disparaten, zum Teil von Österreich beherrschten Staaten — oder sich dieser Entwicklung mit allen Mitteln auch der geistlichen Gewalt entgegenzustellen, entschied Rom sich für den zweiten Weg. Bereits seine universalkirchliche Aufgabe verbot dem Papst, sich nationalstaatlich-italienischen Interessen zu verschreiben. Das Papsttum steht deshalb im 19. Jahrhundert auf der Seite der Fürsten und Herrscher; es empfiehlt den Gehorsam gegenüber der gewaltsamen Kirchenpolitik einzelner Staaten — und versucht, durch gegenseitige Abmachungen (Konkordate) eine rechtliche Grundlage für das kirchliche Leben zu schaffen. Diese Konkordatspolitik wird auch im 20. Jahrhundert fortgesetzt. Ihre Bedeutung für das religiöse Leben ist nicht zu überschätzen, da sie bestenfalls einen äußeren Rahmen für geistig-religiöse Entwicklungen bereithalten kann; man wird ihr aber auch nicht gerecht, wenn man sie als überflüssige diplomatische Spiegelfechterei abtut.
2. 5 Folgenschwer für die Haltung der Kirche gegenüber der Gesellschaft und ihre Einschätzung durch die Gesellschaft ihrer Zeit waren päpstliche Rundschreiben, in denen der grundsätzliche Standpunkt zum Ausdruck kam. Gregor XVI. verurteilte 1832 Gewissensfreiheit und Demokratie, Pius IX. (1846—1878) 1864 im »Syllabus der Irrtümer« den Liberalismus in all seinen Schattierungen und eine Reihe von anderen Auffassungen, die die Beziehung von Kirche und Staat berührten oder die Einstellung gegenüber christlichen Grundwahrheiten betrafen. Teilweise beruhten diese Verurteilungen auf dem Mißverständnis der zu abstrakt-logischer Konsequenz gesteigerten Auffassungen der Zeit; teilweise aber auch waren sie der Ausdruck einer Unfähigkeit, mit modernen Massenmedien umzugehen. Nicht immer gelang es den Bischöfen und Theologen, diese negativen Grundsatzdeklamationen in ihrer Anstößigkeit wegzuinterpretieren: ein Kräfteverschleiß, der sich ins 20. Jahrhundert hinein fortsetzt und bei weniger einsamen Entschlüssen Roms vermieden werden könnte.

3. DAS 19. JAHRHUNDERT

Daß die Kirche auf dem 1. Vatikanischen Konzil (1869/70), der ersten allgemeinen Kirchenversammlung seit Trient, mit der Welt in Dialog treten würde, war die Hoffnung

180 Grundfragen theologischen Denkens

einer Reihe von Bischöfen. Sie hat sich jedoch nicht erfüllt. Das Konzil hat den Graben zur Welt vertieft und zum Ausbau des römischen Zentralismus beigetragen. Dadurch, daß es dem Papst das Recht des unmittelbaren Eingreifens in jede Diözese (Jurisdiktionsprimat) einräumte und bestimmten seiner feierlichen Lehraussagen den Charakter der Unfehlbarkeit zuerkannte, wurde die Position des Bischofs von Rom ungemein gestärkt. Eigenartigerweise geschah dies zu einem Zeitpunkt, als seine unmittelbare politische Rolle ausgespielt war. Am 20. Oktober 1870 besetzten die piemontesischen Truppen Rom, den letzten Stützpunkt des Kirchenstaates.

3. 1 Die ungelöste römische Frage sollte die Kirche noch weitere 50 Jahre beschäftigen und die aktive Teilnahme der italienischen Katholiken an der italienischen Politik bis zum Ende des Weltkrieges verhindern. Ursache dieser Negativbilanz war nicht nur kurialer Starrsinn, sondern vor allem die Weigerung der antiklerikal berauschten italienischen Führungsschicht, angemessene Garantien für die volle Souveränität und Handlungsfreiheit des Papstes zu geben. Erst die Lateranverträge, die Pius XI. 1929 mit dem faschistischen Italien abschloß, brachten eine zufriedenstellende Lösung.

3. 2 Diese Defensivhaltung der Kirche gegenüber dem 19. Jahrhundert wurde von der überwiegenden Mehrheit der Katholiken, Kleriker und Laien mitgetragen und gebilligt. Die zahlenmäßig schwachen liberalen Katholiken fielen nicht ins Gewicht, wie auch eine nationalkirchliche Fronde gegen das Vatikanische Konzil in Deutschland und der Schweiz ohne nennenswerten Anhang blieb (Altkatholische Kirche). Das Kirchenvolk solidarisierte sich mit dem von den europäischen Mächten preisgegebenen Papst; staatlich-repressive Maßnahmen gegenüber kirchlichen Einrichtungen und Bräuchen brachten das Volk auf die Seite der Kirche. Im Ultramontanismus (ultra montes = jenseits der Berge) — im Gegensatz zum liberalen Katholizismus eine echte Volksbewegung — wuchs diese Solidarisierung zu ideologischer Gesinnungsmeierei, ja zur politischen Parteirichtung. Nie zuvor hatte das Papsttum bei den katholischen Massen einen solchen Kredit besessen.

3. 3 Trotz zahlreicher innerer und äußerer Hemmnisse nahm das religiöse Leben einen ungeahnten Aufschwung. Die alten Orden und Kongregationen, die durch die Folgen der Französischen Revolution stark dezimiert waren, zogen wieder junge Menschen an; zahlreiche neue wurden ins Leben gerufen und boten echte Möglichkeiten der Selbstverwirklichung. Im Schulwesen, der Krankenpflege, sozialen Fürsorge und in den Missionen fanden diese Kräfte ihren Einsatz. Diese Leistungen verdienen Anerkennung, auch wenn auf seiten der Christen die Notwendigkeit struktureller Veränderungen nicht erkannt wurde, um die als Folge der industriellen Revolution entstandene soziale Frage zu lösen. Menschen der Kirche haben sich — wenn auch vielleicht nicht zur Genüge — in aufopfernder Weise um den konkreten, darbenden Mitmenschen gekümmert, unbeschadet dessen, daß die Einsichten genialer nichtchristlicher Zeitgenossen in die Zusammenhänge zwischen Arbeits- und Produktionsprozeß und Verelendung der Massen in die Zukunft wiesen.

3. 4 Im inneren Bereich des kirchlichen Lebens gelang dem Katholismus teilweise eine religiöse Vertiefung beträchtlichen Ausmaßes. Ein im Vergleich zu früheren Generationen besser auf seine Aufgabe vorbereiteter Klerus, regelmäßige Unterweisungen, Pfarreimissionen bildeten den äußeren Rahmen; die intensive Verehrung der Eucharistie und der Anstieg der Marienfrömmigkeit waren ihre geistlich-theologischen Komponenten. Zwar haftete dieser Frömmigkeit etwas Formelhaftes und Gefühlvolles an; ihre religiöse Eindringlichkeit läßt sich aus vielen Quellen belegen. Es ist ein Irrtum zu meinen, nur eine hochstehende »Theologie« könne und müsse »echte Frömmigkeit« verbürgen; schöpferische Theologie, echte Frömmigkeit, große religiöse Kunst sind nur im Idealfall deckungsgleiche Größen. In der religiösen Praxis klaffen sie oft auseinander.

3. 5 Die Katholische Kirche in Deutschland blieb von den Auswirkungen der Französischen Revolution nicht verschont. Um die deutschen Fürsten zu entschädigen, die ihre

Positionen – Traditionen 181

linksrheinischen Besitzungen an Frankreich verloren hatten, beschloß 1803 eine Deputation deutscher Fürsten (Reichsdeputationshauptschluß), sämtliche geistlichen Fürstentümer aufzuheben und den Einzug (Säkularisation) des Kirchengutes zu gestatten. Ins Gewicht fiel nicht an erster Stelle der materielle Verlust, den die Kirche infolge dieser Maßnahme erlitt, als vielmehr die Tatsache, daß es zu einer Verschiebung der Machtverhältnisse zuungunsten der Katholiken kam. Die Strukturen wurden zerschlagen, innerhalb derer sie bisher ihren Einfluß auf Bildung und Kultur geltend gemacht hatten. Zur neuen Mehrheit protestantischer Stände — Bayern bleibt katholische Vormacht, wird aber in der deutschen Politik von Preußen in den Hintergrund gedrängt — tritt die Überlegenheit der protestantisch-preußischen Kultur hinzu. An ihr hat der Katholizismus keinen Anteil gehabt. Die wenigen katholischen Philosophen (Franz von Baader) und Dichter (Annette von Droste-Hülshoff, Joseph von Eichendorff) waren nicht an den Hauptstrom deutschen Geisteslebens angeschlossen; die Katholiken — etwas mehr als drei Millionen in den Rheinlanden, Westfalen und Schlesien gerieten unter preußische Herrschaft — bleiben bis zur Weimarer Republik untervertreten in Verwaltungs- und Regierungsämtern.

3. 6 Die Anstöße zur Erneuerung des christlichen Lebens gingen aus von einer Reihe von Persönlichkeiten aus dem geistlichen und dem Laienstande. Um die Fürstin Amalie Gallitzin in Münster (1748—1806) sammelten sich Pädagogen, Literaten und Mystiker zu einem Bund von Gesinnungsfreunden, der an pietistische Gebetszirkel erinnert. Umfassender und kontinuierlicher war der Einfluß Johann Michael Sailers (1751—1832), Professor der Moral- und Pastoraltheologie in Dillingen, Landshut und Ingolstadt. Er vertrat ein Christentum von ökumenischer Weite, pflegte Beziehungen zu protestantisch-pietistischen Kreisen und bildete ganz besonders im süddeutschen Raum ganze Generationen von Geistlichen im Sinne eines glaubensfrohen, toleranten Katholizismus aus. Auf dem Gebiete der Seelsorge hatte die deutsche Aufklärung gute Vorarbeiten geleistet, auch wenn die Romantiker sich gegen den Rationalismus der vorhergehenden Epoche wandten. Die pastoralen Reformen des Konstanzer Generalvikars von Wessenberg, der das Bildungsniveau des Klerus heben wollte und eine deutsche Liturgie anstrebte, kamen nur teilweise zum Zuge. Weit größerer Einfluß fiel einem Mainzer Theologenkreise zu, der für zentralistisch-autoritäre Erneuerung der Kirche eintrat. Sein kämpferisches Organ wurde der 1821 gegründete »Katholik«.

3. 7 Für die Zukunft des deutschen Katholizismus gewann ein weiterer Kreis an Bedeutung, der sich in München um den vom revolutionsfreudigen Jakobiner zum kirchentreuen Katholiken konvertierten Koblenzer Joseph von Görres (1776—1848) sammelte. Dieser Kreis hat jene scharfe aggressiv-defensive Gangart eingeschlagen, die später in der deutschen Kirche den Ton angab. Der Ausbau eines umfassenden Verbands- und Vereinswesens wurde hier angeregt. Görres selber gab den Auftakt dazu. Als 1837 die preußische Regierung den Kölner Erzbischof Klemens Droste zu Vischering wegen seines kirchlich kompromißlosen Standpunktes in der Frage der Ehen zwischen Katholiken und Protestanten verhaftete, schleuderte Görres einen zündenden Aufruf gegen den staatlichen Gewaltakt in die Öffentlichkeit. Der Ruf »Freiheit für die Kirche« wurde zur Parole gegen staatliche Bevormundung. Sie brachte die katholischen Massen in Bewegung. Auf drei Ebenen entfalteten sich die Initiativen: auf der Vereinsebene, der des Parlamentes und des Episkopats. Die von den Mainzern lancierten »Piusvereine für die kirchliche Freiheit« trugen das kirchlich-religiöse Anliegen, verbunden mit gemäßigtliberalen politischen Forderungen, in breitere Kreise. Auf der Frankfurter Nationalversammlung 1848 trat erstmals ein »Katholischer Club« der Parlamentarier als lockere Arbeitsgemeinschaft in Erscheinung. Im gleichen Jahr tagte in Würzburg die erste deutsche Bischofskonferenz. Diesen vereinten Bemühungen gelang es, eine bessere Rechtsstellung der Katholischen Kirche in Preußen zu sichern. Doch der Plan der Bischöfe, einen nationalkirchlichen Zusammenschluß unter einem deutschen Primas und verschiedene

182 Grundfragen theologischen Denkens

Reformen in Liturgie und Kirchenordnung durchzusetzen, scheiterte am Widerspruch Roms.

3. 8 Eine bleibende Errungenschaft diser Periode waren die Gesellenvereine, die der Kölner Geistliche Adolf Kolping (1813—1865) im Revolutionsjahr 1848 ins Leben rief. Sie entsprachen der Notlage dieses Berufsstandes, dessen Elend zu dem Zeitpunkt zumindest ebenso groß als das des Industrieproletariates war. Eigentlichen Zugang zur sozialen Frage hat die deutsche Kirche etwas später gefunden. Das hing damit zusammen, daß die Industrialisierung Deutschland mit einer kleinen Verspätung erreichte und sich zuerst in protestantischen Gebieten auswirkte. Bahnbrecher des sozialen Gedankens und der Notwendigkeit der Staatsintervention wurde der Mainzer Bischof Wilhelm von Ketteler (1811—1877), die bedeutendste Gestalt des deutschen Episkopats in der Neuzeit. Gegen Ende des Jahrhunderts hat der »Katholische Volksverein« in Mönchen-Gladbach vieles zur Sensibilisierung der Öffentlichkeit in diesem Bereiche geleistet, obwohl das Mißtrauen großer Teile der kirchlichen Hierarchie gegenüber gewerkschaftlichen Zusammenschlüssen nahezu unüberwindlich blieb.

3. 9 Die katholische Theologie hat diese großen gesellschaftlichen Probleme nur sehr spät gegen Ende des Jahrhunderts wahrgenommen. Ihr erster bedeutender Vertreter, der Tübinger Theologe Johann Adam Möhler (1796—1838), hat die Lehre von der Kirche neu dargelegt und eine theologische Schule mitbegründet, die sich über das 19. Jahrhundert hinaus unter Einbeziehung von Tradition und moderner Problemlage um eine zeitgemäße Auslegung der Offenbarungswahrheiten bemühte. Das Lebenswerk des Münchener Kirchenhistorikers Ignaz von Döllinger (1799—1890) wurde 1871 jäh abgebrochen, als dieser aus seinem geschichtlichen Gewissen heraus die Anerkennung der päpstlichen Unfehlbarkeit verweigerte.

Gegen die nicht besonders zahlreichen Gesinnungsfreunde Döllingers gingen die deutschen Bischöfe mit kirchlichen Strafen und Absetzungen vor: die gleichen deutschen Bischöfe hatten kurz zuvor auf dem Konzil mehrheitlich gegen die Unfehlbarkeit gestimmt. Da nahm die preußische Staat die widerspenstigen Geistlichen in Schutz. Das gab den Anlaß zum sogenannten Kulturkampf. Seine Hintergründe sind anderswo zu suchen: in der souveränen Staatsidee und in der Feindschaft des Reichskanzlers Bismarck gegenüber der 1870 entstandenen katholischen Zentrumspartei. Er bezeichnete sie, nicht zuletzt wegen ihrer Unterstützung der Polen, als »reichsfeindlich« und wollte sie mit restriktiven Maßnahmen gegen die Katholische Kirche treffen. Nach fünfjähriger Schikane (Gehältersperre, Ausweisung von Ordensleuten und Geistlichen, Kanzelbespitzelung) wurden die Kampfgesetze — Bismarck sah den Kulturkampf später als Fehler an — allmählich abgebaut. Die Bedeutung dieses Konfliktes liegt nicht so sehr im geistigen und materiellen Schaden, den er der katholischen Sache zufügte. Wie jede nicht zu Ende geführte Verfolgung trieb er die Solidarisierung des Kirchenvolkes mit Klerus, Bischöfen und Papst mächtig an, bewirkte also genau das Gegenteil seiner Zielstellung. Der deutsche Katholizismus erreichte eine Geschlossenheit, wie er nur noch vom holländischen übertroffen wurde. Die Kehrseite dieser Entwicklung war allerdings, daß die Katholiken immer stärker ins kulturelle Ghetto gerieten. Katholiken waren an den Universitäten nur schwach als Professoren und Studenten vertreten; Dichter und Schriftsteller, die über das Ghetto hinaus sich vernehmlich machen konnten, gab es kaum. Katholisches wird nicht gelesen, war damals ein geflügeltes Wort. Zur Überwindung der Ghettosituationen hat das Lamentieren nicht beigetragen, sondern vielmehr die Gründung der kulturellen Monatszeitschrift »Hochland« (1903/04) durch den Laien Karl Muth. Auch die patriotischen Beteuerungen der deutschen Katholiken im Weltkrieg änderten nicht viel an dieser Situation. Sie blieben bis zum Ende des Weltkrieges Bürger zweiter Klasse; da ihr religiöses Haupt in Rom war, haftete ihnen stets ein Hauch von Vaterlandslosigkeit an.

4. AUSBRUCH AUS DEM GHETTO

Eine Wende brachte erst die Weimarer Republik (1919—1933). Hier übernahm erstmals das Zentrum, das seine Schlüsselposition unter den deutschen Parteien weiter ausgebaut hatte, Regierungsverantwortung; es blieb darin bis zum Zusammenbruch der Republik. Ein katholischer Priester, der Kölner Heinrich Brauns (1868—1939), leitete 1920—28 das Arbeitsministerium. Zwar trauerten politisch weniger erfahrene Mitglieder des Adels, des Klerus und vor allem der Hierarchie der entschwundenen Monarchie nach; die im Zentrum organisierten katholischen Laien waren gegen nostalgisch-restaurative Tendenzen gefeit.
Innerkirchlich brachte diese Periode einen neuen Aufschwung. Die etwas erstarrten Formen katholischer Lebensgestaltung nahmen Impulse der Zeit auf und entwickelten eine neue Prägekraft; Liturgische und Jugend-Bewegung, deren geistige Führung in Akademikerkreisen bei Romano Guardini (1889—1965), einem elitären Jugendführer und Interpreten moderner Geistigkeit, lag, streuten die Saat für eine neue Entwicklung. Sie ging zum Teil erst viel später auf und gab dem deutschen Sprachraum einen gewissen Vorsprung gegenüber anderen Teilen der Weltkirche. In der »Katholischen Aktion«, einer Gründung Pius' XI., wurden die Laien, wenn auch unter geistlicher Leitung, für den Dienst an der Heimatkirche animiert. Die Bibelbewegung drang ins katholische Volk, und ökumenische Pioniere wagten sich an das Gespräch mit den getrennten Brüdern.

5. DER NATIONALSOZIALISMUS

Dieser fast euphorische Aufbruch wurde 1933 durch die Machtübernahme der Nationalsozialisten durchkreuzt. Als der Zusammenbruch der Weimarer Republik zur unausweichlichen Tatsache wurde, haben die deutschen Bischöfe und Kardinalstaatssekretär Pacelli (später Pius XII.), ein Kenner und Freund Deutschlands, auf den Abschluß eines Reichskonkordates gedrängt. Große Erwartungen wurden von römischer Seite nicht daran geknüpft; sie wären auch fehl am Platze gewesen. Alsbald begannen die Gleichschaltung der katholischen Verbände und Organisationen, das Zurückdrängen der Kirche im öffentlichen Leben, die Verunglimpfungen in der Presse, widerlich aufgebauschte Sitten- und Devisenprozesse. Ein Eindringen der nationalsozialistischen Irrlehre in den innerkirchlichen Raum der Lehre hatte die Katholische Kirche — im Gegensatz zur protestantischen — nicht zu fürchten. Sie wurde deshalb auch nicht zu solch heroisch-theologischer Gegenwehr wie jene herausgefordert. Stärker als jene hatte sie den katholischen Volksteil, der auf sie hörte, vor nationalsozialistischen Ideen gewarnt, auch wenn sie zu keinem Zeitpunkt das Volk für eine politische Opposition oder gar einen Aufstand gegen das Regime hätten gewinnen können. Dazu waren bei den Bischöfen selber keine Voraussetzungen vorhanden. Mit wenigen Ausnahmen, zum Teil eine Folge der Überalterung, haben sie den dämonischen Charakter des Regimes erst spät durchschaut; als einer der ersten und am konsequentesten Bischof Konrad Graf Preysing von Eichstätt, später Berlin, ein Freund Pius' XII. Weiter bewiesen Mut Bischof Clemens Graf Galen von Münster, der in Predigten gegen die Vernichtung »lebensunwerten« Lebens protestierte, und J. B. Sproll von Rottenburg, der 1938 aus seiner Diözese ausgewiesen wurde. Doch beschämend schwach war die Reaktion der deutschen Kirche auf die antisemitischen Pogrome, z. B. auf die Kristallnacht (9. November 1938). Hier wirkte die antisemitische Tradition des Christentums nach, von der weder Volk noch Theologen noch Bischöfe, sondern nur vereinzelte Hellhörige sich befreien konnten. Blutzeugen im Episkopat gab es keine; hingegen machten zahlreiche deutsche Priester und Laien Bekanntschaft mit Gefängnissen und Konzentrationslagern. Rein zahlenmäßig gesehen verschwindet das christliche Blutopfer gegenüber den Hekatomben gemordeter Juden.

184 Grundfragen theologischen Denkens

6. NACH 1945

Die Nachkriegszeit war durch einen schwierigen und gut koordinierten Wiederaufbau gekennzeichnet. Der Kirche kam dabei zugute, daß ihre Strukturen relativ intakt die NS-Herrschaft überdauert hatten. Aus der Zeit der Verfolgung besaß sie einen gewissen Kredit und konnte so zur Überwindung des geistigen Vakuums beitragen, das das Verschwinden des Nationalsozialismus hinterlassen hatte. Daß sie diesen Kredit mitunter überzog, allzu vorbehaltlos die partnerschaftliche Hand des Staates ergriff und zumindest seit den späten fünfziger Jahren die kritische Distanz zu dem von der CDU geführten Staate verlor, lag zum Teil in der Situation der Nachkriegszeit begründet. Es fiel der deutschen Kirche nicht leicht, sich an einen innerkirchlichen Pluralismus zu gewöhnen. Beobachter der deutschen Entwicklung haben mit einer gewissen Ironie registriert, daß Deutschland ausgerechnet unter der Führung des christlichen Kanzlers Adenauer die Periode seiner größten Prosperität erlebte.

Der wirtschaftliche Aufschwung Deutschlands hat dazu beigetragen, daß das katholische Deutschland in stärkerem Ausmaß auf die Entwicklung der Weltkirche Einfluß gewinnen konnte. Einmal ist hier die personale und materielle Hilfeleistung an die Dritte Welt zu erwähnen. Das Werk »Misereor« stellt nur die Spitze eines Eisbergs dieser Leistungen dar. Noch größer war der deutsche Anteil am Leben der Weltkirche im theologischen Raum. Hier war seit dem Ende des 1. Weltkrieges einiges in Theologie, Liturgie und zwischenkirchlicher Zusammenarbeit gewachsen — zunächst aus dem Wagemut einiger nonkonformistischer Pioniere heraus –, das sich in den Jahren der Verfolgung durch den gemeinsamen Gegner bewährte. Diese Errungenschaften gingen nach dem Kriege nicht verloren. Sie sicherten der deutschen Theologie einen Vorsprung, den sie in mannigfaltigen Bereichen der Liturgie, des Bibelstudiums, der ökumenischen Zusammenarbeit, der theologischen Reflexion innerhalb der Weltkirche geltend machen konnte. Die Namen von M. Schmaus, K. Rahner, H. U. von Balthasar, J. Ratzinger und H. Küng dokumentieren diesen Aufbruch. Er kam besonders auf dem 2. Vatikanischen Konzil zur Geltung, das zwar in seinen gesellschaftlichen Aussagen manch unerledigte Probleme des 19. Jahrhunderts liquidierte, aber auch in die Zukunft wies. Der Vorsprung, den das katholische Deutschland dank seiner Einübung in moderne Problemstellungen und Lösungsversuche besaß, hat dazu geführt, daß die kirchliche Entwicklung in Deutschland nach dem Konzil weniger spektakulär als in anderen Ländern sich vollzog. Wieweit die deutsche Synode in Würzburg (1971—1975) — in der Zusammensetzung der Synodalen intellektuell-akademisch kopflastig — weiterführende Akzente für das Leben der deutschen Kirche setzen konnte, wird erst die Zukunft zeigen.

> Victor Conzemius, Die Kirche in der Neuzeit, in: Günter Gorschenek (Hg.), Katholiken und ihre Kirche in der Bundesrepublik Deutschland. G. Olzog Verlag, München-Wien 1976, S. 45—60

Welche Fragen bewegen die Theologie des 20. Jahrhunderts?

A) THEOLOGIE VON OBEN (VON GOTT HER): KARL BARTH

Die große Bewegung der »Dialektischen Theologie« hat ihren Anfang in einem Schweizer Landpfarramt genommen. Ihr Begründer Barth (1886—1968) war in Safenwil Dorfpfarrer und schrieb dort seine berühmte Auslegung des Römerbriefes (1918). Sie stammt also aus der unmittelbaren Praxis eines Predigers. Später wurde Barth Universitätsprofessor in Deutschland, bis er mit dem nationalsozialistischen System in Konflikt geriet, weil er zum theologischen Führer der kirchlichen Widerstandbewegung im Dritten Reich, der Bekennenden Kirche, geworden war. Bis zum Ende seines Lebens lehrte er dann in Basel.

Barth ist ohne die Theologie des 19. Jahrhunderts nicht zu verstehen. Er wendet sich gegen Schleiermachers Bewußtseinstheologie und ihre Folgen, gegen Rationalismus und Liberalismus. Er nimmt auch den Ruf zur biblischen Theologie auf, wie er sich schon in der Erweckungsbewegung zeigte. Hauptsächlich aber rechnet seine Theologie kritisch mit dem vergangenen Jahrhundert ab. Ausgelöst ist dieser Angriff durch die erschütternden Erfahrungen des Ersten Weltkrieges. Dabei darf man den Einfluß des dänischen Theologen *Sören Kierkegaard* (1813—1855) nicht verkennen. Dieser neben Nietzsche wohl schärfste Kritiker des Christentums im 19. Jahrhundert hatte seine Zeitgenossen pausenlos und herausfordernd auf den »unendlichen Abstand von Gott und Mensch, Himmel und Erde, Zeit und Ewigkeit« hingewiesen und den einzelnen vor die Entscheidung des Glaubens gestellt.

Man kann vier Merkmale an dem theologischen Denkgebäude Barths unterscheiden. Sie ziehen sich durch alle seine Werke hindurch, von seinen frühen Schriften bis hin zum Riesenwerk seiner »Kirchlichen Dogmatik« (1932—1968): Gotteslehre, Schriftlehre, Christuslehre und Glaubenslehre.

Gotteslehre: Im Mittelpunkt der Barthschen Theologie steht Gott. Von ihm kann er aber nur »dialektisch« reden, das heißt nie mit nur einem Satz, sondern mit Hilfe von *zwei* Sätzen, einem Satz und einem Gegensatz, wobei das Ja erst am Nein und das Nein am Ja verstehbar wird. So wird Barths Lehre von Gott eine Absage an Kultur und Religion der Moderne und eine »Theologie der Krisis«, aber gleichzeitig auch Bekenntnis zu dem Gott, der »ganz anders« ist als der Mensch. Bezeichnend dafür ist eine Stelle aus dem »Römerbrief«:

»Gott, die reine Grenze und der reine Anfang alles dessen, was wir sind, haben und tun, in unendlichem qualitativem Unterschied dem Menschen und allem Menschlichen gegenüberstehend, nie und nimmer identisch mit dem, was wir Gott nennen, als Gott erleben, ahnen und anbeten, das unbedingte Halt! gegenüber aller menschlichen Unruhe und das unbedingte Vorwärts! gegenüber aller menschlichen Ruhe, das Ja in unserm Nein und das Nein in unserm Ja, der Erste und der Letzte und als solcher der Unbekannte, nie und nimmer aber eine Größe unter andern in der uns bekannten Mitte, Gott der Herr, der Schöpfer und Erlöser — das ist der lebendige Gott!«

Schriftlehre: Man hat die Theologie Barths mit Recht eine »Theologie *des Wortes*« genannt. Er denkt hoch von der Bibel und würde, wie er einmal bemerkt hat, notfalls die alte Inspirationslehre der historisch-kritischen Schriftauslegung vorziehen, wenn er zwischen beiden zu wählen hätte (»Ich bin froh, nicht wählen zu müssen«). Ihm geht es darum, »durch das Historische hindurch in den Geist der Bibel zu sehen«.

186 Grundfragen theologischen Denkens

»Den Inhalt der Bibel bilden gar nicht die rechten Menschengedanken über Gott, sondern die rechten Gottesgedanken über den Menschen. Nicht wie wir von Gott reden sollen, steht in der Bibel, sondern was er zu uns sagt, nicht wie wir den Weg zu ihm finden, sondern wie er den Weg zu uns gesucht und gefunden hat . . . Das steht in der Bibel. Das Wort Gottes steht in der Bibel« (Das Wort Gottes und die Theologie).

Christuslehre: Barths ganze Dogmatik dient der christologischen Konzentration«. Die Botschaft von der Erlösung, vom »Bund« Gottes mit den Menschen in Christus zieht alle anderen theologischen Aussagen in sich hinein, auch das Zeugnis von der Schöpfung: zuerst die Gnade, dann die Natur, zuerst das Evangelium, dann das Gesetz, zuerst der zweite Glaubensartikel (von Christus), dann der erste (von Gott dem Schöpfer).

»Man kann jeden Satz über das Verhältnis von Gott und Mensch bzw. Gott und Welt daran auf seine Legitimität erproben, ob er auch als Interpretation der in Jesus Christus geschaffenen und aufrecht erhaltenen Beziehung und Gemeinschaft verstanden werden, ob er es ertragen kann, an den Grunderkenntnissen der Kirche über die Person und das Werk Christi . . . gemessen zu werden . . . es gibt streng genommen überhaupt keine der Christologie gegenüber selbständigen Themata« (Kirchliche Dogmatik).

Glaubenslehre: Im »Römerbrief« ist Glaube einfach das Ja des Menschen zum Nein Gottes, jedenfalls keine religiöse Erfahrung, sondern eher etwas Bodenloses, ein absurder »Stand in der Luft«. In der »Kirchlichen Dogmatik« wird der Glaube zum Schlüsselbegriff seines theologischen Denkverfahrens, das er analogia fidei (Entsprechung des Glaubens) nennt. Frühere Theologen wie Thomas von Aquin lehrten, daß bei allem Abstand zwischen Gott und der Welt doch eine Entsprechung, eine Art Ähnlichkeit bestehe, die es erlaube, indische Begriffe auf Gott zu übertragen (analogia entis = Entsprechung des Seins). Für Barth geht der Weg umgekehrt: Nur im Glauben und von Gott her besteht eine solche Entsprechung. Beispiele: Nicht wir übertragen unseren Begriff von »Vater« auf Gott, sondern erst an Gott erkennen wir, was es heißt, Vater zu sein. Weil Gott schon in sich eine Gemeinschaft von Vater, Sohn und Geist ist, ist auch der Mensch zur Gemeinschaft, zur Partnerschaft berufen. Und was der Mensch ist und sein soll, zeigt sich nur an Jesus: »Mensch für Gott« und »Mensch für den anderen Menschen«.

Barths Theologie hat etwas von heiliger Einseitigkeit. So ist auch die *Kritik* an ihm nicht ausgeblieben. Man hat ihm eine Überdehnung des dialektischen Denkansatzes vorgeworfen; er habe Zeit und Ewigkeit zu sehr auseinandergerissen und die Offenbarung Gottes in der Geschichte zu kurz kommen lassen (»Hohlraum«, »Einschlagstrichter«, »Tangente«, die nur den Kreis berührt!). Die menschlichen Beziehungen, das Wie der Verkündigung, ja die ganze Welt interessierten ihn theologisch zuwenig oder gar nicht. Dafür habe er den zweiten Artikel verabsolutiert und die Ethik vernachlässigt.

Es ist interessant zu beobachten, wie Kollegen und Schüler Barths in ihrer konstruktiven Kritik an ihm den Weg der neuen Theologie vom Himmel zur Erde, von Gott zum Menschen und vom Gedanken zur Wirklichkeit bahnen halfen. So hat *Emil Brunner* den Menschen als ein auf Gott ansprechbares Wesen dargestellt und damit Barths leidenschaftliches »Nein« (nämlich gegen jede Art von »natürlicher Theologie«) riskiert. Auch *Friedrich Gogarten*, der ursprünglich zu den radikalsten Verfechtern der dialektischen Kulturkritik gehörte, öffnete sich später einem Denken, das die soziale Urbeziehung von Ich und Du theologisch ernst zu nehmen suchte. Nach 1945 hat er die »Säkularisierung« als »legitime Folge des christlichen Glaubens« gedeutet und damit die Bahn frei gemacht für eine neue Würdigung des Menschen und der Welt. *Dietrich Bonhoeffer*, der Barths Schüler war, warf ihm als einer der ersten eine »positivistische Offenbarungslehre« vor, die nach dem Satz verfahre: »Friß Vogel, oder stirb!«. Bonhoeffer, der Blutzeuge der Widerstandsbewegung im »Dritten Reich«, meinte, daß wir einer »völlig religionslosen Zeit« entgegengingen, die durch einen »mündigen Menschen« in einer »mündigen

Welt« gekennzeichnet ist und als solche vom christlichen Glauben bejaht werden müsse. Von hier aus ist sein nie voll ausgeführtes, aber in den Gefängnisbriefen (veröffentlicht nach seinem Tod unter dem Titel »Widerstand und Ergebung«) anschaulich skizziertes Programm einer »religionslosen Interpretation biblischer Begriffe« zu verstehen: »Christsein heißt nicht in einer bestimmten Weise religiös sein, sondern es heißt Menschsein, nicht einen Menschentypus, sondern den Menschen schafft Christus in uns.« Bezeichnend für das Barthsche Erbe und für Bonhoeffers Neuansatz ist eine Stelle in der »Ethik«: »Die Wirklichkeit Gottes erschließt sich nicht anders, als indem sie mich ganz in die Weltwirklichkeit hineinstellt, die Weltwirklichkeit aber finde ich immer schon getragen, angenommen, versöhnt in der Wirklichkeit Gottes vor. Das ist das Geheimnis in der Offenbarung Gottes in dem Menschen Jesus Christus.«

B) THEOLOGIE VON UNTEN (VOM MENSCHEN HER): RUDOLF BULTMANN

Ursprünglich hat auch Bultmann (geb. 1884) zu dem Kreis um Barth gehört, hat aber dann einen anderen Denkweg eingeschlagen. Während Barth die dialektische Spannung zwischen Gott und Mensch gleichsam nach oben, nach der Seite Gottes hin, aufzulösen schien, erfolgt bei Bultmann dieser Auflösungsprozeß in die andere Richtung, nach der Seite des Menschen und seiner Existenz. Der Marburger Neutestamentler nimmt damit unerledigte Anfragen der historisch-kritischen Theologie und des theologischen Liberalismus auf, die im 19. Jahrhundert gestellt worden waren. Seine Gedankengänge und deren Begriffssprache sind weithin von dem frühen *Heidegger*, der ebenfalls in Marburg lehrte, im Sinne eines »Vorverständnisses« geprägt. 1941 hielt Bultmann den grundlegenden Vortrag »Neues Testament und Mythologie«. Bultmanns Auslegungsmethode, die sogenannte »Entmythologisierung« des Neuen Testaments, möchte nicht nur das alte und überholte Weltbild abbauen, wie es sich in manchen biblischen Vorstellungen vorfindet, sondern auch eine neue positive Deutungsmöglichkeit aufbauen, die radikal danach fragt, inwiefern die biblischen Texte meine Existenz meinen und mich betreffen. Bultmann nennt diese Auslegung »existentiale Interpretation«. Dabei wird für ihn beispielsweise die Auferstehung Jesu als historisches Phänomen uninteressant. Der Glaube frage nur danach, was sie bedeute. So gesehen sei sie aber nur »der Ausdruck der Bedeutsamkeit des (historisch faßbaren!) Kreuzes«. Jesus sei nur »in das Kerygma auferstanden«, das heißt er sei nun in der Predigt von ihm wirklich gegenwärtig. Diese Predigt ist für Bultmann nicht mehr allein das Wort des Predigers, sondern Christi Wort, und dieses Wort stellt in die Entscheidung und ruft zur Antwort: zum Glauben. Bultmann hat eine lebhafte Diskussion heraufbeschworen, die jahrelang die theologische Szene beherrscht hat und die noch immer nicht abgeschlossen ist.

Zustimmung: Bultmann versteht das Evangelium als Ruf zur Entscheidung. Er will wissen, was Jesus sagt und was er von mir will. In der Radikalität der Umkehr-Forderung stehen sich die theologischen Existentialisten und die Pietisten in nichts nach. Gerade auch die historisch-kritische Schriftauslegung, wie sie Bultmann und seine Schule betreiben, hat die Eigentümlichkeit *und* Vielfalt der Bibel deutlicher gemacht.
Einwendungen und Weiterführendes: Widerspruch gegen Bultmann konnte nicht ausbleiben, vor allem in der Bekenntnisbewegung »Kein anderes Evangelium« und in der »Kirchlichen Sammlung«. Aber auch *innerhalb* der Bultmann-Schule selbst regte sich Kritik mit dem Willen, Bultmanns Denkansatz weiterzuführen. Die Diskussion konzentriert sich vor allem auf drei Problemfelder:
— *Nur Bedeutsamkeit?* Mit einem 1953 gehaltenen Vortrag des Bultmann-Schülers *Ernst Käsemann* »Das Problem des historischen Jesus« setzt die »nachbultmannsche« Phase der Theologie ein. Während Bultmann allein an der Bedeutung Christi interessiert

188 Grundfragen theologischen Denkens

war und es ablehnte, »hinter das Kerygma zurückzufragen«, um nur ja keine falschen Sicherungen in den Glauben einzubauen, gibt sich Käsemann mit dem »Daß« des Gekommenseins Jesu nicht mehr zufrieden. Er sucht durch sorgsame Forschung auszumachen, was sich an dem historisch greifbaren Jesus von Nazareth wirklich erkennen läßt. Das, was ihn und in ähnlicher Weise den Neutestamentler Günter *Bornkamm* (»Jesus von Nazareth«, 1956) bewegt, ist vor allem die Frage, ob der historische Verkündiger Jesus und der durch die nachösterliche Gemeinde verkündigte Christus derselbe ist. Dabei zeigt sich, daß der synoptische »Freund der Sünder« (Mt 11,19) und paulinische »Gekreuzigte« *eine* Person sind und daß der Anspruch, den Jesus in der Bergpredigt erhebt (Mt 5,21), im Kern schon den des urchristlichen »Herrn Jesus Christus« (1Kor 8,6) enthält.

— *Nur vom Menschen her?* Die Vermenschlichung Gottes ist etwas Biblisches — man denke nur an die »Menschwerdung« Gottes in Christus. Aber Bultmann steht in der Gefahr, den berechtigten Gesichtspunkt des Anthropologischen zu verabsolutieren. So betont er, daß man, wolle man von Gott reden, »offenbar von sich selbst rede«. Bultmanns Aussage, der Glaubende dürfe nicht auf das Kreuz als ein »objektiv« anschaubares Ereignis blicken, vielmehr heiße »an das Kreuz glauben, . . . das Kreuz Christi als das eigene übernehmen, . . . sich mit Christus kreuzigen lassen« (Kerygma und Mythos), ist problematisch. Darum hat z. B. *Otto Rodenberg* vor einer »Ethisierung« des Kreuzes gewarnt: der Opfergedanke darf nicht einfach zugunsten eines Leitbildgedankens der Mitmenschlichkeit abgewertet werden.

— *Nur ein Sprachproblem?* Für Bultmann ist die Sprache ein theologisches Thema ersten Ranges. Er stellt sich der Aufgabe, das Unverständliche im Neuen Testament »verständlich« zu machen. Deshalb verdolmetscht er die »mythologische« Redeweise der urchristlichen Schriften mit Hilfe der — zum Teil wieder schwerverständlichen — Begriffe Heideggers. Seine Schüler setzten diese Deutungsbemühungen fort. Dabei wird aus der formalen Übersetzung zuweilen auch eine inhaltliche Umsetzung. Einerseits lassen sich auf diese Weise wirkliche Hilfen für das Verstehen des Evangeliums gewinnen, etwa wenn man von Jesus als dem »Wortgeschehen« (*Gerhard Ebeling*) oder als dem »Sprachereignis« (*Ernst Fuchs*) redet oder wenn das Neue Testament als »der erste Predigtband der Kirche« (*Willi Marxsen*) erscheint. Andererseits ergeben sich neue Verstehenshindernisse. *Herbert Brauns* Vorschlag, »Gott als das Woher meines Umgetriebenseins« und als »eine Art Mitmenschlichkeit« zu begreifen, macht in seiner Formulierung offenbar, welche neuen Schwierigkeiten solche Versuche herbeiführen können bis hin zu inhaltlichen Verkürzungen des Evangeliums. Ähnliches gilt für *Dorothee Sölles* Entwurf einer »Theologie nach dem Tode Gottes«. Vom Begriff der »Stellvertretung« her meint sie sagen zu können: »In dieser veränderten Welt braucht Gott Schauspieler, die seinen Part übernehmen . . . Der Protagonist Gottes heißt Christus, er übernimmt die Rolle Gottes in der Welt . . . auch wir können nun Gott füreinander spielen.«

C) THEOLOGIE DER BEZIEHUNG: PAUL TILLICH

Tillich (1886—1965) hat die beiden berechtigten Anliegen einer »Theologie von oben«, von Gott her (Barth), und einer Theologie »von unten«, vom Menschen her (Bultmann), aufgenommen und in einer schöpferischen Synthese miteinander verbunden. Schon vor ihm hatte der Tübinger Theologe *Karl Heim* (1874—1958) versucht, »Glaube und Denken« (1931) aufeinander zu beziehen und dabei auch erste Brücken zwischen Naturwissenschaft und Theologie geschlagen.

Geboren als deutscher Pfarrerssohn, war Tillich teils als theologischer, teils als philosophischer Hochschullehrer (1925 erster Theologieprofessor an einer Technischen Hochschule in Dresden!) tätig, schließlich lehrte er in Nordamerika, wohin er während des

Positionen – Traditionen 189

»Dritten Reiches« übersiedelte, nachdem er sich für jüdische Studenten eingesetzt hatte. Sein Leben und Denken ist das eines »Grenzgängers«: In der Grenze hat er mehr den Übergang als den Graben, mehr das Verbindende als das Trennende gesehen, sie ist für ihn »der fruchtbare Ort der Erkenntnis« (Auf der Grenze). Tillichs Theologie läßt sich nach dem paulinischen Dreiklang »Glaube, Hoffnung, Liebe« (1Kor 13,13) zusammenfassen, wobei für ihn die Liebe (»die größte unter ihnen«) der geheime Leitgedanke war.

»Wie konnte Paulus das Leben unter Trümmern bejahen? Er bejahte es, weil die Bruchstücke als Bruchstücke ihm etwas zeigten: Das Vollkommene, die Wirklichkeit der Liebe. Und die Macht der Liebe verwandelte die quälenden Rätsel in Symbole der Wahrheit, die tragischen Fragmente in Symbole der Ganzheit« (In der Tiefe ist Wahrheit).
Wirklichkeitsschau aus Glauben: Tillich geht es um religiöse Verwirklichung. Auch das »Profane« ist »potentiell Religiöses«. Folgerichtig entwickelt er eine Theologie der Kultur und baut an den Brücken zwischen Theologie und Philosophie, zwischen Religion und Politik, zwischen Protestantismus und Katholizismus. Religion ist das, »was uns unbedingt angeht«, wo immer es sich auch finde: Wenn das Unbedingte in das Bedingte einbricht, in der Zeitwende, in der erfüllten Zeit (»Kairos«), muß gehandelt werden. Als engagierter »religiöser Sozialist« versucht Tillich, mit dieser Einsicht Ernst zu machen. Kritisch gegen die Selbstzufriedenen in der »manifesten« (sichtbaren) Kirche, tritt er für die Unruhiggewordenen in der »latenten« (verborgenen) Kirche ein.
Seinslehre aus Hoffnung: In seiner »Systematischen Theologie« liefert Tillich ein theologisches System, das auf Hoffnung, Versöhnung und Verwirklichung ausgerichtet ist; das Reich Gottes gilt als »Ziel der Geschichte«. Ausgehend von der hilfreichen Unterscheidung zwischen dem *gemeinten* Sein (Essenz) und dem *vorgefundenen* Sein (Existenz) sucht Tillich die christlichen Begriffe für den geistig aufgeschlossenen Menschen aussagekräftig werden zu lassen. Gott ist der »Grund des Seins« bzw. »das Sein selbst«. Die Angst als Zeichen der »Endlichkeit« erscheint als eine der treibenden Kräfte, die den »Übergang von der Essenz zur Existenz« verursachen; das Ergebnis ist »Entfremdung« des Menschen vom ursprünglichen Sein (Sünde). Zur Versöhnung = »Wiedervereinigung« kommt es allein durch das »Neue Sein« = Christus. Dieses Neue Sein ist dynamisch zu verstehen; es verkörpert nicht eine heile Welt, sondern ist gleichsam geheiltes Sein, das aus dem lebendigen Heil hervorgeht und das zum Heilen ruft. Insofern wird der Glaube »Mut zum Sein« angesichts des Nichtseins.
Wechselbeziehung aus Liebe: Die Methode der Korrelation, die auch für die Religionspädagogik und nicht zuletzt für den vorliegenden Erwachsenenkatechismus von Bedeutung wurde, geht vom Frage—Antwort—Verhältnis aus. Tillich sucht die Wechselbeziehung zwischen Glaube und Denken, Botschaft und Wirklichkeit, fragendem Menschen und antwortendem Gott theologisch fruchtbar zu machen. Sein Motiv ist die seelsorgerliche Liebe, die den anderen ganz ernst nimmt. Sorgfältig achtet Tillich auf die »gegenseitige Unabhängigkeit« und die »gegenseitige Abhängigkeit« der beiden Pole Frage und Antwort: Die Frage, die der Mensch fragt, enthält noch nicht ohne weiteres ihre Antwort. Wiederum kann eine Antwort Gottes von sich aus neue, andere Fragen in Gang setzen. Dem Menschen ist es verwehrt, die Antwort »der Christus« sich selbst zu geben. Sie wird ihm gegeben. Von diesen Voraussetzungen her »korreliert« Tillich die Angst mit Gott als dem Grund des Mutes und die Rätsel unseres Lebens mit der Sinngebung des Reiches Gottes. Wiedergeburt ist »Teilnahme am Neuen Sein«, Rechtfertigung die »Annahme« des Neuen Seins und Heiligung die »Umwandlung« durch das Neue Sein.

Auch Tillich hat *kritische Anfragen* ausgelöst: Warum sagt er immer »das« Unbedingte? Müßte es nicht vielmehr »der« Unbedingte heißen? Barth spottete über Tillichs Harmonisierungsversuche: »Welche Lösungen! Welche Aspekte! Eia, wären wir da!« Gollwitzer wittert die Gefahr, daß die evangelische Antwort bei Tillich zu sehr von der »vorher festgelegten Frage« aus bestimmt werde.

d) THEOLOGIE DER VERÄNDERUNG

Nach zwei Weltkriegen schickte sich in der Nachkriegszeit die deutsche Theologie an, das Thema »Welt« in Angriff zu nehmen. Anstöße hierzu gaben die Begegnung mit der mehr sozialethisch ausgerichteten nordamerikanischen Theologie und die neuen theologischen Probleme gesellschaftlicher Art in der »Dritten Welt« von Asien, Afrika und Südamerika. Schlüsselworte sind hier Welt, Hoffnung und Revolution.

Welt: Erste Bahnbrecher für eine Theologie der Welt waren in Deutschland Bonhoeffer, Gogarten und Barth. *Bonhoeffers* theologischer Leitgedanke von der »mündigen Welt« zieht eine weittragende Konsequenz nach sich. Weil »Gott mitten in unserem Leben jenseitig« ist, steht die Kirche nicht außerhalb oder an den Grenzen der Welt, sondern »mitten im Dorf«, das heißt mitten in der Welt. Aufgabe der Christen ist es, »das Wort Gottes so auszusprechen, daß sich die Welt darunter verändert und erneuert« (Widerstand und Ergebung).
Barth, von Anfang an als religiöser Sozialist und als Vorkämpfer der Bekennenden Kirche politisch interessiert, will aus der »Königsherrschaft Christi« Folgerungen für das politische Leben ziehen. Er sucht die Demokratie von der »Christokratie« her zu begreifen. Die Christengemeinde hat nach ihm die Bürgergemeinde immer wieder an das Reich Gottes zu »erinnern«. Im Sinne einer Art politischer Seelsorge erscheint so die Kirche als »Gedächtnisstütze« und Mahnerin des Staates. Helmut *Gollwitzer* bleibt auf der Linie seines Lehrers Barth, wenn er als Christ »nach dem möglicherweise Verbesserbaren« fragt und im Evangelium »richtunggebende Anweisungen« für den politischen Bereich findet.
Hoffnung: Eine eigene Note hat die Theologie der Veränderung bei *Jürgen Moltmann* gewonnen. Er hat sie von der Hoffnung her konzipiert. Dahinter stehen Erfahrungen hinter Stacheldraht im Kriegsgefangenenlager und die Theologie der ersten Nachkriegsjahre. Seine »Theologie der Hoffnung« kennt ein entscheidendes Problem: das Problem der Zukunft. Seiner Meinung nach »geht es für den Theologen nicht darum, die Welt, die Geschichte und das Menschsein nur anders zu interpretieren, sondern sie in der Erwartung göttlicher Veränderung zu verändern« (Theologie der Hoffnung). Das ist theologisch abgewandelter und durch Ernst Bloch vermittelter Marx. Im Anschluß an den Hebräerbrief (13,13 f) versteht Moltmann die Kirche als eine Auszugsgemeinde (Exodusgemeinde), deren eigentliches Arbeitsfeld »außerhalb« ihrer Mauern, das heißt mitten in der modernen Gesellschaft liegt. «Heute Kreuzestheologie weiterführen heißt, über die Sorge um das persönliche Heil hinauszugehen und nach der Befreiung des Menschen und seinem neuen Verhältnis zur Realität der Teufelskreise in seiner Gesellschaft zu fragen« (Der gekreuzigte Gott).
»Im Teufelskreis der Armut heißt es: ›Gott ist nicht tot. Er ist Brot.‹ Als das Unbedingt-Angehende, als der gegenwärtige Sinn ist Gott als Brot präsent. Im Teufelskreis der Gewalt wird die Gegenwart Gottes als die Befreiung zu menschlicher Würde und Verantwortung erfahren. Im Teufelskreis der Entfremdung wird seine Präsenz in der Erfahrung von menschlicher Identität und Anerkennung wahrgenommen. Im Teufelskreis der Naturzerstörung ist Gott gegenwärtig in der Freude am Dasein und im Frieden zwischen Mensch und Natur. Im Teufelskreis der Sinnlosigkeit und Gottverlassenheit endlich tritt er in der Gestalt des Gekreuzigten entgegen, der Mut zum Sein vermittelt« (ebd.).
Revolution: Die Bedrückung durch Hungerkatastrophen und veraltete Sozialstrukturen haben in der »Dritten Welt«, vor allem in den Kirchen Südamerikas, eine »Theologie der

Revolution« entstehen lassen. Sie bekämpft ein Christentum, das die Augen vor der Not des Nächsten verschließt, und ringt um ein Christsein, das nach der Seite hin zum Bruder und nach vorn in die Zukunft blickt. Schon der amerikanische Theologe *W. Rauschenbusch* (1861—1918) hatte erklärt: »Das asketische Christentum nannte die Welt böse und ließ sie so. Die Menschheit wartet auf eine Christenheit, die die Welt böse nennt und sie verändert.« Dies eben soll und will nun die Theologie der Revolution zuwege bringen. Ihr Programm ist nicht mehr nur »Sozialarbeit«, sondern »Sozialveränderung«. »Veränderung« darf nicht bloß eine fromme Vokabel für Bußtagspredigten bleiben, sondern muß konkret in der Veränderung der sozialen Strukturen Gestalt werden. *Richard Shaull* ruft mit Pathos zum letzten Einsatz, indem er den Grenzfall zum Normalfall umfunktioniert: »Wir sind nur imstande, das Mögliche zu erlangen, indem wir das Unmögliche unternehmen, im Vertrauen, daß die Zukunft offen ist«.

Wer die urchristliche Forderung, »sich nicht dieser Welt gleichzustellen«, sondern »den Sinn zu verändern« (Röm 12,2), verstanden hat, wird das berechtigte Anliegen einer Theologie der Veränderung anerkennen und es an seinem Teile zu praktizieren trachten. Die Testfragen für eine Theologie der Revolution lauten: Wieweit geht es dieser Theologie nur um die Veränderung der Strukturen oder auch um die Veränderung der Personen? Was fängt sie mit der Passion an? Jesus selbst hat durch eine Niederlage gesiegt. Es heißt auch nicht: »Siehe, *wir* machen alles neu«, sondern »*Ich* (Jesus) mache alles neu« (Offb 21,5), nicht: »*Wir* sind im Kommen«, sondern: »*Ich* komme bald« (Offb 22,20).

> Ev. Erwachsenenkatechismus. Kursbuch des Glaubens. Gütersloher Verlagshaus Gerd Mohn, Gütersloh 1975, S. 991—999

II] Bibel — Verstehen

Bibel – Glauben – Denken

Im Gegensatz zu früheren Zeiten ist unsere Gegenwart nicht mehr vom christlichen Glauben als vorherrschender Gestaltungsmacht bestimmt. Und »in dem Maße, in dem man die Prägungen des Glaubens nicht mehr ohne weiteres übernimmt, wird es notwendig, nach der Möglichkeit des Glaubens zurückzufragen«. Motive und Ziele dieses Nachdenkens umschreibt Gert Otto (geb. 1927), Professor für Praktische Theologie.

Was Glauben in einer Zeit jeweils ist, wird am schärfsten deutlich am Verhältnis zur biblischen Überlieferung. Am Wandel dieses Verhältnisses läßt sich zugleich ablesen, wie auch der Glaube neue Gestalten findet und wie die Verkündigung zu neuem Reden gezwungen wird. Der Einschnitt, auf den es in unserem Zusammenhang im wesentlichen ankommt, ist mit dem Stichwort »*historisch-kritische*« Auslegung der Bibel bezeichnet. Was verbirgt sich hinter diesem Stichwort?
Im Laufe eines Jahrhunderte währenden Prozesses haben wir mehr und mehr verstehen gelernt: Wir werden der Bibel nicht dadurch gerecht, daß wir ihre Einzelaussagen unbesehen in unsere Zeit herübernehmen und in der Gegenwart dann wie eine Art Urgestein, dessen Bedeutung insbesondere im Alter und in der Fremdartigkeit besteht, respektieren. Zuerst für das Alte Testament, dann aber nicht minder auch für das Neue Testament, wurde erkannt, daß jede einzelne Aussage, angefangen bei der Art zu reden und bei dem Denken, das sich dahinter verbirgt, bis hin zu den verwendeten Bildern und Vorstellungen, zeitgebunden ist: gebunden an die Menschen, die sich in ihrer jeweiligen historischen, geistigen, religiösen, soziologischen Situation mit ihrer ganzen Person und mit ihrer Überzeugungskraft zu überliefernden Zeugen dieser Botschaft gemacht haben. Wer diese Zeitgebundenheit erkennt, bemerkt zugleich auch den ganzen Abstand zwischen uns als heutigen Lesern und Hörern und den damaligen Autoren der Bibel. Sehen wir aber noch genauer auf die verschiedenen biblischen Verfasser und ihre Aussagen, so kommen wir zu einer zweiten Beobachtung: Der Abstand, der uns heute von biblischen Aussagen trennt, herrscht – freilich in anderen Maßen – auch innerhalb der Bibel selbst zwischen früheren und späteren Schriften. In sich ist weder das Alte noch das Neue Testament eine spannungslose Einheit, denn die biblischen Autoren sind keine Zeitgenossen, sondern leben nacheinander. Das aber heißt, daß sie selber schon mit den Aussagen der früheren das getan haben, was wir heute mit ihren Aussagen tun müssen, nämlich sie wiederum in die jeweilige eigene Zeit übersetzen, um sie verstehen und weitersagen zu können. Die beiden in dem einen Begriff zusammengenommenen Wörter »historisch« und »kritisch« meinen also: Wir nehmen die einzelne biblische Aussage in ihrer Bindung an die jeweilige Zeit, die jeweiligen Menschen, das jeweilige Denken, die jeweiligen Umstände, worin

sie ursprünglich gesprochen ist. Und zum anderen: Wir nehmen sie kritisch, nicht als Besserwisser, sondern als solche, die den verschlungenen Weg der biblischen Überlieferung kennen und die urteilend, also stellungnehmend, die Wandlungen, die innerhalb der Bibel deutlich werden, berücksichtigen.
Solche historisch-kritische Art zu fragen, ist natürlich zugleich an ein bestimmtes Verständnis gebunden, das der Mensch von sich und seiner Stellung in der Welt hat. Wenn der Mensch einsieht, daß er in seiner Existenz an die jeweilige Weltzeit und Weltstunde, in der er lebt, gebunden ist, daß er also nicht denken kann, ohne sich dieser Zeit- und Weltgebundenheit bewußt zu sein, stellt er sich der Überlieferung gegenüber historisch-kritisch ein. Mit einer Formel, die sich in der gegenwärtigen Diskussion nicht nur in der Theologie für diesen Sachverhalt eingebürgert hat, kann man abgekürzt sagen: Das *geschichtliche Denken* — das Verständnis der Welt und des Menschen als wechselseitige Teilhaber eben dieser Geschichte der Welt und des Menschen — dieses Denken zieht historisch-kritischen Umgang mit Aussagen aus früheren Epochen der Welt und ihrer Geschichte nach sich.
Was wir damit festgestellt haben, gilt für den Umgang mit der Bibel. Aber es dürfte bereits deutlich sein, daß hier kein Sonderfall vorliegt. Wenn unsere Überlegungen zutreffen, dann werden sie für jede Art von Überlieferung gelten müssen. Das hat weitreichende Folgen gegenüber manchen herkömmlichen Vorstellungen. Wenn geschichtliches Denken und historisch-kritische Fragen einander entsprechen, dann muß das ja für die Bibel wie für Aristoteles oder für Plato gelten — dann gilt es also für das Lukas-Evangelium ebenso wie für antike religiöse Aussagen außerhalb des christlichen Glaubens, dann gilt es für die biblische Schöpfungsgeschichte wie für außerbiblische Schöpfungsmythen. So wird denn die Bibel unter denselben Voraussetzungen interpretiert wie jeder andere alte Text. Die Bibel lesen bedeutet, sich gerade nicht von vornherein in eine Sondersituation begeben, sondern in der Situation bleiben, in der ein Mensch schlechterdings sich befindet, wenn er sich der Überlieferung aussetzen will. Für viele ist dadurch der Eindruck entstanden, daß so der Bibel auf eine unsachgemäße Weise ihre Sonderstellung genommen wird. Dieses Vorurteil beruht auf einem Fehlschluß. Die besondere Verbindlichkeit einer Aussage kann ich ja nicht dadurch entdecken, daß ich sie zuvor schon festlege, sondern immer erst dann, wenn ich mich auf diese Aussage einlasse. Die Autorität der Bibel entsteht nicht dadurch, daß ich sie ihr zuvor zuspreche, sondern sie beruht umgekehrt darin, daß ich sie im Umgang mit den Texten erfahre. Die Autorität der Bibel ist kein Dekret, sondern ein Prozeß in den ich hineingenommen werde, wenn ich mich ihm aussetze.
So zeigt sich, daß der Leser heute gegenüber der Überlieferung des Glaubens in einem eminenten Sinne auf sein Denken angewiesen ist.

Gert Otto, Zur Einführung, in: Gert Otto (Hg.), **Glauben heute. Ein Lesebuch zur evangelischen Theologie der Gegenwart** (Stundenbücher Bd. 48), Furche-Verlag, 2. Aufl. Hamburg 1966, S. 8—11

194 Grundfragen theologischen Denkens

Bibel – Entstehung und Weg

> Die Bibel »legt den Grund für den Glauben der Christen und weist ihren Weg an. Doch ringen Katholiken und Protestanten aufs neue darum, ob es die alleinige Quelle aller rechten Rede von Gott und mit welcher Verbindlichkeit es einzige Richtschnur ist.« »Was ist es um dieses umstrittene Buch« fragt Hans Walter Wolff (geb. 1911), Professor für Altes Testament, und gibt einige Hinweise auf Entstehung und Weg der Bibel.

Der Name »Bibel« verdeutscht das antike Wort biblia. Erst im Spätlateinischen wird es als weiblicher Singular gebraucht zur Benennung der einen großen Heiligen Schrift. Es kommt vom Griechischen her, wo es als pluralische Diminutivform die Vielzahl kleinerer Schriften bezeichnet. Damit ist der Sachverhalt genau getroffen: die Bibel vereint in der Tat eine ganze Bibliothek.

Mit nicht weniger als sechsundsechzig Schriften stellt sie sogar eine recht stattliche Handbibliothek dar; neununddreißig gehören zum Alten Testament, siebenundzwanzig zum Neuen. Der Umfang der einzelnen Schriften schwankt beträchtlich, zwischen den 150 Liedern des Psalters und den 66 Kapiteln des Jesajabuches einerseits und dem einzigen kurzen Kapitel des Propheten Obadja oder des zweiten und dritten Johannesbriefs andererseits. Das ist ein erster Hinweis auf den außerordentlich verschiedenen Charakter der einzelnen biblischen Bücher.

Die Gesamtzahl der Bücher ist nicht immer einheitlich festgestellt worden. Denn für das Alte Testament kam die altjüdische Zählung statt auf neununddreißig nur auf vierundzwanzig Schriften, der im ersten Jahrhundert wirkende jüdische Schriftsteller Josephus sogar auf nur zweiundzwanzig. Diese Differenz ergibt sich, weil man die Bücher der zwölf kleinen Propheten als ein Zwölfprophetenbuch rechnete und die je zwei Bücher Samuels, Könige und Chronik als je eins zusammensah, ebenso Esra und Nehemia. Josephus behandelte außerdem noch Richter und Ruth, Jeremia und die Klagelieder als je ein Buch.

Diese unterschiedlichen Zählweisen sind grundsätzlich deshalb möglich, weil die einzelnen biblischen Bücher teilweise verschiedenartige Schriften in sich vereinen, teilweise zusammengehörige Literaturwerke trennen. Beides geschah in der Regel aus praktischen Gründen. So füllten die zwölf kleinen Propheten zusammengenommen eine Schriftrolle ähnlichen Umfangs wie die einzelnen großen Propheten. Andererseits ergab die Teilung des Samuelisbuchs, des Königsbuchs und der Chronik in je zwei Bücher Schriftrollen ähnlichen Formats wie die fünf Bücher Mose je für sich. Auch die heute übliche Zählung der neununddreißig Bücher des Alten Testaments ist also erst durch nachträgliche Unterteilung größerer Werke und durch Zusammenfassung kleinerer Schriften zustande gekommen. Man muß sich demnach schon von diesem Tatbestand aus völlig von der Vorstellung lösen, jedes einzelne der biblischen Bücher der vorliegenden Zählung sei auf einen bestimmten Verfasser zurückzuführen. Die Geschichte der Entstehung des biblischen Schrifttums ist weit komplizierter. Sie hat darum eine umfangreiche Forschung herausgefordert.

Die gegenwärtige Gliederung der Bibel ist eine verhältnismäßig späte Frucht lebendigen Umgangs mit den Schriften der biblischen Zeugen. Solchem freien Umgang entspricht es, daß die Reihenfolge der Bücher in der griechischen und lateinischen Bibel aus inhaltlichen Gründen anders geordnet ist als in der hebräischen Bibel. Luther stellte sogar, im Bruch mit der Tradition, die letzten Bücher des Neuen Testamentes um, indem er den Hebräer- und Jakobusbrief

durch Vorziehen der Petrus- und Johannesbriefe weit vom Corpus der Paulusbriefe abrückte. So nötigt den aufmerksamen Beobachter der äußerliche Befund der unterschiedlichen Zählung und Anordnung der biblischen Bücher, den Fragen ihrer geschichtlichen Entstehung und ihrer Bedeutung genauer nachzuforschen.
Schon das Altjudentum und die alte Kirche sind diesen Problemen der Entstehungsgeschichte häufig nachgegangen; sie sind zu keiner Zeit ganz zur Ruhe gekommen, fanden aber erst in den letzten beiden Jahrhunderten unter gewissenhaftem Einsatz aller geeigneten historischen Untersuchungsmethoden an vielen Stellen verläßliche Ergebnisse; an anderen Stellen sind wir mangels eindeutiger Belege auf einstweilen umstrittene Hypothesen angewiesen. Wer für alle Fragen des Werdens der Bibel fertige Lösungen bereithält, dem ist entweder ausreichende Kenntnis der Texte oder aber die Sorgfalt der Fragestellung zu bestreiten, gleichgültig, ob es sich um einen orthodoxen Fanatiker oder um einen seiner Kritik allzu sicheren Skeptiker handelt. Echte Wissenschaftlichkeit trifft sich hier mit der Gewißheit des Glaubens bei sachlicher Bescheidenheit.
Wir spüren einige Grundzüge der anderthalbtausendjährigen Entstehungsgeschichte der Bibel vom vorliegenden Bestand aus rückwärts auf. Die volle Zahl der biblischen Bücher lag schon im zweiten Jahrhundert nach Christus vor. Keine neutestamentliche Schrift ist nach dem Jahre 120 entstanden, keine alttestamentliche nach der Mitte des zweiten Jahrhunderts vor Christus. Aber bis ins vierte Jahrhundert nach Christus schwankte der Umfang des neutestamentlichen Kanons in den einzelnen Kirchengebieten; zum Teil bestritt man die Kanonizität des zweiten und dritten Johannesbriefs und des zweiten Petrusbriefs, aber auch des Judas-, Jakobus- und sogar des Hebräerbriefs. Erst mit dem neununddreißigsten Osterbrief des Athanasius im Jahre 367 wurde der heutige Umfang der siebenundzwanzig neutestamentlichen Schriften endgültig als kanonisch durchgesetzt. Die Grenzen des alttestamentlichen Kanons sind bis heute nicht einmütig bestimmt. Zwar waren die innerjüdischen Kämpfe um 100 nach Christus abgeschlossen; in ihnen hatte man einerseits um die Aufnahme zum Beispiel des Estherbuches und des Hohenliedes gerungen, andererseits um die Zurückstellung zahlreicher spekulativ-apokalyptischer Schriften, aber auch späterer Weisheits- und Geschichtsbücher wie der Sprüche Jesus Sirachs und der Makkabäerbücher. Im allgemeinen entschied man sich für die Ablehnung aller Schriften, die nach dem damaligen Wissen erst nach Esra entstanden waren. Die alte Christenheit nahm dagegen manche der vom Judentum abgewiesenen Schriften auf, wie der größere Umfang der griechischen Übersetzung, die man Septuaginta nennt, und der lateinischen Vulgata zeigt. Hieronymus wollte um 400 nach Christus den knapperen jüdischen Kanon zur Norm erheben, setzte sich aber nicht durch. In der Reformationszeit erkennen die Reformierten nur den jüdischen Kanon an, Luther fügt dagegen einen Teil der sogenannten Apokryphen als nützlich zu lesende Schriften dem Kanon hinzu. So sind die äußeren Grenzen wenigstens des alttestamentlichen Kanons im Grunde immer ein wenig fließend geblieben. Entscheidend war, welche Schriften sich selbst als Grund und als Hilfe des Glaubens an den Gott Israels und an Jesus als seinen Christus erwiesen.
Die Genauigkeit der Überlieferung der alttestamentlichen Schriften kennt im Altertum nicht ihresgleichen. Man zählte Wörter und Buchstaben, notierte jede etwas ungewöhnliche Orthographie und zog alle schadhaft gewordenen Handschriften zurück. Dieses ausgefeilte, exakte Texttraditionssystem hatte zur Folge, daß Schriftrollen des zehnten nachchristlichen Jahrhunderts und die, die

dann im sechzehnten Jahrhundert als Druckvorlage dienten, nur minimal und sachlich völlig unbedeutend abweichen von jenen Manuskripten, die in den letzten Jahrzehnten am Toten Meer bei Qumran gefunden und als Handschriften des zweiten vorchristlichen Jahrhunderts identifiziert worden sind. In solcher unvergleichlichen Gewissenhaftigkeit der handschriftlichen Textüberlieferung, die wir jetzt an Beispielen über eineinhalb Jahrtausende hin kontrollieren können, spiegelt sich die Gewißheit, in diesem Wort das Leben selbst zu finden.

Ganz anders zeigte sich diese Gewißheit in der vorangehenden Phase der Entstehung der einzelnen Schriften. Nur einige Teile des Kanons sind von vornherein als literarische Arbeiten entstanden wie die Paulusbriefe. Die meisten anderen Stellen sind im Regelfall in mündlichen Überlieferungen zu suchen. Diese fanden oft verschiedenartige schriftliche Aufzeichnungen, die schließlich zusammengefügt und — oft mehrfach — redigiert wurden. So geschah es mit den Traditionen aus der Frühzeit Israels, die die fünf Bücher Mose aufbewahren, und ganz ähnlich mit den Jesusüberlieferungen, die in den Evangelien vorliegen. . . .

> Hans Walter Wolff, Bibel, in: Hans Jürgen Schultz (Hg.),
> Theologie für Nichttheologen. ABC protestantischen
> Denkens, Kreuz-Verlag, Stuttgart/Berlin 1966, S. 37—40

Wege zum Verstehen — biblische Hermeneutik

Die biblische Überlieferung liegt uns in Texten vor. Sprache und Vorstellungswelt dieser Texte sind nicht Sprache und Gedankenwelt unserer Gegenwart, sondern sie sind gebunden an die Anschauungen der jeweiligen Zeit und der einzelnen Verfasser. Aus den Vorstellungen und Bildern der vergangenen Zeit müssen wir zu verstehen suchen, was mit dem Gesagten gemeint war. Über die Frage: Was steht da geschrieben? hinaus lautet die Frage: Was ist mit dem Geschriebenen gemeint und gewollt? Den Weg des Verstehens untersucht die Hermeneutik, die Lehre vom Verstehen.

Aufgabe und Ziel der biblischen Hermeneutik umschreibt Hubertus Halbfas (geb. 1932), Professor für Religionspädagogik.

Am Anfang allen Verstehens steht die Frage. Jede Überlieferung — ein Text, ein Kunstwerk, eine Rede — stellt eine Frage und fordert damit den Interpreten zu jener Offenheit heraus, in der er etwas gegen sich selbst gelten lassen muß . . .

Das hermeneutische Problem ist kein psychologisches Problem und auch kein Problem korrekter Sprachbeherrschung, sondern das der angemessenen Verständigung über die Sache im Medium der Sprache. Zu erfassen ist das sachliche Recht der vorgetragenen Äußerung, und nur in eben dieser sachbezogenen Übereinkunft vollzieht sich Verständigung. Dabei setzen Gesprächspartner und Interpret ihre Erfahrungen und Ansichten mit aufs Spiel, weil es niemals um die Behauptung eigener Standpunkte geht, sondern um die Sache, der beide Seiten gemeinsam verpflichtet sind. Niemals aber treten sprachliche Begriffe und Formulierungen im Nachhinein zu diesem Verständigungsprozeß, als gehe es zunächst um das Verstehen selbst und dann um seinen sprachlichen Aus-

druck, vielmehr vollzieht sich Verständigung nur im Bemühen um eine gemeinsame Sprache. Wird gemeinsame, der Sache ent-sprechende Sprache gefunden, dann ist in ihr immer auch schon Übereinkunft erreicht; wohingegen verschiedene Sprachen (im Ganzen der einen Muttersprache) nicht nur verschiedene Welten, sondern auch verschiedenartiges Verständnis von Wirklichkeit deutlich machen. Prediger, Religionslehrer, Versammlungsredner sprechen oft eine andere Sprache als ihre Hörer und verfehlen damit die Aufgabe, daß in der Sprache die Sache zum Ausdruck kommt, die nicht nur deren oder des Autors, sondern die allen gemeinsame Sache ist: »Der Unterschied der Sprache eines Textes zur Sprache des Auslegers, oder die Kluft, die den Übersetzer vom Original trennt, ist keineswegs eine sekundäre Frage. Im Gegenteil gilt, daß die Probleme des sprachlichen Ausdrucks in Wahrheit schon Probleme des Verstehens selber sind. Alles Verstehen ist Auslegung, und alles Auslegen entfaltet sich im Medium einer Sprache, die den Gegenstand zu Wort kommen lassen will und doch zugleich die eigene Sprache des Auslegers ist« (Gadamer). »Der Text soll durch die Auslegung zum Sprechen kommen. Kein Text und kein Buch spricht aber, wenn es nicht die Sprache spricht, die den anderen erreicht. So muß die Auslegung die rechte Sprache finden, wenn sie wirklich den Text zur Sprache bringen will« (Gadamer).
Hermeneutisches Bewußtsein verkennt sich selbst, wenn es die Bedeutung von Sprache als »universales Medium, in dem sich das Verstehen selber vollzieht« übersieht ...
Hermeneutisches Bewußtsein erstrebt die Vermittlung zwischen der Sprache eines Textes und dem eigenen Denken und versucht Begriffe und Sageweise der Vergangenheit so neu zu sagen, daß die Intention des Textes für uns wieder verstehbare Sprache wird. Dieser Prozeß der Auslegung ist der Vollzug des Verstehens selbst, der freilich nicht als ein pädagogisches Verhalten, das allein auf den anderen hin gilt, motiviert werden darf. Denn Auslegung als Verstehensprozeß engagiert primär auf den Interpreten auf eigenes Verstehen und die darin untrennbar gegebene Applikation hin, die niemals als neues Moment dem Verstehen *folgt*, sondern als Anwendung erfaßter Bedeutung auf die gegenwärtige Situation des Interpreten ein dem Verstehen immanenter Vorgang ist. So erweist sich Verstehen als Geschehen, das die Person des Interpreten erfaßt und dank der Sprachlichkeit des Vorgangs den Bezug auf andere zugleich mitenthält. »Es kann daher keine richtige Auslegung ›an sich‹ geben, gerade weil es in jeder um den Text selbst geht. In der Angewiesenheit auf immer neue Aneignung und Auslegung besteht das geschichtliche Leben der Überlieferung. Eine richtige Auslegung an sich wäre ein gedankenloses Ideal, das das Wesen der Überlieferung verkennte. Jede Auslegung hat sich in die hermeneutische Situation zu fügen, der sie zugehört« (Gadamer) ...
Zum Verstehen von Wirklichkeit (das zugleich Teilhabe und Verantwortung impliziert) gehört also der kritische Umgang mit Überlieferung. Indem diese nicht einfach als Vergangenheit, sondern als gegenwärtig angehende Wirksamkeit, die die Zukunft aus sich heraus entläßt, verstanden wird, macht sie Geschichtlichkeit bewußt und gewährt darin die Freiheit zum Ja oder Nein gegenüber tradierten Inhalten. Denn Tradition ist »unabdingbar, um das Heute zu erreichen, aber selbst nicht unbedingt« (Ballauff) ...
Solcher Umgang mit Überlieferung heißt *Auslegung* (Otto); er wird »zur Weise der ›Aneignung von Gegenwart‹« (Loch), in der alle Vergangenheit bewahrt ist. Überall, wo Menschen der Welt begegnen und sie verstehen, geschieht Auslegung, Auslegung ist der Vollzug des Verstehens selbst.

198 Grundfragen theologischen Denkens

DIE SPRACHE DER BIBEL BIBEL — MYTHOS — WELTBILD

Die Bibel ist ein Konglomerat unterschiedlichster Traditionen und literarischer Einzelformen, deren Werdegang etwa 2000 Jahre umfaßt. Da finden sich profane Stücke, die jahrhundertelang zum Überlieferungsbereich nomadischer Stämme gehörten, um erst spät zum Vehikel israelitischer Glaubensbekundung zu werden: Lieder, Sprüche und Orakel, die friedliches wie kriegerisches Geschick beschwören; genealogische Listen, in denen sich eine vielfach geflickte Erinnerung an Völker, Stämme und Familien niederschlug; Sagen verschiedener Art, wie z. B. Stammessagen, Lokalsagen, Ätiologien und Kultlegenden, alles Formen, die lange Wege gegangen sind, nicht selten über Religions-, Stammes- und Volksgrenzen hinweg, bis sie in israelitische Geschichtserfahrung eingeschmolzen und als Ausdruck israelitischer Reflexion über erlittenes Geschick und geglaubte Zukunft anschauliche Darstellung des eigenen, religiös bestimmten Selbstverständnisses werden konnten. Daneben stehen kosmologische und anthropologische Mythen, meist abhängig von sumero-akkadischen Vorbildern oder unter babylonischem Einfluß übernommen, in denen Israel sein damaliges mythisches Wissen über Welt und Mensch und seinen Glauben an den dahinter handelnden Gott bekannte. In diesen bunten Teppich hineingewoben finden sich Märchenmotive und novellistisch ausgesponnene Stoffe, dann die vielfach redigierten und retouschierten Darstellungen früher Historiographie; die prophetischen Sprachsammlungen samt den Resten alter Prophetenlegende; und schließlich nicht geringe Komplexe der späteren alttestamentlichen Literatur, die als Midraschim klassifiziert werden müssen.

Dieser Traditions- und Formenreichtum ist kreuz und quer ineinander verschränkt: stets neue theologische Übermalungen, Retrojizierungen aktueller Zustände oder Interessen in alte Zeiten, die jene legitimieren sollen, Personifikationen kollektiver Gebilde, Vereinfachung komplexer Traditionen durch theologisch bestimmte Schemata, Verknüpfung getrennter Stammesgeschichten durch genealogische Konstruktionen, Adaption fremdreligiöser Einflüsse, Verschmelzung des El-Kults mit dem Jahwe-Kult... aussichtslos, diesen Schmelztiegel Bibel zu beschreiben, der absorbiert, assimiliert und neue Gebilde entstehen läßt, ebenso wie er Fremdkörper und unverarbeitete Rückstände kennt.

Nicht viel anders im Neuen Testament: auch hier eine Kompilation von Legenden, Wundergeschichten, Logien und Apophthegmen, eine Fusion von Midrasch und Historie, deren Konstitutive hebräisches Denken und hellenistische Philosophie, spätjüdische Orthodoxie, antike Mysterienfrömmigkeit, Dämonenglaube, apokalyptische Naherwartung und anderes mehr sind.

Wie soll der Mensch unserer Zeit das alles für sein Leben realisieren? Erst recht bedrängt die Frage nach unseren Realisationsmöglichkeiten, wenn wir uns den inhaltlichen Gegebenheiten zuwenden. Die Bibel hat ein anderes Verhältnis zur Historie als wir, in dem die Konturen geschichtlicher Fakten verschwimmen, zumal »Fakten« oft als Interpretamente benutzt werden, um Bedeutsamkeit anzuzeigen. Die Evangelien entwerfen Kindheitserzählungen Jesu, die außer ihrer Theologie als reflektierter und geschichtlich fundierter Glaubenserfahrung keine tragfähige Basis für eine vita Jesu bieten. Sie erzählen von Wundertaten: Jesus heilt Blinde und Lahme, läßt verwelkte Glieder gesunden, vertreibt Aussatz und Fieber und erweckt — sich stetig steigernd — Tote: zunächst die Jairustochter, noch auf dem Krankenbett (Mk 5,21 ff. Par), dann den Jüngling von Naim, bereits auf dem Weg zur Bestattung (Lk 7,11 ff.) und schließlich den schon im Grabe verwesenden Lazarus (Jh 11,39). Aber alle diese Legenden sind mit

Bibel – Verstehen 199

ihren provokatorischen Inhalten nicht »aus der Luft gegriffen«, sondern knüpfen in ihrer Weise an Wirklichkeiten an, die Jesus gekennzeichnet haben. So wird er, historisch geurteilt, Heilungen vollbracht haben, die dann als »Wunder«, d. h. als gottbestätigte Machterweise galten, zumal ja bereits die Krankheit nicht »natürlich«, sondern als Ausfluß dämonischer Bosheit wie göttlicher Strafe gewertet wurde.

In all dem durchzieht die neutestamentlichen Schriften eine Erwartung des nahen »Endes«, die Jesus mit seiner Zeit und seinen ersten Interpreten teilte. Aber was kann uns heute diese Sprache spätjüdischer Apokalyptik bedeuten? Oder, um einen weiteren Problemkomplex zu nennen, wie verstehen wir die Sprache paulinischer Theologie, die mit dem Begriffsgefüge antiker Erlösermythen den Verkünder Jesus von Nazareth zum verkündigten Heiland macht? Dieser Paulus hat seitdem die christliche Theologiegeschichte und zumal die Dogmatik beherrscht, so sehr, daß es nahezu bis heute als Selbstverständlichkeit gilt, Jesus von Paulus her (und Paulus von den nachfolgenden Konzilien her) zu verstehen, als ob darin der einzigmögliche und optimale Auslegungsweg zu sehen sei (wobei die Frage seiner Sachgemäßheit oft nicht einmal gestellt werden darf). Nehmen wir z. B. die Interpretation des Kreuzestodes Jesu als errettendes Sühneleiden des Heilandes! Die Jahrhunderte haben so geglaubt und unter dem Kreuzesbild dieses Glaubens dennoch Juden verfolgt, entrechtet, in Ghettos gesperrt, gesteinigt und schließlich vergast; Ketzer (bzw. als Ketzer oberhirtlich deklarierte Christen) im Auftrag kirchlicher Institutionen hingerichtet; zwangsweise getaufte Indios erschossen; palästinensische Moslems in Massenmorden niedergemacht; und während dieser Jahrhunderte der Grausamkeit haben sich die christlichen Völker selbst mit Haß und satanischer Roheit wechselweise den Garaus zu machen versucht: der Erlöser-Heiland dispensierte. Man glaubte das Kreuz als übernatürliche Realität und erkannte es nicht im aktuellen Gegenüber. Warum nur konnte die Kirche und ihre Theologie übersehen, daß der je verbrannte Ketzer, der erschlagene Moslem, der vergaste Jude in einer unmittelbaren und sehr realen Weise den Tod Jesu *gegenwärtig* setzte, aber daß in dem Prinzip allgemeiner Erlösung von Sündenschuld durch Jesu Kreuz in seinem dogmatisch-*juristischen* Verständnis ein Alibi angelegt ist, mit dem sich der Christ von der Verantwortung für gegebene Wirklichkeit allzu leicht (»sakramental«) freispricht?

Wir möchten mit diesen Fragen und Hinweisen nur andeuten, wie schwer es ist, die Sprache der Bibel, zumal des Neuen Testaments heute zu *verstehen*, denn Verstehen schließt ja eine Realisation durch eigenen Lebensvollzug ein.

>Hubertus Halbfas, Fundamentalkatechetik, Patmos-Verlag,
>2. Aufl. Düsseldorf 1969, S. 86–89; 96 f; 247–249.

Vorwort zum »Römerbrief«

Mit dem Römerbriefkommentar (1918) wurde Karl Barth (1886–1968), Professor für Dogmatik, zum Begründer der die deutsche Theologie lange beherrschenden Dialektischen Theologie. Leitend für die Theologie Karl Barths ist der Gedanke des unendlichen Abstandes zwischen Gott und Mensch. »Das Endliche faßt nicht das Unendliche« (Calvin). An der

Grundfragen theologischen Denkens

Nichtfaßbarkeit Gottes hat auch die göttliche Offenbarung des Alten und Neuen Testaments teil. Sie kann nur »gehorsam« und »demütig« angenommen werden.

Paulus hat als Sohn seiner Zeit zu seinen Zeitgenossen geredet. Aber viel wichtiger als diese Wahrheit ist die andere, daß er als Prophet und Apostel des Gottesreiches zu allen Menschen aller Zeiten redet. Die Unterschiede von einst und jetzt, dort und hier, wollen beachtet sein. Aber der Zweck der Beachtung kann nur die Erkenntnis sein, daß diese Unterschiede im Wesen der Dinge keine Bedeutung haben. Die historisch-kritische Methode der Bibelforschung hat ihr Recht: sie weist hin auf eine Vorbereitung des Verständnisses, die nirgends überflüssig ist. Aber wenn ich wählen müßte zwischen ihr und der alten Inspirationslehre, ich würde entschlossen zu der letzteren greifen: sie hat das größere, tiefere, wichtigere Recht, weil sie auf die Arbeit des Verstehens selbst hinweist, ohne die alle Zurüstung wertlos ist. Ich bin froh, nicht wählen zu müssen zwischen beiden. Aber meine ganze Aufmerksamkeit war darauf gerichtet, durch das Historische hindurch zu sehen in den Geist der Bibel, der der ewige Geist ist. Was einmal ernst gewesen ist, das ist es auch heute noch, und was heute ernst ist und nicht bloß Zufall und Schrulle, das steht auch in unmittelbarem Zusammenhang mit dem, was einst gewesen ist. Unsere Fragen sind, wenn wir uns selber recht verstehen, die Fragen des Paulus und des Paulus Antworten müssen, wenn ihr Licht uns leuchtet, unsere Antworten sein.

Karl Barth, Der Römerbrief, G. A. Bäschlin, Bern 1919, S. V.

Entmythologisierung

Um die Einheit von Verstehen und Glauben geht es Rudolf Bultmann (geb. 1884), Professor für Neues Testament. Denn: »Glaube und Unglaube sind nicht blinder, willkürlicher Entschluß, sondern verstehendes Ja oder Nein.« Um dieses Verstehen biblischer Texte zu ermöglichen, wird er zum Begründer des Programms der Entmythologisierung: Es ist offensichtlich, daß das Welt- und Wirklichkeitsverständnis der biblischen Verfasser anders ist als das neuzeitliche. Mythologische Vorstellungs- und Ausdrucksformen bestimmen die Texte der Bibel (z. B. Höllen- und Himmelfahrt, Erwartung einer kosmischen Endzeitkatastrophe, Geister- und Dämonenglaube, Wunderglaube). Diese Vorstellungen sind dem neuzeitlichen Menschen fremd und erschweren oder versperren den Zugang zu den biblischen Texten. Man muß hinter diese Vorstellungen zurückfragen: Was ist gemeint? Was wollte der jeweilige Verfasser mit diesem Bild ausdrücken? Leitend sind dabei die Fragen: Welches Verständnis von Mensch und Welt spricht aus den Texten? Wie ist die menschliche Existenz verstanden? Wegen dieser Leitfrage nach der menschlichen Existenz und deren Verständnis im Alten und Neuen Testament wird die Entmythologisierung auch »Existentiale Interpretation« genannt.

Das ganze Weltverständnis, das in der Predigt Jesu wie allgemein im Neuen Testament vorausgesetzt wird, ist mythologisch; das heißt: die Vorstellung der Welt, die in die drei Stockwerke Himmel, Erde und Hölle eingeteilt ist, die Vorstellung, daß übernatürliche Kräfte in den Lauf der Dinge eingreifen, und die Wundervorstellung, insbesondere die, daß übernatürliche Kräfte in das Innenleben der Seele eingreifen, die Vorstellung, daß der Mensch vom Teufel versucht und verdorben und von bösen Geistern besessen werden kann. Dieses Weltbild nennen wir mythologisch, da es sich von dem Weltbild unterscheidet, das von der Wissenschaft seit ihrem Anfang im klassischen Griechenland gebildet und entwickelt wurde, und das auch von allen modernen Menschen angenommen worden ist. In diesem modernen Weltbild ist die Verbindung von Ursache und Wirkung grundlegend. Wenn auch die modernen physikalischen Theorien in den subatomaren Vorgängen den Zufall in Rechnung stellen, werden unsere täglichen Vorsätze, unser Handeln und unser Leben davon nicht berührt. Jedenfalls glaubt die moderne Wissenschaft nicht, daß der Lauf der Natur von übernatürlichen Kräften durchbrochen oder sozusagen durchlöchert werden kann.

Dasselbe gilt für die moderne Geschichtsforschung, die nicht mit einem Eingreifen Gottes oder des Teufels oder von Dämonen in den Lauf der Geschichte rechnet. Dagegen wird der Lauf der Geschichte als ein ungebrochenes Ganzes betrachtet, das in sich selbst vollständig ist, auch wenn es sich vom Lauf der Natur unterscheidet, weil es in der Geschichte geistige Mächte gibt, die den Willen der Menschen beeinflussen. Zugegeben, daß nicht alle geschichtlichen Ereignisse notwendig von den Naturgesetzen bestimmt und daß die Menschen für ihre Handlungen verantwortlich sind, so geschieht doch nichts ohne eine vernünftige Begründung, sonst wäre ja die Verantwortung aufgelöst. Natürlich gibt es noch viel Aberglauben unter den modernen Menschen, aber das sind Ausnahmen oder gar Abnormitäten. Der Mensch von heute baut darauf, daß der Lauf der Natur und Geschichte, wie sein eigenes Innenleben und sein praktisches Leben, nirgends vom Einwirken übernatürlicher Kräfte durchbrochen wird.

Unweigerlich erhebt sich dann die Frage: Kann Jesu Predigt von der Gottesherrschaft dann für den Menschen von heute noch irgendwelche Bedeutung haben, und kann die Predigt des Neuen Testaments in ihrer Gesamtheit für den modernen Menschen noch wichtig sein? Die Predigt des Neuen Testaments verkündigt Jesus Christus, nicht nur seine Predigt von der Gottesherrschaft, sondern zunächst seine Person, die von Anfang an von der Urchristenheit mythologisiert wurde. Die Neutestamentler sind sich uneinig, ob Jesus von sich selbst als dem Messias sprach, als dem König für die Zeit des Heils, ob er selbst glaubte, der Menschensohn zu sein, der mit den Wolken des Himmels kommen würde. In diesem Fall hätte Jesus sich selbst im Licht der Mythologie verstanden. Hier müssen wir uns nicht für das eine oder das andere entscheiden. Die erste Christenheit betrachtet ihn jedenfalls so, als eine mythologische Gestalt; sie erwartete, daß er als Menschensohn auf den Wolken des Himmels wiederkomme und als Weltenrichter Heil und Verdammnis bringe. Man sieht seine Person im mythologischen Licht, wenn man von ihm sagt, er sei empfangen vom Heiligen Geist und von einer Jungfrau geboren. Das wird noch deutlicher in den heidenchristlichen Gemeinden, wo Jesus im metaphysischen Sinn als Gottessohn verstanden wurde, als ein großes, präexistentes himmlisches Wesen, das um unserer Erlösung willen Mensch wurde, das Leiden auf sich nahm, hin bis zum Kreuz. Solche Vorstellungen sind offensichtlich mythologisch, sie waren ja auch weit verbreitet unter den Mythologien der Juden und der Heiden und wurden dann auf die geschichtliche Person Jesu übertragen. Besonders die Vorstellung des präexistenten Gottessohnes, der in menschlicher Verkleidung in die Welt herabsteigt, um die Menschheit zu erlösen, ist Teil einer gnostischen Erlösungslehre, und niemand würde zögern, diese Lehre »mythologisch« zu nennen. Daher erhebt sich die brennende Frage: Welches ist die Bedeutung der Predigt von Jesus und der Predigt des ganzen Neuen Testaments für den modernen Menschen?

Für den Menschen von heute sind das mythologische Weltbild, die Vorstellung vom Ende, vom Erlöser und der Erlösung vergangen und erledigt. Kann man erwarten, daß wir ein sacrificium intellectus (einen Verzicht auf das Verstehen) vollziehen, damit wir annehmen können, was wir ehrlich nicht für wahr halten können — nur weil solche Vorstellungen in der Bibel stehen? Oder sollen wir diejenigen Sätze im Neuen Testament überlesen, die solche mythologischen Vorstellungen enthalten, und andere Worte zusammensuchen, die keinem modernen Menschen einen Anstoß bieten? In der Tat umfaßt die Predigt Jesu nicht ausschließlich eschatologische Aussprüche. Er verkündete auch den Willen Gottes, welcher das Gebot Gottes ist: das Gebot zum Guten. Jesus fordert Wahrheit und Reinheit, Bereitschaft zum Opfer und zur Liebe. Er fordert den Gehorsam des ganzen Menschen gegen Gott und er steht auf gegen den Irrtum, daß man seine Pflicht gegen Gott durch Einhalten gewisser äußerer Gebote erfüllen kann. Wenn der moderne Mensch an den ethischen Geboten Jesu Anstoß nimmt, dann sind das Hindernisse für seinen selbstsüchtigen Willen und nicht für seinen Verstand.

Was folgt aus all dem? Sollen wir die ethische Predigt Jesu beibehalten und seine eschatologische Predigt aufgeben? Sollen wir seine Predigt von der Gottesherrschaft auf das sogenannte »soziale Evangelium« zusammenstreichen? Oder gibt es eine dritte Möglichkeit? Wir müssen fragen, ob die eschatologische Predigt und die mythologischen Aussagen als Ganzes noch eine tiefere Bedeutung enthalten, die unter der Decke der Mythologie verborgen ist. Wenn dem so ist, wollen wir die mythologischen Vorstellungen weglassen, gerade weil wir ihre tiefere Bedeutung beibehalten wollen. Diese Methode der Auslegung des Neuen Testaments, die versucht, die tiefere Bedeutung hinter den mythologischen Vorstellungen wieder aufzudecken, nenne ich »*Entmythologisieren*« — ein sicherlich unbefriedigendes Wort! Ziel ist nicht das Entfernen mythologischer Aussagen, sondern ihre Auslegung. Es ist eine Deutungsmethode.

> Rudolf Bultmann, Jesus Christus und die Mythologie. Das Neue Testament im Licht der Bibelkritik, Furche-Verlag, 3. Aufl. Hamburg 1967 (Stundenbücher Bd. 47), S. 11–16.

Gibt es nun eine *Grenze der Entmythologisierung*? Es wird oft gesagt, daß die Religion und auch der christliche Glaube die mythologische Rede nicht entbehren können. Warum nicht? Sie liefert gewiß der religiösen Dichtung, der kultischen und liturgischen Sprache Bilder und Symbole, und die fromme Andacht mag in ihnen einen Sinngehalt ahnend, empfindend wahrnehmen. Das Entscheidende ist jedoch, daß solche Bilder und Symbole wirklich einen Sinngehalt bergen, und die philosophische und theologische Reflexion hat doch die Aufgabe, diesen Sinngehalt deutlich zu machen. Dieser kann dann aber doch nicht wiederum in mythologischer Sprache ausgedrückt werden; denn sonst müßte ja deren Sinn wiederum gedeutet werden — und so in infinitum.

Die Behauptung, daß der Mythos unentbehrlich ist, bedeutet doch, daß es Mythen gibt, die sich nicht existential interpretieren lassen. Und das heißt, daß es — wenigstens in gewissen Fällen — notwendig ist, vom Transzendenten, von der Gottheit, objektivierend zu reden, da das mythologische Reden nun einmal objektivierendes Reden ist. Kann das gelten? Es spitzt sich wohl alles auf die Frage zu: ist die Rede von Gottes Handeln notwendig mythologische Rede, oder kann und muß sie auch existential interpretiert werden?

> Rudolf Bultmann, Zum Problem der Entmythologisierung,
> in: Glauben und Verstehen IV, J. C. B. Mohr (Paul Siebeck),
> Tübingen 1965, S. 134 f.

Vom Verstehen des Neuen Testaments

Herbert Braun, Professor für Neues Testament (geb. 1903), führt das Programm der Entmythologisierung Rudolf Bultmanns weiter und fragt: Was bleibt, wenn ich absehe von dem, was mit einer vergangenen Zeit versunken ist? Im NT gibt es noch die Welt Gottes »als eine an sich existierende, an einem bestimmten Ort zu einer bestimmten Zeit vorhandene oder vorhanden sein werdende Gegebenheit«. Das war nicht nur für die Verfasser der biblischen Bücher und die Christen der Alten Welt, sondern auch für die Nichtchristen der Antike eine gemeinsame Vorstellung: damals so selbstverständlich wie heute fremd. Würden wir heute diese Vorstellung akzeptieren (was häufig mit »glauben« verwechselt wird), so wäre das NT zum »Lehrmeister für antike Metaphysik degradiert«. Übersehen wäre Entscheidendes, nämlich daß das NT den Menschen »fordernd und ihn haltend anspricht, ohne daß der Angeredete zuvor durch eine weltanschauliche Gleichschaltung mit der Antike seinen guten Willen gezeigt und sich als ansprechbar bewiesen hätte«.
Braun faßt zusammen, was ihm beim Lesen und Hören des NT wesentlich zu sein scheint.

So nehme der Leser dieses Aufsatzes das Folgende als einen Versuch, als eine Frage an sich, ob er auch in der Art hören und verstehen kann, und als eine Aufforderung, dann vom Eigenen her eigenständig zu fragen und zu sagen.
Ich lese eins der drei ersten Evangelien. Dabei versuche ich, Jesus zu hören und zu verstehen mit dem, was er sagt und tut. Die vom Osterglauben her ihm zugelegten Titel klammere ich aus, denn ich möchte wissen, wie es zu diesen Titeln kam. Seine Naherwartung des Endes, sein antiker Dämonen- und Heilungsglaube gehen mich nichts an und sind für mich versunken. Aber was er fordert in Anlehnung und in Gegensatz zum alttestamentlichen Gesetz, vor allem sein Eintreten für den in verschiedener Weise hilfsbedürftigen Mitmenschen, das geht mich etwas an, abgesehen von aller Metaphysik: dem kann ich mich nicht entziehen, auch wenn ich den zeitbedingten, patriarchalischen Hintergrund dieser und jener Einzelforderung nicht verkenne. Was mir abgewonnen wird, ist ein freies Ja des Gewissens zum Trend dieses »Du sollst«. Aber wenn ich mich nun in den Texten umschaue, dann ist es ja keineswegs so, daß Jesus bloß der rigoristische Forderer wäre. Er wird beschimpft als »Freund von

Zöllnern und Sündern« (Mt 11,19 par), er fraternisiert mit den ethisch und religiös Deklassierten. Die Legenden zeichnen ihn mit solchen Leuten beim Mahle. Neben dem rigorosen »Du sollst« steht also das schrankenlose »Du darfst«. Jesus vertritt ein »Du sollst«, das auf mich eindringt, auch wenn ich die Naherwartung des Judentums und das ganze damit verklammerte Weltbild nicht teile. Und solches »Du sollst« zielt auf kein ethisches Heldentum ab; es ruht auf einem Gehaltenwerden, das dem in Pflicht Genommenen immer wieder neu widerfahren will und ihn in die Gruppe der religiös Deklassierten einreiht, statt seine religiöse Hybris zu stärken. So begreife ich, was die ersten Christen an Jesus lieben und schätzen mußten, wie sie die jüdischen und hellenistischen Hoheitstitel auf ihn legen konnten.

Ich lese den Römerbrief. Hier trägt Jesus schon ausgeprägte Titel, hier wird vom Ertrag seines Todes und seiner Auferstehung in festen Formeln geredet. Aber wenn ich den Gedankengang der ersten acht Kapitel durchdenke, merke ich sehr schnell: an Jesus glauben, heißt hier, in einer bestimmten Weise über meine guten Taten denken. Ich benutze sie, um mit ihnen mich vor mir selber zu bestätigen. Ich soll aber auf diese Selbstbestätigung verzichten, mich der Taten und meiner nicht rühmen. Nur so tue ich rechte gute Taten, nur so wird mein Leben heil. Dieser Verzicht auf die Selbstbestätigung, diese Anerkenntnis des Gehaltenseins *vor* meinem Tun, diese Rangordnung, gemäß der das rechte Tun eben erst aus solcher Anerkenntnis fließt, das heißt hier Glaube an Jesus. Ich nehme die mythische Verschlüsselung des Jesus-Geschehens dabei wahr, aber ich verstehe sie als Ausdruck für die Art, wie ich mich selber beurteile.

Ich lese das Johannesevangelium. Hier ist nun alles auf die Person Jesu und auf das Glauben an ihn abgestellt. Ich täusche mich nicht darüber, daß das mit dem geschichtlichen Jesus und seiner Art der Predigt nichts zu tun hat. Hier wird die Bedeutsamkeit Jesu vielmehr ausgesagt mit den Mitteln der gnostischen Vorstellungen, die für mich versunken sind. Aber wenn ich näher zuschaue, so merke ich: diese mythische Verschlüsselung redet ja doch von mir. Denn ich bin es ja, der wähnt, aus dem Vorhandenen sein »Leben« und sein Sichzurechtfinden (»Licht«) zu haben. Ich muß mir sagen lassen, daß, soll ich diesem Wahn nicht erliegen, mir nicht mit Symptom-Behandlung zu helfen ist, daß mein Woher radikal ein anderes werden muß (»Wiedergeburt«). Es wird aber nur ein anderes, wenn ich jenen Wahn, selber das Leben aus dem Vorfindlichen zu beziehen, aufgebe, wenn ich meine Blindheit eingestehe und dem »Ich-bin« der johanneischen Predigt, dem Von-Außerhalb meines Gehalten- und Getragenwerdens, traue. In dem Eingeständnis, daß das Leben je von jenseits, von außerhalb meiner mir zukommt, glaube ich an Jesus im johanneischen Sinne. Auch hier: mea res agitur.

Die einzelnen Teile des Neuen Testaments reden also in einer sehr verschiedenen Sprache und Ausdrucksweise. Hört man sich aber in die verschiedenen Tonarten ein, so entdeckt man einen überraschend gleichen Cantus firmus. Sei es beim Jesus der drei ersten Evangelien, sei es bei Paulus und den unter seinem Namen Schreibenden, sei es im johanneischen Schrifttum: der Mensch mit *seiner* religiösen Sicherheit, mit *seinem* frommen Tun, mit *seinem* Gottesbild wird (in freilich verschiedener Intensität) durchgestrichen. Sein Leben wird verlegt in das, was er nicht tut, nicht hat; in das, was ihm geschenkt wird. Sein »Du sollst« ist umschlossen und gehalten von dem »Du darfst«. Jetzt steht der Leser vor der wirklichen Entscheidung, die das Neue Testament ihm abverlangt. Es ist nicht die Entscheidung für eine objektive Metaphysik. Es ist die Entscheidung, die Art, wie er sich selber sieht, in der gekennzeichneten Weise kritisieren und ausrichten zu lassen. Diese Entscheidung ist in den verschiedenen Etappen des Neuen Testaments mit Umkehr, mit Glaube, mit Gehorsam gemeint.

> Herbert Braun, Vom Verstehen des Neuen Testaments, in: Gesammelte Studien zum Neuen Testament und seiner Umwelt, J. C. B. Mohr (Paul Siebeck), 2. Aufl. Tübingen 1967, S. 294–296.

Das Dilemma des Glaubens heute

> Gegen die Versuche von »Entmythologisierung« und »Aggiornamento«, die er als »Drehungen und Wendungen« einer Interpretation des Christentums empfindet, die schließlich »nirgends mehr anstößt«, nimmt Joseph Ratzinger (geb. 1927), Professor für Dogmatik, Stellung.
> Er fragt nach der eigen-christlichen Wahrheit, die das Skandalon des Glaubens zur Geltung bringt, die hinter das Festgestellte und Feststellbare zurückfragt, weil »das Feststellen doch nur eine bestimmte Weise, sich zur Wirklichkeit zu verhalten« ist, »die keineswegs das Ganze erfassen kann...«.

Glauben bedeutet die Entscheidung dafür, daß im Innersten der menschlichen Existenz ein Punkt ist, der nicht aus dem Sichtbaren und Greifbaren gespeist und getragen werden kann, sondern an das nicht zu Sehende stößt, so daß es ihm berührbar wird und sich als eine Notwendigkeit für seine Existenz erweist.
Solche Haltung ist freilich nur zu erreichen durch das, was die Sprache der Bibel »Umkehr«, »Be-kehrung« nennt. Das natürliche Schwergewicht des Menschen treibt ihn zum Sichtbaren, zu dem, was er in die Hand nehmen und als sein eigen greifen kann. Er muß sich innerlich herumwenden, um zu sehen, wie sehr er sein Eigentliches versäumt, indem er sich solchermaßen von seinem natürlichen Schwergewicht ziehen läßt ... Ja, der Glaube *ist* die Bekehrung, in der der Mensch entdeckt, daß er einer Illusion folgt, wenn er sich dem Greifbaren allein verschreibt ... Hat man sich freilich einmal das Abenteuer klargemacht, das wesentlich in der Haltung des Glaubens liegt, dann ist eine zweite Überlegung nicht zu umgehen, in der die besondere Schärfe der Schwierigkeit zu glauben zum Vorschein kommt, wie sie uns heute betrifft. Zur Kluft von »Sichtbar« und »Unsichtbar« kommt für uns erschwerend diejenige von »Damals« und »Heute« dazu. Die Grundparadoxie, die im Glauben an sich schon liegt, ist noch dadurch vertieft, daß Glaube im Gewand des Damaligen auftritt, ja, geradezu das Damalige, die Lebens- und Existenzform von damals, zu sein scheint. Alle Verheutigungen, ob sie sich nun intellektuell-akademisch »Entmythologisierung« oder kirchlich-pragmatisch »Aggiornamento« nennen, ändern das nicht, im Gegenteil: diese Bemühungen verstärken den Verdacht, hier werde krampfhaft als heutig ausgegeben, was in Wirklichkeit doch eben das Damalige ist. Diese Verheutigungsversuche lassen erst vollends bewußt werden, wie sehr das, was uns da begegnet, »von gestern« ist, und der Glaube erscheint so gar nicht mehr eigentlich als der zwar verwegene, aber doch die Großmut des Menschen herausfordernde Sprung aus dem scheinbaren Alles unserer Sichtbarkeitswelt in das scheinbare Nichts des Unsichtbaren und Un-

206 Grundfragen theologischen Denkens

greifbaren; er erscheint uns viel eher als die Zumutung, im Heute sich auf das Gestrige zu verpflichten und es als das immerwährend Gültige zu beschwören. Aber wer will das schon in einer Zeit, in der an die Stelle des Gedankens der »Tradition« die Idee des »Fortschrittes« getreten ist?

Wir stoßen hier im Vorbeigehen auf ein Spezifikum unserer heutigen Situation, das für unsere Frage einige Bedeutung hat. Für vergangene geistige Konstellationen umschrieb der Begriff »Tradition« ein prägendes Programm; sie erschien als das Bergende, worauf der Mensch sich verlassen kann, er durfte sich *dann* sicher und am rechten Orte glauben, wenn er sich auf Tradition berufen konnte. Heute waltet genau das entgegengesetzte Gefühl: Tradition erscheint als das Abgetane, das bloß Gestrige, der Fortschritt aber als die eigentliche Verheißung des Seins, so daß der Mensch sich nicht am Ort der Tradition, der Vergangenheit, sondern im Raum des Fortschritts und der Zukunft ansiedelt. Auch von da her muß ihm ein Glaube, der ihm unter dem Etikett der ›Tradition‹ begegnet, als das Überwundene erscheinen, das ihm, der die Zukunft als seine eigentliche Verpflichtung und Möglichkeit erkannt hat, nicht den Ort seines Daseins öffnen kann. Das alles aber heißt, daß das primäre Scandalum des Glaubens, die Distanz von Sichtbar und Unsichtbar, von Gott und Nicht-Gott, verdeckt und versperrt ist durch das sekundäre Scandalum von Damals und Heute, durch die Antithese von Tradition und Fortschritt, durch die Verpflichtung auf die Gestrigkeit, die der Glaube einzuschließen scheint.

Daß weder der tiefsinnige Intellektualismus der Entmythologisierung noch der Pragmatismus des Aggiornamento einfach zu überzeugen vermögen, macht freilich sichtbar, daß auch diese Verzerrrung des Grundskandals christlichen Glaubens eine sehr tiefreichende Sache ist, der man weder mit Theorien noch mit Aktionen ohne weiteres beikommen kann. Ja, in gewissem Sinne wird hier erst die Eigenart des *christlichen* Skandals greifbar, nämlich das, was man den christlichen Positivismus, die unaufhebbare Positivität des Christlichen nennen könnte. Ich meine damit folgendes: Christlicher Glaube hat es gar nicht bloß, wie man zunächst bei der Rede vom Glauben vermuten möchte, mit dem Ewigen zu tun, das als das ganz andere völlig außerhalb der menschlichen Welt und der Zeit verbliebe; er hat es vielmehr mit dem Gott *in* der Geschichte zu tun, mit Gott als Menschen. Indem er so die Kluft von ewig und zeitlich, von sichtbar und unsichtbar zu überbrücken scheint, indem er uns Gott als einem Menschen begegnen läßt, dem Ewigen als dem Zeitlichen, als einem von uns, weiß er sich als Offenbarung. Sein Anspruch, Offenbarung zu sein, gründet ja darin, daß er gleichsam das Ewige hereingeholt hat in unsere Welt. »Was niemand je gesehen hat — der hat es uns ausgelegt, der an der Brust des Vaters ruht« (Jo 1,18) . . .

Erst indem wir die Frage solchermaßen zuspitzen und so in den Blick bekommen, daß hinter dem scheinbar sekundären Skandal von »damals« und »heute« das viel tiefere Ärgernis des christlichen »Positivismus« steht, die »Einengung« Gottes auf einen Punkt der Geschichte hin, erst damit sind wir bei der ganzen Tiefe der christlichen Glaubensfrage angelangt, wie sie heute bestanden werden muß. Können wir überhaupt noch glauben? Nein, wir müssen radikaler fragen: Dürfen wir es noch, oder gibt es nicht eine Pflicht, mit dem Traum zu brechen und sich der Wirklichkeit zu stellen? . . .

> Joseph Ratzinger, Einführung in das Christentum. Vorlesungen über das Apostolische Glaubensbekenntnis, Kösel-Verlag, 5. Aufl. München 1968, S. 27–33

III] Gott — Jesus Christus

Gott – Jesus Christus

Der Gegenstand der Theologie ist für Karl Barth (1886–1968) Gott und genauer: Gott in seiner Offenbarung im Alten und Neuen Testament. Zu diesem Gott führt nur ein Weg, den er selbst aufgetan hat: »Christus allein«. Eine knappe Zusammenfassung Barthscher Theologie findet sich in der 1. These der Barmer Theologischen Erklärung: »Jesus Christus, wie er uns in der Heiligen Schrift bezeugt wird, ist das eine Wort Gottes, das wir zu hören, dem wir im Leben und Sterben zu vertrauen und zu gehorchen haben.«

Die Einführung der Vokabel »Gott« ist dann kein Mißbrauch dieses Namens, sie wird dann sinnvoll und weiterführend, wenn wir dabei an das denken, was wir in der Heiligen Schrift als das Handeln und Reden Gottes bezeugt finden. Gott ist der, dessen Name und Sache von *Jesus Christus* geführt wird. Es geht dann nicht um die Gottheit in abstracto als übermenschliches und überweltliches Wesen. Die Heilige Schrift weiß nichts von dieser Gottheit. Es geht dann um den Gott, der dem Menschen und der Welt wohl als Herr überlegen ist und bleibt, der sich aber dem Menschen und der Welt, indem er sie erschuf, auch verbunden hat . . .
Wenn die Heilige Schrift von *Gott* redet, dann erlaubt sie uns nicht, unsere Blicke und Gedanken willkürlich schweifen zu lassen, um in irgendeiner Höhe oder Tiefe die Feststellung eines mit vollkommenster Souveränität und vielen anderen Vollkommenheiten ausgestatteten Wesens zu vollziehen: eines Wesens, das dann als solches auch der Herr, der Gesetzgeber, der Richter und Heiland des Menschen und der Menschen wäre. Sondern wenn die Heilige Schrift von Gott redet, dann sammelt sie unsere Blicke und Gedanken auf einen einzigen Punkt und auf das, was an diesem Punkt zu erkennen ist. Hier ist aber schlicht der zu erkennen, der die Erzväter und den Mose, der die Propheten und nachher die Apostel in der ersten Person Singularis angeredet und der in diesem seinem Ich Souveränität und jegliche Vollkommenheit ist und hat und offenbart und als solcher erkannt, angebetet und respektiert werden will – der durch sein Wort sein Volk Israel schafft und aussondert von den anderen Völkern und nachher seine Kirche aus Israel und allen Völkern – der sein Regiment ausübt in seinem Wollen und Handeln mit diesem Volk, das zuerst Israel und dann die Kirche heißt. Er, dieser, ist als der Herr und Hirte dieses Volkes freilich auch der Weltregent, der Schöpfer aller Dinge und der Lenker allen großen und kleinen Geschehens . . . Dieser ist Gott laut seiner Selbstoffenbarung.
Und wenn wir noch genauer zusehen und fragen: wer und was ist an jenem einen Punkt, auf den die Schrift unsere Blicke und Gedanken versammelt, als Gott zu erkennen? was heißt und wer ist der Gott, der sein Volk regiert und weidet, um dann um seinetwillen die ganze Welt zu schaffen und zu erhalten

208 Grundfragen theologischen Denkens

und zu leiten nach seinem Wohlgefallen? — nach dem Wohlgefallen eben seines diesem Volke zugewendeten Willen? —, wenn wir so weiterfragen nach dem einen Punkt, auf dem das Auge nach Anweisung der Schrift ruhen, an dem das Denken nach Anweisung der Schrift wirklich haften darf und soll, dann führt sie uns von ihrem Anfang und von ihrem Ende her auf den Namen *Jesus Christus*, in welchem die göttliche Entscheidung für seine Zuwendung zu jenem Volk, die Bestimmung seiner selbst zu dessen Herrn und Hirten und die Bestimmung dieses Volkes als »sein Volk und Schafe seiner Weide« (Psalm 100,3) menschlich-geschichtliches Ereignis und damit als die Substanz der ganzen vorausgehenden Geschichte Israels und als die Hoffnung der ganzen nachfolgenden Geschichte der Kirche erkennbar geworden ist. Es geschah dies, daß Gott selbst unter jenem Namen Mensch, dieser Mensch und als solcher der Repräsentant des ganzen auf diesen Menschen zueilenden und von ihm herkommenden Volkes geworden ist. Es geschah dies, daß Gott selbst unter jenem Namen seine Dahingabe zum Verbündeten dieses Volkes, wie er sie von Ewigkeit her und in die Ewigkeit hinein beschlossen, in der Zeit und also für die Erkenntnis von uns Menschen realisiert hat ... Es geschah dies, daß selbst unter jenem Namen das besondere Volk, das diesen Namen trägt, zum »Licht der Heiden«, zur Hoffnung, zur Verheißung, zur Einladung, zum Ruf an *alles* Volk, damit freilich auch zur Frage und Aufforderung und zum Gericht über die *ganze* Menschheit und *jeden* einzelnen Menschen eingesetzt und ausgerüstet ist. Indem dies geschah unter jenem Namen, geschah der Wille Gottes. Schlechterdings und vollständig in diesem Geschehen haben wir also nach der in der Schrift bezeugten Selbstoffenbarung Gottes das faktische Wohlgefallen seines Willens und eben damit sein Wesen, den Sinn und die Richtung seines Werkes als Schöpfer der Welt und Regent des Weltlaufs zu erkennen. Es gibt keine tiefere Tiefe des Wesens und Wirkens Gottes als die, die in diesem Geschehen und also unter diesem Namen offenbar geworden ist. Denn eben in diesem Geschehen und unter diesem Namen hat er sich selbst offenbart ...
Man kann jeden Satz über das Verhältnis von Gott und Mensch bzw. Gott und Welt daran auf seine Legitimität erproben, ob er auch als Interpretation der in Jesus Christus geschaffenen und aufrechterhaltenen Beziehung und Gemeinschaft verstanden werden, ob er es ertragen kann, an den Grunderkenntnissen der Kirche über die Person und das Werk Christi ... gemessen zu werden, oder ob er diesem fremd und selbständig gegenübersteht, als Vordersatz oder Nachsatz mit jenen erst zusammengehängt werden muß, ohne daß er aus ihnen hervorgegangen wäre oder ohne daß er zu ihnen zurückführen würde. Es gibt strenggenommen keine der Christologie gegenüber selbständigen christlichen Themata, und die Kirche muß es auch der Welt gegenüber vertreten: Es gibt strenggenommen überhaupt keine der Christologie gegenüber selbständigen Themata. Unter Berufung auf Gott und seine Freiheit jedenfalls wird man das Gegenteil nicht behaupten können. Unter Berufung auf Gott und seine Freiheit wird man, direkt oder indirekt, letztlich nur dies eine Thema entfalten und erläutern können.

> Karl Barth, Die Kirchliche Dogmatik, EVZ-Verlag, Zürich 1932 ff, Band III: Die Lehre von der Schöpfung, 4. Teil, S. 549 f, und Band II: Die Lehre von Gott, 2. Teil, S. 56 f, und Band II, 1. Teil, S. 360

Theologie der Menschwerdung

»Was meinen wir Christen, wenn wir die Menschwerdung Gottes glaubend bekennen?« Die kirchenamtliche Antwort mehr voraussetzend als ausdrücklich wiederholend, die alte Formel nicht als Ende, sondern als Ausgangspunkt des Verstehens begreifend, versucht Karl Rahner (geb. 1904), Professor für Dogmatik, diese Frage zu bedenken. Die Bedeutung der dogmatischen Formel tritt dabei zurück, denn es kann nicht geleugnet werden, »daß einer an Christus auch dann noch glauben kann, wenn er die richtige Formel der Christologie ablehnt«.

Gottes Wort ist Mensch *geworden*, lautet der Satz, den wir besser verstehen wollen. Wir bedenken das Wort: »geworden«. Kann Gott etwas »werden«? Für allen Pantheismus oder eine sonstige Philosophie, für die Gott ohne weiteres — »geschichtlich« west, hat diese Frage immer schon ein Ja gefunden. Aber der Christ und die wirklich theistische Philosophie sind da in einer schwierigeren Lage. Sie bekennen ja Gott als den »Unveränderlichen«, der einfachhin *ist* — actus purus ... Das Bekenntnis zum unveränderlichen, werdelosen Gott ewiger vollendeter Fülle (ist) nicht bloß ein Postulat der Philosophie, sondern auch ein Dogma des Glaubens. Aber — es bleibt wahr: Das Wort ist Fleisch *geworden*.

Und erst wenn wir damit fertig werden, sind wir wahrhaft Christen ... Wenn wir die Tatsache der Menschwerdung, die uns der Glaube an das Grunddogma der Christenheit bezeugt, unbefangen und klaren Auges anblicken, dann werden wir schlicht sagen müssen: Gott kann etwas werden, der an sich selbst Unveränderliche kann *selber am andern* veränderlich sein. Wir werden damit an eine ontologische Letztheit gelangt sein, die eine bloß rationale Ontologie vielleicht nicht ahnen würde und die zur Kenntnis zu nehmen und gleich in den Uranfängen und Ursprüngen ihres Sagens als Urformel einzusetzen ihr schwerfallen mag: Das Absolute, richtiger: der Absolute hat in der reinen Freiheit seiner unendlichen Unbezüglichkeit, die er immer bewahrt, die Möglichkeit, das andere, Endliche selber zu werden, die Möglichkeit, daß Gott, gerade *indem* er und dadurch, daß er selbst *sich* entäußert, *sich* weggibt, das andere als seine eigene Wirklichkeit *setzt* ... Indem er seiner bleibenden unendlichen Fülle sich selbst entäußert (weil der die Liebe, d. h. der erfüllende Wille zum Leeren, ist, der hat, womit er erfülle), entsteht das andere als seine eigene Wirklichkeit. Er konstituiert die Unterschiedlichkeit zu sich, indem er sie als seine behält und umgekehrt: weil er wahrhaft das andere als sein eigenes haben will, konstituiert er es in seiner echten Wirklichkeit. Gott geht aus sich, er selber, er als die sich wegschenkende Fülle ...

Man könnte von daher — den Menschen in sein höchstes und finsterstes Geheimnis hineinstoßend — den Menschen definieren als das, was entsteht, wenn die Selbstaussage Gottes, sein Wort, in das Leere des gott-losen Nichts liebend hinausgesagt wird; das abgekürzte Wort Gottes hat man ja den menschgewordenen Logos genannt. Die Abkürzung, die Chiffre Gottes ist der Mensch, d. h. der Menschensohn und die Menschen, die sind, letztlich, weil es den Menschensohn geben sollte. Wenn Gott Nicht-gott sein will, entsteht der Mensch, gerade das und nichts anderes, könnten wir sagen. Damit ist der Mensch natürlich nicht ins platt Alltägliche hineinerklärt, sondern in das immer unbegreifliche Geheimnis heimgeführt. Aber solches Geheimnis ist er. Und wenn Gott selbst

Grundfragen theologischen Denkens

Mensch ist und es in Ewigkeit bleibt, wenn alle Theologie darum in Ewigkeit Anthropologie bleibt, wenn es dem Menschen verwehrt ist, gering von sich zu denken, da er dann von Gott gering dächte, und wenn dieser Gott das unaufhebbare Geheimnis bleibt, dann ist der Mensch in Ewigkeit das ausgesagte Geheimnis Gottes, das in Ewigkeit am Geheimnis seines Grundes teilhat und auch dort, wo alle Vorläufigkeit vergangen ist, immer noch als das unauslotbare Geheimnis in Liebe, die selig ist, angenommen werden muß, wenn anders wir nicht meinen dürfen, wir könnten die Selbstaussage Gottes aus sich heraus, die der Mensch ist, durchschauen, so daß sie und so wir selbst uns langweilig werden könnten, wenn anders wir nicht meinen, wir könnten hinter den Menschen anders kommen als dadurch, daß wir ihn in die selige Finsternis Gottes selbst hinein durchschauen und da erst recht dann begreifen, daß dieses Endliche die Endlichkeit des unendlichen Wortes Gottes selbst ist. Christologie ist Ende und Anfang der Anthropologie, und diese Anthropologie in ihrer radikalsten Verwirklichung, nämlich der Christologie, ist in Ewigkeit Theologie; die Theologie zunächst, die Gott selbst gesagt hat, indem er sein Wort als unser Fleisch in die Leere des Nichtgöttlichen und Sündigen hineinsagt, die Theologie, die dann wir selbst glaubend treiben, wenn wir nicht meinen, wir könnten am Menschen Christus und somit überhaupt am Menschen vorbei Gott finden. Vom Schöpfer konnte man mit der Schrift des Alten Testaments noch sagen, er sei im Himmel und wir auf der Erde. Aber vom Gott, den wir in Christus bekennen, muß man sagen, daß er genau da sei, wo wir sind, und da allein zu finden ist . . .

Wer darum (auch noch fern von jeder Offenbarung explizierter Wortformulierung) sein Dasein, also seine Menschheit, annimmt (und das ist so leicht nicht!) in schweigender Geduld, besser in Glaube, Hoffnung und Liebe (wie immer er diese auch nennen mag) als das Geheimnis, das sich in das Geheimnis ewiger Liebe und im Schoß des Todes das Leben trägt, der sagt zu etwas Ja, das so ist, wie er sich diesem ins Ungemessene anvertraut, weil Gott es tatsächlich mit dem Ungemessenen, d. h. mit sich selbst, erfüllt hat, da das Wort Fleisch wurde, der sagt, auch wenn er es nicht weiß, zu Christus Ja. Denn wer losläßt und springt, fällt in die Tiefe, die da ist, nicht nur insoweit er sie selbst ausgelotet hat. Wer sein Menschsein ganz annimmt (ach, das ist unsagbar schwer, und dunkel bleibt es, ob wir es wirklich tun), der hat den Menschensohn angenommen, weil in ihm Gott den Menschen angenommen hat . . .

Karl Rahner, Schriften zur Theologie. Band IV. Neuere Schriften, Benziger-Verlag. 2. Aufl. Einsiedeln—Zürich—Köln 1961, S. 137—154

Stellvertretung – Schauspieler Gottes

Über die Frage nach dem »wie« hinaus geht heute die Diskussion darüber, »ob« wir überhaupt von Gott reden können oder ob Theologie heute redlicherweise nur »Theologie nach dem Tode Gottes« sein kann. Eine solche Theologie vertritt Dorothee Sölle (geb. 1929, Dozentin). Nicht die Anwesenheit und das Wirken Gottes, sondern seine Abwesenheit, sein »Tod« sind ihrer Ansicht nach bestimmende religiöse Erfahrung unserer Zeit. Wissenschaftlich-technische Welterklärung und Weltgestaltung haben einen Gott als ein universales Erklärungsprinzip überflüssig gemacht. Ein naiver Theismus: Gott, der aus einer jenseitigen Welt »alles so herrlich regieret«, ist unmöglich geworden. Weil Gott nicht mehr unmittelbar zu erfahren ist, muß er vertreten werden. Diese Rolle eines »Stellvertreters«, eines »Schauspielers Gottes«, übernimmt Jesus von Nazareth. Diese Rolle sollen wir fortführen, wie Christus in Liebe für andere da sein und so »füreinander Gott spielen«.

Alle bisher bekannten Formen der christlichen Religion setzen ein unmittelbares Verhältnis zu Gott voraus und sind daher in dem Augenblick bedroht, wo Gott als moralische, politische und naturwissenschaftliche Arbeitshypothese unnötig geworden ist ... Die Religion wird ausgehöhlt, weil Gott in der technisierten Welt mit wachsender Geschwindigkeit Terrain verliert. Es entsteht der Eindruck, als sei Gott arbeitslos geworden, weil ihm die Gesellschaft einen Lebensbereich nach dem andern abnimmt. Man kann sagen, daß im Zuge der westeuropäischen Aufklärung die Selbstverständlichkeit Gottes für die ganze Welt zerstört wird. Unmöglich geworden ist der naive Theismus, das unmittelbare kindliche Verhältnis zum Vater droben überm Sternenzelt, unmöglich auch die unmittelbare religiöse Gewißheit ... Jede metaphysische »Setzung« Gottes, die das »größte neuere Ereignis: daß Gott tot ist« (Nietzsche) nicht bemerkt, weil sie sich simpel darauf beruft, daß Gott lebendig sei, bleibt der Privatheit bestimmter religiöser Anlagen oder Erfahrungen verhaftet ...
Gott hat sich verändert. Was Mose vor dem Dornbusch geschah, ist unwiederholbar dahin; was Franziskus ertastete und erlebte, ist als ein Unmittelbares nicht mehr nachzuvollziehen; die Ängste Luthers können psychoanalytisch aufgelöst und ihrer Unbedingtheit entkleidet werden. Die fortschreitende Bewußtwerdung hat diese Möglichkeiten der Vergewisserung Gottes ausgeschlossen ...
Die Herausforderung, die der Tod Gottes darstellt, kann auf zwei verschiedene Weisen beantwortet werden, ähnlich wie andere Verluste, die wir erfahren: Entweder man nimmt Gottes Abwesenheit als seinen Tod und sucht oder schafft sich Ersatz, oder aber man nimmt seine Abwesenheit als eine Möglichkeit seines Seins-für-uns. Unbesetzt bleibt die Rolle Gottes in keinem Falle. Es ist evident, wie die Gesellschaft mittels ihrer Rationalität und Lebenstechnik im weitesten Sinn des Wortes hervorragende Funktionen des früheren Gottes übernommen hat und wie sie durchaus in der Lage ist, diese einst von Gott getragenen Funktionen zu erfüllen, vermutlich in einigen Bereichen, wie Welterklärung, Krankenheilung, Katastrophenschutz, eher besser als der so oft vergeblich angeflehte Gott von einst. Ebenso evident ist aber die Lückenhaftigkeit des Gottesersatzes, den die Gesellschaft bietet. Sie vermag ein immer wieder neu überschießendes religiöses Bedürfnis, das nach Sinn und Wahrheit des Lebens, nach Identität der Person und nach dem Reich dieser Identität fragt, nicht zu befriedigen. Diese bleibende Fraglichkeit einer absurden Situation zwischen

212 Grundfragen theologischen Denkens

Sinnlosigkeit und Sinnverlangen nötigt uns zu der Inkonsequenz: daß Gott vertreten werden muß ...
Gott muß vertreten werden heißt: Gott ist — jetzt — nicht da. Es klingt unseren, den naiven Anthropomorphismen entwöhnten Ohren einigermaßen anstößig, wenn wir von Gott sagen, daß er krank, verreist oder unfähig sei. Aber so absurd ist solche Rede nicht, weil sie die Herausforderung annimmt, die darin liegt, daß Gott jetzt, in dieser Weltzeit, nicht gegenwärtig und unmittelbar zu erfahren ist.
Christus vertritt den abwesenden Gott, solange dieser sich nicht bei uns sehen läßt. Vorläufig steht er für Gott ein, und zwar für den Gott, der sich nicht mehr unmittelbar gibt und uns vor sein Angesicht stellt, wie es die religiöse Erfahrung früherer Zeiten als erlebt bezeugt. Christus hält diesem jetzt abwesenden Gott seine Stelle bei uns offen. Denn ohne Christus müßten wir dem Gott, der sich nicht zeigt und der uns verlassen hat, »kündigen«, wir hätten keinen Grund, weiter auf ihn zu warten oder ihn nicht für tot zu erklären ...
Weil Gott nicht einschreitet und seine Sache zur Geltung bringt, darum tritt Christus an seiner Stelle auf. Er tröstet die, die Gott bislang im Stich gelassen hat, er heilt die, die Gott nicht verstehen, er sättigt die, die Gott hungern ließ ...
In dieser veränderten Welt braucht Gott Schauspieler, die seinen Part übernehmen. Solange der Vorhang nicht gefallen ist und das Stück noch gespielt wird, kann Gottes Rolle nicht unbesetzt bleiben. Der Protagonist Gottes heißt Christus, er übernimmt die Rolle Gottes in der Welt, er spielt diese Rolle, die unbesetzt bliebe ohne ihn ...
Man muß sich von der Vorstellung freimachen, als sei die Entäußerung Christi ein kurzes, vorübergehendes Stadium, das nach einigen dreißig Jahren behoben wurde, damit der Ausgangszustand — Gott ist im Himmel, und wir sind auf Erden — schleunigst wiederhergestellt sei. Gott selbst ist in Christus aus der Unmittelbarkeit des Himmels fortgegangen, er hat die Sicherheit der Heimat verlassen, für immer. Er hat sich vermittelt, ist aus sich fortgegangen in die Unkenntlichkeit, in die Nichtunterschiedenheit. Daß es er ist, der so unkenntlich geworden ist, ist der Anspruch seines Schauspielers. Gott selbst, der Macht hatte, wurde gespielt unter der Bedingung der Ohnmacht. Gott selbst, der Heimat bedeutete, wurde gespielt unter der Bedingung der Heimatlosigkeit, der Fremde. Christus, der das gefahrlose Leben verlassen hatte, nahm Gott in Anspruch für die neue Art dazusein — ohne Macht, ohne Heimat, in der Entäußerung.
Diese Art Stellvertretung dessen, der einst unmittelbar und unvertretbar da war, änderte gleichzeitig den, der vertreten wurde. Daß Gott sich in die Welt vermittelte, bedeutete nichts anderes, als daß seit Christus alle Unmittelbarkeit an ihr Ende gekommen ist. Gott erscheint nun in der Vermittlung, der Stellvertretung. Christus spielt Gottes Rolle in der Welt — nichts anderes bedeutet Inkarnation. Bei dieser Art der Vermittlung ist es freilich aus mit der Herrschaft, der Macht und allen königlichen Attributen Gottes. Der Gott vertretende Christus ist so in die Welt gekommen, daß seine Vertretung nun zur einzig möglichen Gotteserfahrung wird, einer nicht mehr im geläufigen Sinne religiösen Erfahrung, die im Erlebnis des Heiligen, des fascinosum und des tremendum gipfelte. Die neue, in Ohnmacht und Leiden gestiftete, die profane und weltliche Vertretung Gottes ... erübrigt derlei Art von Religion als ein dem Menschen nicht mehr notwendigen Relikt, das relativ zur Beseitigung der gesellschaftlichen und natürlichen Übel an Macht und Einfluß verliert. Die neue,

im Fortschritt begriffene Wirklichkeit des vertretenen Gottes, der abwesend ist, läßt den Rückzug auf den erfahrenen Gegenwärtigen als etwas Privates erscheinen, das keine Verbindlichkeit beanspruchen kann.
Greifbar für uns ist der Schauspieler Gottes, der Protagonist, dem viele andere folgten. Was dieser Schauspieler Gottes tat — Gott spielen unter den Bedingungen der Ohnmacht —, steht damit nun uns offen; auch wir können Gott füreinander in Anspruch nehmen..., auch wir können nun Gott füreinander spielen...
Christus hielt es nicht wie einen Raub fest, bei Gott zu sein — aber unser Verlangen hält am Glück fest wie an einem gefundenen Fressen. Wäre Christus wie wir, er hätte im Himmel bleiben müssen. Statt dessen ging er aus dem Himmel weg und ließ das Glück los — das ist das Ende der Gottesunmittelbarkeit und der Anfang des »Neuen Seins«. Es gibt in der Tat nur eine einzige Chance für den Menschen, sein Verlangen nach Glück, das so tief eingebrannte, loszuwerden: das ist die Chance der Liebe. Im Sein-für-andere erübrigt sich die Suche nach der eigenen Identität: Die Liebe will den Himmel nicht... Als die Zeit erfüllt war, hatte Gott lange genug etwas für uns getan. Er setzte sich selber aufs Spiel, machte sich abhängig von uns und identifizierte sich mit den Nichtidentischen. Es ist nunmehr an der Zeit, etwas für Gott zu tun.

> Dorothee Sölle, Stellvertretung. Ein Kapitel Theologie nach dem »Tode Gottes«, Kreuz-Verlag, 3. Aufl. Stuttgart/Berlin 1966, S. 176—205 (Auswahl, nicht immer in der originalen Reihenfolge)

Gebet

> Untrennbar sind die Gottesfrage und die Frage nach dem Gebet verbunden: Wie ist beten möglich »in einer entzauberten Welt und angesichts eines Gottes, der nicht mehr gegenständlich-gegenüber gedacht werden kann? Ist das Ende der Magie nicht zugleich das verstummte Gebet?« (Dorothee Sölle). Antwort auf diese Frage zu geben versucht Gert Otto (geb. 1927), Professor für Praktische Theologie.

Das Gebet ist problematisch geworden und hat als Ausdruck der Frömmigkeit und Gottesbeziehung des Menschen seine Selbstverständlichkeit verloren. Das ist eine durch nichts zu überspielende Tatsache, und kein Versuch, einfach früher Gewesenes wiederherzustellen, wird sie aus der Welt schaffen. Denn das Ende des traditionellen Gebetes ist ja nur die Folge aus den Wandlungen der Theologie und des Glaubensverständnisses. Martin Walser charakterisiert die Situation in seinem Roman »Halbzeit« so, daß viele sich mit ihm identifizieren werden, wenn er schreibt: »Mit Lissa in der Kirche. Konnte nicht beten. Die feierliche Amtssprache der Kirche klang fremd. Kunstgewerbevokabular. Glauben die Frommen, Gott höre sie nur, wenn sie beten, er habe keine Ahnung von den Worten, die sie sonst denken und sagen? Man kann sich nicht vorstellen, daß der Pfarrer erlebt hat, was er in der Predigt erzählt. Mein Leben ist in der Gebetssprache nicht mehr unterzubringen. Ich kann mich nicht mehr so verrenken. Ich habe Gott mit diesen Formeln geerbt, aber jetzt verliere ich ihn

214 Grundfragen theologischen Denkens

durch diese Formeln. Man macht einen magischen Geheimrat aus ihm, dessen verschrobenen Sprachgebrauch man annimmt, weil Gott ja von gestern ist.« Was aber, wenn man aus den »Formeln« — womit hier erstarrte Form und die Bindung an vergangenes Verständnis überhaupt gemeint sei — heraus will? Dann wird man versuchen müssen, im Rückgriff auf die Quellen neu zu fragen, was denn Gebet im Sinne christlichen Glaubens heute heißen könne. Heute — also angesichts der geistesgeschichtlichen Veränderungen, in denen wir leben, und angesichts der theologischen Bemühungen, die mit dem Wandel der geistigen Situation zusammenhängen. Die Richtung der Antwort mag unter drei Gesichtspunkten angedeutet werden:

1. Das Gebet, verstanden als herausgehobene Einzelsituation des Dialogs zwischen Mensch und Gott, ist keine Besonderheit christlichen Glaubens, sondern eine der verbreitetsten Übungen in der Geschichte der Religionen der Menschheit. Je energischer man sich das klarmacht, desto besser bewahrt man sich davor, die Stellung des Gebetes zu überschätzen. Denn die Überschätzung ist es, die zu krampfhafter Verteidigung überkommener Formen führt, in denen wir unser Leben nicht mehr ausdrücken können.

2. Im Neuen Testament finden wir viele Züge des Gebetsverständnisses und der Gebetsformen, die Gemeingut spätantiker Religiosität sind, z. B. die Vorstellung Gottes als personales, ansprechbares Gegenüber, oder die Inanspruchnahme Gottes oder eines göttlichen Menschen zur Veränderung der Realität durch Eingriffe, die von außerhalb der Welt her geschehen sollen. Diese Vorstellungen können wir nicht einfach übernehmen, weil wir keine spätantiken Menschen sind, sondern im 20. Jahrhundert leben. Also können wir auch im Gebet nicht mehr so tun und Gott einfach als Durchbrecher der Kausalität anreden. Aber daneben können wir eine Linie beobachten, die bezeichnenderweise das Gebetsverständnis im Neuen Testament von seinen mannigfachen religionsgeschichtlichen Parallelen abhebt. Charakteristisch ist an dieser Linie, daß das Gebet weder als herausgehobener Einzelakt verstanden wird noch an die Form des per Du verlaufenden Dialogs zwischen Menschen und Gott gebunden ist, sondern in die Form des Wunsches und der Besinnung überführt werden kann. Wenn an verschiedenen Stellen (z. B. 1. Thess. 5,18; Eph. 5,20) dazu ermahnt wird, »allezeit zu beten«, so ist ja nicht gemeint, daß der Mensch sein Leben mit dem Aufsagen von Gebeten verbringen solle, sondern das Gebet ist damit aller kultischen Form und Ordnung entnommen, und noch mehr: es ist als Einzelakt aufgelöst, weil Haltung und Gestalt des ganzen Lebens als Gebet verstanden sind. »Beten« wird zu einer bestimmten Lebenshaltung, im dynamischen Sinne einer adäquaten Einstellung zum Leben. Verbindet man damit die Beobachtung, daß bei Paulus die Grenze zwischen dem per Du verlaufenden Gebet und der nachdenkenden Besinnung über Gott und Leben durchaus fließend ist (z. B. Röm. 11,34 ff.; Röm. 15,5 ff.; 1. Thess. 3,11 ff.), daß also sowohl in zweiter Person mit Gott wie in dritter Person von Gott geredet werden kann und beides als Gebet verstanden wird, so wird die Durchbrechung antiker Gebetsvorstellungen im Neuen Testament selbst noch deutlicher.

3. Nicht an das Gemeingut der Religionsgeschichte, nicht an die typisch spätantiken Vorstellungen können wir heute anknüpfen, wenn wir eine uns gemäße Form des Gebetes gewinnen wollen, sondern nur an die antikes Verständnis hinter sich lassenden, vorwärtsweisenden Züge im Neuen Testament. Von ihnen her ergibt sich für uns: Beten ist verbindliches Nachdenken in konkreten Situationen des Lebens, das keine Zuflucht zu einem Deus ex machina, und sei es auch einem christlichen, nehmen darf (aber wie viele Fürbittgebete fördern

dieses Verständnis geradezu!). Solche nachdenkende Besinnung kann in vielfältigen Formen geschehen, bis hin zur Identität von Gebet und Leben. Immer wird dabei dem Denk- und Lebensakt die Kategorie der Hoffnung integriert sein: Hoffnung als Ausdruck dafür, daß der Mensch sich mit Bestehendem nicht abfinden kann, sondern um des Menschen willen darüber hinaus muß.
Wo Gebet als Einzelakt Sinn haben soll, formuliert es dann jeweils nur, was durch das Gebet als Lebensakt gedeckt und eingelöst wird oder auch umgekehrt: was über die gegebene Lebenssituation hinausführen könnte. Die Ich-Du-Struktur der Formulierung ist dabei, wenn überhaupt, nur möglich, sofern man sich ihrer als einer »rhetorischen Figur«, als einer den Inhalt nicht adäquat deckenden, sondern die Beziehung auf nicht unproblematische Weise veranschaulichenden Form bewußt bleibt. Aber es gibt auch das formulierte Gebet als einzelnen Akt außerhalb der Ich-Du-Struktur des Dialogs. Dabei kann es z. B. um Satzkonstruktionen gehen, die mit der Wendung einsetzen: »Wir gedenken...« oder »Wir besinnen uns auf...« oder »Wir denken an...«

> Gert Otto, Kind und Gebet, in: Gert Otto und Hans Stock (Hg.), Schule und Kirche vor den Aufgaben der Erziehung, Theologia Practica. Sonderheft für Martin Stallmann, Furche-Verlag, Hamburg 1968, S. 108–110.

Gott existiert

Ist das Christentum nicht am Ende? Ist es nicht aus mit dem Gottesglauben? fragt Hans Küng (geb. 1928), Professor für Dogmatische und Ökumenische Theologie in Tübingen. Und weiter: »Ist Gott nicht von Anfang an eine Projektion des Menschen (Feuerbach), Opium des Volkes (Marx), Ressentiment der Zu-kurz-Gekommenen (Nietzsche), Illusion der Infantil-Gebliebenen (Freud)?«
Küng meint: »Man kann auch als Mensch des 20. Jahrhunderts durchaus vernünftig an Gott, sogar an den christlichen Gott glauben«. Küng möchte »mit offenen Karten« spielen. Von daher beantwortet er die Frage des Buchtitels »Existiert Gott?« mit einem eindeutigen: »Ja, Gott existiert.«
Das Christliche am christlichen Gott ist der Christus, der mit dem wirklichen, geschichtlichen Jesus von Nazaret identisch ist; durch den die Glaubenden diesen Gott, den einen Gott der Väter, erkennen, durch den sich dieser Gott für die Glaubenden offenbart.
● *Jesus stellt Gott ausdrücklich als Vater des »verlorenen Sohnes«, ja, als Vater der Verlorenen hin.*
● *Der wahre Gott Jesu ist der Gott Israels — neu verstanden.*
Dieser Gott ist ... nicht mehr der theokratische Gott der Willkür oder des Gesetzes: Dieser Gott ist offensichtlich mehr als jenes von oben alles diktierende und zentral lenkende, allmächtig-allwissende Wesen, das seine Planziele unerbittlich, und sei es mit »heiligen Kriegen« im großen und kleinen und ewiger Verdammung der Gegner, zu erreichen trachtet. Dieser Gott ist mehr auch als der oberste Garant eines fraglos zu akzeptierenden, wenn auch vielleicht geschickt zu manipulierenden Gesetzes. Das bedeutet für heute: Dieser Vater-Gott will kein Gott sein, wie ihn Marx, Nietzsche und Freud fürchteten, der dem Menschen von Kind auf Ängste und Schuldgefühle einjagt, ihn moralisierend ständig verfolgt und so tatsächlich nur die Projektion anerzogener Ängste, menschlicher Herrschaft, Machtgier, Rechthaberei und Rachsucht ist. Ein solcher Gott kann tatsächlich als »Gottesvergiftung« wirken. Nein, dieser Vater-Gott will kein tyran-

216 Grundfragen theologischen Denkens

nischer Gott sein, der auch nur indirekt jenen Repräsentanten totalitärer Systeme zur Rechtfertigung dienen könnte, die — ob fromm-kirchlich oder unfromm-atheistisch — seinen Platz einzunehmen und seine Hoheitsrechte auszuüben versuchen: als fromme oder unfromme Götter der orthodoxen Lehre und unbedingten Disziplin, des Gesetzes und der Ordnung, der menschenverachtenden Diktatur und Planung . . .

Nicht der allzu männliche Willkür- oder Gesetzesgott also ist es: Nicht ein Gott, geschaffen nach dem Bild der Könige und Tyrannen, der Hierarchen und Schulmeister. Sondern der — das große Wort ist nicht zu verniedlichen — *liebe Gott,* der sich auf die Menschen, ihre Nöte und Hoffnung vorbehaltlos einläßt:

der nicht fordert, sondern gibt, der nicht niederdrückt, sondern aufrichtet, nicht krank macht, sondern heilt;

der diejenigen schont, die sein heiliges Gesetz und damit ihn selbst antasten, der statt verurteilt vergibt, statt bestraft befreit, statt Recht Gnade walten läßt;

der sich über die Umkehr eines einzigen Ungerechten mehr freut als über 99 Gerechte: der den verlorenen Sohn lieber hat als den daheimgebliebenen, den Zöllner lieber als den Pharisäer, die Ketzer lieber als die Orthodoxen, die Dirnen und Ehebrecher lieber als ihre Richter, die Gesetzesbrecher oder Gesetzlosen lieber als die Gesetzeswächter! Wahrhaftig, eine nicht nur für die damalige Zeit, sondern für alle Zeiten und gerade auch für heute anstößige, skandalöse Predigt Jesu, der es nicht bei den Worten beließ, sondern zur Praxis vorstieß, einer ebenso anstößigen, skandalösen Praxis: Gemeinschaft mit den »Sündern«!

Kann man hier noch sagen, der Vatername sei nur Echo auf innerweltliche Vatererfahrungen? Eine Projektion, die dazu dient, irdische Vater- und Herrschaftsverhältnisse zu verklären? Nein, *dieser Vater-Gott ist anders:*

● *Nicht ein Gott des Jenseits auf Kosten des Diesseits, auf Kosten des Menschen und seiner wahren Größe (Feuerbachs Projektionstheorie).*
● *Nicht ein Gott der Herrschenden, der ungerechten gesellschaftlichen Verhältnisse, des deformierten Bewußtseins und der Vertröstung (Marxens Opiumstheorie).*
● *Nicht ein Gott, von Ressentiments erzeugt, das Oberhaupt einer erbärmlichen Ekkensteher-Moral von Gut und Böse (Nietzsches Ressentimenttheorie).*
● *Nicht ein tyrannisches Über-Ich, das Wunschbild illusionärer frühkindlicher Bedürfnisse, ein Gott des Zwangsrituals aus einem Schuld- und Vaterkomplex (Freuds Illusionstheorie).*

An einen ganz anderen Gott-Vater also appellierte Jesus zur Rechtfertigung seines eigenen skandalösen Redens und Benehmens: ein wunderlicher, ja, wie es vielen Zeitgenossen und besonders den Mächtigen schien, gefährlicher, ein im Grund unmöglicher Gott:

● *Ein Gott, der sich über die Gerechtigkeit des Gesetzes hinwegsetzt, eine »bessere« Gerechtigkeit proklamieren läßt und die Gesetzesübertreter rechtfertigt.*
● *Ein Gott, der die bestehende gesetzliche Ordnung und damit das gesamte gesellschaftliche System, ja auch den Tempel und den ganzen Gottesdienst relativieren läßt.*
● *Ein Gott, der den Menschen selber zum Maßstab seiner Gebote macht, der die natürlichen Grenzen zwischen Genossen und Nichtgenossen, Fernsten und Nächsten, Freunden und Feinden, Guten und Bösen aufgehoben wissen will durch Vergeben ohne Ende, Dienen ohne Rangordnung, Verzichten ohne Gegenleistung, durch die Liebe, und der sich so auf die Seite der Schwachen, Kranken, Armen, Unterprivilegierten, Unterdrückten, ja der Unfrommen, Unmoralischen, Gottlosen stellt.*

Dies erschien als eine *unerhörte Revolution im Gottesverständnis;* hier wurzelt in letzter Konsequenz der Streit um Jesus, hier sein Konflikt mit seiner religiös-politischen Umwelt, ein Konflikt, über den im einzelnen nicht noch einmal gehandelt werden muß. Darum ging es: um einen neuen Gott, der sich von seinem eigenen Gesetz gelöst zu haben schien, einen Gott nicht der Gesetzesfrommen, sondern der Gesetzesbrecher, ja —

so muß man zugespitzt sagen — einen *Gott* nicht der Gottesfürchtigen, sondern *der Gottlosen*!?

Ein Aufstand also gegen den Gott der Frommen: Sollte man es denn tatsächlich annehmen können, sollte man es wirklich glauben dürfen, daß Gott selbst, der wahre Gott der Väter, sich hinter einen solchen unerhörten Neuerer stellt, der sich, revolutionärer als alle Revolutionäre, über Gesetz und Tempel, über Mose, Könige und Propheten erhebt und sich sogar zum Richter über Sünde und Vergebung aufschwingt? Kommt Gott nicht in Widerspruch mit sich selbst, wenn er einen solchen Sachwalter hat? Wenn ein solcher mit Recht Gottes Autorität und Willen gegen Gottes Gesetz und Tempel in Anspruch nimmt, mit Recht sich die Vollmacht zu solchem Reden und Handeln zuschreiben darf? Ein Gott der Gottlosen und ein Gotteslästerer als sein Prophet?

Es nützte Jesus nichts, daß er — wie historisch feststehen dürfte — Gott mit der gar *nicht selbstverständlichen Anrede* »Vater« anredete; dieser ärgerlich familiär klingende Name »Abba«, der ganz ähnlich klingt wie das deutsche »Papa«, war vielmehr ein Skandal. Es nützte ihm nichts, daß er von diesem seinem Vater in all seinem Leben und Handeln angetrieben und durchleuchtet schien, daß er ganz und gar aus dieser Wirklichkeit heraus lebte. Im Konflikt um das System, um Gesetz und Ordnung, Kult und Bräuche, Ideologie und Praxis, um die herrschenden Normen, die zu respektierenden Grenzen und die zu meidenden Leute, im Streit um den offiziellen Gott des Gesetzes, des Tempels, der Nation, der Hierarchie — verlor er. Er, der die Nähe und Ankunft Gottes, seines Vaters, öffentlich vor aller Welt angekündigt hatte, *starb in völliger Menschen- und Gottverlassenheit*: »Gott, mein Gott, warum hast du mich verlassen?«

Hans Küng, Existiert Gott?. Antwort auf die Gottesfrage der Neuzeit, Piper Verlag, München 1978, S. 737—739

Was heißt Christsein?

Hans Küng (geb. 1928), Professor der Dogmatischen und Ökumenischen Theologie, faßt sein umfangreiches Werk »Christ sein« in 20 Thesen zusammen. So entsteht zwar kein moderner Katechismus, aber eine zeitgemäße Zusammenfassung des Glaubens, bei der die christologische Akzentuierung bezeichnend ist.

1. Christ ist nicht einfach der Mensch, der human oder auch sozial oder gar religiös zu leben versucht. Christ ist vielmehr nur der, der seine Menschlichkeit, Gesellschaftlichkeit und Religiosität von Christ her zu leben versucht.

a. Was heißt *human* sein? Wahrhaft menschlich, wahrhaft Mensch sein: sich um volles individuelles Menschsein bemühen. *Aber:* das kann auch der säkulare Humanist, etwa der klassisch Gebildete Humboldtscher Prägung oder der von Nietzsche, Heidegger oder Sartre herkommende Existentialist oder auch der von den Naturwissenschaften oder einem kritischen Rationalismus bestimmte Positivist.

Wir sollten es schlicht zugeben:

Sie alle können echte Humanisten sein, die wirklich menschlich leben. Aber deshalb müssen sie noch keine Christen sein.

218 Grundfragen theologischen Denkens

b. Was heißt *sozial* sein? Auf die Societas, die Gesellschaft bezogen sein: auf die Bedürfnisse und Hoffnungen der Mitmenschen, der anderen menschlichen Gruppen, der Gesellschaft überhaupt ausgerichtet sein und sich, mehr oder weniger kämpferisch, für soziale Gerechtigkeit aktiv einsetzen.
Aber: das kann auch der säkulare Sozialengagierte; das kann der liberale Sozialreformer genauso wie der marxistische Sozialrevolutionär, das kann auch ein spanischer Sozialfaschist, ein südamerikanischer Sozialist oder auch ein Vertreter der europäischen und amerikanischen Neuen Linken.
Es läßt sich nicht bestreiten:
Sie alle können berechtigte und dringende Forderungen vertreten. Aber deshalb müssen sie noch keine Christen sein.

c. Was heißt *religiös* sein? Ein Rückgebundensein (re-ligari) an oder Rücksichtnehmen (re-legere) auf ein Absolutes: im Horizont eines absoluten Sinn-Grundes leben, orientiert an etwas, was mich unbedingt angeht.
Aber: das kann auch ein Buddhist oder Hindu, ein Moslem oder Jude, das kann auch ein weltfrommer Pantheist oder ein skeptischer Deist, ein spiritualistischer Mystizist, ein Anhänger irgendeiner transzendentalen Meditation (Yoga oder Zen) oder auch einfach der Durchschnittsmensch mit religiösen Gefühlen, der sein Handeln vor einer das Gewissen bindenden Instanz zu verantworten sucht.
Wir hätten es nie bestreiten dürfen:
Sie alle können echt religiös sein. Aber deshalb müssen sie noch keine Christen sein.

Was also ist das unterscheidend Christliche? Was macht den Christen zum Christen? In einem Wort: Daß er seine Menschlichkeit, Gesellschaftlichkeit und Religiosität von Christus her zu leben versucht. Versucht: nicht mehr und nicht weniger.

2. *Das unterscheidend Christliche ist der Christus Jesus selbst.*

a. Gegen alle oft gut gemeinte Zerdrehung, Vermengung, Verdrehung und Verwechslung des Christlichen sind die Dinge ehrlich beim Namen zu nennen, die Begriffe beim Wort zu nehmen: Das Christentum der Christen soll ja christlich bleiben! Das Christentum bleibt jedoch christlich nur dann, wenn es ausdrücklich an den einen Christus gebunden bleibt. Und dieser ist nicht irgendein Prinzip oder eine Intentionalität oder eine Haltung oder ein evolutiver Zielpunkt. Er ist vielmehr eine ganz bestimmte, unverwechselbare und unauswechselbare Person mit einem ganz bestimmten Namen! Das Christentum läßt sich schon von seinem Namen her nicht in ein namenloses (anonymes) Christentum einebnen oder »aufheben«. Das unterscheidend Christliche ist der Christus selbst.

b. Eine solche Lehrformel ist keine leere Formel. Warum?
● Sie bezieht sich auf eine sehr konkrete geschichtliche Person: Jesus von Nazaret.
● Sie hat deshalb den christlichen Beginn, aber auch die ganze große christliche Tradition hinter sich: Christlich ist, was mit diesem Christus zu tun hat.
● Sie bietet zugleich eine klare Orientierung für Gegenwart und Zukunft.
● Sie hilft also den Christen und findet doch zugleich die Zustimmung der Nichtchristen: weil ihre Überzeugung respektiert und ihre Werte ausdrücklich affirmiert werden, ohne daß sie auf dogmatischem Schleichweg für Christentum und Kirche vereinnahmt werden, indem man ihnen sagt: »Ihr seid eigentlich schon (anonyme!) Christen.«

Weil so die Begriffe für das Christliche nicht verwässert oder beliebig gedehnt, sondern präzise gefaßt und beim Wort genommen werden, ist beides zugleich möglich:
alle unchristliche Konfusion zu vermeiden (größtmögliche *Unzweideutigkeit*) und zugleich Offenheit für alles Nichtchristliche zu wahren (größtmögliche *Toleranz*).

c. Nach diesem Kriterium meint Christentum also keine Exklusivität des Heils, sondern jene Einzigartigkeit, die in Jesus Christus begründet ist. Im Hinblick auf die Weltreligionen bedeutet dies:
- *nicht* die absolutistische *Herrschaft einer Religion*, die missionarisch exklusiv die Freiheit verachtet;
- *nicht* die synkretistische *Vermischung aller* unter sich so widersprüchlichen *Religionen*, die harmonisierend und reduzierend die Wahrheit unterdrückt;
- *vielmehr* der eigenständige, uneigennützige christliche *Dienst an den Menschen in den Religionen*, der nichts Wertvolles an den Religionen zerstört, aber auch nichts Wertloses unkritisch einverleibt: In differenzierter Anerkennung und Ablehnung soll das Christentum unter den Weltreligionen wirken als *kritischer Katalysator und Kristallisationspunkt* ihrer religiösen, moralischen, meditativen, asketischen, ästhetischen Werte.

In dieser Ausrichtung darf und soll die Kirche auch heute *Jesus Christus allen Menschen verkündigen*, um gerade so ein echtes indisches, chinesisches, japanisches, indonesisches, arabisches, afrikanisches Christentum zu ermöglichen: eine Ökumene nicht mehr nur im engen konfessionell-kirchlichen, sondern in einem universal-christlichen Sinne.

3. Christ sein bedeutet: In der Nachfolge Jesu Christi in der Welt von heute wahrhaft menschlich leben, handeln, leiden und sterben — In Glück und Unglück, Leben und Tod gehalten von Gott und hilfreich den Menschen.

a. *Warum soll man Christ sein?* Ganz direkt geantwortet: *Um wahrhaft Mensch zu sein!* Was heißt das?
Kein Christsein auf Kosten des Menschseins. Aber auch umgekehrt: Kein Menschsein auf Kosten des Christseins. Kein Christsein neben, über oder unter dem Menschsein: Der Christ soll kein gespaltener Mensch sein.
b. Das Christliche ist also kein Überbau und kein Unterbau des Menschlichen, sondern es ist im dreifachen Sinn des Wortes — bewahrend, verneinend und übersteigend — die »*Aufhebung*« *des Menschlichen*, der anderen Humanismen:
- sie werden *bejaht*, sofern sie das Menschliche bejahen;
- sie werden *verneint*, sofern sie das Christliche, den Christus selber, verneinen;
- sie werden *überstiegen*, sofern das Christsein das Menschlich-Allzumenschliche sogar in aller *Negativität* voll einzubeziehen vermag.

c. Das bedeutet: Christen sind nicht weniger Humanisten als alle anderen Humanisten. Aber sie sehen das Menschliche, das wahrhaft Menschliche, das Humane, sie sehen den Menschen und seinen Gott, sehen Humanität, Freiheit, Gerechtigkeit, Leben, Liebe, Frieden, Sinn von diesem Jesus her, der für sie *der konkret Maßgebende = der Christus* ist. Von ihm her meinen sie nicht einen beliebigen Humanismus vertreten zu können, der einfach alles Wahre, Gute, Schöne und Menschliche bejaht. Sondern einen wahrhaft radikalen Humanismus, der auch das Unwahre, Ungute, Unschöne und Unmenschliche zu integrieren und zu bewältigen vermag: nicht nur alles Positive, sondern auch — und hier entscheidet sich, was ein Humanismus taugt — alles Negative, selbst Leiden, Schuld, Tod, Sinnlosigkeit.

d. Also: In der Nachfolge dieses Jesus vermag der Mensch auch in der Welt von heute nicht nur wahrhaft menschlich zu *handeln*, sondern auch zu *leiden*, nicht nur zu *leben*, sondern auch zu *sterben*. Und es leuchtet ihm selbst dort noch Sinn auf, wo die »reine Vernunft« kapitulieren muß, auch in sinnloser Not und Schuld: weil er sich auch da, weil er sich im Positiven wie im Negativen *von Gott gehalten* weiß. So schenkt der Glaube an Jesus den Christus Frieden mit Gott und mit sich selbst, überspielt aber nicht die Probleme der Welt und der Gesellschaft. Er macht den Menschen wahrhaft menschlich, weil wahrhaft mitmenschlich, *hilfreich den Menschen*: ohne Einschränkung (im Dienen, Verzichten, Verzeihen) offen für den Anderen, der ihn gerade braucht, den »Nächsten«.

Hans Küng, 20 Thesen zum Christsein, Verlag R. Piper u. Co., München 1975, S. 16—21

IV] Kirche — Bekenntnis

Reformation – Wege, die auseinandergehen

Zu den Grundfragen theologischen Denkens im Katholizismus wie Protestantismus gehört – zumindest in Europa – das Thema »Reformation«. Der folgende Abschnitt zum Verständnis der Geschichte der Kirche im 16. Jahrhundert ist überschrieben: »Wege, die auseinandergehen«. Er stammt aus dem »Holländischen Katechismus«, einer bewußt veränderten Art von Katechismus: »Die hier vorliegende Glaubensverkündigung ... will die Botschaft in der Alltagssprache verkündigen; sie will sich dabei hinreichend Zeit nehmen, um auch die Hintergründe jeweils deutlich zu machen und aktuelle Fragen im Licht des Evangeliums zu klären.« (Vorwort der Bischöfe Hollands)

Sechzehntes Jahrhundert. Wege, die auseinandergehen

Damals traf eine Katastrophe die Kirche, die mit der Weigerung Israels, mit dem Arianismus und mit dem östlichen Schisma zu den größten gehört, wodurch sie je zerrissen wurde. Ein Mann mit einer prophetischen Wortgewalt und einem tiefen religiösen Gemüt hat um 1517 in Deutschland eine Bewegung entfesselt, die nicht innerhalb der allgemeinen Kirche hat bleiben können: Martin Luther.

Ihm folgten andere mit wieder etwas anderen Gesichtspunkten. Die bedeutendsten unter ihnen waren der Schweizer Zwingli und der strenge, nüchterne Franzose Calvin, ein Mensch, erfüllt von der absoluten Majestät Gottes[*].

Die katholische Gemeinschaft steht in diesen Ereignissen keineswegs mit sauberen Händen da. Allzu viele, auch unter den kirchlichen Hirten, hatten es versäumt, ihren Reichtum, ihre Sinnlichkeit und ihre Herrschsucht abzutun. Sie hatten die Kirche Christi schlecht gehütet. Es lebten aber auch sehr viele weise und heilige Menschen in der Kirche, in der Hierarchie und im Volk. Sie werden die Kraft sein, die die Reform innerhalb der katholischen Gemeinschaft vollbringt.

So war da ein Priester mit Namen Erasmus, ein spöttischer Verkünder sanftmütigen gesunden Menschenverstands und feiner Menschlichkeit. Sein mittlerer Weg war in jener Zeit dem religiösen Tiefgang Luthers nicht gewachsen. Seine evangelische Verträglichkeit kann unsere Zeit viel lehren.

---

[*] Die Ausdrücke Umgestaltung, Reformation, reformatorisch (nicht zu verwechseln mit reformiert) werden gebraucht, um die große Bewegung des 16. Jahrhunderts von Luther, Calvin und Zwingli anzudeuten. Der Ausdruck Protestant dagegen ist ein Sammelname, der nicht nur die reformatorischen, sondern auch alle anderen christlichen Kirchengemeinschaften umfaßt, die direkt oder indirekt mit der Reformation des 16. Jahrhunderts zusammenhängen.

222 Grundfragen theologischen Denkens

Ein ganz anderer Mensch war der hinkende spanische Ritter Ignatius von Loyola. Von 1521 an hatte er, schockiert durch manche Krisis und auch erfreut durch den Trost des Geistes Gottes, die Welt neu zu sehen gelernt im Lichte Gottes. Seine ursprüngliche Absicht war es, das Evangelium ohne Gewaltanwendung dem Islam zu predigen. An die Reformation im Norden dachte er noch nicht, wenn er überhaupt schon von ihr etwas wußte. Doch das Jahrhundert, in dem er lebte, brachte ihn zur Mitwirkung an einer anderen dreifachen Aufgabe: 1. Reformation der Kirche in der Überzeugung, daß die Bischöfe immer noch die von Gott bestellten Leiter sind; 2. wo es nur möglich war, die Spaltung aufhalten; 3. Verkündigung des Evangeliums in den neu entdeckten Teilen der Erde. Er ist aber nur einer von vielen. Andere große Namen sind Karl Borromäus in Mailand und der in Nijmegen geborene Petrus Canisius.
In der Kirche lebte das Verlangen, es möchte doch ein Konzil einberufen werden. Endlich trat es dann auch in Trient (1545—63) zusammen. Es hat die katholische Lehre dargelegt, tief und ohne Polemik eingehend auf die Fragen, die die Reformation gestellt hatte. Zugleich schaffte es Mißbräuche in der Kirche ab. Vielleicht hat es dabei allzu viele Dinge genau nach der Schnur ausgerichtet.
Unterdessen entwickelte sich die aristokratische Renaissance weiter zu einer Kultur mit vielen volkstümlichen und frommen Zügen: dem Barock.
War es der triumphierende Glanz dieses Stils, der viele achtlos sein ließ gegenüber dem nüchternen Geist der aufkommenden Naturwissenschaft? Der törichte Prozeß gegen Galilei um 1600 in Rom ist auf jeden Fall ein Symptom von Wertblindheit auf diesem Gebiet. Das ist um so mehr zu bedauern, als doch gerade in dieser Zeit, unter anderem durch Ignatius, die Fundamente gelegt wurden für eine Art, Christ zu sein (Spiritualität), die gerade in der irdischen Wirklichkeit Gott begegnet (Erleuchtung des Ignatius am Cardoner-Fluß). Und noch mehr ist diese Wertblindheit zu bedauern, weil doch gerade die biblische und die spätere christliche Tradition jene Schau in sich enthalten, aus der tatsächlich die Naturwissenschaften entstanden sind: eine Welt, die nicht (unantastbar) Gott ist, sondern Schöpfung Gottes (Entgöttlichung und Entdämonisierung des Kosmos; siehe den Sonnengesang des heiligen Franz, die Sonne, der Sonnenball, nicht Vater, sondern ›Bruder‹); eine Welt andererseits, die nicht Schein, sondern Wirklichkeit ist, wenn auch in Geburtswehen; eine Welt endlich, die nicht willkürlich durch das Überwesen regiert wird, sondern eigene Werte und eigene Gesetze empfangen hat.
Es ist doch schwer, sich vorzustellen, daß das Entstehen der Naturwissenschaften ausgerechnet in dem vom christlichen Glauben erreichten Teil der Welt rein zufällig sei. Ja es verbirgt sich in der Auffassung, Verbreitung der technischen Kultur sei bereits ein Stück Verbreitung der Erlösung Christi, vielleicht mehr Wahrheit, als es auf den ersten Blick scheint ...
Ein neuer Typ des Kirchengebäudes, in dem die Sicht nicht mehr durch Säulen beeinträchtigt wird, entstand im sechzehnten Jahrhundert. Die Kirchen wurden mehr ›Gemeinderäume‹ als je. So etwa die Kirche Il Gesù und auch das Hauptschiff von St. Peter in Rom.
Die katholische Erneuerung wird bisweilen auch Gegenreformation genannt, eine nicht gerade sehr glückliche Bezeichnung. Die Kirche war nicht in erster Linie ›contra‹, das heißt ›gegen‹ etwas, sondern sie verlangte nach Erneuerung. Als kräftige Nebenerscheinung war tatsächlich auch Abwehr dabei. Viel Wertvolles wurde in der katholischen Welt verdächtig angesehen, gerade deshalb, weil es die nicht-mehr-katholischen Reformatoren in den Vordergrund rückten.

Kirche – Bekenntnis 223

Die Unterschiede sind von beiden Seiten übertrieben worden. Wir unterschreiben doch beide dieselbe Bibel, dieselben zwölf Glaubensartikel, beide auch die heutige ökumenische Bewegung. Darum erwähnen wir den Unterschied widerwillig. Doch müssen wir hier einen Augenblick innehalten.
Vielleicht kann der tiefste Unterschied so beschrieben werden. Die katholische Christenheit glaubt stärker, daß das Heil bis in die gewöhnlichsten Dinge hinein festgelegt ist: das Brot auf dem Altar, die Stimme einer Versammlung in Rom, die Worte der Vergebung. So sehr wird Gott Mensch, auch in der heutigen Kirche.
Natürlich begegnet ihm in alledem nur, wer ihm gläubig gegenüberstehen will. Doch was sein Angebot angeht, so ist man sicher, daß das Brot der Leib Christi ist, die Absolution die Vergebung, das Wort der allgemeinen Kirche die Wahrheit. Dieser Glaube an Gottes Greifbarkeit hängt mit der Überzeugung zusammen, daß die weltliche Wirklichkeit, der Mensch nicht ausgenommen, letzten Endes gut ist, so gut, daß Gott sich in ihr, trotz all unserer Verdunkelung durch Sünde und Verderbnis, antreffen lassen kann.
Dagegen lebt in der Reformation von Anfang an eine Überzeugung, daß Gott in den Sakramenten und im machtvollen Wort der heutigen Kirche nicht so greifbar zu erreichen ist. Das Heil ist geistlicher. Die irdischen Dinge sind nicht so, daß sie das Heil ganz in sich aufnehmen können. Als Kontaktpunkte mit Gott sieht man vor allem das Wort der Heiligen Schrift, und auch noch die Glaubensbekenntnisse der ersten großen Konzilien. Dazu gesellt sich noch eine besondere Aufmerksamkeit für die persönliche innere Erfahrung.
Die Sündenvergebung möge zur Erläuterung dienen. Für den Katholiken ist die Beichte eine wahrnehmbare Garantie von seiten Gottes (selbst in dem Fall, daß der Beichtvater ein tief gefallener Sünder wäre). Der reformatorische Christ sucht die Gewißheit der Vergebung in einem innerlichen Zeichen Gottes. Das Wunderliche dabei ist, daß der Katholik, der gar nicht so auf die innerliche Erfahrung aus ist, gerade durch diese Selbstverständlichkeit oft in großem Maße die Erfahrung von Frieden und Ruhe macht, wohingegen jene, die die Sicherheit in der inneren Erfahrung suchen, diesen Frieden oft nur in beschränktem Maß bekommen. Doch was für ein christlicher Tiefgang in diesem unruhigen Fragen nach einem Zeichen Gottes!
Das schafft andere Menschentypen. Die Reformation hat ihre Leute aufmerksamer, persönlicher, aber auch unruhiger (und bisweilen auch düsterer) gemacht. In der katholischen Kirche kann der Friede ganz menschlich und selbstverständlich sein, mit der Gefahr, daß man zu gemächlich wird im Umgang mit Gott, Menschen und Dingen. Doch hieße es für uns undankbar sein, im erfahrenen Frieden kein Zeichen Gottes zu sehen, nicht ein Zeichen unserer Vortrefflichkeit, sondern des Geschenkes der göttlichen Nähe: Liebe, Freude und Friede. Es ist aber nicht abzuschätzen, wieviel Gutes und Heiliges in der Reformation, auch im Allereigensten der Reformation, für die ganze Christenheit gedieh. Die katholische Kirche kann die Reformation nicht entbehren.
Wir haben uns einen Augenblick über unsere Verschiedenheit verbreitet, um zu sagen, daß es bei der Reformation um eine ernste Frage geht. Es geht um etwas, was den Menschen bis in seine tiefsten Wurzeln ergreift und verändert, um eine Haltung gegenüber Schuld, Welt, Christus, Gott. Der gläubige Protestant wird dies mit uns anerkennen. Die Reformation kämpfte nicht wegen eines Hirngespinstes. Damit ist zum Glück noch nicht alles gesagt. Das übrige versparen wir uns für einige Seiten weiter, wo über die ökumenische Bewegung im 20. Jahrhundert gesprochen wird.

224 Grundfragen theologischen Denkens

In der Zeit dieser Kirchenspaltung bestand noch immer das Gefühl, eine Gemeinschaft müsse im großen und ganzen eine einzige Religion haben. Die Anhänger der Reformation wurden von der Inquisition verfolgt. Das ist eine dunkle Seite in der Geschichte der Kirche, wie auch die Tötung von Katholiken (u. a. die Märtyrer von Gorkum) und bisweilen die von andersdenkenden Protestanten schwierige Seiten in der Geschichte der Reformation bleiben. Möge das Blut aller fruchtbar sein!

Der Gedanke, der alledem zugrunde liegt, nämlich, daß eine einzige Gesellschaft auch eine einzige Religion haben müsse, brachte noch eine andere seltsame Maßregel mit sich. Als nun einmal die Reformation weithin durchgedrungen war, wurde in Deutschland und anderswo bestimmt, daß man sich in seiner Religion zu richten habe nach dem örtlichen Fürsten (cuius regio, eius religio = in wessen Gebiet man wohnt, dessen Glaubensbekenntnis muß man annehmen). Wer das nicht wollte, mußte auswandern. So wenig wußte man sich Rat mit verschiedenen Überzeugungen in einer einzigen Gesellschaft.

Bevor man Rat wußte, ist noch mancher Krieg und mancher Bürgerkrieg vorübergegangen. Auch hier spielten nationale und Interessengegensätze mit, oft sogar viel stärker als das religiöse Motiv (man denke nur an den Dreißigjährigen Krieg). Darum ist es nicht richtig, diese Ereignisse so einfachhin Religionskriege zu nennen, obschon die religiöse Einstellung der Staaten auch eine Rolle dabei spielte. Noch Jahrhunderte hindurch gab es Länder mit einer ›herrschenden‹ und einer ›unterdrückten‹ Religion (England, die Niederlande, Italien, Spanien, Skandinavien u. a.).

Neuzeit. Über die ganze Welt verbreitet

Später entwickelten sich noch andere Weltanschauungen. Seit 1600 und besonders seit 1700 traten Menschen auf, die durchaus keine Christen mehr sein wollten, sondern nur noch gottgläubig (Deismus). Seit 1800 mehren sich auch die Denker, die überhaupt keinen Gott mehr annehmen (Atheismus).

So umfaßte die Gesellschaft immer mehr verschiedene Überzeugungen. Es hat lange gedauert, bis die Kirche und die Staaten damit zurechtkamen. Allmählich zeichnete sich als Lösung ab: Staat und Kirche immer unabhängiger voneinander zu machen. Das widerspricht am wenigsten der Botschaft des Evangeliums. Ein Staat stützte nun nicht die Religion von vornherein, sondern er trat mit ihr in Kontakt, weil er sie als Überzeugung eines bestimmten Prozentsatzes seiner Glieder nahm. So lebt denn in den letzten Jahrhunderten die Kirche mehr und mehr zwischen Andersdenkenden (Diasporasituation).

> Glaubensverkündigung für Erwachsene. Deutsche Ausgabe
> des Holländischen Katechismus,
> Dekker und van de Vegt N. V., Nijmegen-Utrecht 1968,
> S. 251—256.

Bekenntnis – wider die Feind des Evangelii und allerlei Ketzereien

Das folgende Bekenntnis Luthers ist Schlußteil seiner großen Streitschrift gegen Zwingli »Vom Abendmahl Christi. Bekenntnis 1528«. Das Bekenntnis ist eine in sich selbständige Schrift und wurde schon 1528 als Sonderdruck herausgegeben. Von diesem Sonderdruck stammt die Überschrift: »Bekenntnis der Artikel des Glaubens wider die Feind des Evangelii und allerlei Ketzereien«.
Der Hintergrund ist durch die von der Reformation ausgelösten Auseinandersetzungen — mit der katholischen Kirche auf der einen und verschiedenen Strömungen der Reformation auf der anderen Seite — gegeben. Luther macht – für seine Person – die Grenzen geltend, die er vom Evangelium gegeben sieht.

Weil ich sehe, daß des Rottens und Irrens je länger je mehr wird, und kein Aufhören ist des Tobens und Wütens des Satans; damit nicht hinfort, bei meinem Leben oder nach meinem Tod, etliche zukünftig sich mit mir behelfen und meine Schrift, ihren Irrtum zu stärken, fälschlich führen möchten, wie die Sakraments- und Taufschwärmer anfingen zu tun, so will ich mit dieser Schrift vor Gott und aller Welt meinen Glauben von Stück zu Stück bekennen, darauf ich gedenke zu bleiben bis in den Tod, darinnen (des mir Gott helfe) von dieser Welt zu scheiden und vor unsers Herrn Jesu Christi Richtstuhl zu kommen. Und ob jemand nach meinem Tod würde sagen: wo der Luther jetzt lebte, würde er diesen oder diesen Artikel anders lehren und halten; denn er hat ihn nicht gnugsam bedacht etc., dawider sage ich jetzt als dann und dann als jetzt, daß ich von Gottes Gnade alle diese Artikel habe aufs fleißigst bedacht, durch die Schrift und wieder herdurch oftmals gezogen, und dieselben so gewiß wollt verfechten, als ich jetzt habe das Sakrament des Altars verfochten. Ich bin jetzt nicht trunken und unbedacht. Ich weiß, was ich rede, fühle auch wohl, was mirs gilt auf des Herrn Jesu Christi Zukunft am Jüngsten Gericht, darum soll mir niemand Scherz oder Narrenteiding draus machen. Es ist mir ernst; denn ich kenne den Satan von Gottes Gnaden: ein groß Teil kann er Gottes Wort und Schrift verkehren und verwirren, was sollt er nicht tun mit meinen oder eines andern Worten?
Erstlich glaube ich von Herzen den hohen Artikel der göttlichen Majestät, daß Vater, Sohn, Heiliger Geist drei unterschiedliche Personen, ein rechter, einiger, natürlicher, wahrhaftiger Gott ist, Schöpfer Himmels und der Erden, aller Dinge, wider die Arianer, Makedonier, Sabelliner und dergleichen Ketzereien, 1. Moses 1, wie das alles bisher in der römischen Kirche und in aller Welt bei den christlichen Kirchen gehalten ist.
Zum anderen glaub ich und weiß, daß die Schrift uns lehret, daß die Mittel-Person in Gott, nämlich der Sohn, allein ist wahrhaftiger Mensch worden, von

226 Grundfragen theologischen Denkens

dem Heiligen Geist ohn eines Mannes Zutun empfangen und von der reinen heiligen Jungfrau Maria als von einer rechten natürlichen Mutter geboren, wie das alles S. Lukas klärlich beschreibt und die Propheten verkündigt haben. Also daß nicht der Vater oder der Heilige Geist sei Mensch worden, wie etliche Ketzer gelehret. Auch daß Gott der Sohn nicht allein den Leib ohne die Seele (wie etliche Ketzer gelehret), sondern auch die Seele, das ist eine ganze völlige Menschheit, angenommen und als rechter Same oder Kind Abraham und David verheißen und als natürlicher Sohn Mariä geboren sei, in aller Weise und Gestalt ein rechter Mensch, wie ich selbst bin und alle andern, nur daß er ohn Sünde allein von der Jungfrau durch den Heiligen Geist gekommen ist. Und daß solcher Mensch sei wahrhaftig Gott, als eine ewige, unzertrennliche Person aus Gott und Mensch worden, daß also Maria die heilige Jungfrau sei eine rechte wahrhaftige Mutter nicht allein des Menschen Christi, wie die Nestorianer lehren, sondern des Sohnes Gottes, wie Lukas spricht: »Das in dir geboren wird, soll Gottes Sohn heißen«, das ist mein und aller Herr, Jesus Christus, Gottes und Marien einziger, rechter, natürlicher Sohn, wahrhaftiger Gott und Mensch.

Auch glaube ich, daß solcher Gottes- und Mariensohn, unser Herr Jesus Christus, hat für uns arme Sünder gelitten, sei gekreuzigt, gestorben und begraben, damit er uns von Sünde, Tod und ewigem Zorn Gottes durch sein unschuldig Blut erlöset und daß er am dritten Tage sei auferstanden vom Tode und aufgefahren gen Himmel und sitzet zur rechten Hand Gottes, des allmächtigen Vaters, ein Herr über alle Herren, König über alle Könige und über alle Kreatur im Himmel, auf Erden und unter der Erden, über Tod und Leben, über Sünde und Gerechtigkeit; denn ich bekenne und weiß aus der Schrift zu beweisen, daß alle Menschen von einem Menschen Adam gekommen sind und von demselbigen durch die Geburt mit sich bringen und erben Fall, Schuld und Sünde, die derselbe Adam im Paradies durch des Teufels Bosheit begangen hat, und also samt ihm allzumal in Sünden geboren, leben und sterben und des ewigen Todes schuldig sein müssen, wenn nicht Jesus Christus uns zur Hilf gekommen wäre und solche Schuld und Sünd als ein unschuldiges Lämmlein auf sich genommen hätte, für uns durch sein Leiden bezahlet und noch täglich für uns stehet und tritt als ein treuer barmherziger Mittler, Heiland und einiger Priester und Bischof unserer Seelen.

Hiemit verwerfe und verdamme ich als eitel Irrtum alle Lehre, so unseren freien Willen preiset, als die stracks wider solche Hilfe und Gnade unsers Heilands Jesu Christi strebt. Denn weil außer Christo der Tod und die Sünde unsre Herren und der Teufel unser Gott und Fürst ist, kann da kein Kraft noch Macht, kein Witz noch Verstand sein, womit wir zur Gerechtigkeit und zum Leben uns könnten schicken oder trachten, sondern müssen, verblendet und gefangen, des Teufels und der Sünden eigen sein, zu tun und zu denken, was ihnen gefället und Gott samt seinen Geboten zuwider ist.

Also verdamme ich auch beide, neue und alte Pelagianer, so die Erbsünde nicht wollen lassen Sünde sein, sondern solle ein Gebrechen oder Fehl sein. Aber weil der Tod über alle Menschen geht, muß die Erbsünde nicht ein Gebrechen, sondern allzu große Sünde sein, wie S. Paulus sagt: »Der Sünde Sold ist der Tod« . . .

Demnach verwerfe und verdamme ich auch als eitel Teufels Rotten und Irrtum alle Orden, Regel, Klöster, Stifte und was von Menschen über und außer der Schrift ist erfunden und eingesetzt, mit Gelübden und Pflichten verfasset, obgleich viele große Heilige drinnen gelebt . . .

Aber die heiligen Orden und rechten Stifte von Gott eingesetzt sind diese drei:

das Priesteramt, der Ehestand, die weltliche Obrigkeit. Alle die, so im Pfarramt oder Dienst des Worts gefunden werden, sind in einem heiligen, rechten, guten, Gott angenehmen Orden und Stand, als die da predigen, Sakramente reichen, dem gemeinen Kasten vorstehen, Küster und Boten oder Knechte, so solchen Personen dienen etc. Solche sind eitel heilig Werk vor Gott. Also wer Vater und Mutter ist, sein Haus wohl regiert und Kinder zieht zu Gottes Dienst, ist auch eitel Heiligtum und heilig Werk und heiliger Orden, desgleichen wo Kinder oder Gesinde den Eltern oder Herren gehorsam sind, ist auch eitel Heiligkeit, und wer darinnen gefunden wird, der ist ein lebendiger Heiliger auf Erden. Also auch Fürst oder Oberherr, Richter, Amtleute, Kanzler, Schreiber, Knechte, Mägde und alle, die solchen dienen, dazu alle, die untertäniglich gehorsam sind: alles ist eitel Heiligtum und heilig Leben vor Gott ...

Über diese drei Stifte und Orden ist nun der gemeine Orden der christlichen Liebe, darin man nicht allein den drei Orden, sondern auch insgemein einem jeglichen Dürftigen mit allerlei Wohltat dienet, als: speisen die Hungrigen, tränken die Durstigen etc., vergeben den Feinden, bitten für alle Menschen auf Erden, leiden allerlei Böses auf Erden etc. Siehe, das heißt alles eitel gute heilige Werk. Dennoch ist kein solcher Orden ein Weg zur Seligkeit, sondern es bleibt der einzige Weg über diesen allen, nämlich der Glaube an Jesum Christum ...

Demnach glaube ich, daß eine heilige christliche Kirche sei auf Erden, das ist die Gemeine und Zahl oder Versammlung aller Christen in aller Welt, die einige Braut Christi und sein geistlicher Leib, des er auch das einige Haupt ist und die Bischöfe oder Pfarrer nicht Häupter, noch Herren, noch Bräutigame derselbigen sind, sondern Diener, Freunde und (wie das Wort Bischof sagt) Aufseher, Pfleger oder Vorsteher. Und dieselbige Christenheit ist nicht allein unter der römischen Kirche oder Papst, sondern in aller Welt, wie die Propheten verkündiget haben, daß Christi Evangelium sollte in alle Welt kommen (Ps. 2,7 ff., Ps. 19,5), daß also unter Papst, Türken, Persern, Tattern und allenthalben die Christenheit zerstreuet sei leiblich, aber versammelt geistlich in einem Evangelio und Glauben unter einem Haupt, das Jesus Christus ist. Denn das Papsttum ist gewißlich das recht endchristliche Regiment oder die rechte widerchristliche Tyrannei, die im Tempel Gottes sitzt und regiert mit Menschengeboten, wie Matth. 24,24 Christus und 2. Thess. 2,4 Paulus verkündigen, wie wohl auch daneben der Türke und alle Ketzereien, wo sie sind, auch zu solchem Greuel gehören, so »in der heiligen Stätte zu stehen« geweissagt ist; aber dem Papsttum nicht gleich.

In dieser Christenheit, und wo sie ist, da ist Vergebung der Sünden, das ist ein Königreich der Gnade und des rechten Ablasses. Denn daselbst ist das Evangelium, die Taufe, das Sakrament des Altars, darin Vergebung der Sünde angeboten, geholet und empfangen wird. Und ist auch Christus und sein Geist und Gott daselbst, und außer solcher Christenheit ist kein Heil noch Vergebung der Sünden, sondern ewiger Tod und Verdammnis. Obgleich großer Schein der Heiligkeit da ist und viel guter Werk, so ists doch alles verloren. Solche Vergebung der Sünden aber ist nicht auf einmal in der Taufe zu erwarten, wie die Novatianer lehren, sondern so oft und vielmal man derselbigen bedarf bis in den Tod.

Aus dieser Ursache halt ich viel von der heimlichen Beicht, weil daselbst Gottes Wort und Absolution zur Vergebung der Sünden heimlich und einem jeglichen sonderlich gesprochen wird, und, so oft er will, darin solche Vergebung, aber auch Trost, Rat und Bericht haben mag, daß sie gar ein teuer, nützes Ding ist

228 Grundfragen theologischen Denkens

für die Seelen, sofern daß man niemand dieselbigen mit Gesetzen und Geboten aufdringe, sondern lasse sie frei sein einem jeglichen für seine Not, wenn und wo er will, derselbigen zu gebrauchen, gleichwie es frei ist, Rat und Trost, Bericht oder Lehre zu holen, wenn und wo die Not oder der Wille fordert, und daß man nicht alle Sünden aufzuzählen oder zu berichten zwinge, sondern welche am meisten drücken oder welche jemand nennen will, allerdinge, wie ich im Betbüchlein habe geschrieben. Der Ablaß aber, so die päpstliche Kirche hat und gibt, ist eine lästerliche Trügerei. Nicht allein darum, daß sie über die gemeine Vergebung, so in aller Christenheit durch das Evangelium und Sakrament gegeben wird, eine sonderliche erdichtet und anrichtet und damit die gemeine Vergebung schändet und vernichtet, sondern darum, daß sie auch die Genugtuung für die Sünde stellt und gründet auf Menschenwerk und der Heiligen Verdienst, so doch allein Christus für uns gnug tun kann und getan hat.
Für die Toten (weil die Schrift nichts davon meldet) halt ich, daß es aus freier Andacht nicht Sünde sei, so oder desgleichen zu bitten: »Lieber Gott, hats mit der Seele solche Gestalt, daß ihr zu helfen sei, so sei ihr gnädig.« Und wenn solchs einmal geschehen ist oder zweimal, so laß es gnug sein; denn die Vigilien und Seelenmessen und jährlichen Begängnisse sind kein nutz und ist des Teufels Jahrmarkt. Wir haben auch nichts in der Schrift vom Fegfeuer (und ist freilich auch von den Poltergeistern aufgebracht) ...
Die Heiligen anzurufen haben andre angegriffen ehe denn ich, und mir gefället es und glaubs auch, daß allein Christus sei als unser Mittler anzurufen. Das gibt die Schrift und ist gewiß. Von Heiligen anzurufen ist nichts in der Schrift, darum muß es ungewiß und nicht zu glauben sein.
Die Ölung, so man sie nach dem Evangelium hielte, Mark. 6,13 und Jak. 5,14, ließe ich gehen. Aber daß ein Sakrament draus zu machen sei, ist nichts ...
Also darf man auch kein Sakrament aus der Ehe und dem Priesteramt machen. Sie sind sonst heilige Orden an sich selbst gnug. So ist ja die Buße nichts andres denn Übung und Kraft der Taufe. Daß die zwei Sakramente bleiben, Taufe und Abendmahl des Herrn, neben dem Evangelium, darinnen uns der heilige Geist Vergebung der Sünden reichlich darbeut, gibt und übet.
Vor allen Greueln aber halt ich die Messe, so für ein Opfer oder gut Werk gepredigt und verkauft wird, darauf denn jetzt alle Stifte und Klöster stehen, aber, so Gott will, bald liegen sollen. Denn wiewohl ich ein großer, schwerer, schändlicher Sünder bin gewesen und meine Jugend auch verdammlich zugebracht und verloren habe, so sind doch das meine größten Sünden, daß ich so ein heiliger Mönch gewesen bin und mit so viel Messen über 15 Jahr lang meinen lieben Herrn so greulich erzürnt, gemartert und geplagt habe. Aber Lob und Dank sei seiner unaussprechlichen Gnade gesagt in Ewigkeit, daß er mich aus solchem Greuel geführt hat und noch täglich mich, wiewohl undankbaren, erhält und stärket in rechtem Glauben ...
Bilder, Glocken, Meßgewand, Kirchenschmuck, Altarlichter und dergleichen halt ich frei. Wer da will, der mags lassen, wiewohl Bilder aus der Schrift und von guten Historien ich sehr nützlich, doch frei und willkürig halte, denn ichs mit den Bilderstürmern nicht halte.
Am letzten glaube ich die Auferstehung aller Toten am Jüngsten Tage, beides, der frommen und bösen, daß ein jeglicher daselbst empfange an seinem Leibe, wie ers verdienet hat, und also die Frommen ewiglich leben mit Christo und die Bösen ewiglich sterben mit dem Teufel und seinen Engeln. Denn ich halte es nicht mit denen, so da lehren, daß die Teufel auch werden endlich zur Seligkeit kommen.

Das ist mein Glaube; denn also glauben alle rechten Christen und also lehret uns die Heilige Schrift. Was ich aber hie zu wenig gesagt habe, werden meine Büchlein gnugsam Zeugnis geben, sonderlich die zuletzt sind ausgegangen in vier oder fünf Jahren. Des bitte ich, alle frommen Herzen wollten mir Zeugen sein und für mich bitten, daß ich in solchem Glauben feste möge bestehen und mein Ende beschließen. Denn (da Gott vor sei) ob ich aus Anfechtung und Todesnöten etwas anders würde sagen, so soll es doch nichts sein, und will hiemit öffentlich bekannt haben, daß es unrecht und vom Teufel eingegeben sei. Dazu helfe mir mein Herr und Heiland Jesus Christus, gebenedeiet in Ewigkeit, Amen.

> Martin Luther, Ausgewählte Werke, hg. v. H. H. Borcherdt
> und Georg Merz, IV. Band, Chr. Kaiser Verlag,
> 3. Aufl. München 1957, S. 285—293.

Aus dem Dekret über den Ökumenismus

Zweites Vatikanisches Konzil 1962–1965: Das Dekret über den Ökumenismus wurde in einer ersten Fassung von Kardinal Beas »Sekretariat für die Förderung der Einheit der Christen« entworfen. Nach einer grundsätzlichen Diskussion wurde 1964 über die einzelnen Abschnitte des – inzwischen mehrfach überarbeiteten – Entwurfs abgestimmt. Nachdem alle Teile vom Konzil bereits angenommen worden waren, wurden auf Weisung des Papstes (Paul VI.) nachträglich einige Textänderungen vorgenommen.

VORWORT

1. Die Einheit aller Christen wiederherstellen zu helfen ist eine der Hauptaufgaben des Heiligen Ökumenischen Zweiten Vatikanischen Konzils. Denn Christus der Herr hat eine einige und einzige Kirche gegründet, und doch erheben mehrere christliche Gemeinschaften vor den Menschen den Anspruch, das wahre Erbe Jesu Christi darzustellen; sie alle bekennen sich als Jünger des Herrn, aber sie weichen in ihrem Denken voneinander ab und gehen verschiedene Wege, als ob Christus selber geteilt wäre (vgl. 1Kor 1,13). Eine solche Spaltung widerspricht aber ganz offenbar dem Willen Christi, sie ist ein Ärgernis für die Welt und ein Schaden für die heilige Sache der Verkündigung des Evangeliums vor allen Geschöpfen.

Der Herr der Geschichte aber, der seinen Gnadenplan mit uns Sündern in Weisheit und Langmut verfolgt, hat in jüngster Zeit begonnen, über die gespaltene Christenheit ernste Reue und Sehnsucht nach Einheit reichlicher auszugießen. Von dieser Gnade sind heute überall sehr viele Menschen ergriffen, und auch unter unsern getrennten Brüdern ist unter der Einwirkung der Gnade des Heiligen Geistes eine sich von Tag zu Tag ausbreitende Bewegung zur Wiederherstellung der Einheit aller Christen entstanden. Diese Einheitsbewegung, die man als ökumenische Bewegung bezeichnet, wird von Menschen getragen, die den dreieinigen Gott anrufen und Jesus als Herrn und Erlöser bekennen, und zwar nicht nur einzeln für sich, sondern auch in ihren Gemeinschaften, in denen sie die frohe Botschaft vernommen haben und die sie ihre Kirche und Got-

230 Grundfragen theologischen Denkens

tes Kirche nennen. Fast alle streben, wenn auch auf verschiedene Weise, zu einer einen, sichtbaren Kirche Gottes hin, die doch in Wahrheit allumfassend und zur ganzen Welt gesandt ist, damit sich die Welt zum Evangelium bekehre und so ihr Heil finde zur Ehre Gottes.

Dies alles erwägt die Heilige Synode freudigen Herzens und, nachdem sie die Lehre von der Kirche dargestellt hat, möchte sie, bewegt von dem Wunsch nach der Wiederherstellung der Einheit unter allen Jüngern Christi, allen Katholiken die Mittel und Wege nennen und die Weise aufzeigen, wie sie selber diesem göttlichen Ruf und dieser Gnade Gottes entsprechen können . . .

3. In dieser einen und einzigen Kirche Gottes sind schon von den ersten Zeiten an Spaltungen entstanden (vgl. 1Kor 11,18—19; Gal 1,6—9; 1Jo 2,18—19), die der Apostel aufs schwerste tadelt und verurteilt (vgl. 1Kor 1,11 ff; 11,22); in den späteren Jahrhunderten aber sind ausgedehntere Verfeindungen entstanden, und es kam zur Trennung recht großer Gemeinschaften von der vollen Gemeinschaft der katholischen Kirche, oft nicht ohne Schuld der Menschen auf beiden Seiten. Den Menschen jedoch, die jetzt in solchen Gemeinschaften geboren sind und in ihnen den Glauben an Christus erlangen, darf die Schuld der Trennung nicht zur Last gelegt werden — die katholische Kirche betrachtet sie als Brüder, in Verehrung und Liebe. Denn wer an Christus glaubt und in der rechten Weise die Taufe empfangen hat, steht dadurch in einer gewissen, wenn auch nicht vollkommenen Gemeinschaft mit der katholischen Kirche . . .

Hinzu kommt, daß einige, ja sogar viele und bedeutende Elemente oder Güter, aus denen insgesamt die Kirche erbaut wird und ihr Leben gewinnt, auch außerhalb der sichtbaren Grenzen der katholischen Kirche existieren können: das geschriebene Wort Gottes, das Leben der Gnade, Glaube, Hoffnung und Liebe und andere innere Gaben des Heiligen Geistes und sichtbare Elemente: all dieses, das von Christus ausgeht und zu ihm hinführt, gehört rechtens zu der einzigen Kirche Christi.

Auch zahlreiche liturgische Handlungen der christlichen Religion werden bei den von uns getrennten Brüdern vollzogen, die auf verschiedene Weise je nach der verschiedenen Verfaßtheit einer jeden Kirche und Gemeinschaft ohne Zweifel tatsächlich das Leben der Gnade zeugen können und als geeignete Mittel für den Zutritt zur Gemeinschaft des Heiles angesehen werden müssen.

Ebenso sind diese getrennten Kirchen und Gemeinschaften trotz der Mängel, die ihnen nach unserem Glauben anhaften, nicht ohne Bedeutung und Gewicht im Geheimnis des Heiles. Denn der Geist Christi hat sich gewürdigt, sie als Mittel des Heiles zu gebrauchen, deren Wirksamkeit sich von der der katholischen Kirche anvertrauten Fülle der Gnade und Wahrheit herleitet.

Dennoch erfreuen sich die von uns getrennten Brüder, sowohl als einzelne wie auch als Gemeinschaften und Kirchen betrachtet, nicht jener Einheit, die Jesus Christus all denen schenken wollte, die er zu einem Leibe und zur Neuheit des Lebens wiedergeboren und lebendig gemacht hat, jener Einheit, die die Heilige Schrift und die verehrungswürdige Tradition der Kirche bekennt. Denn nur durch die katholische Kirche Christi, die das allgemeine Hilfsmittel des Heiles ist, kann man Zutritt zu der ganzen Fülle der Heilsmittel haben. Denn einzig dem Apostelkollegium, an dessen Spitze Petrus steht, hat der Herr, so glauben wir, alle Güter des Neuen Bundes anvertraut, um den einen Leib Christi auf Erden zu konstituieren, welchem alle völlig eingegliedert werden müssen, die schon auf irgendeine Weise zum Volke Gottes gehören . . .

Kirche – Bekenntnis

II. Die getrennten Kirchen und Kirchlichen Gemeinschaften im Abendland

19. Die Kirchen und Kirchlichen Gemeinschaften, die in der schweren Krise, die im Abendland schon vom Ende des Mittelalters ihren Ausgang genommen hat, oder auch in späterer Zeit vom Römischen Apostolischen Stuhl getrennt wurden, sind mit der katholischen Kirche durch das Band besonderer Verwandtschaft verbunden, da ja das christliche Volk in den Jahrhunderten der Vergangenheit so lange Zeit sein Leben in kirchlicher Gemeinschaft geführt hat.

Da jedoch diese Kirchen und Kirchlichen Gemeinschaften wegen ihrer Verschiedenheit nach Ursprung, Lehre und geistlichem Leben nicht nur uns gegenüber, sondern auch untereinander nicht wenige Unterschiede aufweisen, so wäre es eine überaus schwierige Aufgabe, sie recht zu beschreiben, was wir hier zu unternehmen nicht beabsichtigen ...

Dabei muß jedoch anerkannt werden, daß es zwischen diesen Kirchen und Gemeinschaften und der katholischen Kirche Unterschiede von großem Gewicht gibt, nicht nur in historischer, soziologischer, psychologischer und kultureller Beziehung, sondern vor allem in der Interpretation der offenbarten Wahrheit. Damit jedoch trotz dieser Unterschiede der ökumenische Dialog erleichtert werde, wollen wir im folgenden einige Gesichtspunkte hervorheben, die das Fundament und ein Anstoß zu diesem Dialog sein können und sollen.

20. Unser Geist wendet sich zuerst den Christen zu, die Jesus Christus als Gott und Herrn und einzigen Mittler zwischen Gott und den Menschen offen bekennen zur Ehre des einen Gottes, des Vaters und des Sohnes und des Heiligen Geistes. Wir wissen zwar, daß nicht geringe Unterschiede gegenüber der Lehre der katholischen Kirche bestehen, insbesondere über Christus als das fleischgewordene Wort Gottes und über das Werk der Erlösung, sodann über das Geheimnis und den Dienst der Kirche und über die Aufgabe Mariens im Heilswerk. Dennoch freuen wir uns, wenn wir sehen, wie die getrennten Brüder zu Christus als Quelle und Mittelpunkt der kirchlichen Gemeinschaft streben. Aus dem Wunsch zur Vereinigung mit Christus werden sie notwendig dazu geführt, die Einheit mehr und mehr zu suchen und für ihren Glauben überall vor allen Völkern Zeugnis zu geben.

21. Die Liebe und Hochschätzung, ja fast kultische Verehrung der Heiligen Schrift führen unsere Brüder zu einem unablässigen und beharrlichen Studium dieses heiligen Buches: Das Evangelium ist ja »eine Kraft Gottes zum Heile für jeden, der glaubt, für den Juden zuerst, aber auch für den Griechen« (Röm 1,16). Unter Anrufung des Heiligen Geistes suchen sie in der Heiligen Schrift Gott, wie er zu ihnen spricht in Christus, der von den Propheten vorherverkündigt wurde und der das für uns fleischgewordene Wort Gottes ist. In der Heiligen Schrift betrachten sie das Leben Christi und was der göttliche Meister zum Heil der Menschen gelehrt und getan hat, insbesondere die Geheimnisse seines Todes und seiner Auferstehung.

Während die von uns getrennten Christen die göttliche Autorität der Heiligen Schrift bejahen, haben sie jedoch, jeder wieder auf andere Art, eine von uns verschiedene Auffassung von dem Verhältnis zwischen der Schrift und der Kirche, wobei nach dem katholischen Glauben das authentische Lehramt bei der Erklärung und Verkündigung des geschriebenen Wortes Gottes einen besonderen Platz einnimmt.

Nichtsdestoweniger ist die Heilige Schrift gerade beim Dialog ein ausgezeichnetes Werkzeug in der mächtigen Hand Gottes, um jene Einheit zu erreichen, die der Erlöser allen Menschen anbietet.

232 Grundfragen theologischen Denkens

23. Das christliche Leben dieser Brüder wird genährt durch den Glauben an Christus, gefördert durch die Gnade der Taufe und das Hören des Wortes Gottes. Dies zeigt sich im privaten Gebet, in der biblischen Betrachtung, im christlichen Familienleben und im Gottesdienst der zum Lob Gottes versammelten Gemeinde. Übrigens enthält ihr Gottesdienst nicht selten deutlich hervortretende Elemente der alten gemeinsamen Liturgie.

Der Christusglaube zeitigt seine Früchte in Lobpreis und Danksagung für die von Gott empfangenen Wohltaten; hinzu kommt ein lebendiges Gerechtigkeitsgefühl und eine aufrichtige Nächstenliebe. Dieser werktätige Glaube hat auch viele Einrichtungen zur Behebung der geistlichen und leiblichen Not, zur Förderung der Jugenderziehung, zur Schaffung menschenwürdiger Verhältnisse im sozialen Leben und zur allgemeinen Festigung des Friedens hervorgebracht.

Wenn auch viele Christen das Evangelium auf dem Gebiet der Moral weder stets in der gleichen Weise auslegen wie die Katholiken noch in den sehr schwierigen Fragen der heutigen Gesellschaft zu denselben Lösungen wie sie gelangen, so wollen sie doch ebenso wie wir an dem Wort Christi als der Quelle christlicher Tugend festhalten und dem Gebot des Apostels folgen, der da sagt: »Alles, was immer ihr tut in Wort oder Werk, tut alles im Namen unseres Herrn Jesus Christus, und danket durch ihn Gott dem Vater« (Kol 3, 17). Von da her kann der ökumenische Dialog über die Anwendung des Evangeliums auf dem Bereich der Sittlichkeit seinen Ausgang nehmen.

> Zweites Vatikanisches Konzil. Dekret über den Ökumenismus, in: Karl Rahner / Herbert Vorgrimler, Kleines Konzilskompendium. Alle Konstitutionen, Dekrete und Erklärungen des Zweiten Vaticanums in der bischöflich beauftragten Übersetzung, Verlag Herder, 2. ergänzte Aufl. Freiburg 1967 (Herder Bücherei 270—273), S. 229—249

Zur Zukunft der Kirche

> Um eine Erneuerung der Kirche im Geist des Konzils geht es Hans Küng (geb. 1928), Professor für Dogmatik und ökumenische Theologie: »Großes wurde bisher erreicht. Größeres gilt es zu verwirklichen, damit die Zukunft der Kirche heraufgeführt wird, für die das Zweite Vatikanische Konzil Ziele, Programme, Impulse geliefert hat.« Der folgende Abschnitt zeigt Ansatzpunkte für Reformen in Lehre und Praxis. (Die Kritik betrifft hier im besonderen die kath. Kirche; kritische Anmerkungen zur gegenwärtigen Situation der ev. Kirche bringt Küng im gleichen Buch S. 103 ff.)

Wo immer bei Einzelnen oder Gruppen wahrhaftige Kirche ist, da kommt es zur notwendigen Entmythologisierung und Entdämonisierung, Verinnerlichung und Vermenschlichung der Welt und des Menschen, da bricht etwas an von jener vollen Gerechtigkeit, jenem ewigen Leben, jenem kosmischen Frieden, jener wahren Freiheit und jener endgültigen Versöhnung der Menschheit mit Gott, die einmal Gottes vollendetes Reich bringen wird. Und sollte dies alles für die weltlichen Ordnungen, die ruhig eigenständig bleiben sollen, sollte dies für Wissenschaft, Wirtschaft, Politik, Staat, Gesellschaft, Recht und Kultur ohne

Bedeutung sein? Auch wenn diese Kirche gerade aus Wahrhaftigkeit heraus sich hütet, als Kirche in alle großen und kleinen Tagesfragen der Welt, bei denen das Evangelium Jesu Christi nicht eindeutig und klar engagiert ist, inkompetent dreinzureden, so vermag diese wahrhaftige Kirche doch Menschen auf die Beine zu stellen, die in all diesen großen und kleinen Tagesfragen der Welt ihre Verantwortung in einer neuen Mündigkeit, Selbständigkeit, Überlegenheit und Freiheit wahrzunehmen wissen, damit der Mensch in seiner Herrschaft über die Welt unter der Herrschaft Gottes wahrhaft überlegen und menschlich bleibe. Und sollte die Hoffnung solcher Menschen, einer solchen offenen, beweglichen, gastfreundlichen Gemeinschaft nicht ansteckend wirken können, sollte sie nicht den Status quo zu verändern und eine bessere Zukunft der Welt mitheraufzuführen vermögen?

Diese wahrhaftige Kirche ist nicht nur Programm. Sie ist Wirklichkeit, die Ungezählte leben. Von außen läßt sie sich nur bedingt erkennen. Daß es sie gibt, muß man denen glauben, die sie erfahren haben. Und wer sie selber erfahren will, kommt um das Wagnis eines Engagements nicht herum. Doch die Wahrhaftigkeit, die in der Kirche da ist, ruft nach der, die dasein könnte! Die wahrhaftige Kirche ruft nach der Bekehrung der unwahrhaftigen! Was wir uns nicht so einfach vorstellen dürfen: denn wir selber, ich selber gehöre immer wieder zur wahrhaftigen *und* unwahrhaftigen Kirche, und von uns selber, von mir selber ist diese Bekehrung immer wieder gefordert! In der Kirche geht nichts ohne den Einzelnen und die Wahrhaftigkeit des Herzens! Aber dem Einzelnen muß geholfen werden. Und deshalb braucht es gerade im Hinblick auf die Erneuerung des Herzens des Einzelnen die Erneuerung der kirchlichen Institutionen und Konstitutionen, der Strukturen und Konturen. Und damit wir nicht wieder einmal mehr auf hoher akademischer Ebene ohne Engagement in der Not der Zeit bleiben, so sollen hier im Anschluß an die Forderungen am Ende des ersten Teiles auf der Linie des Zweiten Vatikanischen Konzils einige Möglichkeiten und Notwendigkeiten der Reform der institutionellen Kirche verdeutlicht werden, die erst die wahrhaftige Kirche der Zukunft heraufzuführen vermögen . . .

Auch diese Vorschläge für die weitere Strukturreform der nachkonziliaren Kirche werden nicht sogleich allgemeine Zustimmung finden. Sie sollen sachlich *diskutiert* werden. Sie wollen kein ausgewogenes Ganzes bilden, sondern Schwerpunkte setzen. Sie wollen keine Vollständigkeit bieten, sondern das Nächstliegende herausstellen. Sie wollen nicht das Theoretisch-Mögliche abhandeln, sondern ein konkretes Aktionsprogramm vorschlagen. Die Diskussion wird weitere Vorschläge und neue Akzentsetzungen an den Tag bringen; gewisse vielschichtige Fragen bedürfen vertiefter und umfassender Bearbeitung. Doch dies alles soll nicht von der sofortigen *Aktion* abhalten, auf die so viele äußerst ungeduldig warten. Mit Absicht wurden hier vor allem solche Vorschläge gesammelt, mit deren Verwirklichung unmittelbar begonnen werden kann.

A. Allgemeine Aufgaben, die sich aus dem Konzil ergeben

1. Durchführung der *Konzilsdekrete* in den einzelnen Ländern: . . . Quod omnes tangit, ab omnibus tractari debet; was alle berührt, muß von allen behandelt werden, so heißt ein alter Grundsatz des kirchlichen Rechtes. Die Kollegialität darf nicht nur eine Forderung an die römische Zentrale bleiben, sondern muß auf allen Stufen realisiert werden. Es geht nicht ohne die Zusammenarbeit von Bischöfen, Pfarrern, Kaplänen, Theologen und Laien, Männern

234 Grundfragen theologischen Denkens

und Frauen, in allen Bereichen des kirchlichen Lebens. Ein gutes Modell für die Planung und Durchführung der kirchlichen Erneuerung in den verschiedenen Ländern stellt das holländische *Pastoralkonzil* (Nationalsynode) dar. Hier beraten und beschließen unter dem Vorsitz eines Laien Bischöfe, Theologen und Laien aus den verschiedensten Schichten und Berufen (70 von den 107 stimmberechtigten Mitgliedern des Pastoralkonzils sind Laien) zusammen mit Vertretern der anderen christlichen Kirchen und der Nichtchristen frei und offen über die Realisierung der Reform in diesem Lande (an erster Stelle der Beratungen stand die Frage der Autorität und des Amtes in der Kirche) . . .

2. Allgemeine Erneuerung der *Theologie*: Eine totale Erneuerung der Theologie auf solider exegetischer, historischer, systematischer und ökumenischer Basis mit dem Blick auf die Gegenwart von Kirche und Welt erweist sich heute als dringend notwendig! Davon ist jedoch hier nicht zu handeln. Eine Erneuerung der Theologie kann nicht einfach »beschlossen« werden. Theologie im strengen Sinne kann nicht von irgendeinem »Lehramt«, sondern — wie auch das Konzil gezeigt hat — nur von Theologen gemacht werden. Theologie ist eine in viele Spezialgebiete differenzierte Wissenschaft, die sich ganz bestimmter und subtiler Forschungsmethoden bedienen muß. Vom Konzil wurde insbesondere gefordert, daß die katholische Theologie sich wieder aufs neue darum zu bemühen hat, von der ursprünglichen christlichen Botschaft auszugehen; bis jedoch die Heilige Schrift wieder in zeitgemäßer Form die »Seele der Theologie« ist, wird es noch viel Zeit brauchen. Bezüglich der Strukturreform indessen müssen zwei dringende Desiderata angemeldet werden:

a) Der Theologie muß die *volle Freiheit* zukommen, damit sie ihre Aufgabe in kritischer Sichtung wie kirchlicher Verpflichtung erfüllen kann. Deshalb sind auch noch die letzten Zensurmaßnahmen aus einer absolutistischen Zeit unverzüglich abzuschaffen, insbesondere die Vorzensur theologischer Bücher (Imprimatur), die der Kirche indirekt viel geschadet hat.

b) Zwischen Hirten und Lehrern, Pastores und Doctores in der Kirche, die ihre je spezifische Funktion haben, muß es zu einer vertrauensvollen *Zusammenarbeit* kommen. Deshalb im Sinn der Vorschläge von Kardinal Döpfner auf der Bischofssynode: Einberufung einer repräsentativen Theologenkommission aus allen Ländern in Rom zur Beratung des Papstes und der Kongregation für die Glaubenslehre (durch die Bischofssynode beschlossen), Errichtung eines Theologenausschusses bei jeder Bischofskonferenz, Konsultation zwischen Papst und Bischofskonferenzen vor der Veröffentlichung wichtiger Dokumente. Die von kurialen Kreisen geforderte Abfassung eines Irrtümerkatalogs, einer »Glaubensregel« oder eines allgemeinen »Katechismus« ist für die gegenwärtige Situation absolut nutzlos.

3. Konsequente Durchführung der *Liturgiereform*: Die Liturgiereform ist grundsätzlich auf gutem Weg und bereits erfreulich weit fortgeschritten. Die Volkssprache hat sich mit Zustimmung Roms weit über das vom Konzil Vorgesehene hinaus im gesamten Gottesdienst in kürzester Zeit durchgesetzt. Die größte Gefahr bedeutet jedoch nicht so sehr ein möglicher Wildwuchs (der nicht ins Gewicht fällt neben der noch weithin üblichen traditionellen Verödung), sondern eine erneute Ritualisierung, Fixierung und Rubrizierung des Gottesdienstes. Um im Gottesdienst die trotz der Muttersprache und vieler Vereinfachungen noch immer weithin fehlende Lebendigkeit, Beweglichkeit, Abwechslung, die notwendige Zeitangemessenheit und Konzentration auf das Wesentliche zu gewährleisten, ist über das bereits Beschlossene hinaus notwendig:

a) Statt der Übersetzung lateinischer Gebete inhaltlich und sprachlich aus der

Kirche – Bekenntnis 235

heutigen Zeit heraus geformte Gebete, die zum Teil auch spontan formuliert werden können; möglichst viele theologisch einwandfreie und sprachlich gut geformte Eucharistiegebete mit dem Einsetzungsbericht des Abendmahles.

b) Statt zweier oder gar dreier ritualisierter Lesungen die Möglichkeit nur einer, unter Umständen etwas ausführlicheren Lesung aus der Schrift, die aber in jedem Fall kurz und ansprechend gedeutet werden soll; in Werktagsgottesdiensten Gestattung der fortlaufenden Lesung eines frei gewählten Buches der Bibel (Lectio continua), immer mit einer kurzen konzentrierten Deutung auf Grund eines modernen Kommentars.

c) Die Ermöglichung der Kommunion unter beiden Gestalten auch im gewöhnlichen Gemeindegottesdienst (eine einfache und hygienische Form: jeder Kommunizierende nimmt selbst das gereichte Brot aus der Patene und taucht es in den Kelch).

d) Gesänge, die textlich und gesanglich im besten Sinn der Worte modern und volkstümlich sind.

e) Möglichkeit der Absolution auch außerhalb der Privatbeichte in Eucharistiefeiern oder in eigenen Bußfeiern.

f) Abschaffung anachronistischer Andachten und sinnvolle Ersetzung überholter Gebetsformen (auch für Priester).

4. Grundlegende Reform des *Kirchenrechts*: ... Norm muß in jedem Fall das Evangelium Jesu Christi selbst sein, Grundlage eine biblische Ekklesiologie ... Kirchenrecht darf in keinem Fall Herrschaftsrecht, sondern muß immer Dienstrecht sein und als solches grundsätzlich lebendiges und immer wieder revidierbares Recht, damit die Menschen nicht im Recht gefangen werden, sondern ihnen zum Recht verholfen wird: Recht der Gnade, Ausdruck also der Brüderlichkeit und der grundsätzlichen Gleichheit aller Christen. In Abwehr aller Juridisierung, Bürokratisierung und Klerikalisierung der Kirche muß die Freiheit der Söhne und Töchter Gottes durch das Recht nicht nur bewahrt, sondern gefördert werden durch ein Minimum an gesetzlicher Regelung: soviel Freiheit als möglich, soviel Bindung als notwendig und nicht umgekehrt! ...

B. Besondere Reformaufgaben in bezug auf die Kirchenverfassung:

1. *Mitbestimmung* der Kirchenglieder bzw. ihrer Repräsentanten in der lokalen, der diözesanen, der nationalen und der universalen Kirche (aber auch in den Ordensgemeinschaften): Die weder von der ursprünglichen neutestamentlichen Kirchenverfassung noch vom heutigen demokratischen Denken gedeckte autoritäre Ein-Mann-Regierung muß abgelöst werden durch eine *kollegiale* Kirchenleitung auf allen Ebenen: Pfarrei, Bistum, Nation, Gesamtkirche. Die ausschlaggebende Autorität des Pfarrers, Bischofs, Papstes soll zur Vermeidung einer gegenseitigen Paralysierung der verschiedenen Kräfte ausdrücklich gewahrt bleiben. Doch soll zugleich nicht nur eine Mitberatung, sondern eine Mitentscheidung der repräsentativen Gremien gewährleistet werden (vgl. den amerikanischen Grundsatz der »checks and balances«). Für den repräsentativen Charakter dieser Gremien ist entscheidend, daß der Großteil der Mitglieder in freier und geheimer Wahl gewählt ist; eine Minderheit kann wegen bestimmter wichtiger Dienstfunktionen ex officio oder durch die Ernennung der verantwortlichen Dienstträger (Pfarrer, Bischof, Bischofskonferenz, Papst) Mitglied werden. Die verfassungsmäßigen Grundlagen für diese Reformen sind zum wichtigen Teil noch vom Konzil selbst gelegt worden.

a) Für jede *Diözese* wurde ein Priesterrat vorgeschrieben und an vielen Orten

236 Grundfragen theologischen Denkens

bereits verwirklicht. Der frei gewählte Priesterrat vertritt das Presbyterium der Diözese, um dem Bischof bei der Leitung der Diözese wirksam beizustehen. Ebenso wurde ein diözesaner Pastoralrat aus Priestern, Ordensleuten und Laien vorgeschrieben und ebenfalls zum Teil bereits verwirklicht (wobei der Priesterrat meist in den Pastoralrat integriert wird, in dem die Laien zum Teil die Zweidrittelmehrheit haben).

b) Für jede *Pfarrei* ist, soweit dies nicht bereits geschehen, entsprechend dem diözesanen Seelsorgerat ein Pfarreirat von Männern und Frauen zur Mitberatung und Mitentscheidung in allen wichtigen Pfarreiangelegenheiten zu konstituieren.

c) Für jede *Nation* ist, wiederum entsprechend zum diözesanen Seelsorgerat und in der Konsequenz eines nationalen Pastoralkonzils ein nationaler Seelsorgerat, bestehend aus Bischöfen, Priestern und Laien, zur Mitberatung und Mitentscheidung in allen wichtigen nationalkirchlichen Angelegenheiten zu konstituieren.

d) Für die *Gesamtkirche* ist parallel zum bereits konstituierten (aber noch nicht permanenten und periodisch sich versammelnden) Bischofsrat und in der Konsequenz des internationalen Laienkongresses ein Laienrat zu konstituieren, der zusammen mit dem Bischofsrat unter der ausschlaggebenden Leitung des Papstes über die wichtigen gesamtkirchlichen Angelegenheiten berät und entscheidet. — Auf jeder Stufe sind theologische und andere Fachleute beizuziehen.

2. Freie *Wahl* der betreffenden Vorsteher (Pfarrer, Bischof, Papst) durch eine Repräsentation der betreffenden Kirchen: Dies unter Mitwirkung der im vorigen Punkte genannten repräsentativen Gremien in Gesamtkirche (Bischofs- und Laienrat), Diözese (Seelsorgerat) und Ortskirche (Pfarreirat) sowie unter einer approbierenden Kontrollfunktion der übergeordneten Hirtendienste: für die Pfarrwahl der Bischof, für die Bischofswahl die Bischofskonferenz oder der Papst. Was die Papstwahl betrifft, so ist die Übertragung der Wahl von dem in keiner Weise repräsentativen und in jedem Fall anachronistischen Kardinalskollegium auf den Bischofs- und Laienrat von besonderer Dringlichkeit. Für alle kirchliche Stellenbesetzung sollte analog gelten: »Man soll keinen Bischof gegen den Willen des Volkes einsetzen« (Papst Cölestin I.) und: »Der allen vorstehen wird, soll von allen gewählt werden« (Papst Leo der Große) . . .

3. Theologische, juristische, soziologische und psychologische Überprüfung des traditionellen »*Priester*«-*Bildes*: Eine Ehelosigkeit im kirchlichen Dienst soll wie schon immer in den mit Rom verbundenen Ostkirchen so auch wieder in der lateinischen Kirche der freien Entscheidung des Einzelnen nach seiner persönlichen Berufung anheimgestellt sein. Bestimme Vorschriften für die Kleidung des Klerus nur in bezug auf den Gottesdienst . . .

4. Offene *Budgetierung* und *Rechenschaftsablage* über die Verwendung kirchlicher Gelder in Pfarrei, Diözese, Nation und Gesamtkirche. Finanzielle und pastorale Entscheidungen hängen eng zusammen.

5. Konsequente Durchführung der in Angriff genommenen Struktur- und Personalreform der *römischen Kurie*: Internationalisierung, Dezentralisierung, Abbau des aufgeblähten bürokratischen Apparates, Verzicht auf den absolutistischen Regierungs- und Redestil, Überprüfung der Notwendigkeit einer weltlichen Diplomatie (Nuntien usw.) sowie die Abschaffung von allen anachronistischen vatikanischen Hoftiteln und Ordensverleihungen, die mit der Kirche Christi nichts zu tun haben (und die auch durch die neuesten lobenswerten Reformen nicht abgeschafft wurden). Statt päpstlicher Hofleute kompetente Fachleute in den verschiedenen römischen Dikasterien. Pluralität der Mentalitäten.

Kirche – Bekenntnis 237

6. Die vom Konzil geforderte vernünftigere Einteilung der *Diözesen*, aber auch eine (vorausgehende oder folgende) grundlegende Dezentralisierung und Durchgestaltung der Diözesen: Statt Weihbischöfen an den Bischofssitzen ohne Eigenverantwortung ordinierte Ortsbischöfe (ohne pontifikale Titel und Kleiderpracht) in den wichtigen Zentren, wo sie den Diözesanbischof für Firmung, Koordinationsaufgaben usw. entlasten könnten, damit sich der Diözesanbischof als echter Metropolit seinen eigentlichen Aufgaben widmen kann (Seelsorge an den Seelsorgern, Sorge für Ausbildung, Verteilung und rationellen Einsatz der Seelsorger, gründliche Visitation der Gemeinden, Koordination der Seelsorge auf der regionalen und nationalen Ebene, Mitbestimmung in der Leitung der Gesamtkirche); der Diözesanbischof wird dabei neben der zu reduzierenden diözesanen Verwaltung vor allem eines für verschiedene Probleme variablen »Gehirntrusts« von Fachleuten bedürfen, die nicht am Bischofssitz ansässig zu sein brauchen.

7. Neubestimmung der Struktur und Aufgaben der *Pfarrei*: Aktivierung der gesamten Gemeinde, Anpassung an die spezifischen Nöte und Erfordernisse des betreffenden Gemeindegebietes, Konzentration auf die wesentlichen seelsorgerlichen Aufgaben und von daher auch die angemessene Mithilfe bei der Bewältigung entscheidender Probleme der betreffenden Dorf- oder Stadtgemeinde. Ermutigung von kleineren, nicht notwendig auf die Pfarreigrenzen beschränkten, freien Gruppierungen mit verschiedenartigen Zielsetzungen. Gottesdienst nicht nur in der Pfarrkirche, sondern, insbesondere an Wochentagen, auch in Privathäusern für Nachbarschaftsgruppen.

8. Aufwertung der Stellung der *Frau* in der Kirche: Volle Teilnahme der Frau am Leben der Kirche auf der Basis der Gleichberechtigung. Qualifizierte Frauen in all den beschriebenen Entscheidungsgremien vom Pfarreirat bis zum Laiensenat der Gesamtkirche. Heranbildung und Heranziehung von Frauen zur aktiven Mitverantwortung auf den verschiedenen Ebenen. Förderung des Theologiestudiums der Frau und auch einer entsprechenden theologischen Lehrtätigkeit. Revision der zahlreichen liturgischen Texte und kirchenrechtlichen Kanones, die die Frau diskriminieren. Zulassung von weiblichen Diakonen und ernsthafte Prüfung der konkreten Bedingungen für eine Ordination der Frau, gegen welche keine biblischen oder dogmatischen Gründe bestehen.

9. Reform der kirchlichen *Ordensgemeinschaften* für die Erfordernisse der heutigen Zeit nach der Botschaft Christi...

C. Besondere Aufgaben im Dienst an der ökumenischen Verständigung der verschiedenen christlichen Kirchen

1. Rückhaltlose gegenseitige Anerkennung der Taufen.
2. Regelmäßiger Austausch der Prediger, Katecheten und Theologieprofessoren zum gegenseitigen Kennenlernen der Gemeinsamkeiten und der gegenseitigen Anliegen.
3. Öftere und nicht nur ausnahmsweise gemeinsame ökumenische Wortgottesdienste, wie bereits gestattet, und Untersuchung der Bedingungen für gemeinsame Abendmahlsgottesdienste.
4. Größere Freizügigkeit in bezug auf die Teilnahme an Gottesdiensten in anderen christlichen Kirchen (insbesondere für Mischehen).
5. Möglichst gemeinsame Benutzung von Kirchen und gemeinsamer Neubau von Kirchen und Pfarrhäusern.
6. Regelung der Mischehenfrage durch Anerkennung der Gültigkeit aller ge-

mischten Ehen und das Überlassen der Entscheidung über Taufe und Kindererziehung an das Gewissen der Ehepartner (ökumenischer Trauungsritus).
7. Förderung der gemeinsamen Bibelarbeit in den Gemeinden und in der Wissenschaft (gemeinsame Übersetzungen und Kommentare).
8. Verstärkte Zusammenarbeit und Integration der konfessionellen theologischen Fakultäten (Zusammenlegung von Seminarbibliotheken, gemeinsame Lehrveranstaltungen, gegenseitige Anerkennung bestimmter Vorlesungen und Übungen).
9. Untersuchung der Möglichkeiten eines gemeinsamen theologisch-ökumenischen Grundstudiums.
10. Ökumenische Zusammenarbeit im öffentlichen Leben (gemeinsame Stellungnahmen, Initiativen und Aktionen).
... Man würde die obigen Vorschläge falsch verstehen, wenn man meinte: dann ist die Kirche für die Zukunft in der Wahrheit, wenn sie sich der Gegenwart anpaßt. Gewiß muß sie das. Gewiß geht es heute um ein Aggiornamento. Aber es gibt auch eine falsche Anpassung an die Gegenwart, an die Welt: dann nämlich, wenn es sich um die Anpassung an das Böse, das Widergöttliche, das Gottfremde in dieser Welt und in der Gegenwart handelt. Eine so sich anpassende Kirche kapitulierte vor den Vorurteilen des gegenwärtigen Zeitalters, sie würde unwahrhaftig und hätte die Zukunft nicht für sich. Ihr gälte das Wort des Apostels Paulus: »Richtet euch nicht nach dieser Welt, sondern wandelt euch durch die Erneuerung eures Sinnes, damit ihr zu prüfen vermöget, welches der Wille Gottes sei, nämlich das Gute und Wohlgefällige und Vollkommene« (Röm 12,2). Aber auch dem Gegenteil könnte nicht zugestimmt werden, wenn gesagt wird: Dann ist die Kirche für die Zukunft in der Wahrheit, wenn sie an der Vergangenheit festhält. Gewiß muß sie auch das. Gewiß geht es heute um eine Reform, um die Aufnahme einer früheren Form. Aber es gibt ein falsches Festhalten an der Vergangenheit, dann nämlich, wenn man gerade nicht das Gute und Wohlgefällige und Vollkommene der Vergangenheit festhält; wenn man nur aus Bequemlichkeit und Trägheit am Vergangenen festhalten will. Dieses falsche Festhalten an der Vergangenheit ist nicht weniger gefährlich als die falsche Anpassung an die Gegenwart. Denn es ist ja möglich, daß sogar das Festhalten an etwas Gutem falsch sein kann. Dann nämlich, wenn Menschliches über Göttliches, wenn Menschengebot über Gottesgebot, wenn Menschentradition über Gottes Wort gestellt werden. Eine so am Alten festhaltende Kirche verfiele den beschränkten Einsichten eines verstorbenen Zeitalters, auch sie würde unwahrhaftig und hätte die Zukunft nicht für sich. Ihr gälte das Wort Jesu: »Ihr verlaßt das Gebot Gottes und haltet die Tradition der Menschen fest. Und er sprach zu ihnen: Prächtig verwerft ihr das Gebot Gottes, um eure Tradition zu befolgen ... und ihr macht damit das Wort Gottes ungültig durch eure Tradition, die ihr überliefert habt« (Mk 7,8 f.13).

Hans Küng, Wahrhaftigkeit. Zur Zukunft der Kirche,
Verlag Herder, Freiburg—Basel—Wien 1968 (Kleine
Ökumenische Schriften 1), S. 210—229

Grenzen der Kirche – Kirche außerhalb der Kirche

»Kirche ist auch außerhalb der Kirche ... Die Zukunft der Kirche hängt davon ab, ob und wie die Mauern der verkirchlichten Kirche abgebaut oder durchlässiger gemacht werden können.« Diese These vertritt Dorothee Sölle (geb. 1929), Dozentin. Aber sie weist auch (in späterem – hier nicht abgedrucktem – Zusammenhang) darauf hin, daß beide, die weltliche und die kirchliche Kirche aufeinander angewiesen sind, wobei die organisierte Kirche den Vorzug hat, daß sie »sprechen« kann. »Die verfaßte Kirche hat ihre Existenzberechtigung in der Verkündigung des Evangeliums. Das Evangelium geschieht zwar auch schon ohne dies in der Welt, aber es will gesagt, erläutert, gedacht und weitergegeben werden.«

Als ich ein Kind war, brachte man mir bei: Christ ist, wer zur Kirche geht. Aber als ich erwachsen wurde, merkte ich, daß Christus nicht nur in der Kirche ist, weil er sozusagen inkognito, unter anderem Namen, in der Welt lebt und handelt, weil er dort ist, wo Menschen anders als zuvor, wirklicher und befreiter leben, und weil er dort gekreuzigt wird, wo Menschen um ihr Leben gebracht werden – in welchen Formen auch immer. Wir können nicht mehr absehen von der Gegenwart des »größeren Christus« in der Welt, wenn wir wirklich glauben wollen, daß Christus für alle Menschen gestorben ist. Gott hat uns in Christus frei gemacht und damit die Grenzen gesprengt, wo nach Christus gefragt und an ihn geglaubt wird. Gibt es nicht als Folgeerscheinung der Säkularisation eine »Kirche außerhalb der Kirche«, eine verborgene, eine latente Kirche, in der Christus wie einst in Emmaus unerkannt gegenwärtig ist?

Versuchen wir sie zu beschreiben! Ich meine nicht die Unterscheidung zwischen der sichtbaren und der unsichtbaren Kirche, wie sie in der Reformationszeit getroffen worden ist. Zur sichtbaren Kirche gehörte damals ja mit Ausnahme der Heiden alle Welt, und das Urteil, wer zur sichtbaren, wahren Kirche gehörte, blieb durch diese Unterscheidung Gott vorbehalten.

Heute haben sich die Grenzen der sichtbaren Kirche verwischt. Wir wissen nicht: Gehören die Millionen von getauften Christen, die die Kirche zwei- oder dreimal in ihrem Leben zu bestimmten Dienstleistungen heranziehen, zur Kirche, oder ist sie nur eine Sache derer, die sich zur Gemeinde halten, der sogenannten »Kirchentreuen«? Erscheint der Glaube an Christus heute sowohl in der offiziellen oder manifesten Kirche wie auch außerhalb derselben, nämlich dort, wo das Leben der Freigewordenen anbricht und gelebt oder auch nur erwartet wird, wo um dieses neuen Lebens willen gelitten und zugleich gehofft wird, wo Menschen es nicht aufgeben, nach diesem neuen Leben zu fragen, und sich nicht einverstanden erklären mit den Lösungen des billigen Glücks, mit deren Hilfe man heute das Reich Gottes zu verraten pflegt? Wo immer Menschen auf Gottes Reich warten, da ist Christus bei ihnen, da wartet er mit ihnen, auch wenn sie seinen Namen nicht nennen. Wo immer Menschen ihre Hoffnungen begraben haben, sei es unter billigem, überall angebotenem Glück, sei es unter billiger, immer schon besessener Gnade, da ist Christus mit begraben. Der Maßstab der latenten Kirche ist die Hoffnung, die sie hegt. Sie ist vor allem Kirche der Erwartenden.

Nichts läßt uns das Wesen eines Menschen so deutlich erkennen wie die Hoffnungen, die er hegt und die ihn tragen. Wenn nirgendwo mehr von Christus die Rede wäre, so würden doch die Spuren, die Erwartung und Sehnsucht in die Züge eines menschlichen Gesichts eingeschrieben haben, auf elementare Weise

240 Grundfragen theologischen Denkens

nach der Gegenwart Christi in der Welt rufen. Hoffnung ist größer — und verzweifelter geworden seit Christus, und diese Hoffenden und Enttäuschten zwingen uns, die Grenze zwischen »drinnen« und »draußen« abzubauen.

Freilich bleibt zu fragen, was uns denn berechtigt, diese vielen Hoffenden und Wartenden eine »Kirche« zu nennen. Die Antwort liegt im Inhalt des Erwarteten selber. Was erwartet wird, reicht über das private Sichselberfindenwollen und die individuellen Wunschträume so weit hinaus, es ist so sehr Hoffnung für die Welt, daß das Ziel dieser Sehnsucht von selber (»automatisch«, wie Jesus über die Saat des Gottesreiches sagt) eine Verbindung zwischen den Hoffenden herstellt, die sich freilich in den herkömmlichen Formen der Vergemeinschaftung nicht auszudrücken braucht. Dennoch können sich um dieser Erwartung willen aktuelle und begrenzte Gruppierungen von Menschen zusammenfinden, die gemeinschaftlich an einer bestimmten Sache für eine befristete Zeit interessiert sind, ohne daß hieraus ein lebenwährender Anspruch entstünde. Es gibt Gemeinden, die nur durch die Situation und in ihr entstehen, es gibt Leute, die sich zusammentun, um in einem von Deutschland überfallenen und verwüsteten Land einen Sportplatz oder eine Brunnenanlage zu bauen, wie es in der »Aktion Sühnezeichen« geschieht. Das christliche Vorzeichen kann bei solchen Unternehmungen auch fehlen.

Aber die latente Kirche ist noch verborgener als solche Gruppen, weil sie zugleich aus ganz unauffälligen und nirgendwo integrierten einzelnen besteht, die nicht aufweisbar aktiv sind, die sich nicht binden können und wollen, die selten oder niemals in die Kirche gehen, weil sie gar nicht wissen, wozu das gut sein soll, die aber dennoch mit dem neuen Leben zu tun haben, auch wenn in der Weise der Erwartung: religiös Interessierte, zufällige Hörer einer christlichen Sendung im Radio, Leser der Bücher, die Christen schreiben, die etwas vom Gelesenen haben, aber doch nie auf den Gedanken kommen, sich deswegen kirchlich zu engagieren, nachchristliche Humanisten zwischen Sehnsucht und Selbsterlösung.

An dieser Stelle muß allerdings gefragt werden, wo denn nun die Grenze zwischen den latenten Kirche und der Nicht-Kirche zu sehen ist. Welche Unterscheidungsmerkmale könnten wir nennen, damit nicht der Verdacht aufkommt, als solle die ganze Welt zur latenten Kirche gemacht werden? Das Unterscheidungsmerkmal ist die beschriebene Erwartung und alles Tun und Leiden, das aus dieser Hoffnung folgt. Es gibt in unserem Land Kinder in Waisenhäusern, die schlecht gedeihen und zu kurz kommen, weil sie niemals, an keinem Sonntag und zu keiner Besuchszeit, besucht werden. Es gibt aber auch alleinstehende Frauen, die jeden Sonntag über Jahre hin ein Kind besuchen und ihm so die wichtigste Erfahrung vermitteln, die ein Menschen machen kann, nämlich, daß er angenommen ist, daß jemand sich auf ihn freut und auf ihn wartet. Wer nicht sieht, daß diese Sache mit Christus zu tun hat, der kennt Christus nicht. Das Leben, das hier gelebt, das heißt benötigt und weitergeschenkt wird, entsteht ja nicht aus der eigenen Kraft zum Guten, sondern es erfährt sich selber als geschenkt. Es spielt dabei nicht die mindeste Rolle, ob Christi Name genannt wird oder in diesem Zusammenhang vorkommt — auch in der Geschichte Jesu von dem Mann, der überfallen wurde und verblutend auf der Straße lag, bis einer aus Samaria zufällig des Wegs kam, kommt das Wort Gott nicht vor. Aber wo immer sich diese selbe Geschichte heute in der Welt abspielt, am Kongo oder in Alabama oder in Sibirien, da ist Christus, der Erzähler dieser Geschichte, heimlich gegenwärtig. Latente Kirche ist dort, wo Menschen mit Christus zu tun haben, nicht kirchlich und keineswegs immer bewußt, wo aber

Kirche – Bekenntnis 241

dennoch in ihrem Handeln Christus gegenwärtig ist in der Anonymität, die er als Zeichen seiner Anwesenheit verstand.

Freilich bleibt die Frage offen, warum alle diese ungenannten Handelnden und all diese anonym Hoffenden und Leidenden mit der verfaßten Kirche nichts zu tun haben wollen. Haben die Leute wirklich etwas gegen den Glauben an Christus, oder haben sie nur etwas gegen die Institution, die diesen Glauben verkündigen will? Besser gefragt: Liegt es in der weitertreibenden Erwartung begründet, daß diese Kirche »außerhalb« bleibt, und wird sie mit Recht immer latent bleiben in der modernen Welt? Oder liegt es daran, daß die organisierte Kirche der Erwartung keinen Raum gibt? Ich meine, daß beide Antworten recht haben. Die Kirche außerhalb der Kirche ist keine vorübergehend abgeglittene Gruppe, die auf jeden Fall wieder zurückzuholen wäre. Mission in diesem Sinne ist keine Antwort auf die Frage, die mit der latenten Kirche gestellt ist. Denn das Evangelium selber bringt es mit sich, daß Menschen in der Welt erwartend und leidend, in Hoffnung und Preisgabe ihrer selber leben, ohne daß eine Rückbindung an die Kirche nötig wäre. Der Mensch ist nicht für die Kirche da, sondern die Kirche ist für die Welt da, und sie hat keinen Anspruch auf Rückzahlung.

Andererseits hat ebenfalls die Antwort recht, die bemerkt, daß die unkirchlichen Christen ja nur unfreiwillig aus dem Hause der organisierten Kirche gegangen sind, weil man ihnen keinen Platz bot. Diese Antwort, die für die Gegenwart und die Zukunft der verfaßten Kirche von der allergrößten Wichtigkeit ist, soll uns hier kümmern.

Die Kirche, so können wir sozialpsychologisch feststellen, ist für viele Menschen der Ort der Enttäuschung. Sie meint, sie müsse die Leute zu sich, zur Gemeinde mit ihrem Lebensstil und ihrer Frömmigkeitsstruktur bekehren. Man fragt heute nicht, ob ein Mensch Christ, sondern ob er »kirchlich eingestellt« sei. Man bietet Antworten auf Fragen, die der nichtkirchliche Christ nie gestellt hat, Vereinswesen, das ihn nicht interessiert, Verdächtigungen der säkularen Welt und ihrer Humanität, Ortsgemeinden, die die Menschen nicht nach ihren Lebensinteressen ansprechen, weil diese Lebensinteressen ja in den meisten Siedlungen nicht mehr räumlich überschaubar sind.

Sosehr diese anonyme christliche Existenz eine Sache des nachchristlichen Zeitalters ist, sosehr ist sie doch bereits in den Evangelien begründet und vorgebildet. Die Leute, die Christus erwarteten und ihre Hoffnungen auf ihn setzten, waren ja nicht nur Angehörige einer Art vorkirchlicher Gemeinschaft oder Glieder des Jüngerkreises. Es ist nicht richtig, daß im Neuen Testament die latente Kirche nicht zur Diskussion stünde. Der ehrbare Ratsherr Joseph von Arimathia, die syro-phönizische Frau mit der kranken Tochter, der römische Hauptmann von Kapernaum und der gebildete Pharisäer Nikodemus – sie alle gehören zur Kirche der Erwartenden, und vielleicht ist diese vor-kirchliche Situation, in der der wandernde Jesus Glauben fand und das Evangelium in die Welt kam, für uns nach-kirchliche Menschen wichtiger als die verkirchlichten Leitbilder einer typischen Gemeindefrömmigkeit. Wer zu Jesus selbst und zu seiner Geschichte zurückfragt, der wird bemerken, daß Christus dort lebt, wo geglaubt, gehofft und geliebt wird, innerhalb und außerhalb der Kirche.

Darum gibt es heute neben der Predigt, die direkt und wörtlich im Raum der manifesten Kirche geschieht, auch Verkündigung Christi im Raum der Welt, indirekte Verkündigung, die unwörtlich, unausgesprochen geschieht. Diese indirekte Verkündigung, praedicatio indirecta, bezeugt Christus auch dort, wo sein Name nicht fällt. Gott ereignet sich und er versagt sich in dem, was zwi-

242 Grundfragen theologischen Denkens

schen Menschen geschieht — darum kann das Evangelium auch in der Weise der Erwartung, der Tat und des Leidens als das unwörtliche Wort da sein.

> Dorothee Sölle, Grenzen der Kirche, in: Günter Heidtmann
> u. a. (Hg.), Protestantische Texte aus dem Jahre 1965,
> Kreuz-Verlag, Stuttgart 1966, S. 153—158

Kirche außerhalb der Kirche?

Direkt auf diesen Kirchentagsvortrag (Köln, 1965) von Dorothee Sölle antwortete Karl Rahner (geb. 1904), Professor für Dogmatik. Auf ihn und seine Gedanken zur »anonymen Christlichkeit« hatte sich Sölle berufen.

1. Gnade Gottes, Heil und Fragmente des Evangeliums können außerhalb der Kirche sein und so ein anonymes Christentum, wenn man will, eine »latente Kirche« bilden. Aber das Wort Kirche einfachhin sollte man nur dort anwenden, wo das Evangelium ganz ausdrücklich und rein gepredigt, die Sakramente gültig gespendet werden und für beides ein legitimer, von Jesus Christus herkommender Auftrag gegeben ist. Sonst werden die Begriffe nur verwirrt, und es gelingt nicht mehr, Wesen und Notwendigkeit dessen verständlich zu machen, was man nun einmal auch von der Terminologie der Schrift her Kirche nennt.

2. Die Reflexion auf Geschichte und Geschichtlichkeit kann zwar ein grundsätzliches Verständnis und einen grundsätzlichen Willen zur Reform der Kirche wecken helfen, ihr Mangel ist aber nur höchstens sehr indirekt die Ursache geschichtlicher Mißstände, zumal eine solche Reflexion auf die Geschichtlichkeit der Kirche überhaupt nur relativ wenig zur Beantwortung der Frage beitragen kann, wie sich nun genau die Kirche in ihre Zukunft hinein verändern soll. Die Macht der Institution kann den Geist nicht nur aufhalten, hemmen und verändern, sondern ist an sich von ihrem Wesen her dazu berufen, diesem Geist christlich positiv zu dienen, ihn zu erwecken und ihn geschichtlich erscheinen zu lassen. Das zeigt sich ja am einfachsten schon aus dem Wesen der christlichen Sakramente, die ja auch zur »Institution« der Kirche gehören.

Daß die Botschaft Christi heute so unverständlich ist, scheint mir weniger in den allgemeinen kirchlichen Verhältnissen begründet zu sein als gerade in der Theologie der Kirche, die entweder zu ängstlich konservativ und traditionell ist, oder ihre Aufgabe zu sehr in einer bloßen Kritik an der üblichen Gestalt der kirchlichen Botschaft sieht.

3. Ich bin durchaus der Meinung, daß es eine »anonyme Christlichkeit« und insofern eine latente Kirche gibt, sehe aber nicht, warum es darum keine theologische Begründung für die sichtbare Grenze der Kirche als geschichtlich-gesellschaftlicher und auf den Stiftungswillen Christi (wie immer dieser genauer konzipiert und begründet werden mag) zurückgehende Größe geben soll.

4. Die Reform der Kirche kann durchaus einen, wenn auch nicht den einzigen, Maßstab an der Forderung haben, das Verhältnis zwischen der latenten und der eigentlichen Kirche durchlässiger zu gestalten. Die Kirche kann grundsätzlich nicht darauf verzichten, möglichst viele Menschen der »latenten Kirche« für die eigentliche Kirche zu gewinnen.

> Karl Rahner, Kirche außerhalb der Kirche, in: Kritisches
> Wort. Aktuelle Probleme in Kirche und Welt. Verlag
> Herder, Freiburg 1970 (Herder Bücherei 363), S. 38f

V] Theologie der Welt

Religion und Kultur

Im Gegensatz zur Dialektischen Theologie (vgl S. 176 ff), die Gott und Welt, Ewiges und Zeitliches und im besonderen auch Religion und Kultur auseinanderreißt, bemüht sich Paul Tillich (1886–1965), Professor für Systematische Theologie, zwischen den Gegensätzen zu vermitteln: »Wo immer unbedingter Sinn durch bedingte Sinngebung hindurchschwingt, da ist Kultur religiös.«

Wenn wir den Begriff Religion von dem großen Gebot »Du sollst den Herrn, deinen Gott, liebhaben von ganzem Herzen, von ganzer Seele, von allem Vermögen« (5. Mose 6,5) ableiten, dann können wir Religion definieren als das, was uns unbedingt angeht und was uns allein unbedingt angehen sollte. Mit anderen Worten: Glaube ist das Ergriffensein von etwas, das uns unbedingt angeht, und Gott ist der Name für den Inhalt dessen, was uns unbedingt angeht. Eine solche Definition hat wenig zu tun mit dem Glauben an ein höchstes Wesen, Gott genannt, und den fragwürdigen Konsequenzen aus einem solchen Glauben. Dagegen befürworten wir ein existentielles Verständnis von Religion.
Das Christentum stellt den Anspruch, daß der Gott, der in Jesus dem Christus offenbar wurde, der wahre Gott sei, und daher der wahre Gegenstand eines letzten und unbedingten Anliegens. Er ist der Maßstab für alle anderen Götter, die an ihm gemessen nicht Gegenstand des letzten und unbedingten Anliegens sein können. Werden sie doch dazu gemacht, werden sie zu Götzen.
Das Christentum kann einen solchen außerordentlichen Anspruch erheben, weil die Ereignisse, aus denen es erwuchs, von außerordentlichem Charakter sind: die Schöpfung einer neuen Wirklichkeit unter den Bedingungen der entfremdeten menschlichen Existenz. Jesus als der Träger dieser neuen Wirklichkeit ist den gleichen Bedingungen unterworfen: Endlichkeit und Angst, Gesetz und Tragik, Konflikt und Tod. Aber er hält siegreich die Einheit mit Gott aufrecht, er opfert das, was nur Jesus in ihm ist, für das, was ihn zum Christus macht. Dadurch schafft er die neue Wirklichkeit, deren soziale und geschichtliche Verkörperung die Kirche ist.
Daraus folgt, daß der unbedingte Anspruch, den das Christentum stellt, sich nicht auf die christliche Kirche bezieht, sondern auf das Ereignis, das das Fundament der Kirche ist. Wenn sich die Kirche nicht selbst dem Gericht unterwirft, das sie verkündet, fällt sie der Vergötzung ihrer selbst anheim. Solche Vergötzung ist ihre ständige Versuchung, gerade weil sie der Träger des Neuen Seins in der Geschichte ist. Als solcher richtet sie die Welt schon durch ihre Gegenwart. Aber die Kirche ist selbst ein Teil dieser Welt und fällt selbst unter das Urteil, das sie die Welt richtet. Eine Kirche, die versucht, sich diesem Gericht zu entziehen, verliert das Recht, die Welt zu richten, und wird mit Recht von der Welt gerichtet. Das ist die Tragik der römisch-katholischen Kir-

244 Grundfragen theologischen Denkens

che. Ihre Haltung gegenüber der Kultur ist fundamental abhängig von ihrem Widerstand gegen die Kritik ihrer selbst durch Vertreter der Kultur. Im Prinzip widersteht der Protestantismus dieser Versuchung, obwohl er ihr in der Praxis oft auf die verschiedenste Weise anheimfällt.

Als zweites folgt aus dem existentiellen Religionsbegriff, daß die Kluft zwischen einer heiligen und einer profanen Sphäre im Prinzip aufgehoben ist. Wenn Religion das Ergriffensein ist von dem, was uns unbedingt angeht, so kann sich dieser Zustand nicht auf einen bestimmten Bereich beschränken. Der unbedingte Charakter unseres letzten Anliegens enthält den Anspruch, daß es sich auf jeden Moment unseres Lebens richtet, auf jeden Ort und jeden Bereich. Das Universum ist Gottes Heiligtum. Jeder Tag ist ein Tag des Herrn, jedes Mahl ist ein Herrenmahl, jedes Werk ist die Erfüllung einer göttlichen Aufgabe, jede Freude ist eine Freude in Gott. In allen vorläufigen Anliegen ist ein letztes Anliegen gegenwärtig und heiligt es. Ihrem Wesen nach sind das Religiöse und das Profane keine getrennten Bereiche. Sie liegen ineinander. So sollte es sein, aber so ist es nicht in der Wirklichkeit. In der Wirklichkeit strebt das profane Element danach, sich selbständig zu machen und sich einen eigenen Bereich zu schaffen. Und im Gegensatz dazu strebt das religiöse Element danach, sich ebenfalls einen eigenen Bereich zu schaffen. Die Lage des Menschen ist durch diese Situation bestimmt. Es ist die Situation der Entfremdung des Menschen von seinem wahren Wesen. Man könnte sogar mit gewissem Recht sagen, daß die Existenz der Religion als eines besonderen Bereiches der deutlichste Beweis für den gefallenen Zustand des Menschen ist. Damit soll nicht gesagt sein, daß unter den Bedingungen der Existenz, die unser Schicksal bestimmen, das Religiöse vom Profanen verschlungen werden soll, oder umgekehrt das Profane vom Religiösen, wie kirchlicher Imperialismus es wünscht. Aber es bedeutet die tatsächliche Trennung der Sphären.

Das dritte, was aus dem existentiellen Religionsbegriff folgt, bezieht sich auf die positive Beziehung von Religion und Kultur. Religion als das, was uns unbedingt angeht, ist die sinngebende Substanz der Kultur, und Kultur ist die Gesamtheit der Formen, in denen das Grundanliegen der Religion seinen Ausdruck findet. Abgekürzt: *Religion ist die Substanz der Kultur, und Kultur ist die Form der Religion.* Eine solche Betrachtung verhindert endgültig die Aufrichtung eines Dualismus von Religion und Kultur. Jeder religiöse Akt, nicht nur in der organisierten Religion, sondern auch im geheimsten Winkel unserer Seele ist kulturell geformt.

Schon die Tatsache, daß jeder geistige Akt des Menschen — ob gesprochen, ob gedanklich — untrennbar mit der Sprache verknüpft ist, ist genügender Beweis für das Gesagte. Denn Sprache ist die grundlegende Schöpfung der Kultur. Andererseits gibt es keine Kulturschöpfung, ohne daß sich etwas Unbedingtes, Letztes in ihr ausdrückt. Das bezieht sich sowohl auf alle theoretischen Funktionen des menschlichen Geistes, z. B. künstlerische Intuition und erkennendes Ergreifen der Wirklichkeit, als auch auf die praktischen Funktionen, z. B. persönliches und soziales Gestalten der Wirklichkeit. In jeder dieser Funktionen, d. h. im Gesamt seines kulturellen Schaffens ist ein unbedingtes Anliegen gegenwärtig. Unmittelbarer Ausdruck davon ist der Stil einer Kultur. Wer den Stil einer Kultur lesen kann, kann auch dies letzte unbedingte Anliegen entdecken — und das heißt: ihre Substanz.

> Paul Tillich, Die verlorene Dimension. Not und Hoffnung unserer Zeit, Furche-Verlag, 2. Aufl. Hamburg 1964, (Stundenbücher Bd. 9), S. 56—59

Innerhalb dieses prinzipiellen Ineinanderliegens von Religion und Kultur ist die Kirche eine unter anderen gesellschaftlichen Gruppen, unterschieden durch die Art ihrer Aufgabe. Tillich unterscheidet drei verschiedene Weisen, wie die Kirche nach außen wirken kann.

Es gibt drei Arten, auf die die »Funktion der Kirche nach außen« wirkt: erstens durch stilles Durchdringen, zweitens durch kritisches Urteilen, drittens durch politisches Handeln. Die erste Funktion kann beschrieben werden als die ständige Ausstrahlung ihrer geistigen Substanz auf alle Gruppen der Gesellschaft. Die bloße Existenz der Kirche übt Einfluß aus und verändert die sozialen Strukturen. Man könnte von einem Einströmen priesterlicher Substanz in die Gesellschaft sprechen, von der die Kirche selbst ein Teil ist. Angesichts der ungeheuren Säkularisierung des Lebens in den letzten Jahrhunderten ist man geneigt, diesen Einfluß zu unterschätzen. Aber wenn man sich die Kirche weggedächte, würde ihr Fehlen eine große Leere hinterlassen und sich die Bedeutung ihres stillen Einflusses zeigen, sowohl im Leben des Einzelnen wie in der Gemeinschaft ...
Man kann darum sagen: Die Kirchen geben der Gesellschaft stillschweigend und unabsichtlich geistige Substanz, und die Kirchen empfangen ebenso stillschweigend und ohne ihr Zutun geistige Formen von derselben Gesellschaft ...
Die zweite Beziehung, in der die Funktion der Kirche nach außen zum Ausdruck kommt, ist das kritische Urteilen, das ebenfalls wechselseitig zwischen den Kirchen und den sozialen Gruppen ausgeübt wird ... Wenn die stille Durchdringung einer Gesellschaft durch die Gegenwart des göttlichen Geistes »priesterlich« genannt werden kann, so kann der offene Angriff gegen eine Gesellschaft im Namen des göttlichen Geistes »prophetisch« genannt werden. Sein Erfolg mag begrenzt sein, aber die Tatsache, daß die Gesellschaft unter ein Urteil gestellt wird und – negativ oder positiv – auf das Urteil reagieren muß, ist schon selbst ein Erfolg. Auch eine Gesellschaft, die den Träger prophetischer Kritik zurückweist oder verfolgt, bleibt dennoch nicht unverändert. Sie kann in ihren dämonischen oder profanen Tendenzen geschwächt oder gestärkt werden – in beiden Fällen wird sie gewandelt ...
Die dritte Funktion der Kirchen nach außen ist ihr politisches Handeln ... Jede Kirche hat auch eine politische Funktion, die im engen Rahmen der Gemeinde ebenso ausgeübt wird wie auf höchster internationaler Ebene. Es ist eine Aufgabe der Kirchenführer aller Ränge, die Führer der anderen sozialen Gruppen so zu beeinflussen, daß sie das Recht der Kirchen zur Ausübung der priesterlichen und prophetischen Funktion anerkennen ... In jedem Fall aber gilt: Wenn die Kirchen politisch handeln, so müssen sie es im Namen der Geistgemeinschaft tun, das heißt, die Kirchen müssen alle Methoden vermeiden, die der Geistgemeinschaft widersprechen, wie militärische Aktionen, vergiftende Propaganda, diplomatische List, das Erwecken von religiösem Fanatismus usw. Je entschiedener eine Kirche solche Methoden verwirft, um so größer wird ihre Macht letztlich sein, denn ihre wahre Macht liegt darin, daß sie eine Schöpfung des göttlichen Geistes ist.

> Paul Tillich, Systematische Theologie Band III. Das Leben und der Geist. Die Geschichte und das Reich Gottes, Evangelisches Verlagswerk, Stuttgart 1966, S. 246–248

Christentum und Marxismus – Nachwort zum »Dialog«

Die Ergebnisse der historisch-kritischen Erforschung der Bibel und des Programms der Entmythologisierung anerkennend und aufgreifend, hat sich die Theologie der letzten Jahre einem neuen Thema intensiv zugewandt: der theologischen Reflexion der politischen und gesellschaftlichen Zukunft der Welt. Die existentiale Interpretation hatte nach dem Verständnis der Vergangenheit unter den Bedingungen der Gegenwart gefragt. Sie hatte dabei den Einzelmenschen in seiner Stellung zu Gott und Welt im Blick. Übersehen wurde, daß dieser Einzelne immer schon in gesellschaftlichen Verflechtungen lebt, die ihn beeinflussen, ja bestimmen. Gegen die herrschende Individualisierung hat die Theologie also eine »Entprivatisierung« einzuleiten: Den Menschen ändern wollen heißt gleichzeitig die Welt verändern müssen. Es reicht nicht aus, nur nach dem Verständnis der Vergangenheit unter den Bedingungen der Gegenwart zu fragen, sondern die Gegenwart vom Anspruch der biblischen Texte her zu verändern muß Sinn und Ziel der Interpretation sein. Ausgangspunkt dieser Neubesinnung ist die Erkenntnis, daß das Christentum eine Religion der Zukunft ist. Ins Blickfeld gerückt wurde dadurch die Lehre von der Eschatologie – traditionell: Lehre von den letzten Dingen, d. h. Weltende, Gericht etc. – sachgemäßer wohl: Lehre von der Zukunft genannt.

Im Zusammenhang dieser Frage nach der Zukunft der Welt müssen sich Theologie und Kirche mit anderen, ähnlichen oder gegensätzlichen, Zukunftsentwürfen auseinandersetzen. Aus einer Diskussion mit Marxisten stammt folgender Abschnitt. Der kath. Theologe (Fundamentaltheologie) Johann Baptist Metz antwortet zunächst auf ein Referat des französischen Marxisten Roger Garaudy.

Verheißung und Forderung

Im Anschluß an das Bisherige möchte ich ein Wort zur christlichen Endzeitlehre sagen, um zu zeigen, daß die von Herrn Garaudy entfaltete Alternative zwischen Verheißung und Forderung, zwischen Erwartung und Kampf, gewissermaßen zwischen christlicher Endzeithoffnung und revolutionärer Weltgestaltung für den Christen nicht besteht oder doch nicht bestehen darf. Die christliche Hoffnung kann sich nämlich nie in rein betrachtender Erwartung verwirklichen. Auch nicht und gerade nicht als Hoffnung vom Kreuze her. Denn reine Betrachtung bezieht sich per definitionem immer auf Gewordenes und allzeit Bestehendes. Die in der christlichen Hoffnung gesuchte und angezielte, im Kreuz Christi begründete Zukunft der Welt ist aber je auch noch eine entstehende und ausstehende Wirklichkeit. Darum muß diese Hoffnung wesentlich schöpferisch und kämpferisch sein, sie muß sich also in einer schöpferischen, gewissermaßen produktiven Eschatologie realisieren. Sie ist immer Hoffnung als Harren *und* als Kampf. Denn der Glaube ist neutestamentlich immer ein Sieg, ein Sieg nicht nur über uns selbst, sondern – nach Paulus – ein weltüberwindender Sieg. Der Imperativ dieses Glaubens, nämlich »sich nicht dieser Welt gleichzugestalten«, »bedeutet nicht nur, sich selbst zu verändern, sondern in Widerstand und schöpferischer Erwartung die Gestalt der Welt zu verändern, in der man glaubt, hofft und liebt« (J. Moltmann). Die neutestamentliche Urgemeinde ist ganz bestimmt von ihrer endzeitlichen Naherwartung *und* von ihrem universalen missionarischen Auftrag; sie ist Gemeinde der Erwartung *und* der

Theologie der Welt 247

Sendung, ja, der Erwartung *in* der Sendung. Die eschatologische Erwartung, wie sie sich in der Haltung dieser Urgemeinde spiegelt, ist eine kämpferische, weltverändernde Erwartung. Die Erfahrung des nahekommenden Reiches hat nichts Lähmendes, sondern etwas Befreiendes und Herausforderndes gegenüber der bestehenden Welt an sich. Und Jesus ist für das Bewußtsein dieser Gemeinde nicht der Lehrer einer Weltanschauung, er ist für sie kein Weiser, kein Weltdeuter und Weltinterpret, sondern in der Tat ein Revolutionär, der handelnd-leidend in Konflikt mit der bestehenden gesellschaftlichen Welt steht und der deshalb auch keine Bewunderer, sondern Nachfolger braucht – im Dienste seiner weltverwandelnden Sendung. Das von ihm angesagte Reich liegt nicht einfach fertig vor uns wie ein fernes Ziel, das in allem schon besteht und nur noch verborgen ist und auf das wir uns in der reinen Vorstellung unserer Sehnsucht beziehen. Diese eschatologische Gottesstadt ist vielmehr selbst noch im Entstehen. Indem wir hoffend auf sie zugehen, bauen wir an ihr: Bauleute und nicht bloß reine Interpreten einer Zukunft, deren erweckende Macht Gott selbst ist. Die neue Kirchenkonstitution des Konzils sagt: »Die Erneuerung der Welt ... wird in dieser Weltzeit in gewisser Weise wirklich vorausgenommen.« Der Christ muß sich darum als »Mitarbeiter« an dieser »neuen Welt« des universalen Friedens und der Gerechtigkeit verstehen. Die Orthodoxie seines Glaubens muß sich ständig »bewahrheiten« in der Orthopraxie seines endzeitlich orientierten Handelns an der Welt; denn die verheißene Wahrheit ist eine Wahrheit, die »getan« werden muß, wie dies Johannes (vgl. z. B. 3,21) sehr deutlich einschärft. Der Christ selbst muß Bedingungen schaffen in der Welt, unter denen diese verheißene Wahrheit gilt, bei ihm ist, präsent ist: er muß seine Welt selbst mitverändern. Die christliche Endzeitauffassung ist darum keine rein präsentische Eschatologie, in der alle Leidenschaft für die Zukunft umgesetzt wird in eine weltlose Vergegenwärtigung der Ewigkeit im individuellen Augenblick der Existenz. Sie ist aber auch keine Eschatologie der rein passiven Erwartung, für welche die Welt und ihre Zeit als eine Art vorgefertigtes Wartezimmer erscheinen, in dem man desengagiert und gelangweilt herumzusitzen hätte – je hoffender, um so gelangweilter –, bis die Tür zum Sprechzimmer Gottes aufgeht. Die christliche Eschatologie muß sich vielmehr als eine produktive und kämpferische Eschatologie verstehen. Die christliche Hoffnung ist nämlich eine Hoffnung, an der wir – wie einmal Ernst Bloch sehr schön bemerkt hat – »nicht nur etwas zu trinken, sondern auch etwas zu kochen haben«. Eschatologischer Glaube und irdischer Einsatz schließen einander nicht aus, sondern ein.
Ich weiß, das klingt reichlich »prinzipiell«. Hat denn die Kirche wirklich für ihre Verheißungen gekämpft? Oder genauer: hat sie immer glaubwürdig sichtbar gemacht, für *welche* Verheißungen sie kämpft? Hat sie eigentlich glaubwürdig realisiert, daß die Verheißungen, die sie proklamiert, daß die Hoffnung, die sie bezeugt, nicht eine Hoffnung auf die Kirche, sondern auf das Reich Gottes als der Zukunft der Welt ist: auf ein Reich des universalen Friedens und der Gerechtigkeit (vgl. 2. Petr. 3,13), das keine Tränen mehr kennt und in dem »nicht mehr sein wird Trauer noch Klage noch Mühsal« (Offb. 21,4)? Und hat sie sich in schöpferisch-kämpferischer Erwartung für *diese* Verheißung eingesetzt? Für die Verheißung der Bergpredigt, die sie immer zur Kirche der Armen und Geknechteten macht? Hier müssen wir uns bis an die Wurzeln unserer christlichen Existenz befragen lassen. Und ohne schmerzliche Umwendung werden wir hier nicht weiterkommen. Freilich, die Verheißungen, die in Christus aufleuchten, sind zwar ein Anreiz in allen unseren kämpferischen Zukunftsbemühungen, aber ein Stachel, der diese Zukunftsbewegungen nicht einfach in einen militan-

248 Grundfragen theologischen Denkens

ten Weltoptimismus weitertreibt, sondern sie auch »ärgert« und ihnen kritisch widersteht — im Namen des bedrängten und beleidigten Menschen. Im Blick auf den Skandal des Kreuzes kann der christliche Verheißungsglaube nie einfach zur ideologischen Paraphrase des modernen kämpferischen Fortschrittsbewußtseins werden, er kann nie einfach den von uns — mit Recht — veranstalteten technisch-ökonomisch-sozialen Fortschritt kanonisieren. Er ist und bleibt immer Ausdruck einer kämpferischen Hoffnung — gegen alle Hoffnung. Und darin ist und bleibt er wesentlich »unzeitgemäß«, unzeitgemäß aber nicht im Sinn der ewig Gestrigen, der Nörgler und Ressentimentgeladenen, sondern unzeitgemäß in einem produktiven Sinn: er hat nämlich im Hinblick auf unsere Zukunftsbewegungen eine kritisch-befreiende Kraft und Aufgabe. K. Rahner hat sie so formuliert: »Diese ›kritische‹ Aufgabe darf die Kirche aber nicht bloß dadurch zu erfüllen suchen, daß sie dem Menschen in seiner Bewegung auf seine eigenschöpferische Zukunft hin gewissermaßen von außen her diese ›Kritik‹ vorträgt, sie muß ihm vielmehr zeigen, wie diese Kritik aus der eigenen Erfahrung des Weges in die eigene innerweltliche Zukunft hinein sich ergibt. Sie muß ihm sagen, daß das Wachstum des Geplanten immer auch eine Zunahme des Ungeplanten und Unvorhergesehenen ist, daß die Aufopferung für die Zukunft der kommenden Generationen ihren Sinn und ihre Würde und so auch ihre Kraft auf lange Zeit hin verliert, wenn diese Aufopferung die augenblicklich lebenden Menschen nur als Material und Mittel für den Aufbau der Zukunft ohne Rücksicht auf den absoluten Wert, das Recht und die Würde der gegenwärtig lebenden Menschen betrachtet ... Die Kirche muß warnen vor jenen Utopien, die nicht Anfang einer wirklichen Zukunft, sondern das Programm einer Zukunftsgestaltung sind, das unrealistisch ist und darum beim Versuch seiner Verwirklichung dazu zwingt, falsch Geplantes langsam (wegen der Wahrung des ›Gesichtes‹ einer solchen falschen Ideologie) unter großen Opfern und Verlusten wieder zu korrigieren.«

Das Christentum muß seinen Verheißungsglauben als solche kritisch-befreiende Kraft verstehen, die ein forciertes Fortschrittsbewußtsein auch immer wieder entritualisiert. Freilich darf dabei dieser Verheißungsglaube selbst nicht — wie so oft — zu einer Ideologie der Zukunft werden. Die Armut seines Wissens um diese Zukunft muß ihm teuer sein. Was ihn von den Zukunftskonzeptionen östlicher und westlicher Provenienz unterscheidet, ist nicht, daß er von sich aus mehr, sondern *weniger* um die gesuchte Zukunft der Menschheit weiß und der Armut dieses Wissens standhält. »Abraham war im Glauben gehorsam und zog aus an einen Ort, den er zum Erbe empfangen sollte, und zog hinaus, ohne zu wissen, wohin« (Hebr. 11,8). Dieser Verheißungsglaube muß immer auch eine »negative Theologie« der Zukunft bei sich haben. Von ihm aus möchte ich die Idee des »totalen Menschen«, mit der Herr Garaudy die marxistische Zukunftskonzeption bestimmte, als eine problematische Abstraktion und gleichzeitig als eine Überfragung der Zukunft kritisieren. Scheitert nicht jede Zukunftsvision der autonom vollendeten Humanität am Menschen selbst? Rächt sich sein ernüchtertes Bewußtsein nicht immer neu an solchen ihm aufgezwungenen Visionen und Entwürfen? Erfahren wir nicht deutlich, daß die von uns veranstaltete technische Hominisierung der Welt, die prozessuale Überführung ihrer Möglichkeiten in Vorhandenheiten, noch keineswegs eindeutig ihre zunehmende Humanisierung schafft (und liegt nicht gerade in dem Versuch der Parallelisierung dieser beiden Vorgänge die gefährliche Täuschung des Marxismus)? Wissen wir nicht zu genau, daß wir auch als Menschen einer extrem hominisierten Welt immer nach dem ausstehenden Humanum weiterfragen wer-

den, wie schon bei Isaias gefragt wird: »Hüter, wie spät ist es in der Nacht?
... Der Hüter aber sprach: Wenn der Morgen schon kommt, so wird es doch
Nacht sein. Wenn ihr schon fragt, so werdet ihr doch wiederkommen und wie-
derfragen« (vgl. Is. 21,11 f.)?

> J. B. Metz, Nachwort, in: Garaudy / Metz / Rahner, Der
> Dialog oder Ändert sich das Verhältnis zwischen Katholi-
> zismus und Marxismus?, Rowohlt Taschenbuch Verlag,
> Reinbek bei Hamburg 1966 (rororo aktuell 944), S. 126–131

Politische Theologie

Der zweite Beitrag von Johann Baptist Metz ist dem Buch »Theologie der Welt« entnommen. Nach der Neuentdeckung des Christentums als einer Religion der Zukunft mußte es nun darum gehen, diese Erkenntnis gesellschaftstheoretisch zu konkretisieren. Metz entwirft Umrisse einer »politischen Theologie«.

I

»Politische Theologie« — der Begriff ist mehrdeutig und darum nicht unmißverständlich. Er ist zudem historisch belastet. Da ich mir im Rahmen unserer kurzen Überlegungen eine geschichtliche Klärung des Begriffes versagen muß, kann ich nur bitten, die Rede von der politischen Theologie so zu verstehen, wie ich sie im folgenden gebrauche und im Gebrauch zu erläutern suche. Ich verstehe politische Theologie einmal als kritisches Korrektiv gegenüber einer extremen Privatisierungstendenz gegenwärtiger Theologie. Ich verstehe sie gleichzeitig positiv als Versuch, die eschatologische Botschaft unter den Bedingungen unserer gegenwärtigen Gesellschaft zu formulieren ...
Hier zeigt sich nun die *positive Aufgabe* der politischen Theologie: sie sucht das Verhältnis zwischen Religion und Gesellschaft, zwischen Kirche und gesellschaftlicher Öffentlichkeit, zwischen eschatologischem Glauben und gesellschaftlicher Praxis neu zu bestimmen — nicht vorkritisch, mit der Absicht auf eine neue Identifizierung beider Wirklichkeiten, sondern nachkritisch, im Sinne einer »*zweiten Reflexion*«. Die Theologie wird als politische Theologie zu dieser »Reflexion zweiter Ordnung« gezwungen, wenn sie die eschatologische Botschaft unter den Bedingungen der gegenwärtigen gesellschaftlichen Situation formulieren will. Ich entfalte deshalb kurz die Eigenart dieser Situation und ihrer Verstehensbedingungen wie die Eigenart der biblischen Botschaft, durch welche diese politische Reflexion der Theologie bestimmt wird.
Die *Ausgangssituation* der theologischen Reflexion heute sei erläutert durch eine Fragestellung, die wiederum schon durch die Aufklärung formuliert wurde und die zumindest seit Marx unausweichlich geworden ist. In verkürzter Form läßt sich diese Fragestellung so skizzieren: Aufgeklärt ist nach Kant, wer die Freiheit hat, von seiner Vernunft in allen Stücken einen öffentlichen Gebrauch zu machen. Die Realisierung solcher Aufklärung ist darum nie ein rein theoretisches Problem, sie ist wesentlich ein politisches Problem, ein Problem der gesellschaftlichen Praxis, das heißt, sie ist an gesellschaftlich-politische Voraussetzun-

250 Grundfragen theologischen Denkens

gen gebunden, unter denen Aufklärung allein möglich ist. Aufgeklärt ist nur, wer *zugleich* um die Herstellung jener gesellschaftlich-politischen Voraussetzungen kämpft, von denen es abhängt, ob ein öffentlicher Gebrauch der Vernunft möglich ist. Wo deshalb Vernunft auf politische Freiheit gestellt ist, wo daher theoretisch-transzendentale Vernunft innerhalb der praktischen Vernunft erscheint und nicht umgekehrt, ist eine Entprivatisierung dieser Vernunft unumgänglich. Und jede noch so überanstrengte »reine Theorie« erweist sich als Rückfall in ein vorkritisches Bewußtsein. Der kritische Anspruch des Subjektes kann nun nämlich nicht mehr »rein theoretisch« durchgehalten werden. Ein neues Verhältnis von Theorie und Praxis, von Wissen und Moral, von Reflexion und Revolution ist wirksam, das auch das theologische Bewußtsein bestimmen muß, wenn dieses nicht auf eine frühere vorkritische Stufe des Bewußtseins zurückfallen soll. Die praktische und — im weitesten Sinne des Wortes — politische Vernunft muß künftig an allen kritischen Reflexionen der Theologie beteiligt sein. Auf sie hin konkretisiert sich zunehmend das klassische Problem des Verhältnisses von fides und ratio, auf sie hin zieht sich immer mehr das Problem der Glaubensverantwortung zusammen. Das sogenannte hermeneutische Grundproblem der Theologie ist nicht eigentlich dasjenige des Verhältnisses von systematischer und historischer Theologie, von Dogma und Geschichte, sondern von Theorie und Praxis, von Glaubensverständnis und gesellschaftlicher Praxis. Damit ist die Aufgabe der politischen Reflexion in der Theologie kurz gekennzeichnet, wie sie aus der gegenwärtigen Situation sichtbar wird. Sie hat nach allem Gesagten nichts zu tun mit einer reaktionären Neopolitisierung des Glaubens; sie hat aber alles zu tun mit der Entfaltung der gesellschaftskritischen Potenz dieses Glaubens.
Aber auch die *biblische Tradition* selbst zwingt zu einer solchen »zweiten Reflexion« auf das Verhältnis von eschatologischem Glauben und gesellschaftlicher Praxis. Warum? Das Heil, auf das sich der christliche Glaube in Hoffnung bezieht, ist kein privates Heil. Die Proklamation dieses Heils trieb Jesus in einen tödlichen Konflikt mit den öffentlichen Mächten seiner Zeit. Sein Kreuz steht nicht im Privatissimum des individuell-persönlichen Bereichs, es steht auch nicht im Sanctissimum eines rein religiösen Bereichs, es steht jenseits der Schwelle des behüteten Privaten oder des abgeschirmten rein Religiösen: es steht »draußen«, wie die Theologie des Hebräerbriefes formuliert. Der Vorhang des Tempels ist endgültig zerrissen. Das Ärgernis und die Verheißung dieses Heils sind öffentlich. Diese Öffentlichkeit kann nicht zurückgenommen, aufgelöst oder beschwichtigt werden. Sie begleitet den geschichtlichen Weg der Heilsbotschaft. Und im Dienste dieser Botschaft ist der christlichen Religion eine kritische und befreiende Gestalt öffentlicher Verantwortung aufgetragen. »Alle Autoren des Neuen Testaments sind der Überzeugung, daß Christus nicht eine Privatperson und die Kirche nicht ein Verein ist. So haben sie auch von der Begegnung Jesu Christi und seiner Zeugen mit der politisch-staatlichen Welt und ihren Instanzen berichtet. Keiner hat diese Begegnung so grundsätzlich verstanden wie der Evangelist Johannes. Er sieht schon im allgemeinen die Geschichte Jesu als einen Prozeß, den die von den Juden repräsentierte Welt gegen Jesus führt beziehungsweise zu führen meint. Dieser Prozeß kommt aber zum öffentlichen richterlichen Austrag vor Pontius Pilatus, dem Vertreter des römischen Staates und Inhaber der politischen Gewalt« (H. Schlier). Auf diese Szene zieht sich die Komposition der Leidensgeschichte bei Johannes zusammen, wenn man sie eben nicht mit bultmannschen Augen liest. Die Szene, da Jesus vor Pilatus steht, trägt typische Züge.

Die Rede von der politischen Theologie sucht in der gegenwärtigen Theologie das Bewußtsein zu reklamieren vom anhängenden Prozeß zwischen der eschatologischen Botschaft Jesu und der gesellschaftlich-politischen Wirklichkeit. Sie betont, daß das von Jesus verkündete Heil zwar nicht in einem naturhaft-kosmologischen Sinn, wohl aber in einem gesellschaftlich-politischen Sinne bleibend weltbezogen ist: als kritisch befreiendes Element dieser gesellschaftlichen Welt und ihres geschichtlichen Prozesses. Die eschatologischen Verheißungen der biblischen Tradition — Freiheit, Friede, Gerechtigkeit, Versöhnung — lassen sich nicht privatisieren. Sie zwingen immer neu in die gesellschaftliche Verantwortung hinein. Gewiß, diese Verheißungen sind mit keinem gesellschaftlichen Zustand einfach identifizierbar, wie immer wir ihn von uns aus bestimmen und beschreiben mögen. Die Geschichte des Christentums kennt solche direkte Identifikationen und direkte Politisierungen der christlichen Verheißungen zur Genüge. In ihnen wird jedoch jener »eschatologische Vorbehalt« preisgegeben, durch den jeder geschichtlich erreichte Status der Gesellschaft in seiner Vorläufigkeit erscheint. Wohlgemerkt, in seiner Vorläufigkeit, nicht in seiner Beliebigkeit! Denn dieser »eschatologische Vorbehalt« bringt uns nicht in ein verneinendes, sondern in ein kritisch-dialektisches Verhältnis zur gesellschaftlichen Gegenwart. Die Verheißungen, auf die er sich bezieht, sind nicht ein leerer Horizont religiöser Erwartung, sie sind nicht bloß eine regulative Idee, sondern ein kritisch befreiender Imperativ für unsere Gegenwart, sie sind Ansporn und Auftrag, sie unter den geschichtlichen Bedingungen der Gegenwart wirksam zu machen und sie so zu »bewahrheiten«; denn ihre Wahrheit muß »getan« werden. Die neutestamentliche Gemeinde weiß sich von Anfang an aufgerufen, die kommende Verheißung schon unter den Bedingungen des Jetzt zu leben und *so* Welt zu überwinden. Die Orientierung an den Verheißungen des Friedens und der Gerechtigkeit verändert je neu unser gegenwärtiges geschichtliches Dasein. Sie bringt und zwingt uns immer wieder in eine neue kritisch-befreiende Position gegenüber den bestehenden und uns umgebenden gesellschaftlichen Verhältnissen. So etwa sind die Parabeln Jesu Parabeln des Reiches Gottes und *gleichzeitig* Parabeln, die uns in ein neues kritisches Verhältnis zu unserer Mitwelt setzen. *Jede eschatologische Theologie muß daher zu einer politischen Theologie als einer (gesellschafts-)kritischen Theologie werden* ...

II

Hier beginnt nun die zweite Überlegung unseres Themas, nämlich über das konkrete Verhältnis von Kirche und Welt im Lichte einer solchen politischen Theologie. Im Horizont dieser Theologie wird Welt nicht als Kosmos verstanden, dem Existenz und Person gegenüberstehen, sie wird aber auch nicht als rein existentielle oder personale Wirklichkeit verstanden, sondern als gesellschaftliche Wirklichkeit in einem geschichtlichen Prozeß. Und die Kirche lebt nicht »neben« oder »über« dieser gesellschaftlichen Wirklichkeit, sondern *in* ihr als *gesellschaftskritische Institution*. Die Kirche hat als Institution in dieser gesellschaftlichen Welt und für sie eine *kritisch-befreiende Aufgabe*.

Schließlich muß die Kirche gerade heute jene kritische Potenz mobilisieren, die in der zentralen Tradition von der christlichen Liebe liegt. Diese Liebe darf ja nicht nur auf den interpersonalen Bereich des Ich-Du eingeschränkt werden. Sie darf auch nicht nur als eine Art karitativer Nachbarschaftshilfe verstanden werden. Sie muß in ihrer gesellschaftlichen Dimension interpretiert und zur Geltung gebracht werden, das heißt aber, Liebe muß als unbedingte Entschlossenheit zur Gerechtigkeit, zur Freiheit und zum Frieden *für die anderen* verstanden werden. In diesem Verständnis enthält die Liebe eine gesellschaftskritische Kraft, und zwar in zweifacher Hinsicht.

Zum einen erfordert sie eine entschiedene Kritik der reinen Gewalt. Sie erlaubt nicht, im Freund-Feind-Schema zu denken, denn sie gebietet als »Feindesliebe«, sogar den Gegner selbst in die eigene universale Hoffnung einzubeziehen. Die Glaubwürdigkeit und Effizienz dieser Kritik der reinen Gewalt wird freilich nicht zuletzt davon abhängen, daß die Kirche, die sich als eine Kirche der Liebe bezeichnet, nicht selbst den Anschein einer Machtreligion erweckt. Die Kirche selbst kann und darf sich nicht machtpolitisch durchsetzen wollen. Sie dient ja schließlich nicht ihrer Selbstbehauptung, sondern der geschichtlichen Behauptung des Heils für alle. Sie hat also keine Macht, die der Macht ihrer Verheißungen vorausliegt. Aber eben das ist ein eminent kritischer Satz! Er zwingt die Kirche immer neu zur leidenschaftlichen Kritik an der reinen Gewalt, und er klagt sie selbst an, wenn sie – wie nicht selten in ihrer Geschichte – ihr kritisches Wort gegenüber den Mächtigen unserer Welt zu leise oder zu spät spricht, beziehungsweise wenn sie zu zögernd für alle bedrohten Menschen einsteht ohne Ansehen der Person, wenn sie nicht gegen jede Form der Verachtung leidenschaftlich kämpft. Diese Kritik der Gewalt bedeutet nicht, daß sich die Christen aus ihrer Verwaltung der politischen Macht in jedem Fall zurückzuziehen hätten. Ja, ein solcher grundsätzlicher Rückzug könnte gerade ein Akt gegen die christliche Nächstenliebe sein. Denn die Christen haben ja durch ihren Glauben und dessen Tradition ein Prinzip der Kritik dieser Macht.

Und schließlich gilt für die christliche Liebe als gesellschaftskritische Potenz auch noch ein anderer Aspekt: Wenn diese Liebe sich gesellschaftlich mobilisiert als unbedingter Wille zur Gerechtigkeit und zur Freiheit für die anderen, dann kann unter Umständen gerade diese Liebe selbst so etwas wie *revolutionäre Gewalt* gebieten. Wo ein gesellschaftlicher Status quo ebenso viel Ungerechtigkeit enthält, wie eventuell entstehen mag, wenn er revolutionär abgeschafft wird, da kann eine Revolution für die Gerechtigkeit und Freiheit »der Geringsten unter den Brüdern« auch im Namen dieser Liebe nicht unerlaubt sein . . .

Kirchliche Kritik der Gesellschaft wird auf die Dauer nur dann glaubwürdig und effizient sein, wenn sie in zunehmendem Maße von einer *kritischen Öffentlichkeit innerhalb dieser Kirche* selbst getragen ist. Denn wer, wenn nicht diese kritische Öffentlichkeit, sollte dafür Sorge tragen, daß die Kirche als Institution nicht in sich selbst das abbildet, was sie gerade an anderen kritisiert? Freilich, die Beschreibung solcher kritischer Öffentlichkeit in der Kirche hat bis heute noch wenig Material . . .

Johann Baptist Metz, Zur Theologie der Welt,
Matthias-Grünewald-Verlag, Mainz / Chr. Kaiser Verlag,
München 1968, S. 99–113

Politisches Nachtgebet

Erkenntnisse kritischer Exegese und Erwägungen politischer Theologie hat Dorothee Sölle in ein nach Form und Aufbau traditionell anmutendes Glaubensbekenntnis zu bringen versucht. Es entstand im Rahmen eines evangelisch-katholischen Arbeitskreises in Köln im Herbst 1968.

Glaubensbekenntnis

ich glaube an gott
der die welt nicht fertig geschaffen hat
wie ein ding das immer so bleiben muß
der nicht nach ewigen gesetzen regiert
die unabänderlich gelten
nicht nach natürlichen ordnungen
von armen und reichen
sachverständigen und uninformierten
herrschenden und ausgelieferten
ich glaube an gott
der den widerspruch des lebendigen will
und die veränderung aller zustände
durch unsere arbeit
durch unsere politik.

ich glaube an jesus christus
der recht hatte als er
»ein einzelner der nichts machen kann«
genau wie wir
an der veränderung aller zustände arbeitete
und darüber zugrundeging.
an ihm messend erkenne ich
wie unsere intelligenz verkrüppelt
unsere phantasie erstickt
unsere anstrengung vertan ist
weil wir nicht leben wie er lebte.
jeden tag habe ich angst
daß er umsonst gestorben ist
weil er in unseren kirchen verscharrt ist
weil wir seine revolution verraten haben
in gehorsam und angst
vor den behörden
ich glaube an jesus christus
der aufersteht in unser leben
daß wir frei werden
von vorurteilen und anmaßung
von angst und haß
und seine revolution weitertreiben
auf sein reich hin.

ich glaube an den geist
der mit jesus in die welt gekommen ist

an die gemeinschaft aller völker
und unsere verantwortung für das
was aus unserer erde wird
ein tal voll jammer hunger und gewalt
oder die stadt gottes.
ich glaube an den gerechten frieden
der herstellbar ist
an die möglichkeit eines sinnvollen lebens
für alle menschen
an die zukunft dieser welt gottes.
amen.

> Vervielfältigtes Manuskript der Verfasserin; jetzt abgedruckt in: Politisches Nachtgebet in Köln. Im Auftrag des ökumenischen Arbeitskreises hg. v. Dorothee Sölle und Fulbert Steffensky, Kreuz-Verlag, Stuttgart/Berlin — Matthias-Grünewald-Verlag, Mainz 1969, S. 26 f.

Plädoyer für die Dritte Welt

»Plädoyer für die Dritte Welt« ist eine Erklärung von fünfzehn Bischöfen aus Südamerika und anderen Ländern der Dritten Welt (Ägypten, Algerien, Jugoslawien, Laos u. a.). Im Horizont der »Ethik der Propheten und des Evangeliums« sucht sie Wege zur Lösung ökonomischer und gesellschafts-politischer Probleme der sogenannten Entwicklungsländer.

1. Als Bischöfe einiger der Völker, die um ihre Entwicklung kämpfen, vereinigen wir unsere Stimme mit dem besorgten Appell Papst Paul VI. in seiner Botschaft *Populorum Progressio*, um unseren Priestern und Gläubigen ihre Pflichten einzuschärfen und um unseren Brüdern in der Dritten Welt Worte der Ermutigung zuzusprechen.
2. Unsere Kirchen, die in der Dritten Welt zu Hause sind, finden sich in einen Konflikt verwickelt, in dem heute nicht nur Ost und West einander gegenüberstehen, sondern die drei großen Gruppen von Völkern: die westlichen Mächte, die im letzten Jahrhundert reich geworden sind, die beiden kommunistischen Länder, die selbst große Mächte geworden sind, schließlich die Dritte Welt, die noch sucht, wie sie dem Einfluß der Großen entrinnen kann, um sich frei zu entwickeln. Im Innern der schon entwickelten Nationen haben bestimmte soziale Klassen, Rassen und Bevölkerungsgruppen auch noch nicht das Recht zu einem wahrhaft menschlichen Leben erlangt. Eine unwiderstehliche Kraft zwingt die Armen der Welt, ihre Befreiung von allen Kräften der Unterdrückung zu betreiben. Auch wenn die meisten Nationen inzwischen ihre politische Freiheit erobert haben, sind die Völker doch selten ökonomisch frei. Ebenso selten ist die Zahl derer, bei denen soziale Gleichheit herrscht, die unverzichtbare Bedingung wahrer Brüderlichkeit; denn der Frieden kann nicht bestehen ohne Gerechtigkeit. Die Völker der Dritten Welt bilden das Proletariat der gegenwärtigen Menschheit. Sie werden ausgebeutet von den Großen und in ihrer Existenz durch diejenigen bedroht, die sich das alleinige Recht anmaßen, nur weil sie die Stärkeren sind, auch die Richter und Polizisten der materiell weniger reichen

Völker zu sein. Aber unsere Völker sind nicht weniger weise und gerecht als die Großen dieser Welt.

3. In der gegenwärtigen Entwicklung der Welt haben sich Revolutionen vollzogen oder vollziehen sich. Das ist nicht überraschend. Alle gegenwärtig etablierten Mächte sind hervorgegangen aus einer mehr oder weniger lange zurückliegenden Epoche der Revolution, d. h. aus einem Bruch mit einem System, das nicht mehr das Gemeinwohl sicherte, und aus der Aufrichtung einer neuen Ordnung, die diese Aufgabe besser erfüllte. Nicht alle Revolutionen sind notwendigerweise gut. Es gibt solche, die nichts weiter sind als eine Palastrevolte und nur zu einem Wechsel der Unterdrücker führen. Andere bewirken mehr Böses als Gutes und bringen neue Ungerechtigkeiten hervor. Der Atheismus und der Kollektivismus, mit denen einige soziale Bewegungen sich glaubten verbünden zu müssen, sind große Gefahren für die Menschheit. Aber die Geschichte zeigt, daß bestimmte Revolutionen notwendig waren, um sich von ihren antireligiösen Elementen zu trennen, und gute Früchte getragen haben. Niemand bestreitet heute mehr, daß 1789 in Frankreich die Sicherung der Menschenrechte ermöglicht worden ist. Eine Reihe unserer Nationen haben auf der Grundlage derart tiefer Umwälzungen ihr Leben gestalten müssen oder tun es heute. Wie kann die Haltung der Christen in der Kirche angesichts dieser Situation sein?

4. Die Kirche weiß, daß das Evangelium die erste und radikalste Revolution fordert, die den Namen Bekehrung trägt, als totale Umkehr, von der Sünde zur Gnade, vom Egoismus zur Liebe, vom Hochmut zu demütigem Dienst. Diese Bekehrung ist nicht nur innerlich und geistlich; sie zielt auf den ganzen Menschen, sie ist leiblich und sozial ebenso wie geistlich und personal. Sie hat einen Gemeinschaftsaspekt, der für die ganze Gesellschaft von schwerwiegender Bedeutung ist, nicht nur für das irdische Leben der Menschen, sondern darüber hinaus für das ewige Leben in Christus, der, über die Erde erhöht, die ganze Menschheit zu sich erhöht. Das ist in den Augen des Christen die vollkommene Entfaltung des Menschen. So ist das Evangelium bis auf den heutigen Tag, sichtbar oder unsichtbar, durch die Kirche oder ohne die Kirche, das stärkste Ferment in den tiefgreifenden Umwandlungen der Menschheit seit 2000 Jahren.

5. In ihrer irdischen Wanderschaft in der Geschichte jedoch ist die Kirche praktisch immer mit einem politischen, sozialen und ökonomischen System liiert, das als Teil der Geschichte das Gemeinwohl sicherstellt oder doch wenigstens eine gewisse soziale Ordnung. Es kommt vor, daß die Kirchen sich so sehr mit einem bestimmten System verbünden, daß man glauben kann, sie seien ein Fleisch wie in der Ehe. Aber die Kirche hat nur einen Gatten, das ist Christus. Sie ist niemals mit irgendeinem System verheiratet, am wenigsten aber mit dem »internationalen Imperialismus des Geldes« (*Pop. Progr.*). Sie war auch nicht identisch mit der Monarchie oder dem Feudalismus des Ancien régime, und sie wird es morgen nicht sein mit diesem oder jenem Sozialismus. Es genügt, die Geschichte zu betrachten, um zu sehen, daß die Kirche den Verfall all der Mächte überlebt hat, die zu einer bestimmten Zeit glaubten, sie müßten sie beschützen oder könnten sie gebrauchen. Heute löst die Sozialehre der Kirche, wie sie auf dem 2. Vatikanischen Konzil erneut bestätigt worden ist, die Bande mit dem Imperialismus des Geldes, mit dem sie eine Zeitlang sich verbunden hatte ...

7. Gegenüber der gegenwärtigen Entwicklung des Imperialismus des Geldes müssen wir unsere Gläubigen und uns selbst zu jener Warnung zurückführen ...: »Gehet aus von ihr, mein Volk, das ihr nicht teilhaftig werdet ihrer Sün-

256 Grundfragen theologischen Denkens

den, auf daß ihr nicht empfanget etwas von ihren Plagen« (*Apok.* 18,4.).

8. Die Kirche ist niemals mit irgendeinem politischen, ökonomischen oder sozialen System gleichzusetzen in dem, was ihr unveränderliches Wesen ist, in ihrem Glauben, in ihrer Gemeinschaft mit Christus im Evangelium. Sobald ein System aufhört, das Gemeinwohl zu besorgen und dem Profit einiger weniger dient, muß die Kirche nicht nur die Ungerechtigkeit beim Namen nennen, sondern sich von dem ungerechten System trennen und bereit sein, mit einem anderen System zusammenzuarbeiten, das den Bedürfnissen der Zeit besser gerecht wird.

9. Dies gilt für die Christen ebenso wie für die Hierarchie und für die Kirchen. Wir haben auf Erden keine bleibende Stadt, aber unser Herr Jesus Christus hat gewollt, daß wir in ihr ausharren. Keiner von uns soll sich an Privilegien oder an Geld binden, sondern sich an das Gebot halten »wohlzutun und mitzuteilen [. . .], denn solche Opfer gefallen wohl« (*Hebr.* 13,16) . . .

12. Christen und ihre Hirten müssen die Hand des Allmächtigen in den Ereignissen zu erkennen wissen, die periodisch die Mächtigen von ihren Thronen stoßen und die Niedrigen erheben, den Reichen die Hände leermachen und die Hungrigen sättigen. Heute »fordert die Welt mit Nachdruck und Kraft die Anerkennung der Menschenwürde in ihrer ganzen Fülle, der sozialen Gleichheit aller Klassen« (Intervention des Patriarchen Maximos auf dem Konzil, 27. 10. 1964). Die Christen und alle Menschen guten Willens müssen dieser Bewegung folgen, selbst wenn sie dabei ihre Privilegien oder ihr persönliches Glück aufgeben zu Gunsten der menschlichen Gemeinschaft in einer größeren Sozialisation. Die Kirche ist keineswegs die Schützerin des Großbesitztums. Sie fordert mit Johannes XXIII., daß der Besitz unter alle verteilt wird, denn der Besitz hat von Anfang an eine soziale Bestimmung (*Mater et magistra* 389–391). Paul VI. erinnerte kürzlich an das Wort des Johannes: »Wenn jemand in dieser Welt Güter hat und sieht seinen Bruder darben und schließt sein Herz vor ihm zu, wie bleibt die Liebe Gottes in ihm« (*1. Joh.* 3,17).

(13.)

14. Die Kirche hat bestimmten Notwendigkeiten für gewisse materielle Fortschritte Rechnung getragen, als sie den Kapitalismus mit seinem Kreditsystem und anderen Methoden tolerierte, die der Ethik der Propheten und des Evangeliums wenig entsprechen. Aber sie kann sich nur freuen, wenn sie in der Menschheit ein anderes soziales System erscheinen sieht, das weniger weit von dieser Ethik entfernt ist. Gemäß der Initiative von Paul VI. werden die Christen von morgen solche ethischen Werte wie Solidarität und Brüderlichkeit auf ihre wahren christlichen Quellen zurückzuführen haben, aus denen sie sich speisen. Die Christen haben die Aufgabe zu zeigen, welches der wahre Sozialismus ist, nämlich das Christentum im umfassenden Sinne, in der gerechten Teilung aller Güter und fundamentaler Gleichheit (Intervention von Patriarch Maximos 28. 9. 1965). Weit davon entfernt, beleidigt abseits zu stehen, sollten wir mit Freuden eine Form des sozialen Lebens akzeptieren, die unserer Zeit besser angepaßt ist und dem Geist des Evangeliums besser entspricht. Auf diese Weise werden wir auch vermeiden, daß bestimmte Leute Gott und die Religion mit den Unterdrückern der Armen und Arbeitenden vermischen, wie es im Effekt der Feudalismus, der Kapitalismus und der Imperialismus tun. Diese unmenschlichen Systeme haben Systeme erzeugt, die, indem sie die Völker befreien wollen, doch die Einzelpersonen unterdrücken, sofern sie in totalitären Kollektivismus und Religionsverfolgung fallen. Aber Gott und die wahre Religion haben nichts gemein mit den verschiedensten Formen des ungerechten

Mammon. Im Gegenteil, Gott und die wahre Religion sind immer auf seiten derer, die eine Gesellschaft der Gleichheit und Brüderlichkeit unter den Kindern Gottes in der großen Menschheitsfamilie zu befördern suchen.
15. Die Kirche begrüßt mit Freude und Stolz eine neue Menschheit, wo Ehre nicht mehr dem Geld gezollt wird, das in der Hand einiger weniger angehäuft ist, sondern den Werktätigen, Arbeitern und Bauern. Denn die Kirche ist nichts ohne Ihn, der ihr ohne Unterlaß sein Sein und Handeln schenkt, Jesus von Nazareth, der während vieler Jahre mit seinen Händen arbeiten wollte, um die außerordentliche Würde der Arbeitenden zu offenbaren.
16. Die Kirche freut sich zu sehen, daß in der Menschheit Formen des sozialen Lebens entstehen, wo die Arbeit ihren wahren Platz findet, nämlich den ersten. [...]
17. Man sollte in unseren Worten nicht irgendwelche politischen Inspirationen suchen. Unsere einzige Quelle ist das Wort dessen, der durch seine Propheten und Apostel gesprochen hat. Die Bibel und das Evangelium verwerfen als Sünde gegen Gott jeden Verstoß gegen die Würde des Menschen, der nach seinem Bilde geschaffen ist. In dieser Forderung des Respekts vor der menschlichen Person vereinen sich heute die Atheisten guten Willens mit den Gläubigen zu einem gemeinsamen Dienst an der Humanität in der Suche nach Gerechtigkeit und Frieden. Auch können wir unsere Worte der Ermutigung vertrauensvoll an alle adressieren, denn von allen wird viel Mut und Kraft verlangt, um die immense und dringende Aufgabe im Guten zu lösen, die Dritte Welt vor dem Elend und dem Hunger zu retten und die Menschheit von der Katastrophe eines nuklearen Krieges zu befreien ...
19. [...] Gott will nicht, daß die Armen immer elend bleiben. Religion ist nicht Opium für das Volk. Die Religion ist eine Kraft, die die Niedrigen erhebt und die Hochmütigen stürzt, die den Hungernden Brot gibt und die Hochstehenden hungern läßt. Sicher, Jesus hat uns gepredigt, daß wir die Armen immer bei uns haben werden; aber das ist so, weil immer Reiche da sind, die die Güter dieser Welt aufkaufen und weil immer gewisse Ungleichheiten bestehen auf Grund unterschiedlicher Begabung und anderer unvermeidlicher Faktoren. Aber Jesus hat uns gelehrt, daß das zweite Gebot dem ersten gleichsteht; denn man kann nicht Gott lieben, ohne seine Brüder, die Menschen, zu lieben.
20. Wir haben die Pflicht, unser Brot und alle unsere Güter zu teilen. Wenn einige wenige das mit Beschlag belegen, was für andere notwendig ist, dann ist es eine Pflicht der öffentlichen Gewalt, eine Teilung zu erzwingen, die gutwillig nicht geschieht [...] Es kann nicht länger zugelassen werden, daß reiche Fremde kommen und unsere armen Völker unter dem Vorwand ausbeuten, sie betrieben Handel und Industrie; es kann nicht länger toleriert werden, daß einige wenige Reiche ihr eigenes Volk ausbeuten. Dadurch wird die Steigerung von immer bedauerlichen Nationalismen provoziert, die der wahren Zusammenarbeit der Völker entgegenstehen.
21. Unglücklicherweise kann heute keine Weltregierung die Gerechtigkeit unter den Völkern erzwingen und die Güter gleichmäßig verteilen. Das gegenwärtig herrschende ökonomische System erlaubt den reichen Nationen, immer reicher zu werden, selbst dann noch, wenn sie den armen Nationen helfen, die dabei im Verhältnis noch ärmer werden. Die armen Nationen haben deshalb die Pflicht, mit allen gesetzlichen Möglichkeiten, über die sie verfügen, die Errichtung einer Weltregierung zu fordern, in der alle Völker ohne jede Ausnahme repräsentiert sind, und die in der Lage ist, eine gleichmäßige Aufteilung der Güter — unverzichtbare Bedingung für den Frieden — zu fordern, ja sogar zu erzwingen.

22. Im Innern jeder Nation haben die Arbeitenden das Recht und die Pflicht, sich in Syndikaten zu vereinigen, um ihre Rechte zu fordern und zu verteidigen: gerechter Lohn, bezahlter Urlaub, soziale Sicherheit, familiengerechte Wohnungen, Beteiligung an der Unternehmensführung. Es genügt nicht, daß diese Gesetze auf dem Papier anerkannt werden. Diese Gesetze müssen angewandt werden, und die Regierungen müssen auf diesem Gebiet ihre Gewalt im Dienste der Arbeitenden und der Armen ausüben. Die Regierungen müssen sich für die Beendigung eines Klassenkampfes einsetzen, der, entgegen der üblichen Meinung, sehr oft von den Reichen ausgelöst und kontinuierlich gegen die Arbeiter geführt wird, indem sie durch unzureichende Löhne und unmenschliche Arbeitsbedingungen ausgebeutet werden. Das ist ein subversiver Krieg, den das Geld seit langem heimtückisch in aller Welt führt, wobei ganze Völker gemordet werden. Es ist Zeit, daß die armen Völker, unterstützt und geführt von ihren gesetzmäßigen Regierungen, ihr Recht zum Leben wirksam verteidigen. Jesus hat auf sich die ganze Menschheit genommen, um sie zum ewigen Leben fortzuführen. Dessen Vorbereitung auf Erden ist die soziale Gerechtigkeit, die erste Form der brüderlichen Liebe. Wie Christus durch seine Auferstehung die Menschheit vom Tode befreit, so führt er alle menschlichen Befreiungen zu ihrer ewigen Erfüllung.

> Plädoyer für die Dritte Welt. Erklärung von fünfzehn katholischen Bischöfen, in: Trutz Rendtorff / Heinz Eduard Tödt, Theologie der Revolution. Analysen und Materialien, Suhrkamp Verlag, Frankfurt am Main 1968 (edition suhrkamp 258), S. 157–163

Religion und Religionen

Bis heute ist es üblich, von »Fremdreligionen« zu reden, wenn die großen nichtchristlichen Religionen der Welt gemeint sind. Aber seit die Gastarbeiter und Arbeitsemigranten aus der Türkei und anderswo in der Bundesrepublik dauerhaft leben, ist der Islam eine einheimische Religion. Und seit in den verschiedensten religiösen Gruppierungen neuerer Zeit hinduistische und buddhistische Vorstellungen Zulauf gewinnen können, zeigt sich, daß mit dem Zusammenrücken der »einen Welt« durch die modernen Kommunikationsmittel ein freier Markt für religiöse Ideen entstanden ist.
Die christliche Monokultur ist durchbrochen, die Frage des Verhältnisses der Religionen zueinander muß neu gestellt werden. Es macht keinen Sinn, apologetisch die »richtige« gegen die »falsche« Religion auszuspielen. Auch ein Christentum, das sich (z. B. im Gefolge der Dialektischen Theologie) nicht als Religion, sondern als Offenbarung verstand, kann nicht darüber hinwegsehen, daß es viele Züge mit den Religionen der Welt — in Ritual, Weltdeutung, Organisation, Transzendenzbezug u. a. — gemeinsam hat. Nicht Dogmatik und Apologetik, sondern Vergleich und Toleranz sollten die Kategorien dieser Konfrontation der Religionen sein, und eine Selbstkritik, die durchaus die Neuentdeckung und Wertschätzung des je eigenen Erbes zum Ziel haben kann.

1. Was ist eigentlich Religion?

Was wir mit Religion meinen, ist schwer zu beschreiben. Gewiß könnte man sagen: Religion ist eine Deutung der Welt und des Menschseins im Blick auf einen endgültigen Sinn, und zwar eine Deutung, die nicht nur Theorie ist, sondern in erster Linie sich in der ganzen Einstellung zum Leben ausspricht und Anweisungen für Recht, Sittlichkeit und Lebensgestaltung mit sich bringt. Aber dann müßte man auch jede dichterische Weltauffassung, jede Ideologie und jede umfassende Philosophie, ja jede Einstellung zum Leben überhaupt als Religion bezeichnen. Das kann man zwar tun, aber der Begriff Religion wird dann so weit, daß man ihn nicht mehr gebrauchen kann. Wir fügen daher zu der eben gegebenen Beschreibung noch hinzu: Eine Religion hat gemeinschaftliche und mehrere Generationen überdauernde Ausdrucksformen: Gebräuche, Riten, Feste, Lieder, Bilder und Kunstwerke, Gebäude, Mythen, Legenden, Lehren, Ämter. Darin wird sie mitgeteilt, erlebt und überliefert. Das in diesen Formen Ausgedrückte oder Erscheinende ist zugleich mehr als die Formen selbst, die es vergegenwärtigen oder darauf hinweisen. Auch wird die in der Religion erfaßte Sinndeutung der Welt nicht als das Werk menschlichen Nachdenkens aufgefaßt, sondern als Selbsterschließung der Wahrheit, als maßgebende Offenbarung einer Übermacht, die allem Menschlichen unendlich überlegen ist und die deshalb auch »das Heilige« genannt wird.

Nach abendländischer Überlieferung gebrauchet man den Begriff Religion als »Bezeichnung eines in der ganzen Menschheitsgeschichte anzutreffenden kollektiven oder individuellen äußeren oder inneren Umgangs mit Wirklichkeiten . . ., im Verhältnis zu denen Familien- und Stammesverbände, Himmel und Erde, naturwüchsige und soziale Erscheinungen, Herr, Freunde und Diener, Pflanzen und Tiere äußerstenfalls als vorläufige untergeordnete, vorletzte oder uneigentliche erfahren werden« (Colpe).

Der Neue Brockhaus von 1968 definiert Religion als »das Ergriffenwerden von der Wirklichkeit des Heiligen, das überwiegend in Glaubensgemeinschaften, in geschichtlichen Religionen seine Ausdrucksform findet«.

Wenn wir von diesen Definitionen ausgehen, gehört zweifellos auch das Christentum in den Kreis der Religionen hinein. Auch das Christentum meint eine umfassende Deutung von Welt und Menschsein und bedient sich dabei der Sprache der Gleichnisse und Bilder. Es wird in einer Gemeinschaft mitgeteilt, erlebt und überliefert. In Verhaltensweisen und Riten kann der einzelne Anteil an der religiösen Erfahrung erhalten. Das Christentum ist alo eine religiöse Gesamtantwort auf das Dasein neben anderen Antworten. Gegenüber einer modernen Wissenschaftsgläubigkeit und der damit verbundenen geistigen Verarmung steht das Christentum in einer Front auf der Seite der Religionen.

Aber um so dringlicher wird nun die Frage nach der *Wahrheit der Religion*. Die Antwort auf diese Frage kann man auf zwei verschiedenen Wegen suchen:

Das eine Mal geht man aus von der eigenen religiösen Überzeugung, die man sich ja nie erst nach einem Vergleich aller Religionen ausgesucht hat, sondern in der man so zu Hause ist wie in seiner Muttersprache, und versucht nun, die anderen Religionen zu verstehen, sie nach ihrer Wahrheit zu fragen und die eigene Überzeugung von ihnen in Frage stellen zu lassen. Auf diese Weise gibt man sich darüber Rechenschaft, ob und gegebenenfalls warum man bei seiner Überzeugung bleibt oder sie ändert. Das ist der natürliche Weg, wie er etwa auch in Gesprächen zwischen Christen und den Angehörigen anderer Religionen beschritten wird.

Der andere Weg ist mehr abstrakt wissenschaftlich. Man versucht dabei, alle Religionen, auch die eigene, nebeneinander wie auf einer Ebene zu sehen als je verschiedene, einander ebenbürtige Gesamtantworten auf Grundfragen des menschlichen Daseins. Dieser Weg scheint die größere Objektivität für sich zu haben. Eine Antwort auf die Wahrheitsfrage läßt sich aber dabei nicht gewinnen, weil man hier schon durch die Art der Fragestellung alle Religionen in ein Gedankensystem übersetzt, obwohl jede Religion mehr ist als ein solches System und die Wahrheit des Religiösen nicht auf der Ebene des abstrakten Denkens gefunden wird, sondern in der persönlichen Erfahrung.

2. Die archaischen Religionen

Menschen, die sich von der Kompliziertheit, Intellektualisierung und Gemütsarmut moderner Verhältnisse abgestoßen fühlen, werden angezogen von den sogenannten primitiven Religionen, die man aber lieber, um den abwertenden Nebensinn des Wortes primitiv auszuschließen, als archaische (aus der Frühzeit stammende) Religionen bezeichnen sollte. In diesen wird der religiöse Lebenszusammenhang nicht gedanklich dargestellt, sondern leibhaftig: Tanzend schwingt der einzelne in der Gemeinschaft und mit ihr im Rhythmus weithin waltender Kräfte; in Rausch und Verzückung erfährt er die überschäumende, grenzenlose Macht der Natur am eigenen Leibe. In heiligen Spielen wird das Walten der Natur in Widerstreit und Vereinigung, Werden und Vergehen, Grausamkeit und Beglückung dargestellt. Durch heilige Handlungen werden Geburt, Mannbarwerdung, Heirat und Tod zugleich als Aufbruch in neue Lebensräume gefeiert und als Wiederholung der Urereignisse, die die Welt hervorbringen. Abgründe des Grauens tun sich auf, werden aber auch gebannt durch Beschwörung und Opfer unter Anleitung der Medizinmänner und Schamanen, die sowohl besonderer Gefährdung ausgesetzt als auch mit außerordentlichen Kräften ausgestattet sind. Natur und Menschheit, Materie und Geist, einzelner und Gemeinschaft, Handeln und Leiden, Nähe und Ferne, Vergangenheit und Zukunft, kultische Feier und Sittlichkeit fallen nicht auseinander, sondern bilden das eine umfassende Ganze, zu dem jeder Mensch gehört, ohne sich eines Sonderdaseins bewußt zu sein.

So etwa stellt sich uns das Bild der archaischen Religion dar. Ob dieses Bild wirklich wahr ist, ob es auch nur zutreffend das Lebensgefühl ihrer Angehörigen wiedergibt, wissen wir nicht und können wir nicht nachprüfen. Denn unser Bewußtseinsstand scheidet uns davon. Und nur im Spiegel unseres Bewußtseins, das es so in der archaischen Religion eben nicht gibt, können wir es erkennen. Darum erscheint eine Religion dieser Art uns immer anders als ihren Angehörigen: Sei es als verlorenes oder wiederzugewinnendes Paradies, sei es — und das meistens — als eine primitive Vorstufe unseres eigenen Bewußtseins, eine Vorstufe, die notwendigerweise einer ganz anderen Lebenseinstellung weichen mußte: Der universale Einklang der Welt bricht auseinander in einzelne magnetische Zusammenhänge von Ursache und Wirkung, mit denen der Zauberer hantiert. Oder dieser Einklang wird denkend verwandelt in die Einheitlichkeit eines gesetzmäßigen Zusammenhanges der Natur, wie er in der Naturwissenschaft vorausgesetzt wird. Die Spannungen in jenem Einklang können ihn auseinandersprengen. Dann treten die Gegensätze von Ich und Welt, Mensch und Gott, Leib und Seele, vorhandener Wirklichkeit und wahrem Sein hervor.

3. Die außerchristlichen Hochreligionen

Von ihnen sollen hier diejenigen behandelt werden, die fast gleichzeitig unabhängig voneinander entstanden sind. Auf diese merkwürdige Gleichzeitigkeit ihrer Entstehung in der »Achsenzeit« zwischen 800 und 200 vor Christus hat Karl Jaspers nachdrücklich aufmerksam gemacht. Unter den Religionen erscheinen die noch vorhandenen und deutlich erkennbaren Hochreligionen nebeneinander als echte Alternativen: der Buddhismus, der entfaltete Hinduismus, der Konfuzianismus, der Taoismus Lao-tses und Tschuang-tses und die biblische Religion.

Eine Sonderstellung unter den Hochreligionen nimmt der Islam ein. Er entstand im 7. Jahrhundert nach Christus, als in der prophetischen Inspiration Mohammeds Bruchstücke der jüdischen und der christlichen Religion mit Elementen der altarabischen Volksreligion zu einer neuen Einheit zusammenschmolzen. Von christlichen Theologen wurde und wird er daher nicht immer als Fremdreligion angesehen, sondern zuweilen als Abweichung vom Christentum, als eine Art Häresie.

a) Der Islam

Islam heißt völlige Hingabe an den Willen Gottes. Und wer den Willen Gottes, so wie er dem Mohammed offenbart und im Koran als ewiges Gebot niedergelegt ist, annimmt, der ist ein »Annehmer«, ein Moslem, und gehört zur Gemeinschaft derer, »die sich unterworfen haben«. Diese Unterwerfung ist nicht nur passive Ergebung, sondern ebenso sehr eine Hingabe an den Willen Gottes, die ihn mit der Tat und im praktischen Verhalten realisieren will. Daher bilden die vom Koran geforderte gesellschaftliche Ordnung und die zu ihr gehörenden Pflichten — und nicht so sehr eine gedanklich entfaltete Glaubenslehre — die für den Islam typische Form der Religion.

»Wie eine Religion oder ein theologisches System Ausdruck der intellektuellen Form eines persönlichen Glaubens sein kann — wie dies oft, besonders bei Christen, der Fall ist —, so sind die gesellschaftliche Ordnung und ihre Aktivitäten der in eine praktische Form gebrachte Ausdruck des persönlichen Glaubens eines Moslems . . . Bei den Auseinandersetzungen, die innerhalb des Islam geführt wurden, ging es deshalb weniger um die Frage, was wahr, sondern darum, was gut sei. Die Sekten des Islam unterscheiden sich voneinander weniger durch theologische Fragen, sondern durch Fragen der Praxis . . . Und Güte . . . wird hier derjenigen Lebensweise gleichgesetzt, von der der Koran die Offenbarung und die islamische Gesellschaft der Ausdruck ist« (Smith).

Die *fünf Hauptpflichten des Moslem*, die als Säulen des Islam bezeichnet werden, sind:
1. das Glaubensbekenntnis »Es gibt keinen Gott außer Gott, Mohammed ist der Gesandte Gottes«;
2. das Pflichtgebet fünfmal täglich zu bestimmten Zeiten, die vom Minarett herab ausgerufen werden, verbunden mit Verneigungen, Niederwerfungen auf die Knie und anderen Gebärden;
3. das Almosengeben, eine geregelte Steuer, die zugleich dem sozialen Ausgleich dient;
4. das Fasten den ganzen Monat Ramadan hindurch mit Verbot des Essens, Trinkens, Rauchens sowie des Geschlechtsverkehrs von der Morgendämmerung bis zum Sonnenuntergang;
5. die Wallfahrt nach Mekka.
Die Erfüllung dieser Pflichten ist nicht etwa nur ein äußerliches religiöses Gehabe, sondern der konkrete und unablässig geübte Gehorsam in der Hingabe an Gott.
Die Hochreligionen haben den Zusammenhang des Menschen mit der umfassenden Macht des Heiligen auf wenige große Modelle gebracht, die nun als verschiedene Möglichkeiten, den Sinn und das Ziel unseres Lebens zu erfassen, vor uns stehen. Allerdings ist in allen Religionen einschließlich des Christentums die große erleuchtende Antwort

262 Grundfragen theologischen Denkens

oft schwer erkennbar durch die vielen Antworten auf einzelne Fragen, durch eine Fülle von Lehren, Geboten und Gebräuchen, ohne die auch die größten Wahrheiten in der Geschichte auf die Dauer nicht lebendig bleiben. Jetzt aber betrachten wir nur die *großen Alternativen*.

b) Hinduismus — Ruhe im unablässigen Kreislauf von Werden und Vergehen

Im Hinduismus werden Natur und Geschichte in eins gesehen als ein unendlicher Kreislauf des Werdens und Vergehens, in dem unendlich viele Welten in der unendlich dauernden Zeit entstehen und zugrunde gehen, neu entstehen und wiederum vergehen. Und wie mit den Welten ist es mit den einzelnen Wesen in ihnen, mit den Göttern, den Menschen und Tieren.

Dabei wird die Summe oder Frucht jedes Einzellebens zur formenden und schicksalbestimmenden Kraft (Karma) für die nächste Daseinsgestalt, die kraft dieses Karma dann ins Dasein tritt, es verbraucht oder abbüßt und zugleich die Vergeltungskausalität für die nächste Daseinsform sammelt (Seelenwanderung). Dieses Rad des Werdens (Samsara) dreht sich unablässig, ohne Ruhe, ohne Ziel. Der Mensch erlangt das Heil (Moksha), indem er, bildlich gesprochen, vom Rand des Rades in den ruhenden Drehpunkt rückt und so aus der endlosen Bewegung in die ewige Ruhe eintritt. Das geschieht dann, wenn er erfaßt, daß sein individuelles Wesen eins ist mit dem Wesen der Welt überhaupt, wenn er die *Identität seiner Ich-Seele mit der Welt-Seele* erreicht (Atman = Brahman). Diese Verschmelzung der Ich-Seele mit der Welt-Seele kann man erreichen (sei es in der jetzigen, sei es in einer späteren Existenz) durch Askese und körperlich-seelisches Training (Yoga), durch Meditation oder auch durch pflichtgemäßes Handeln, indem man das tut, was durch die Kaste, der man angehört, geboten ist, ohne nach dem eigenen Vorteil zu fragen. Je näher einer der Identität seines Ichs mit der Welt-Seele kommt, je näher er also der vorgegebenen Wahrheit des Seins kommt, desto weniger wird er noch mitgerissen durch das ruhelose Werden und Vergehen. Wer innerlich ganz verschmolzen ist mit dem Weltinnern, für den sind alle einzelnen Dinge und Ereignisse entweder wesenloser Schein und Trug oder aber die farbenprächtige Ausstrahlung und Selbstdarstellung jenes All-Einen in der Vielfalt.

c) Buddhismus — Befreiung durch Aufgehen im Nirwana

Siddharta Gautama (geboren 560 v. Chr.), aus glänzenden Verhältnissen stammend und unversehens mit Krankheit, Alter und Tod konfrontiert, war so überwältigt vom Leiden der Kreatur, daß ihm die Antwort des Hinduismus als unzureichende und haltlose Spekulation erschien. Nach Jahren des Suchens und Wanderns spürte er die Erleuchtung nahen, setzte sich mit gekreuzten Beinen im Lotossitz nach Osten gewandt auf einen Heuhaufen und sagte: »Möge meine Haut schrumpfen, möge meine Hand verdorren und mögen meine Gebeine sich auflösen — solange ich nicht auch die letzte Erkenntnis gefunden habe, werde ich mich nicht von hier wegrühren.« Vergeblich versuchte der Teufel, durch Sturm und Gewitter ihn aufzuschrecken. Dann lockte er ihn durch die Erscheinung dreier Mädchen von verführerischer Schönheit und durch das Versprechen der Herrschaft über die ganze Welt und schließlich durch das Angebot, sofort ins Nirwana einzugehen. Ungerührt verharrte Siddharta Gautama vier Wochen lang im Nachdenken und Warten auf die Erleuchtung. Dann erhob er sich als Erleuchteter, als Buddha. Ihm war unauslöschlich das Licht aufgegangen, daß alles Dasein leidvoll sei, daß dieses Leiden aus dem ichhaften Lebensverlangen komme und daß es durch *Auflösung der Illusion des Ichseins* aufgehoben werden könne. Er sammelte eine Jüngerschar um sich und zog lehrend, Gebote erlassend, heilend und Wunder vollbringend durch das nordöstliche Indien, bis er im Alter von achtzig Jahren hinüberglitt ins Nirwana, ins Verwehen. Dieses Nirwana ist die übergegenständliche Leere, die nur denen als Nichts erscheint, die den sichtbaren Dingen verfallen sind, den anderen aber als die wahre Fülle des Seins, das in nichts einzelnes, Begrenztes, Bestimmbares mehr zerfällt. Der Weg dorthin ist der Abbau der Ich-Illusion. In einer (für unsere Denkgewohnheiten sehr komplizierten) Lehre zeigt der Buddha, daß der Mensch nur ein vorübergehender Zusammenfluß verschiedener Daseinsfaktoren ist und sich nur irrtümlich für etwas Eigenes, für ein Ich, hält. Diese Ich-Illusion muß allmählich abgebaut werden durch Belehrung, durch meditative und asketische Übungen (bei denen mehr als im Hinduismus die erzieherische Wirkung berücksichtigt wird), ferner durch die gegenseitige Erziehung der Mönche im Mönchsorden, zu der auch eine Bußfeier gehört, bei der jeder den anderen einlädt, ihm seine Fehler zu sagen, und — nicht zuletzt — durch das Vorbild des Buddha, der es als erster gewagt hat, diesen Weg zu gehen.

d) Konfuzianismus und Taoismus (chinesischer Universismus) — Einklang mit der Harmonie des Weltganzen

Konfuzius lebte zu einer Zeit politischer und moralischer Zerrüttung, ja fast Anarchie in China. Er suchte das Heil für die Menschen in der gesetzmäßigen Ordnung. Diese Ordnung sollte nicht nur die öffentlichen Verhältnisse umfassen, sondern auch den Umgang der Familienmitglieder miteinander, das Verhältnis zu den Ahnen, die religiösen Feste und Zeremonien, die gesamte Kultur und besonders die Musik und Dichtung. Es sollte eine Ordnung sein, die nicht nur in einer zweckmäßigen Regelung der Lebensverhältnisse besteht, sondern zugleich *Ausdruck der kosmischen Ordnung* selbst ist, eine liturgisch-moralisch-rechtliche Ordnung des ganzen Lebens vom Opfer an den Himmel bis zu den Tischsitten. Dadurch sollte der vom Menschen gestörte Rhythmus der Kräfte des Universums wieder in seinen harmonischen Einklang kommen, und zugleich sollte der aus den Fugen geratene Mensch durch das Einschwingen in die kosmischen Rhythmen wieder die ihm angemessene Form und Fassung gewinnen. Die dazu nötigen Gesetze kann man nicht erfinden, erdenken und machen. Das ist auch nicht nötig. Sie müssen ja immer schon da sein im Weltbau und seiner Einrichtung. So hat Konfuzius, als er ein Saiteninstrument spielen lernte, viele Wochen lang immer nur an einem einzigen kleinen Liedchen geübt, bis er nicht nur Melodie, Rhythmus und Ausdruck völlig erfaßt hatte, sondern auch in seinem Geist den Komponisten vor sich sah, dessen Beruf und sogar seinen Namen gefunden hatte. Weil die ältesten Überlieferungen dem Ursprung am nächsten stehen, wurde Konfuzius zum Altertumsforscher, zum gelehrten Herausgeber alter Schriften, und prägte damit zugleich auf Jahrhunderte das Vorbild für den gebildeten Chinesen und das Muster für den chinesischen Beamten.

Der Unterschied zwischen der moralisch-zeremoniellen Universalgesetzlichkeit des Konfuzius und der Religion seines Gegenspielers Laotse, hier durch Tschuang-tse vertreten, kann an den beiden folgenden Anekdoten deutlich werden:
Konfuzius aß sich in Gesellschaft von Trauernden nie satt. An einem Tag, an dem er geweint hatte, sang er nicht . . . Yuang Jang (von dem man wußte, daß er beim Tod

seiner Mutter gesungen hatte) setzte sich in Konfuzius' Gegenwart hin. Konfuzius sagte: »Als Kind warst du frech; als Erwachsener hast du gar nichts geleistet; und jetzt in deinem Alter willst du nicht sterben! Du Lump!« Und Konfuzius schlug ihm mit einem Rohrstock gegen das Schienbein.

Als Tschuang-tses Ehefrau gestorben war, ging Hui-tse zu ihm, ihm sein Beileid zu sagen. Tschuang-tse saß auf der Erde, die Beine von sich gestreckt, sang und schlug den Takt auf einem Becken. »Wenn ein Weib mit dem Gatten gelebt und ihm Kinder aufgezogen hat«, rief Hui-tse, »und dann im Alter stirbt, dünkt es mich schon schlimm genug, sie nicht zu beweinen. Aber auf einem Becken trommeln und singen, das ist ein sonderbares Beginnen.« – »Nicht also«, sagte Tschuang-tse. »Als sie starb, war ich davon hingenommen. Bald aber entsann ich mich. Sie hatte schon bestanden, ehe sie geboren war: ohne Form, ohne Wesen. Dann geschah in dem Urgemenge eine Wandlung: der Geist kam zu Wesen, das Wesen zu Form, die Form zur Geburt. Nun ist wieder eine Wandlung geschehen, und sie ist tot. So geht man von Frühling zu Herbst von Sommer zu Winter. Jetzt schläft sie ruhig in dem Großen Haus. Würde ich weinen und klagen, ich hätte den Sinn von alledem nicht mehr. Darum habe ich mich entzogen.«

Beiden geht es darum, daß das menschliche Dasein einstimmt in die Weltharmonie. Während aber Tschuang-tse die große Weltmelodie in seiner Seele widerklingen lassen möchte, fordert Konfuzius die sorgfältige und genaue Ausführung der vorgeschriebenen Tanzschritte und -figuren.

> Evangelischer Erwachsenenkatechismus. Kursbuch des Glaubens (hg. v. W. Jentsch, H. Jetter, M. Kießling, H. Reller, i. A. der Katechismuskommission der VELKD), Gütersloher Verlagshaus Gerd Mohn, Gütersloh 1975, S. 93—100

ACHTER TEIL
Register

Namen- und Sachverzeichnis

Aachen 140
Aaron 33
Abaelard, P. 144
Abbessinisch-Äthiopische Kirche 173
Abdon 26
Abendland 42, 135 f, 139, 231
Abendmahl 72 f, 84, 88, 104, 106, 133, 138, 146, 148 f, 225, 228, 235, 237
Abfall 26, 32, 35, 41
Abimelek 24
Ablaß 144, 146 f, 227
Abner 29
Abot 52 f, 56
Abraham 15, 17 f, 21, 25, 58, 66, 70, 92, 226
Absalom 24
Abschiedsreden 23, 84, 104
Absolution 223, 227, 235
Achaja 72, 133
Actium 55
Adam 23, 96, 226
Adel 40, 58, 183
Adenauer, K. 184
Adventisten 156
Ägypten 15, 17, 19 f, 36, 38, 40 f, 46, 51, 55, 90, 135, 137, 139, 254
Ägypterevangelium 134
Älteste 29, 40, 52, 57, 114
Ätiologie: Erzählung, die auffällige Erscheinungen, Bräuche und Namen erklären will 19, 198
Afrika 190
Agape 72
Agendenstreit 155
Aggiornamento („Verheutigung", Anpassung) 161, 205 f, 238
Agrippa 55
Ahas 31, 36
Ahia 31
Akkon 143
Aktion Sühnezeichen 240
Alarich 138
Albertus Magnus 144
Albigenser 135, 143
Alexander VI. 146
Alexander d. Große 51
Alexandria 51, 137 f

Alexandrinische Exegetenschule 55
Alexius 159
Algerien 254
Alkuin 140 f
Alerheiligster Synod 158
Allgemeine Lutherische Konferenz 157
Altar 52, 176 f
Alter Orient 29, 31, 33
Altes Testament 15–65
Alte Welt 195, 203
Altkatholische Kirche 156, 173, 180
Amalekiter 28
Amasja 34
Ambosius 138
Ammon 38
Ammoniter 28 f
Amos 34, 36, 39, 58
Amphiktyonie 25, 29, 31
Amsterdam 161
Amt, Amtsträger 26, 53, 70, 80, 93, 114, 234, 259
analogia entis 186
analogia fidei 186
Anatoth 40
Ancien régime 255
Andacht 228, 235
Angelsachsen 140
Anglikanische Kirche 151, 173
Angst 215, 243, 253
Ankündigung 34 f, 37, 39, 41–43, 46–48, 94
Anselm von Canterbury 144
Anthropologie (Wissenschaft vom Menschen) 188, 210
Anthropomorphismus (Übertragung menschlicher Gestalt und Verhaltens auf andere Wesen, bes. in der Gottesvorstellung) 16, 212
Antigonos 51
Antike 30, 129, 146, 203
Antimodernisteneid 158
Antiochien 98, 137 f
Abtiochus III. 51 f
Antiochus IV. 50
Antipster 55
Anti-Rassismus-Programm 162
Antonius 135

Namen- und Sachverzeichnis

Apamea 52

Apokalypse, apokalyptisch, Apokalyptik (Offenbarung, Lehre von der Endzeit) 36, 49, 53, 55, 73, 86, 88, 90, 94, 134, 199

Apokryphen, apokryph (verborgen, „untergeschoben"): kirchlich nicht anerkannte, nicht zum Kanon des AT oder NT gehörige Schriften aus bibl. Zeit und unter bibl. Verfassernamen 56, 113, 134, 195

Apollo 25

Apologeten, Apologetik 134, 137, 258

Apologie 74, 76, 148 f

Apophthegma (Ausspruch): Wort des synopt. Jesus mit nachträglich gebildetem Rahmen (z. B. Lk 14,1 ff) 198

Apostel, Apostelamt 70 f, 72, 74, 76, 81 f, 95, 97 f, 100 f, 113–116, 126, 133 f, 200, 207, 237, 257

Aposteldekret 100

Apostelgeschichte 71, 95, 98, 114, 134

Apostelkollegium 230

Apostelkonzil 98 f, 133

apostolische Sukzession (in der Nachfolge der Apostel) 134

Apostolische Väter 134

Apostolisches Zeitalter 133

Applikation 197

Aquin, T. v. 186

Aramäer 19, 25, 34, 50

Arbeit 19, 53, 66, 180, 253, 256

Archelaos 55

Arianismus 221

Aristeas 56

Aristobul 55

Aristoteles 193

Arius, Arianismus 137 f

Arme, Armut 54, 58, 93, 96, 112, 139, 143 f, 146, 150, 153, 190, 216, 247, 254, 256

Armenien, Armenische Kirche 159, 173

Arnoldshainer Abendmahlsthesen 161

Asaphpsalmen 43

Askese 49, 114, 135, 143, 150

Asser 25

Assur 34, 36, 38 f

Assyrien, Assyrer 31, 34, 36 f, 38, 40, 57

Athanasius 137 f, 195

Atheismus 224, 255, 257

Athenagoras 159, 162

Atman 262

Auferstehung, Auferweckung 49, 53 f, 72 f, 76, 78, 80 f, 85–87, 88—92, 94, 97, 104, 111, 121, 125, 133, 137, 153, 187, 204, 228, 231, 258

Aufklärung 152 ff, 176, 178, 181, 211, 249 f

Augenzeuge 86, 95, 97, 99, 104, 109, 126

Augsburg, Reichstag zu 147 f

Augsburger Interim 149

Augsburger Konfession 148 f

Augsburger Religionsfriede 149, 152

Augustus 55

Ausbeutung 58, 75, 98

Auslegung 26, 52 f, 54–58, 60, 73, 88, 105, 129, 185, 187, 192, 197, 202

Auszug 15, 19–21

Autokephalkirchen 158

Autorität 51, 193, 217, 231, 234 f

Avignon 145

Baader, F. v. 181

Baalkult 35

Babel 36, 40

Babylon, Babylonien 16, 39, 40–43, 48, 51, 109, 111

Babylonische Gefangenschaft der Kirche 145

Bacon, F. 153

Balkan, Balkankirchen 158, 173

Balthasar, H. U. v. 184

Baptisten 151

Barbarossa 143

Barmer Theologische Erklärung 160, 207

Barmherzigkeit 48, 91, 93

Barnabas 98, 133

Barnabasbrief 134

Barock 177, 222

Barromäus, K. 222

Barth, K. 159 f, 176, 185, 188–190, 199, 207

Bartholomäusnacht 151

Baruch 40, 56

Basilius 138

Basler Mission 156

Bathseba 24

Bauernkrieg 148

Baur, F. C. 156

Bayern 140, 151, 181

Beerseba 21

Befreiung 45, 70, 254, 258

268 Namen- und Sachverzeichnis

Befreiungskriege 155
Beichte 146, 150, 223
Bekehrung 71, 77, 98, 133, 140, 205, 233, 255
Bekennende Kirche 160, 185, 190
Bekenntnis 18f, 44, 82, 102, 107f, 120, 138, 149, 185, 209, 221–242
Bekenntnisbewegung 162, 187
Benedikt von Nursia 139
Benediktinerorden 139
Bengel, J. A. 152
Benjamin 20, 24, 26
Bergpredigt 84, 90, 188, 247
Berliner Mission 156
Bernhard von Clairvaux 143, 145
Berufung 28f, 36, 40, 90, 93, 104, 113
Beschneidung 16, 52, 79, 94, 133
Besitz 20, 23, 54
Bethanien 84, 104
Bethel 17, 21, 34, 157, 160
Bethlehem 37, 90
Bettelorden 143 f
Bevölkerung 20, 30, 47, 58
Bewußtsein 185, 216, 247, 250f, 260
Bibel 15–129, 192–106
Bibelgesellschaften 156
Biblizismus 177
Bild 35, 41, 106, 109, 192, 196, 202, 228, 259
Bilderstreit 141
Bildersturm 147
Bildung 36, 139
Bilha 25
Bischof 80, 114, 176, 179, 181, 222, 226f, 233f, 235f
Bismarck, O. v. 157, 182
Blindenheilung 86, 90, 94, 104
Bloch, E. 190, 247
Bodelschwingh, F. v. 157, 160
Böhmische Brüder 146
Bologna 150
Bonhoeffer, D. 176, 186, 190
Bonifatius 140
Bonifaz VIII. 145
Bora, K. v. 148
Bornkamm, G. 188
Borromäus, K. 150
Borromäusverein 156
Bossuet 152
Botschaft 40, 69, 89, 93, 96, 125f, 189, 192, 221, 224, 229, 242, 249–251

Brahman 262
Braun, H. 183, 188, 203
Brüderlichkeit 235, 254, 256f
Brunner, E. 159, 186
Bucer, M. 147–149
Buddha, Buddhismus 218, 261, 263
Bugenhagen, A. 147
Bultmann, R. 159, 161, 176, 187f, 200
Bund 16f, 22, 26, 29, 40f, 66, 186
Bund der ev. Kirchen in der DDR 162, 169
Bundesbuch 27, 58
Bundeslade 41
Buße 41f, 46, 47f, 49, 103, 135, 146, 228, 235
Byzanz 136, 139–141

Caesarea 98, 133
Cäsaropapismus 158
Cajetan 147
Calvin, J. 149, 221
Canisius, P. 150, 222
Canossa 142
Capito, W. 148
Carafa, P. di 149
Caritasverband 157
CDU 184
Chanukka-Fest 52
Charisma 26, 30, 133
Chassidim 51
China 177, 263
Chlodwig 139
Christenheit, Christentum 73, 77, 81f, 95, 99, 101, 105f, 111f, 114, 128f, 134–137, 153f, 195, 209, 215, 218f, 223, 227, 229, 242, 246, 248f, 251, 256, 258f, 261
Christenlehre 161
Christlich-soziale Arbeiterpartei 157
Christokratie 190
Christologie 78, 97, 186, 209f
Chronik 51, 66, 194
Citeaux 143
Claudius 133
Claudius, M. 153
Clemens III. 142
Clemens VII. 145
Clemens von Alexandrien 134
Clemensbrief 134
Cluniazensische Reform 141
Cluny 141

Namen- und Sachverzeichnis

Codex Argenteus 138
Codex Hammurapi 27
Cölestin I. 236
Confessio Augustana (Augsburger Bekenntnis) 148
Confessio Tetrapolitana (Vier-Städte-Bekenntnis) 148
Consensus Tigurinus 149
Contarini 150
Conzemius, V. 184.
Cranach, L. 147
Cromwell, O. 151
Cyprian 134 f, 137
Cyrill 137 f
Cyrus 43

Dämonen 198, 203
Damaskus 34, 36, 40, 55, 133, 143
Dan 24 f
Daniel 49 f, 56
Dante Alighieri 144
David 14, 18, 23, 29 f, 37 f, 51, 58, 66, 226
Debora 24, 27, 33
Decische Verfolgung 135
Declaration of Rights 151
Deismus: Anschauung, nach der Gott zwar Schöpfer, aber nicht Lenker der Welt ist 153, 218, 224
Dekalog 15, 17
Delp, A. 160
Delphi 25
Demeter 25
Demetrius 53
Demokratie 179, 190
Denken 25, 109, 188 f, 192 f, 197
Descartes, R. 153
Dessauer Bund 148
Deuterojesaja 42 f, 45
Deuteronomist 32
Deuteronomistisches Gesetz 31, 39
Deuteronomium 14 f, 18, 23
Deuterosacharja 46 f
Deutsch-Evangelische Kirchenkonferenz 157
Deutsche Christen 160
Deutsche Demokratische Republik 161, 163, 171
Deutscher Evangelischer Kirchenbund 159
Deutscher Orden 143
Dialektische Theologie 159, 176, 185, 199, 243, 258
Dialog 179, 214 f, 231 f, 246
Diaspora 51, 55, 157, 224
Dibelius, O. 161
Dienst 18, 41 f, 70, 75, 219, 235, 255
Diokletian 135 f
Diotrephes 108
Dissenters (Andersdenkende): Bezeichnung der nicht zur anglikanischen Kirche gehörenden Gruppen in England 151
Döllinger, I. v. 156, 182
Döpfner, J. 234
Dogma: kirchlicher Glaubenssatz mit dem Anspruch unbedingter Geltung und Verbindlichkeit, Dogmatik: systematische Darstellung der Dogmen in der jeweiligen Zeit 155 f, 158, 186, 199, 209, 250, 258
Dominikanerorden 143
Domitian 109, 111, 134
Donatistisches Schisma 136
Donatus 136
Dor 36
Dreißigjähriger Krieg 151, 224
Drittes Reich 185 f
Dritte Welt 184, 190, 254, 257
Drohworte 36 f, 42 f, 46
Droste-Hülshoff, A. v. 181
Droste-Vischering, C. A. v. 156
Dualismus: Lehre von zwei die Welt beherrschenden gegensätzlichen Mächten (Licht-Finsternis, gut-böse) 49, 244
Duhm, B. 42
Duns Scotus 144
Dyotheletismus 140

Ebeling, G. 188
Eben Ezer 28
Eck, J. 147
Edikt von Nantes 151
Edikt von Thessalonich 137
Edinburgh 160
Edom, Edomiter 25, 29, 38, 43
Ehe, Ehelosigkeit, Ehescheidung 54, 56, 72, 86, 90, 101, 129, 135, 141, 178, 227 f, 236, 238
Ehud 27
Eichendorff, J. v. 181
Einhard 140
Ekklesiologie (Lehre von der Kirche) 235

270 Namen- und Sachverzeichnis

Ekstase (Außer-sich-sein, Verzückung) 33
Elia 24, 31
Elihu 45
Elisa 24, 31
Elisabeth I. 151
El Eljon 30
El-Kult 198
Elohist 15, 17, 20
Elon 26
Empirismus (Lehre, die allein die Erfahrung als Erkenntnisquelle gelten läßt) 153
Emser Punktation 154
Ende, Enderwartung, Endgericht, Endzeit 30, 47–49, 54, 59, 70, 73, 76, 78, 80, 84, 86, 88 f, 93 f, 95 f, 102–107, 109, 111, 114 f, 128, 199, 203, 208, 246 f
Engel, Engellehre 20, 49 f, 53 f, 81, 102, 124, 126
England 177, 224
Entfremdung 190, 244
Enthaltsamkeit 73, 114
Entmythologisierung: Auslegung des NT durch Freilegen der zeitbedingten, mythologischen Anschauungsformen (z. B. dreistöckiges Weltbild: Himmel, Erde, Unterwelt) 161, 187, 200, 203, 205 f, 232, 246
Entwicklungsländer 254
Enzyklika (Rundschreiben) 160–162
Epaphras 81 f
Epaphrodites 79
Epheserbrief 127
Ephesus 71 f, 74 f, 78, 81, 100
Ephraim 20, 25 f
Epiphanes 52
Epiphanias: Fest der Erscheinung (6. Januar) 137
Epiphanie (Erscheinung) 87 f
Episkopat 114, 181
Erasmus v. Rotterdam 145 f, 221
Erbauung 73, 95
Erbsünde 139, 156, 226
Erde 16 f, 66, 109, 201, 210, 212, 254, 259
Erfahrung 22, 31, 54, 88, 190, 196, 212, 223
Erhöhung 102, 105 f, 111
Erkenntnis 73, 101, 107, 114, 189, 208
Erlöser, Erlösung 36, 78, 93, 100, 102, 107, 134 f, 185 f, 199, 201 f, 222, 231

Ermahnung 69 f, 72–74, 77, 79, 81 f, 94, 100, 102, 128 f
Erscheinung 45, 85, 87, 89 f, 94, 96, 104, 125 f
Erwachsenenkatechismus 191
Erwachsenentaufe 151
Erwählung, Erwählte 18, 20, 24, 34, 37, 42, 54, 93
Erweckung 41, 153, 157, 185
Erzähler, Erzählung 17, 21 f, 26, 28, 40, 49, 57 f, 66, 83, 87 f, 89, 99, 105, 124, 126
Erziehung 35, 129
Erzväter 16, 21, 55, 58, 207
Esau 15, 25
Eschatologie: Lehre von den letzten Dingen, der Endzeit 246 f
Esra 47 f, 56, 194
Essener 53 f
Esther 56, 195
Ethik, ethisch (Lehre von sittlichen Verhaltensweisen, Werten und Normen) 38, 138, 256, 186, 188
Eucharistie (Danksagung) 72, 135 f, 180
Euphrat 40
Euseb von Nikomedien 138
Eutyches 139
Evangelische Kirche der altpreußischen Union 161, 168, 169
Evangelische Kirche in Deutschland 161, 167 f
Evangelischer Bund 157
Evangelisch-sozialer Kongreß 157
Evangelium 70, 72, 77, 83, 89, 93, 97, 128, 186 f, 188, 196, 203 f, 221 f, 224 f, 227 f, 230 f, 233, 235, 239, 241 f, 255–257
Evanston 161
Ewigkeit 206, 208, 210
Exil 23, 25, 32, 34, 37 f, 41 f, 43, 46, 48, 58
Existentiale Interpretation: hermeneutische Methode; Auslegung der Bibel unter Beachtung des Lebens- und Weltverständnisses der bibl. Schriftsteller und des heutigen Lesers; beeinflußt durch M. Heidegger 187, 200
Existenz 27, 102, 187, 189, 193, 200, 205, 243, 251
Exodus (Auszug) 15
Ezechiel 41

Namen- und Sachverzeichnis

Faith and Order 160
Fanatismus 245
Faschismus 159
Fasten 46, 261
Febronianismus 154
Fegfeuer: nach kath. Lehre Aufenthaltsort zur Abbüßung der Sünden vor Eintritt in den Himmel 144
Feind, Feindschaft 24, 41, 93, 227
Feindesliebe 93, 106, 252
Feldrede 94
Ferdinand von Aragonien 146
Fest, Feier 39, 77, 81, 259 f, 263
Feudalismus 57 f, 255 f
Feuerbach, L. 215 f
Fichte, J. G. 155
Fidei Ratio (Vernunft des Glaubens) 148
Firmung 135, 237
Flacius Illyricus 149
Fliedner, Th. 157
Fluch 18, 66
Fortschritt 206, 213, 248, 256
Fox, G. 151
Franck, S. 148
Francke, A. H. 152
Franken 139–141
Frankfurter Nationalversammlung 181
Frankreich 144, 148, 154, 158
Franz I. 147
Franz II. von Österreich 154 f
Franz von Assisi 143, 211
Franz von Sales 150
Franziskanerorden 143, 146, 150
Französische Revolution 154, 158, 177–180
Frau 96, 124, 126, 129, 234, 237, 240
Freiheit 70 f, 73 f, 77 f, 107, 113, 178, 181, 197, 208 f, 219, 232–234, 249–252
Freikirchen 155
Freimaurer 153, 179
Fremdreligionen 258
Fremdvölkersprüche 38, 40
Freud, S. 215 f
Frieden 30, 78, 219, 220, 223, 232, 247, 251 f, 254, 257
Friedrich II. 143
Friedrich II. von der Pfalz 151
Friedrich II. von Preußen 154
Friedrich der Weise 147
Friedrich Wilhelm III. 155
Friedrich Wilhelm IV. 156

Frings, J. (Kardinal) 161
Fromme, Frömmigkeit 37, 44, 47 f, 51, 54, 93, 96, 114, 146, 151, 160, 180, 213, 241
Frühkatholizismus 133
Fuchs, E. 188
Fürbitte 33, 107
Fugger 147
Fuldaer Bischofskonferenz 162

Gad 25
Galaterbrief 70
Galatien 70, 133
Galen, Graf C. v. 160, 183
Galiläa 36, 55, 83 f, 86, 90, 94, 104, 125
Galilei, G. 152, 177, 222
Gallikanismus 154
Gallio 133
Gallitzin 155
Garaudy, R. 246
Gattung 43, 47, 57
Gautama, Siddharta 262
Gebet 53, 104, 213 f, 215, 232, 234 f, 261
Gebot 18, 22, 50, 53, 92 f, 107, 129, 202, 216, 228, 232, 243, 257, 262 f
Gebräuche 77, 259, 262
Geburtenregelung 162
Geburtsgeschichten 92, 95
Gedalja 41
Gegenreformation 147, 151, 222
Geheimnis 49, 100, 209 f, 230
Gehorsam 18, 32, 50, 54, 78, 135, 139, 148, 202, 205, 253
Geist 27, 48, 54, 72 f, 74 f, 96, 98, 200
Geistliche Schulaufsicht 176
Gemeinde 16, 68 f, 70, 72, 73–77, 79, 81, 86–101, 106–109, 113–115, 126, 128, 129, 133, 135, 149, 151, 188, 201, 237 f, 240 f, 245, 251
Gemeinschaft 57, 107, 208, 216, 229, 231, 241, 245, 254, 256, 259 f
Genesis 15
Genesistargum 54
Genfer Kirchenordnung 149
Gerechte, Gerechtigkeit 17, 44, 47, 52 f, 93, 216, 218 f, 226, 232, 247, 251 f, 254, 257 f
Gericht 22, 32, 34 f, 36 f, 38, 41 f, 45 f, 47 f, 56, 76, 105, 107, 109, 113, 208, 225, 243, 246
Germanenmission 138

272 Namen- und Sachverzeichnis

Geschichte (allg.), Kirchengeschichte 132–163
Geschichte Israels 15–65
Gesellenverein 157, 182
Gesellschaft 31, 57f, 128, 176, 178f, 190, 211, 217f, 220, 224, 232, 245, 249, 251, 255, 257, 261
Gesetz 15f, 18, 22, 31f, 41, 51f, 54, 56, 66, 70f, 77f, 87, 89, 91–93, 95–97, 100, 114, 186, 203, 215f, 217, 222, 228, 243, 253, 258, 263
Gewalt 129, 222, 252, 254, 257f
Gewissen 77f, 151, 179, 203, 218, 238
Ghetto 145, 182
Gibea 29
Gideon 24, 27
Gilead 36
Gilgal 28
Gilgamesch-Epos 66
Glauben, Glaubende, Glaubenszeugnis 19f, 23, 33, 45, 70f, 76–78, 80f, 87, 89, 97, 102, 105, 107, 112, 114, 125f, 185–189, 192, 195, 198f, 202, 204–206, 209f, 213f, 220, 223f, 225, 227, 229f, 239, 241, 243, 246, 249f, 252f, 256, 261
Gleichberechtigung 237
Gleichheit 58, 235, 254, 256f
Gleichnisse 41, 84, 86, 88, 90f, 92, 94, 259
Glück 213, 219, 239
Gnade 16, 134, 138f, 147, 186, 216, 225–228, 230, 235, 239, 242, 255
Gnosis 73–75, 99, 101, 107, 113f, 134
Görres, J. von 156, 181
Gogarten, F. 159, 186, 190
Goldene Bulle 145
Gollwitzer, H. 189f
Goßner Mission 156
Goten 138
Gottesdienst 34, 42, 72, 77f, 87, 114, 133, 140, 216, 232, 234ff, 237
Gottesherrschaft 49, 53, 88, 201f
Gotteskindschaft 70, 107
Gottesknechtslieder 42, 46
Gottesmann 56
Gottes Sohn 87f, 105, 201f
Gratian 137
Gregor I., der Große 140
Gregor VII. 142
Gregor XIII. 150

Gregor XVI. 179
Gregor von Nazianz 137, 138
Gregor von Nyssa 138
Großkirchen 99, 177
Grundlagenvertrag 162
Grundordnung der EKD 162
Guardini, R. 183
Günther, A. 155
Gütergemeinschaft 54
Gustav Adolf von Schweden 152
Gustav-Adolf-Verein 157

Habakuk 39
Habakukkommentar 54
Hadrian VI. 145, 147
Häresie (von der offiziellen Lehre der Kirche abweichende Lehre, Ketzerei), Häretiker 53, 261
Häring, B. 161
Hagar 15, 70
Haggada 52
Haggai 46
Hagia Sophia 142
Halacha 52
Halbfas, H. 196
Ham 61
Hananja 40
Handauflegung 114, 120
Handschriften 54, 105
Harnack, A. von 158
Hasmon, Hasmonäer 52f, 55
Haustafel 81f, 100f, 111, 127f, 129
Hebräerbrief 102, 190, 194f
Hebron 17, 21, 29
Hegemonie 177
Heidegger, M. 187f, 217
Heidelberger Katechismus 149
Heidenchristen 91, 95, 99, 100, 104, 125, 133
Heidenmission 87, 91, 99, 133
Heil, Heilsgewißheit, Heilsweg, Heilszeit 35f, 37f, 41f, 43, 46f, 48, 50, 54, 73, 76f, 78f, 91, 93, 96f, 100, 105, 107, 201, 219, 223, 227, 230, 242, 250, 252
Heiland 96, 134, 199, 207, 226
Heilige 93, 111, 137, 144f, 212, 228, 259
Heiliger Geist 116, 201, 225f, 228–231
Heiliges Römisches Reich Deutscher Nation 141
Heiligung 103, 189

Namen- und Sachverzeichnis 273

Heilungen 86, 90, 94, 104, 119f, 199, 203, 211
Heim, K. 188
Heinrich III. 141
Heinrich IV. 142
Heinrich IV. von Frankreich 151
Heinrich V. 142
Heinrich VIII. 151
Hellenisierung 51
Hellenismus 51, 55
Helsinki 162
Henoch 49, 56
Heraklius 140
Hermeneutik, hermeneutisch: Lehre vom Verstehen, von den Grundsätzen der Auslegung und Erklärung von Texten 161, 196
Hermes, G. 155
Herodes 55 f, 98
Herodes Antipas 55
Herrnhuter Brüdergemeine 152 f
Hierarchie 129, 217, 221, 256
Hieronymus 56, 138, 195
Hilkia 40
Hillel 56
Himmel 16, 49, 124, 201, 210, 212 f, 258
Himmelfahrt 85, 94, 96, 98, 106
Himmelfahrt Mariens 161
Hindu, Hinduismus 218, 261 f
Hiob 44 f
Hippolyt 134
Hirt des Hermas 134
Hiskia 37 f
Hochreligionen 260 ff
Hoffnung 42 f, 56, 74, 116, 189 f, 208, 210, 215 f, 218, 230, 233, 239–241, 246, 248, 250, 252
Hoherpriester 52 f, 86, 94, 102 f
Hoher Rat 88, 98
Hohes Lied 195
Holländischer Katechismus 221
Homoiusie 137
Homousie 137
Honorius I. 140
Horeb 24
Hosea 35, 39
Hrabanus Maurus 141
Hroswitha von Gandersheim 141
Hugenotten 135, 151, 173
Humanae vitae 162
Humanismus 146, 153, 217, 219, 240

Humanität 219, 241, 248, 257
Humbert 141 f
Hume, D. 153
Hus, J. 146
Hussiten 146, 148
Hymnus 44, 76
Hyrkan I. 53
Hyrkan II. 55

Iddo 46
Identität 190, 211, 262
Ideologie 217, 248, 259
Idumäa 55
Ignatius von Antiochien 135
Ignatius von Loyola 145, 150, 222
Ignatiusbrief 134
Imperialismus 255 f
Imprimatur (Druckerlaubnis) 234
Independenten (Unabhängige) 151
Industrialisierung 180, 182
Innere Mission 157
Innocenz III. 143
Inquisition (Untersuchung): geistl. Gericht der Kirchen; Verfolgung der Ketzer 143 f, 146, 150
Inspirationslehre 185, 200, 257
Institution 128, 199, 233, 241 f, 251 f
Interpretation 14, 57, 176, 186 f, 197 f, 199, 205, 208, 231, 246
Investiturstreit 141 f
Irenäus 134, 137
Irrlehre, Irrlehrer 70 f, 75–79, 81, 95, 99, 102, 107 f, 114 f, 134, 140
Irvingianer 156
Isaak 15, 21, 58
Isabella von Kastilien 146
Isbaal 29
Islam 140, 163, 222, 258, 261
Ismael 25
Israel, Volk Israel, Geschichte Israels 15–65
Issaschar 25
Italien 144, 149, 159, 179, 224

Jahwe, Jahweglauben, Jahwekult 18, 22, 26 f, 30, 39, 48, 51 f, 198
Jahwist 15 f, 17, 20, 25, 61–66
Jakob 15, 58
Jakobusbrief 112, 194 f
Jansen, C. 152
Japhet 61

274 Namen- und Sachverzeichnis

Jebusiter 29
Jephtha 26 f
Jeremia 39 f, 41 f, 194
Jericho 23
Jerobeam II. 34 f, 36
Jerusalem 25, 29 f, 31, 34, 36 f, 38 f, 40 f, 42 f, 47 f, 51 f, 55, 58, 72, 76 f, 83 f, 86, 90 f, 94, 96, 98 f, 104, 133, 137, 143
Jesaja 25, 31, 36 f, 39, 45, 58
Jesuitenorden 150, 154 f, 157
Jesus, Jesus Christus, Christus 67–130, 192–220
Jesusmystik 145
Jesus Sirach 56, 195
Joel 48
Johannes 83 f, 98, 104, 109, 125
Johannes XXIII. 161, 256
Johannes d. Täufer 55 f, 83, 86, 90, 94, 133
Johannes Paul I. 163
Johannes Paul II. 163
Johannesakten 134
Johannesbriefe 107 f, 195
Johannesevangelium 104, 107, 204
Johanniterorden 143
Jojakim 40
Jona 47
Jordan 15, 18, 23
Josaphat 48
Josef II. 154
Josefinismus 154
Joseph 15, 17 f, 20, 25 f, 55
Josephus 53, 55, 194
Josia 16, 18, 31, 38, 40
Josua 23, 25 f, 52, 58
Juda 23, 25, 29, 31, 34, 36 f, 38, 40 f, 42 f
Judäa 47, 55, 84, 94, 104
Judas 52 f, 113
Judasbrief 113, 195
Juden, Judentum 46, 50 f, 52, 54, 55 f, 77, 84, 88, 91, 95, 100 f, 102 f, 105, 133, 143, 145, 179, 183, 195, 199, 202, 204, 218, 231, 250
Judenchristen 77, 91 f, 100, 102, 112, 125, 133
Judith 56
Judenbewegung 183
Jünger 36, 86, 90 f, 93 f, 96 f, 104, 106, 111, 125, 133, 241, 263
Jugoslawien 254
Julian Apostata 137

Jung-Stilling, J. H. 153
Jurisdiktionsprimat 180
Justin 134

Kaaba 140
Käsemann, E. 187 f
Kalenderreform 150
Kanon 49, 51, 55 f, 112 f, 134, 138, 153, 195 f
Kant, I. 153, 155, 249
Kanzelparagraph 157
Kapitalismus 177, 256
Kappadozier 138
Kappel 148
Kapuzinerorden 150
Karl V. 145, 147, 149 f
Karl der Große 140
Karl Martell 140
Karlstadt 147
Karma 262
Kartäuserorden 142
Karthago 136
Katechismus 19, 149 f, 217, 234
Katharer 143
Katholikentag 156, 161
Katholische Aktion 183
Katholische Erneuerung 149
Katholischer Volksverein 182
Katholizismus 155, 158, 160, 170 ff
Kerygma 187 f
Ketteler, W. E. v. 157, 182
Ketzer 136, 139, 143 f, 146, 150, 199, 216, 226 f
Kierkegaard, S. 157, 185
Kind 90, 129, 227, 240
Kindheit-Jesu-Verein 156
Kindheitserzählung 198
Kirche, Kirchengeschichte 132–163, 177–191 221–242
Kirchenkanzlei der EKD 167
Kirchenkonferenz der EKD 167
Kirchenkonstitution 247
Kirchenrecht 164, 235
Kirchenspaltung 107, 224
Kirchenstaat 140, 154–156
Kirchensteuer 161
Kirchentag 161 f
Kirchenväter 134 f
Kirchenverfassung 235
Kirchenzucht 108
Kirchliches Außenamt 167

Namen- und Sachverzeichnis   275

Kirchlich-soziale Konferenz 157
Klagelieder 39, 42, 44, 192
Klasse 58, 254, 256, 258
Kleinasien 51 f, 81, 98, 101, 109, 111, 114, 133
Kleinviehnomaden 21, 57
Klemens III. 141
Klemens XIV. 154
Klerikalisierung 235
Klerus 58, 135, 178, 180, 182 f
Kloster 135, 139, 147, 154, 226, 228
Klosterreform 141
Knecht Jahwes 42 f
Kölner Kirchenstreit 156
König 18, 23 f, 27, 30 f, 40, 44 f, 49, 52, 55, 58, 194, 217, 226
Königsherrschaft Christi 190
Königszeit 14, 22, 27, 31, 35, 58
Königtum 24, 28, 45, 53, 58
Kollekte 75, 133
Kollektivismus 255 f
Kolossä 81
Kolosserbrief 81, 101, 127 f
Kolping, A. 157, 182
Kommunion 235
Kommunismus 156, 160
Konfessionalismus 157
Konfirmation 149
Konflikt 52, 243, 247, 250, 254
Konfuzius, Konfuzianismus 261, 263 f
Kongregationen 151, 170, 180, 234
Konkordat (Vertrag zwischen Kirche und Staat über Rechte und Pflichten) 155, 160, 179
Konkordienbuch 149
Konkordienformel 149
Konstantin der Große 136 f, 140
Konstantinopel 136, 138, 143, 157, 159, 173
Konstantius II. 137
Konzentrationslager 183
Konzil, Konzilien 100, 149, 222 f, 247
  Basel 146
  Chalkedon 139
  Ephesus 138
  Jerusalem 133
  Kontantinopel 138–140
  Konstanz 145
  4. Laterankonzil 143
  Nizäa 137
  Trient 150

Vatikanum I 156
Vatikanum II 161 f
Konziliarismus 145
Kopernikus, N. 152
Koptische Kirche 139, 173
Koran (Lesung, heilige Schrift des Islam) 140, 261
Korinth 69, 72, 75–77, 133
1. Korintherbrief 72
2. Korintherbrief 74
Kraus, F. X. 158
Kreuz 73, 79, 88, 95, 100, 105–107, 126, 136, 187 f, 199, 201, 246, 248, 250
Kreuzzüge 142 f, 145
Krieg 26 f, 29, 35, 215, 224, 257 f
Kriegsrolle 49, 54
Krise 29, 91, 116, 176, 185
Kristallnacht 183
Kritik 27, 51, 53, 195, 244 f, 248, 252
Küng, H. 184, 215, 217, 220, 232, 238
Kult, Kultgesetze, Kultorte 16, 19, 21 f, 29 f, 43 f, 38 f, 41 f, 48, 51 f, 54, 82, 87 f, 89, 91 f, 102, 217
Kultur 30 f, 159 f, 176, 178, 181, 185, 189, 232, 243 f, 263
Kulturkampf 157, 182
Kulturkritik 186
Kunst 180, 196, 259
Kurie 236
Kurverein zu Rhense 145
Kyrios 129

Lade 24, 30
Laie (d. Volk Angehörender): Gegenbegriff zu Klerus 53, 135, 145, 159, 161 f, 181, 183, 233, 236
Laieninvestitur 142
Laienkelch 149
Lamennais, H. F. R. de 179
Landesfürstenamt 148 f
Landeskirchen 157, 159–161
Landnahme 20, 23, 25–27, 32
Landtag zu Sichem 23–25
Langobarden 140
Laos 254
Laotse 261, 263
Las Casas 150
Lateinamerikanische Bischofskonferenz 163
Lateranverträge 159, 180
Laubhüttenfest 104

276 Namen- und Sachverzeichnis

Lazaristen 150
Lea 25
Lectio continua 235
Legende 126, 156, 198, 204, 259
Lehramt 139, 156, 231, 234
Lehre 53f, 78f, 87, 92, 101, 103, 111f, 114, 134f, 146, 216, 228, 231f, 259, 262f
Lehrer 52, 55, 72, 234, 247
Lehrer d. Gerechtigkeit 54
Leib Christi 82, 101
Leibniz, G. W. 153
Leiden 42, 44, 54, 75f, 81, 87f, 91, 93, 111, 125, 212, 219, 260
Leidensankündigung 86, 90, 94, 125
Leidensgeschichte 84, 86, 89–92, 94, 96, 104, 250
Leipziger Disputation 147
Leipziger Völkerschlacht 155
Leo der Große 139, 236
Leo III. 140
Leo IX. 141
Leo XIII. 157
Lessing, G. E. 153
Levi 25
Leviticus 15
Liberale Theologie 159
Liberalismus 156, 179, 185, 187
Licht 49, 54, 74, 101, 204, 208
Lichtenberg, B. 160
Liebe 18, 22, 54, 69–73, 75f, 78, 82, 93, 101f, 105–107, 189, 202, 209–211, 213, 219, 223, 227, 230, 251f, 255, 258
Life and Work 160
Liga (Bündnis), kath. 151
Liturgie 39, 42, 46, 138, 161, 181f, 184, 232, 234
Locke, J. 153
Logien 198
Logos (Wort, Sinn): Weltvernunft, göttl. Schöpferkraft; jüd. hellenist. Mittler zwischen Gott und Welt 137, 209
Loisy, A. 158
Lollarden 146
Lombardus, P. 144
Lortz, J. 161
Ludwig 140
Ludwig von Bayern 145
Ludwig XVI. v. Frankr. 155
Lukasevangelium 94
Luther, M. 56, 134, 147f, 194f, 211, 221, 225, 229
Lutheraner 149, 152, 155, 173

Märchen 19, 28, 198
Märtyrer 40, 136f, 224
Magie 90, 213
Mahnung 18, 41f, 46, 97, 102, 109
Maigesetze 157
Mailänder Konvention 136
Mainz 140f, 181
Makkabäer, Makkabäerbücher 52f, 56, 195
Maleachi 47
Mamre 17, 21
Manasse 26
Mani, Manichäismus 135, 138, 143
Marburger Religionsgespräch 148
Marc Aurel 129
Marcion 134
Maria 124–126, 138, 180, 226, 231
Markusevangelium 86
Marsilius von Padua 145
Marx, K. 190, 215f, 249
Marxismus 246, 248
Marxsen, W. 188
Massenmedien 179
Mater et magistra 161, 256
Matthäusevangelium 90
Maxentius 136
Mazedonien 69, 75f, 133
Meder 39f
Medina 140
Meditation 218, 262
Megiddo 36, 38
Meister Eckehard 145
Mekka 140, 261
Melanchthon, P. 146f, 149
Melchioriten 148
Menno Simons 148
Mennoniten 148
Mensch, Menschheit 17f, 45, 48–50, 53f, 58, 66, 71, 82, 87, 93, 97f, 100, 102, 185–187, 190, 192f, 197f, 200, 202, 205, 207–210, 213, 215–217, 219f, 223, 225–227, 230, 239, 248, 252, 254, 257, 260
Menschenrechte 255
Menschensohn 49, 105, 201, 209
Menschwerdung 188, 209
Merowinger 139f
Messe: Gottesdienstform, Name nach der

Schlußformel ... missa est: die Gemeinde ist entlassen 137, 150, 228
Messianität 87, 91
Messias 41, 45, 49, 54, 87, 91–93, 105, 201
Messiasgeheimnis 87, 91
Metaphysik (Philosophie von dem der Natur Vor- und Übergeordneten) 158, 203
Methode 189, 200, 202, 245
Methodismus 153, 173
Metz, J. B. 176, 246, 249
Micha 37
Midrasch 52, 198
Mirjam 33
Mischehe 16, 48, 237
Misereor 184
Missale Romanum 150
Mission 56, 77, 82, 92f, 96, 99, 108, 133, 140, 150f, 177, 180, 241
Missionsrat, Internationaler 161
Mitbestimmung 235, 237
Mitmensch, Mitmenschlichkeit 88, 93, 188, 203, 218
Mittelalter 136, 145–147, 177f, 231
Moab, Moabiter 29, 36, 38, 40
Modernismus 158
Möhler, J. A. 155, 182
Mohammed 140, 261
Moksha 262
Molino, M. 152
Moltmann, J. 176, 190, 246
Monarchie 31, 158, 178, 255
Monardianer 137
Monotheismus 55, 136f
Montanismus 134f
Montanus 134
Monte Cassino 139
Moral 56, 96, 161, 178, 216, 232, 250
Moreseth-Gath 37
Moritz von Sachsen 149
Mormonen 156
Mose 15f, 18, 23, 52, 58, 102, 207, 211, 217
Moskau 157, 159
Moslem 199, 218, 261
Müller, L. 160
Mündigkeit 233
Münster 148
Münzer, T. 148
Muth, K. 182

Namen- und Sachverzeichnis 277

Mysterien 78, 134, 198
Mystik, mystisch (von: die Augen schließen, sich versenken) innerliche Schau Gottes 145, 148, 150, 152
Mythen, Mythologie, Mythos, mythisch, mythologisch: vorrationale Weltschau und -erklärung 45 f, 156, 187, 198, 201–203

Naassenerlied 134
Nachapostolische Zeit 133
Nachfolge 30, 70, 93, 219f, 247
Nächstenliebe 88f, 92, 252
Naherwartung 88, 95, 100, 115f, 128, 133, 198, 203f, 246
Nahor 25
Nahum 39f
Nairobi 162
Naphtali 25
Napoleon 154f
Nathan 30
Nathanverheißung 24
Nation, Nationalismus 40, 158, 217, 235f, 255, 257f
Nationalsozialismus 160, 183–185
Nationalsynode 234
Natur 30, 186, 190, 260, 262
Naturwissenschaften 144, 153, 177, 188, 217, 222
Naumann, F. 159
Navarra 150
Nazareth 86, 90, 97
Nebukadnezar 40–42, 46
Nehemia 47f, 58, 194
Nero 133
Nestorianer 173, 226
Nestorius 138
Neu-Delhi 161
Neuer Bund 41, 230
Neues Testament 69–129
Neuplatonismus 135
Neuzeit 176–178, 224
Nicaeno-Constantinopolitanum 138
Nicaenum 138
Niederlande 224
Niedersachsenkonkordat 162
Niemöller, M. 160
Nietzsche, F. 185, 211, 215–217
Nikolaus von Cues 144
Ninive 39, 47
Nirwana 262

278 Namen- und Sachverzeichnis

Nizäa, Konzil von 137f
Noah 61–64, 66
Nominalismus 144
Nordelbische ev.-luth. Kirche 162
Nordreich 34f
Norm 56, 178, 217, 235
Novatianer 227
Nürnberg, Reichstag zu 147
Nürnberger Anstand 148
Numeri 15

Obadja 43
Obrigkeit 148, 227
Octavian 55
Odoaker 139
Öffentlichkeit 178, 249f, 252
Ökumene 161, 219, 223, 229
Ökumenischer Rat der Kirchen 159–162, 164ff
Ölung 112, 228
Österreich 151, 154f, 179
Offenbarung 16, 22, 49, 84, 96, 101, 105, 109, 134, 144, 176, 178, 182, 186, 200, 106f, 208, 210, 258f, 261
Ohrenzeuge 86, 95
Olevianus, C. 149
Onesimus 80
Opfer 16, 37f, 52, 134, 136, 188, 202, 228, 256, 260, 263
Orden 53, 143, 149, 154, 156, 180, 226f, 235, 237
Ordination 237
Ordnung 16, 27, 38, 42, 53, 66, 75, 104, 129, 133, 177, 214, 216, 232, 253, 255, 261, 263
Origenes 134f, 137
Orthodoxe Kirchen: Selbstbezeichnung der *Ostkirchen*, Sammelbegriff für die aus der ehemaligen byzantin. Reichskirche hervorgegangenen Kirchen 141f, 159, 170, 173, 236
Orthodoxie, orthodox (rechtgläubig, rechte Lehre) 149, 152, 198, 216, 247
Osiander, A. 147
Ostern, Ostergeschichten, Osterglaube 87f, 91, 106, 203
Ostjordanland 17, 36
Ostverträge 162
Othniel 27
Otto I., d. Gr. 141
Otto, G. 192f, 213

Ottonische Renaissance 141

Pachomius 135
Palästina 20, 25, 28, 52, 55, 86, 95, 99, 105
Pantheismus 209, 218
Papen, F. v. 160
Papst, Papsttum 135, 138–142, 145–147, 149, 154f, 170, 179, 182, 227, 234–236
Parabel 87f
Paradies 66, 226
Parusie (Ankunft Christi am Ende der Zeit) 69f, 89, 106, 116, 133
Pascal, B. 152
Passauer Vertrag 149
Passion, Passionsgeschichte 76, 84, 88f, 96f, 105, 191
Pastoralbriefe 114
Pastoralkonzil 234, 236
Pastoralrat 236
Patmos 109
Patriarch Maximos 256
Paul III. 150
Paul IV. 149f
Paul VI. 162f, 254, 256
Paulus 69–81, 86, 89, 93, 95, 97, 99, 100–103, 111f, 114f, 126, 133, 189, 199f, 204, 214
Paulusbriefe 69–81, 98f, 114, 195f
Paulus Diakonos 140
Pekah 36
Pelagius, Pelagianer, Pelagianischer Streit 139, 226
Penn, W. 151
Pentateuch: Bezeichnung für die 5 Bücher Mose 15, 17–22, 51, 66
Peräa 55
Perser 45
Peter d. Gr. 158
Pethuel 48
Petrus 70, 86, 90, 94, 98, 104, 111, 116, 125f, 133, 139, 230
Petrusakten 134
Petrusbriefe 111, 116, 195
Petrusevangelium 134
Pfarramt, Pfarrei, Pfarrer 213, 227, 233, 235–237
Pfarrernotbund 160
Pfingsten 98, 106
Pharisäer 51, 53, 90f, 216
Phasael 55

Philemon 80, 108
Philipp II. 149
Philipp der Schöne 145
Philipp v. Hessen 148
Philipperbrief 79
Philippi 75 f
Philippus 98
Philistäa 38
Philister 27–29
Philo 53, 55, 129
Philosophie 51, 134 f, 155–157, 189, 198, 209, 259
Phönikien 52
Phrygien 51
Pietismus 152 ff
Pilatus 96, 250
Pippin, Pippinsche Schenkung 140
Pius VI. 154
Pius VII. 154
Pius IX. 156 f, 179 f
Pius X. 158
Pius XI. 159 f, 183
Pius XII. 161, 183
Piusverein 181
Plato 193
Plinius d. Ä. 53
Pluralismus 177, 184, 236
Polen 162, 182
Politik 30, 35 f, 40, 55, 156, 176, 189, 232, 251
Pompejus 55
Populorum Progressio 254
Prämonstratenserorden 143
Praxis 185, 216 f, 232, 244, 249 f, 261
Prediger, Predigt 76, 98, 102, 111, 114, 133, 187, 197, 201 f, 204, 213, 216, 237, 241
Prediger Salomonis 52
Presbyterium 114, 236
Presbyterianer 151
Presse 160, 183
Preußen 143, 154 f, 157, 177, 181
Preysing, Konrad Graf v. Eichstätt 183
Priester 16, 34, 38, 40 f, 46, 52–54, 57, 134, 136, 138, 143, 145, 150, 226–228, 235 f
Priesterschrift 14, 16, 20, 25, 61–66
Primat 135, 145
Privatbeichte 235
Projektion 215 f
Prolog 83, 98, 104

Prophet, Prophetenspruch, Prophetie 14, 18 f, 31 f, 33, 36, 38–42, 47, 49, 52, 56, 58 f, 91, 93, 100 f, 109, 120, 200, 207, 217, 227, 231, 256 f
Proselyten 56
Protestantismus 148, 158, 176, 189, 244
Psalmen 31, 43 f
Psalmen Salomos 56
Pseudepigraphen 56
Ptolemäer 51
Ptolemaios 51
Ptolemäus V. 52
Puebla 163
Puritaner: sittenstrenge engl. Calvinisten 151

Quadrivium 140
Quäker 151
Quelle (Spruchquelle Q) 14–16, 20, 26 f, 31, 60, 66, 95, 105
Qumran 49, 54, 196

Rabbinen 52 f
Rahel 25
Rahner, K. 161, 184, 209, 248
Ramadan 261
Rationalismus 153, 181, 185, 217
Ratzinger, J. 184
Rauhes Haus 157
Rauschenbusch, W. 191
Realität 57, 199, 214 f
Recht 17, 27, 54, 57 f, 72, 80, 93, 216, 232 f, 248, 254, 258 f
Rechtfertigung, Rechtfertigungslehre 71, 77 f, 93, 101, 103, 115, 138 f, 147, 189
Redaktion 57, 62, 76, 86, 119
Rede 18, 36, 45, 49, 86, 91 f, 96, 98 f, 196
Reflexion 32, 92, 249 f
Reform 18, 25, 39, 47, 145–147, 161, 182, 221, 232–234, 237 f, 242
Reformation 146 ff, 153, 161, 177 f, 195, 221–225, 239
Reformierte 152 f, 155, 173
Reformierter Bund 157
Reformkatholizismus 158
Reich 24, 29, 46, 52, 55, 72, 110, 247, 253
Reich Gottes 94, 96 f, 138, 160, 189, 247, 251
Reichsdeputationshauptschluß 154, 181
Reichskirche 136 ff, 141 f
Reichskonkordat 183

280 Namen- und Sachverzeichnis

Reichstage
  Augsburg 148
  Nürnberg 147
  1. Speyer 148
  2. Speyer 148
  Worms 142, 147
Reichtum 58, 86, 90, 94, 96
Reimarus, H. S. 153
Reinheitsvorschriften 53, 81, 89
Religion 46, 57 f, 99, 153–156, 160, 176, 185 f, 189, 202, 211, 214, 219, 224, 230, 243 f, 246, 249 f, 252, 256–261
Religiosität 214, 217 f
Reliquienkult 145
Renaissance (Wiedergeburt) 178
Rerum novarum 157
Reservatum ecclesiasticum 149
Restauration 31, 39, 155
Restitutionsedikt (Wiedergutmachungsedikt) 151
Retter, Rettung 26 f, 37, 43
Reuchlin, J. 146
Revolution 178, 190, 216, 247, 250, 252 f, 255
Rheinbund 154
Richelieu, A. J. 152
Richter (-buch, -zeit) 17, 23–27, 194, 207, 216, 227
Riten, Ritual, Ritualisierung 16, 234, 258 f
Ritschl, A. 158
Robbespierre, M. 154
Rodenberg, O. 188
Römerbrief 71, 77 f, 185, 204
Rom 53, 55, 77, 79, 86 f, 98, 111, 133, 135–141, 146, 148, 154, 170, 179 f, 182
Romanum (ältestes bekanntes Glaubensbekenntnis) 134
Romulus Augustulus 139
Ruben 25
Rudolf von Schwaben 142
Russisch-orth. Kirche 157, 173
Rußland 154 f, 159
Ruth (Buch) 194

Sabbat 16, 48, 52, 54, 124
Sacharja 46
Sachs, H. 147
Sachsen 140
sacrificium intellectus 202
Sadduzäer 53
Säkularisierung, Säkularisation (Verweltlichung): Loslösung aus den Bindungen der Kirche u. deren Bevormundung 154 f, 178, 181, 186, 239, 245
Sagen 19, 21, 25 f, 29 f, 29 f, 198
Sailer, J. M. 155, 181
Sakrament: ev.: Taufe, Abendmahl; kath. u. orth.: Taufe, Firmung, Abendmahl, Buße, Letzte Ölung, Priesterweihe, Ehe 73, 135 f, 138, 150, 223, 225, 227 f, 242
Salbung 24, 84, 104
Salesianerinnen 150
Salmanassar V. 35, 37 f
Salome 124
Salomo 18, 23 f, 30, 51, 57
Saloniki 69
Samaria 34, 37 f, 55, 98, 240
Samaritaner 51, 104
Samgar 27
Sammlung 32 f, 37, 43, 45–47, 57, 83, 92, 112
Samsara 262
Samuel, Samuelbücher 23 f, 27, 29, 51, 194
Sanherib 36 f
Sarah 70
Sargon II. 37
Sartre, J. P. 217
Satisfaktionslehre (Genugtungslehre): Lehre, daß durch Menschwerdung u. Tod Christi der Zorn Gottes versöhnt ist 144
Saul 14, 23 f, 27 f, 29
Savonarola, G. 146
Schammaj, Rabbi 56
Schell, H. 158
Scheltreden 37, 42
Schleiermacher, F. D. 155, 185
Schlüsselgewalt 139
Schmalkaldischer Bund 148
Schmalkaldischer Krieg 148
Schmaus, M. 161, 184
Schöpfer, Schöpfung, Schöpfungsgeschichte 16 f, 43, 45, 52, 66, 71, 81 f, 97, 134, 185 f, 193, 207 f, 210, 222, 225, 243, 245
Scholastik (Schulwissenschaft): Philosophie u. Theologie des MA; Voraussetzung: innere Harmonie zwischen göttl. Offenbarung u. menschl. Vernunft 144 f

Namen- und Sachverzeichnis

Schrift 49, 51 f, 109
Schuld 17, 42, 44, 66, 95, 199, 219 f, 223, 226, 230
Schule 140 f, 145, 161, 178, 180
Schwache 75, 77, 106, 216
Schweigegebote 87, 91
Schweitzer, A. 158
Schwenckfeld, K. 148
Sebulon 25
Seele 134, 260, 264
Seelenmesse 228
Seelenwanderung 262
Seelsorge 143, 181, 190, 236 f
Seegen 18, 66, 86
Sekten: von der Kirche getrennte religiöse Gemeinschaften 156, 261
Sektenregel 54
Seleukiden 52 f
Seleukos 51
Sem 61
Semipelagianischer Streit 139
Semler, J. J. 153
Sendung 74, 79, 247
Seneca 56, 129
Septuaginta 52, 56, 90, 96, 111, 195
Sergius, Patriarch 159
Shaull, R. 191
Sichem 21, 25
Silo 24, 31
Simeon 25
Simon 53
Simoniten 142
Simson 24
Sinai, Sinaibund 15–17, 19, 22, 26, 52, 66
Sintflut 61, 66
Sittlichkeit 55, 136, 232, 259 f
Sizilien 143
Skandinavien 224
Sklave 58, 80, 129, 153
Societas Jesus s. Jesuitenorden
Söderblom, N. 159
Sölle, D. 188, 211, 239, 242, 253
Sohn Gottes 102, 120
Sondergut 18, 92, 95 f
Sowjetunion 159
Sozialgesetzgebung 157
Sozialismus 156, 189, 256
Soziallehre 156, 161
Spalatin, G. 147
Spanien 149, 154, 224
Spekulation 49, 56, 262

Spener, Ph. G. 152
Spiritualität (Geistigkeit) 222
Sprache 51, 66, 96, 101, 109, 114, 116, 188, 196 f, 202, 204, 234, 244
Sproll, J. B. 183
Staat 15, 18, 29–31, 33, 39, 53, 58, 78, 99, 111, 113, 128 f, 136–138, 145, 154, 158, 161, 163, 177–179, 182, 184, 190, 224, 232
Staatskirche 151
Staatsreligion 136, 138
Stadt 30, 48, 58
Stamm, Stämmebund 19–23, 25–31, 57 f, 109, 198, 259
Stammbaum 54, 83, 90, 94, 96
Stand, Stände 53, 82, 181, 227
Stefan II. 140
Stellvertretung 188, 211
Stephanus 98
Stiftshütte 16
Stoa 129
Stöcker, A. 157
Strafe 32, 38, 47, 66, 199
Strauß, D. F. 156
Streitgespräche 42, 84, 86, 90 f, 94, 96, 104
Stuart 151
Stuttgarter Schuldbekenntnis 161
Südamerika 150, 177, 190, 254
Südreich 17, 21, 48
Sühne 78, 111, 199
Sünde, Sünder 17, 34, 66, 77 f, 93, 96, 101, 107, 111, 137, 139, 189, 216 f, 223, 226, 228 f, 255, 257
Syllabus 156, 158, 179
Symbol: Bezeichnung für Glaubensbekenntnisse und Bekenntnisschriften 25, 35 f, 149, 189, 209
Synagoge 52, 91
Synoden
  Barmen 160
  Clermont 142
  Dahlem 160
  Dordrecht 149
  Orange 139
  Sutri 141
  Würzburg 162
Synode der deutschen Bistümer 162
Synode der EKD 162
Synoptiker 83 f, 106, 126, 133
Syrien 36, 81, 86 f, 90, 104, 133

282 Namen- und Sachverzeichnis

Syrische Kirche 139

Taoismus 261, 263
Tatian 134
Taufbekenntnis 134, 149
Taufe 47, 56, 72f, 78, 83, 86, 90, 94f, 97, 103, 111, 133, 135, 137, 227f, 230, 232, 237f
Tauler, J. 145
Tempel, Tempelbau, Tempelkult, Tempelreinigung 24, 31, 38f, 40–43, 46–48, 51f, 58, 84, 86, 90f, 94, 104, 216f, 227
Templerorden 143
Teresa von Avila 150
Tersteegen, G. 153
Tertullian 134, 135, 137
Teufel 138, 201
Theatinerorden 149
Theismus 211
Theodosius der Große 137f
Theologie 174–264
Theologie der Befreiung 163
Theophilus 95, 99
Theorie 250, 259
Thermopylen 25
Thessalonicherbrief, 1. 69
Thessalonicherbrief, 2. 115
Thiene, G. di 149
Thomas a Kempis 145
Thomas von Aquin 144, 156
Thomasakten 134
Thomasevangelium 134
Thron 24, 44, 109, 176f
Thüringen 140
Tiglatpileser III. 35f
Tillich, P. 188, 190, 243, 245
Timotheus 69, 72, 74, 79, 114
Timotheusbriefe 114
Titus 75f, 114, 133
Titusbrief 114
Tobit 56
Tod 54, 73f, 76–80, 88–91, 94, 104–106, 111, 126, 204, 210f, 219, 227, 231, 243, 258, 260
Töpfergleichnis 40
Toleranz 153, 177, 219, 258
Tora (Gesetz) 52f
Torgauer Bund 148
Totes Meer 54, 196
Tours und Poitiers 140
Tradition (s. Überlieferung) 14, 16–19, 28f, 41, 50, 57, 125, 147, 149f, 153, 176, 182f, 194, 196–198, 206, 218, 222, 230, 250–252
Tränenbrief 75, 79
Transsubstantiationslehre 143
Traum 18, 49, 81, 109
Tribur, Fürstentag 142
Tridentinum 56, 150
Trient 179, 222
Trinität, Trinitätslehre 135–137
Trinitarischer Streit 137f
Tritojesaja 45
Trivium 140
Troeltsch, E. 158
Trost, Tröster 42, 75, 134, 227f
Tschuang-tses 261, 263f
Türkei 158f, 258
Tugend 55, 101, 116, 232
Tychon, Patriarch 159
Typos 73
Tyrus 30, 41

Überlieferung (s. Tradition) 16, 19–22, 26, 28, 30–32, 50f, 60, 66, 73, 82, 85–99, 102, 105, 107–109, 114f, 128f, 133f, 155, 192f, 195f, 259, 263
Übersetzer, Übersetzung 56, 87, 197
Ultramontanismus 155–157, 180
Umkehr 27, 35, 41f, 48, 94, 187, 205, 216, 255
Umwelt 45, 57, 101, 105, 129
Una Sancta 145
Unbefleckte Empfängnis 156
Unfehlbarkeit 147, 156, 180, 182
Ungehorsam 32f, 35, 47
Unheil 37f, 41f
Universalienstreit 144
Universalismus 177
Unterdrückung 30, 58, 254, 256
Uppsala 162
Urban VI. 145
Urchristenheit, Urchristentum 69, 71, 109, 201
Urgemeinde 70, 76, 99, 156, 246f
Urgeschichte 15, 17, 19, 49
Uria 24
Ursinus, Z. 149
USA 154
Ussia 36
Utopie 248

Vatikan 160 f
Vatikanisches Konzil, 1. 156, 179 f
Vatikanisches Konzil, 2. 142, 161, 176, 179, 184, 229, 233, 255
Verbalinspiration 149, 153
Vereinigte Ev.-Luth. Kirche Deutschlands 161, 168 f
Vereinigte Kirche in der DDR 163
Vereinswesen 181
Verfolgung 93, 95, 98 f, 102, 109, 111, 133–136, 159, 184
Vergebung 56, 137, 216 f, 223, 227 f
Verhalten, Verhaltensweisen 33, 43, 49, 70, 77, 82, 93, 114, 129, 177, 197, 259, 261
Verheißung 17, 19, 21, 36 f, 41 f, 45 f, 66, 77, 101, 104, 208, 246, 248, 250 f
Verklärung 86, 90, 94
Verkündigung 18, 35, 69 f, 71, 73, 76, 87 f, 89, 92 f, 96, 99, 104, 126, 186, 229, 231, 239, 241
Versöhnung 75 f, 110, 232, 251
Verstehen 14, 192, 196 f, 200, 203, 209, 249
Verstockung 91
Versuchung 83, 86, 90, 92
Vertrauen 37, 44, 73
Vertriebenendenkschrift 162
Vigilien 228
Vincenz von Paul 150
Vision 18, 34, 46, 49, 109, 113, 248
Volk 17, 19, 22, 26–29, 31–34, 36–39, 40, 43 f, 46 f, 53, 55, 87, 91, 93, 198, 207 f, 221, 254 f, 257
Volksmission 153
Vollmacht 26, 47, 87
Voltaire, F. 153
Vorbild 22, 29, 70, 73, 78 f, 105, 115
Vulgata: die „allgemein verbreitete" Bibel 56, 138, 150, 195

Wahrheit 33, 55, 126, 189, 205, 211, 219, 222 f, 230 f, 247, 259 f, 262
Waldenser 135, 144, 173
Waldus, P. 144
Wallenstein, A. 151
Wallfahrt 22, 145, 261
Wanderung, Aramäische 20
Wartburg 147
Wehrdienstverweigerung, Wehrpflicht 161

Namen- und Sachverzeichnis 283

Wehrkundeunterricht 163
Weimarer Republik 159, 181, 183
Weinberggleichnis 36
Weisheit 30 f, 52, 55 f, 72 f
Weissagung 30, 33, 49, 91 f, 113
Wellhausen, J. 158
Welt, Weltbild 17, 36, 46, 49, 52, 57, 78, 81 f, 88, 92, 111, 114, 128, 176, 186 f, 190, 193, 197 f, 200 f, 202 f, 204, 206 f, 208, 210 f, 212, 214, 220, 222, 224 f, 229, 239–241, 243, 246–248, 251, 253–255, 257–260, 262
Weltende 49, 76, 93, 110, 128, 246
Weltgeschichte 50, 68, 96
Weltkirchenkonferenz 159 f
Weltkriege 159 f, 176, 182, 185, 190
Werke 78, 93, 112, 228
Wesley, J. 153
Wessenberg von 181
Westfälischer Friede 152
Wichern, J. H. 157
Wiclif, J. 146
Widerstand 51 f, 58, 160, 185 f, 244, 246
Widukind von Corvey 141
Wiedergeburt 189, 204
Wiederkunft 69 f, 80, 88 f, 107, 116
Wiedertäufer 148, 177
Wiener Kongreß 155, 179
Wilhelm von Occam 144 f
Wilhelm III. von Oranien 151
Willensfreiheit 53
Wirklichkeit 69, 73, 76, 186 f, 189, 197, 199, 205 f, 209, 217, 222 f, 243 f, 246, 249, 259 f
Wirtschaft 30, 36, 57 f, 232
Wissenschaft 178, 201, 232, 234, 238, 259
Wittenberg 147
Wittenberger Konkordie 149
Wolff, C. 153
Wolff, H. W. 194
Wormser Edikt 147 f
Wormser Konkordat 142
Worms, Reichstag zu 142, 147
Wulfila 138
Wunder 19, 69, 73, 84, 86 f, 90–92, 94, 96, 98, 100, 106, 198 f, 201, 263
Wurm, T. 160

Ximenenez de Cisneros 146

Yoga 218

284 Namen- und Sachverzeichnis

Zachäus 94
Zacharias 140
Zarathustra 135
Zedekia 40f
Zehn Gebote 87, 89, 92
Zeit 29, 49, 73, 88, 93, 97, 189, 192, 203, 206, 208, 213
Zen 218
Zentrum 30, 48, 51, 156, 159, 182f
Zephanja 38f
Zeremonien 263
Zeuge, Zeugnis 86, 105, 192
Zeus (olymp.) 52
Zinzendorf, N. L. Graf von 152
Zion 37f, 43f, 46
Zisterzienserorden 143

Zivilisation 178
Zivilstandsgesetz 157
Zölibat 139, 146, 149f
Zürich 148
Zukunft 32, 45, 69, 96f, 106, 176, 190f, 197f, 206, 218, 233, 238f, 242, 246–249, 254, 260
Zungenreden 73
Zweiquellentheorie 158
Zweistromland 40, 51
Zwickauer Propheten 148
Zwingli, U. 147–149, 221, 225
Zwölf 25f, 86, 90, 94, 98, 126
Zwölfprophetenbuch 194
Zwölfstämmebund 25
Zypern 133

Kohlhammer Taschenbücher
Thema: Religion

Unterricht – Studium – Erwachsenenbildung

H. Sorge/S. Vierzig
Handbuch Religion I
Sekundarstufe II – Studium
Bd. 1032. DM 18,–

Jürgen Lott
Handbuch Religion II
Erwachsenenbildung
Bd. 1033. Ca. DM 18,–

Siegfried Vierzig
Religion in der Gesellschaft
Bd. 1034. DM 12,–

Helga Sorge
Prinzip Leistung
Bd. 1035. Ca. DM 12,–

Siegfried Vierzig
Kirche und Politik
Bd. 1036. Ca. DM 12,–

Herbert Kemler
Gelebtes Christentum
Bd. 1037. Ca. DM 12,–

Helga Sorge
Religion und Frau
Bd. 1038. Ca. DM 12,–

Bitte Prospekt anfordern

Verlag W. Kohlhammer
Stuttgart · Berlin · Köln · Mainz

Fachliteratur
bei Kohlhammer

Helmut Krämer
Einführung in die griechische Sprache I:
Griechische Wortkunde
1975. 72 Seiten. Kart. DM 14,80
ISBN 3-17-002118-4

Einführung in die griechische Sprache II:
Griechischer Kursus
1978. 240 Seiten. Kart. DM 18,–
ISBN 3-17-004670-5

Beide Bände sind für Studenten und Gymnasiasten
der Sekundarstufe II konzipiert. Sie führen über das rein
Sprachliche hinaus in griechisches Denken ein.

Michael Mader
Lateinische Wortkunde für Alt- und Neusprachler
1979. 204 Seiten. Kart. DM 14,80
ISBN 3-17-005324-8

Diese Wortkunde ist Arbeitsmittel und Lernangebot
für Lehrende wie für Lernende, und zwar unabhängig davon,
ob Latein als erste oder als eine weitere Fremdsprache
gelernt wird.

Verlag W. Kohlhammer
Stuttgart · Berlin · Köln · Mainz

Stämme um 1200 v. Chr.

Das Reich Davids

Die Reiche Israel und Juda

Palästina z. Z. Jesu

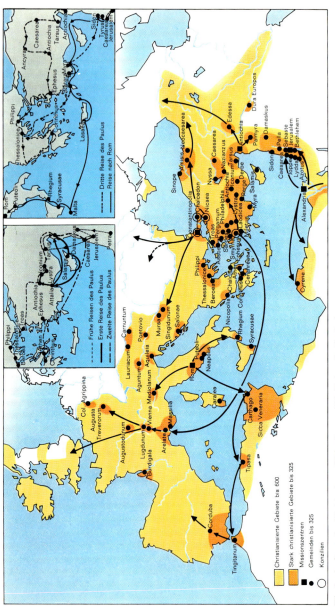

Die Ausbreitung des Christentums (Nebenkarten: Die Reisen des Paulus)

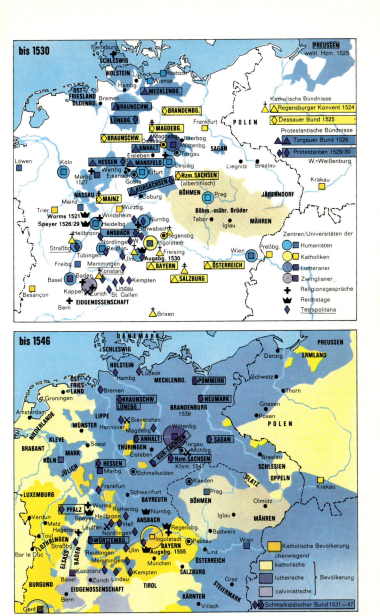

Die Reformation in Deutschland

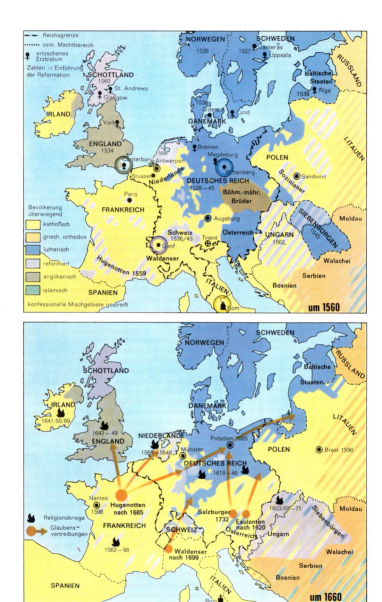

Die Glaubensspaltung in Europa 16./17. Jh.